Éditions *dhArt*

Québec/Ontario, Canada, Mai 2016
dhArt-Editions@inaedad-rieasda.net
www.inaedad-rieasda.net/dhArtEditions

ISBN: 978-2-924097-35-9

Sociétés

LES DRAMES DU SILENCE

ISBN: 978-2-924097-35-9

Les* Éditions *dhArt,
Québec/Ontario, Canada

Chez le même Editeur 2010-2016 :

1- K. GOÏTA ; DEVELOPPEMENT DURABLE ET COOPERATION NORD-SUD ;
978-2-924097-32-8

2- MARIE-LÉONTINE TSIBINDA; SEIGNEUR, JE RÉVEILLERAI L'AURORE
ISBN : 978-2-924097-27-4

3- D. DOUMBIA ; LES FORGERONS DE BOIS
978-2-924097-20-5

4- T. S. BARRY ; AU DELA DE L'OCEAN
ISBN : 978-2-924097-15-1

5- J.M. KONAN ; LE PARADIS EST UN ENFER
ISBN : 978-2-924097-13-7

6- L. KEITA; DEBOUT DIGNITE
ISBN : 978-2-924097-09-0

7- B. S. PENNANEACH ; SAGESSES ANCESTRALES AFRICAINES
ISBN 978-2-924097-00-7

8- E. Y. N'GORAN
LES CHANTIERS DE LA RECONCILIATION IVOIRIENNE
ISBN : 978-2-9811970-3-0

9- H. DRAMÉ, CONSTAT
ISBN : 978-2-924097-08-3

10- H. DRAMÉ; ETATS D'ÂMES : Les Notes : 01
ISBN : 978-2-924097-03-8

11- H. DRAMÉ; POLITIQUES ILLUSIONNISTES ET INVOLUTIVES
ISBN : 978-2-9811970-7-8

12- H. DRAMÉ; SOCIETES : DESTIN ET PENSEES CONTEMPORAINES
ISBN 978-2-9811970-8-5

13- H. DRAMÉ; AFRIQUE : PARADOXES DU DÉVELOPPEMENT
La renaissance en perçant l'abcès
ISBN : 978-2-9811970-1-6

14- H. DRAMÉ; DERNIER GRAND RÊVE ET AUDACE AFRICAIN :
Vaincre la léthargie du développement et de l'unité
ISBN : 978-2-9811970-0-9

SIDONIE ALEXIS-SALABANZI

Sociétés

LES DRAMES DU SILENCE

Éditions *dhArt*
Québec/Ontario, Canada

ISBN: 978-2-924097-35-9

Catalogage avant publication de Bibliothèque et Archives nationales du Québec et Bibliothèque et Archives Canada

Alexis-Salabanzi, Sidonie, 1953-

Les drames du silence

En tête du titre : Sociétés.
Comprend des références bibliographiques.

ISBN 978-2-924097-35-9

1. Afrique - Conditions économiques. 2. Afrique - Conditions sociales. 3. Afrique - Politique et gouvernement. 4. Afrique - Histoire. I. Titre.

HC800.A53 2016 330.96 C2016-940815-9

Dépôt légal – Bibliothèque et Archives nationales du Québec, 2016
Dépôt légal – Bibliothèque et Archives nationales du Canada, 2016

Page couverture : œuvre d'Art de Harouna DRAMÉ
dhArt

Courte biographie

Sidonie ALEXIS-SALABANZI est canadienne d'origine congolaise. Diplomate de carrière, haut fonctionnaire international à la Banque de Développement des États de l'Afrique Centrale (BDEAC) et candidate au poste de Premier Ministre lors de la Conférence Nationale Souveraine, tenue du 25 février au 10 juin 1991 à Brazzaville (Congo- Brazzaville). Elle détient une Maîtrise en Administration éducationnelle (Université d'Ottawa, Canada) et un Diplôme d'études Supérieures en Relations Internationales (DES) (Ukraine).

Il faut reconnaître tout être humain, sans chercher à savoir s'il est blanc, noir, basané ou rouge; lorsque l'on envisage l'humanité comme une seule famille, il ne peut être question d'intégration ni de mariage inter-racial.

Malcolm X

Dédicace

Je dédie ces pages à la mémoire :
Des Américains assassinés à Nairobi (Kenya) et à Dar es Salaam (Tanzanie) dans l'exercice noble de leur fonction, le 7 août 1998 ;
Des étudiants de l'Université kényane de Garissa massacrés le 2 avril 2015 ;
Des étudiants massacrés au campus universitaire de Lubumbashi dans la nuit du 11 au 12 mai 1992 en RDC ;
Des victimes innocentes torturées, violées et massacrées sans aucune forme de procès;
Des enfants orphelins errant seuls dans la nature;
Des vieillards n'ayant plus d'aide parce que leurs progénitures ont vite été arrachées à leur affection;
Des mères inconsolables pour le restant de leur vie…
Des femmes victimes de viol dans les conflits armés;
Des éclaireurs politiques d'Afrique arrachés cruellement à la vie et à la fleur de l'âge;
De tous les peuples **Hereros** et **Namas** résistants massacrés par la répression féroce allemande de 1904 en Namibie ; le premier génocide du XXe siècle.
De toutes les victimes de la colonisation occidentale ;
Des migrants errant à travers le monde et sans espoir.

Enfin, à toutes ces vies brisées, chaque vie étant unique et irremplaçable !

À **Sa Sainteté le Pape Jean Paul II** – l'un des plus grands humanistes de notre temps, n'oublions point son rôle dans la chute incommensurable du mur de Berlin et de l'Union Soviétique;
Au **Cardinal Émile Biayenda** - archevêque de Brazzaville – torturé et lâchement assassiné par le pouvoir de Brazzaville en mars 1977,
Au **Cardinal Albert Malula** - archevêque de Kinshasa,

À **Monseigneur Ernest NKombo-Prélat D'Owando**, président de la Conférence Nationale Souveraine de 1991,
À **Ange Diawara**, révolutionnaire, et à tous ses compagnons : **Jean-Baptiste Ikoko, Jean-Pierre Olouka**, **Jean-Claude Bakékolo**, etc.
Au **colonel Henri Eboundit**, homme de paix – injustement assassiné le 5 juin 1997,
À **sœur Clotilde**, d'origine française, Saint-Joseph de Cluny, école Sainte Agnès de Bacongo à Brazzaville pour avoir contribué à l'éducation des Bacongolais, surnommée *Mâ NKaka,* grand-mère.

À **Wangari Mathai**, (1940-2011) dont le combat pour l'environnement et le droit des femmes lui a valu une reconnaissance couronnée par le prix Nobel de la paix en 2004.
À **Albertina Silulu**, grande combattante de l'apartheid, entre autres. À Aoua Kéita, première femme députée du Mali.
À **Angèle Bandou**, une présidentiable pacifique assassinée chez elle, à Brazzaville.

Aux inoubliables **Lazare Lin Matsokota, Joseph Pouabou**, **Anselme Massouémé**, **Diallo Telli**, **Thomas Sankara** et tant d'autres à travers l'Afrique, et aussi à tous ceux qui se sont éteints à petits feux dans les prisons insalubres à travers le continent africain.

Hommage à **Nelson Mandela**, le plus grand héros de notre temps, Prix Nobel de la Paix en 1993, pour sa lutte inlassable contre l'apartheid !

Hommage à **Miriam Makeba née Zenzile Makeba Qgwashu Nguvama,** l'une des symboles de la lutte anti-apartheid !
Hommage à **Nadine Gordimer** pour sa lutte contre l'apartheid, Prix Nobel de littérature (1991) !

Hommage à **Jack Layton**, Chef du Nouveau Parti démocratique (NPD) du Canada pour sa dignité à toute épreuve !
... Leur absence se fait sentir avec beaucoup d'acuité.

Je rends hommage au Président des États-Unis, **Barack Obama**, pour sa noblesse de cœur et le courage de ses convictions politiques.

À **Aimée Mambou Gnali** pour sa constance politique.

À mon père
À **mon oncle Backert Daniel**
À **mon frère aîné Alexis Mingolé**
À ma sœur Marie-Hélène
À mes inoubliables tantes

À mon grand-père maternel pour s'être sacrifié à construire le Chemin de Fer Congo-Océan (CFCO) dans la plus grande brutalité coloniale et à tous ses compagnons tombés comme des mouches lors de tant d'épidémies désastreuses.
À mes grands-parents dont la lutte pour la libération du Congo fut un impératif. Que la terre leur soit légère !

À **mon adorable mère,**
À **mes frères et sœurs,**

À **mes neveux et nièces,**
À **mes petits fils : Caristan et Kénor;**
À **mes petites filles Maleika, Gloria, Samuella, Ruth et Grâcia**

À **mes belles Filles : Flavie et Florence;**

À **mes enfants : Jennifer, Armel, Hassan- doué,** jeune intrépide ainsi qu'**Odette Jean-Casimiria -** l'étoile du matin.

À **ma marraine, le Docteur Evelyn Gagné,** professeure de psychologie du Counselling à l'université d'Ottawa**;**
À **Ange Lise carole, Célestia, Emilia John Baptiste et Grâce Makélé.**

À la mémoire de : **Mélanie Tékanima, Nyota NGoyi Mariette, Germaine Swolfs-la fondatrice du Club Richelieu Hélène- de-Champlain d'Ottawa** et bien d'autres.

À **Marie-Josette** et le **Professeur Jean-Pierre Gern**, **Jacqueline** et le **Professeur Ernest Touna Mama**, **Honorée** et le **Professeur Mboui**, **Denise** et **Ronald Leduc**,

À **Jacqueline Diambomba**, **Lorraine Jeansonne**, **Agnès** et **Léon** du Burundi, **Pauline** et **Suzanne Leduc**, **Louise Fanonera**, **Gustave Bitsi**, le **Docteur Frances Kilbertus** de l'hôpital Élisabeth Bruyère d'Ottawa, **Pierre Bolongo**,

À **Kadi Kéïta Bokongo**, **Ongoba Christian** et **Henriette Alipaye**, **Panos** et le **docteur Irini Papadimitriou-Sarri**, **Vanessa St Jean, David Mbungu Nzeza, Andrew Dubrin, GuyPatou,**

À toutes ces personnes qui ont de la compassion pour la souffrance humaine, sans oublier les générations futures, bâtisseurs de demain pour l'Afrique tout entière.

Remerciements

Au terme de ces pages, de tout cœur, je remercie :

Elias Rafoul,
Soumaila B. Coulibaly,
Jean Claude Mouanda et Nicolas Druz
Célestine et Victor Ndoulou,
Jamie Kwong,
Abel Batékolo,
Nestor Ngako,
Jacqueline et **Prince Kalifa Goïta**,
Raymond Coderre,
Rose et **son excellence Dieudonné Antoine-Ganga,**
homme de paix et l'un des sages de la région du Pool,
le docteur Élisabeth J. Lacelle de l'université d'Ottawa et sans oublier **François-Xavier Simard**, auteur bien connu, Docteur en lettres françaises contemporaines de la Sorbonne, pour leurs conseils pertinents et leurs valeurs humanistes.

Sociétés

LES DRAMES DU SILENCE

NOTE DE L'ÉDITEUR

Cette œuvre autobiographique, sociopolitique et historique, a une ambition éducative.
Les opinions exprimées sont exclusivement celles de l'auteure et ne représentent pas nécessairement celles des **Editions-dh*Art*.**

PREFACE

LES DRAMES DU SILENCE, un livre remarquable, écrit par une femme non moins remarquable.

Les voix qui résonnent de ces pages, les larmes et le sang qui en dégoulinent, proviennent des expériences et des profondeurs de l'âme et des origines des ancêtres de **Sidonie Alexis-Salabanzi**. C'est aussi un témoignage authentique, éloquent et intime d'une femme qui a vécu plusieurs de ces drames dont il est question dans ce livre.

Il ne s'agit ni d'une thèse ni d'une traîtrise sur le malheur africain. En partie plaidoyer, en partie dénonciation, ce livre est un cri de cœur qui choque autant par la sincérité et la simplicité du message de multiples drames qui y transpirent. Le message : c'est uniquement par une prise de conscience et un acte de volonté collective du peuple que l'Afrique sera en mesure de transformer et de dépasser son héritage de malheurs passés sous silence.

Mais, elle va plus loin encore. En exposant ce qu'elle a vu, lu et surtout digéré de cinquante ans d'histoire africaine récente, l'auteure fait une synthèse qui, à chaque page, offre des encouragements et des solutions.

Sidonie Alexis-Salabanzi nous emmène dans son voyage, comme si d'une pirogue flottant le long d'un fleuve africain, elle pointe du doigt les tragédies qu'elle y voit, ici et là. Son commentaire détaillé et pertinent nous interpelle. Elle examine les causes de ces drames et n'hésite pas à exposer les implications des maîtres coloniaux et néocoloniaux dans l'évolution de ces tragédies ainsi que celles bien documentées des Chefs d'État irresponsables et égoïstes.

Certes, elle parle franchement, mais il y a bien plus. Cet ouvrage est aussi une étude sur la bonne gouvernance à la portée de tous. Pas besoin d'être versé en philosophie, en sociologie, en économie ou en sciences politiques pour comprendre et apprécier le ton et le style de l'auteure.

Avec une franchise déroutante, elle démasque notre silence général. Elle nous emmène dans un tourbillon de sensations à la fois d'impuissance et d'indignation. Nos sensibilités sont comme sur une balançoire erratique, cherchant à tout moment à rétablir l'équilibre entre un espoir pragmatique et un réalisme cynique.

Silence de l'Afrique, mais aussi, silence des passés-sous-silence des actes coupables des pays occidentaux, de la Banque mondiale, du Fonds monétaire international et autres courtiers profiteurs, allant de ceux de l'industrie des armes et de la mort, aux instigateurs des complots meurtriers dont les peuples sont victimes, en passant par les extorqueurs de taux d'intérêt aussi paralysant qu'un coup de Taserx2.

LES DRAMES DU SILENCE : un livre destiné principalement aux dirigeants africains contemporains ; ceux du passé, où le « *J'accuse* » retentit bien après que le lecteur a tourné la dernière page ; ceux d'aujourd'hui aussi, dont l'aveuglement du court terme et du moyen terme les ont souvent poussés à vendre leurs richesses naturelles, humaines et autres, au premier donnant, que ce soit la France et d'autres pays occidentaux, la Chine et les pays émergents de l'Orient, ou encore les régimes dictatoriaux du Moyen Orient. Finalement, les dirigeants de l'avenir devraient recréer l'Afrique de la *deuxième libération* et redéfinir une nouvelle vision africaine authentique. La première libération est celle du joug résiduel colonial, la deuxième, celle de l'affranchissement politique des néo-dictatures nationales.

Avec la démonstration de ces *drames du Silence* dans les chapitres qui suivent, Sidonie Alexis-Salabanzi en appelle directement aux femmes et aux hommes du monde entier. Ils ne doivent plus jamais accepter que des actes d'injustice soient tolérés. Et, que le silence, les larmes des femmes et des enfants nous rendent, encore aujourd'hui, collectivement complice du viol de l'Afrique.

Esther Fueter Mathuru

(Fille du Pasteur Paul Fueter des Éditions Clé).

AVANT PROPOS

En entreprenant la rédaction de ces pages, je fais parler mon cœur. Mon moi désapprouve fortement les injustices sociales, la corruption, la dictature, la mauvaise gouvernance, la tricherie électorale, la régression continentale, l'enrichissement illicite et l'exploitation abusive des matières premières au profit d'une minorité au pouvoir ainsi que l'ambigüité de la politique française en Afrique francophone.

Dans la plupart des États africains, les conflits ethniques, le non-respect des personnes et des biens privés ou publics, la non application égale des lois à tous, l'impunité, les génocides à huis clos et l'analphabétisme sont devenus les valeurs cardinales d'aujourd'hui. Je fais parler mon cœur qui récuse la malnutrition, le manque d'assistance médicale, le manque d'eau potable et d'électricité pour la majorité des populations. Enfin, je dénonce la confusion au niveau des trois pouvoirs : exécutif, législatif et judiciaire. Ils sont entre les mains d'une personne qui est à la fois juge et partie.

La publication de ce livre se prête à la controverse. Pour cela, j'attire l'attention du lecteur afin qu'il comprenne qu'il est légitime de s'exprimer pour dénoncer les maux qui rongent l'Afrique en faillite politique et morale.

Je décris une souffrance palpable. Certains Africains ont profité de l'esclavage et de la colonisation. Comme chacun le sait, ils ont profondément et durablement affecté les Africains. Aujourd'hui, ces deux fléaux sévissent encore en Afrique dans leur forme plus destructive par le maintien au pouvoir de dictateurs, de despotes et de tueurs à gage des populations démunies. Les colons d'hier restent les maîtres à penser et les parrains des dictateurs africains. Un engagement de braves hommes et femmes serait indispensable pour donner un souffle nouveau à l'Afrique tout entière.

De nombreux jeunes sont sacrifiés. C'est un devoir de leur faire comprendre les multiples facettes du passé de l'Afrique et de leur expliquer le rôle de marionnettes que sont ceux qui dirigent certains pays du continent ; des authentiques bourreaux impunis.

Depuis des siècles, rien n'a changé en Afrique. La vie est toujours mise à rude épreuve. L'Afrique continue à crouler sous le poids des guerres fratricides. En ce qui me concerne, j'ai connu les horreurs de la guerre. J'ai été témoin de nombreuses exactions traumatisantes. Nous avons vu des corps déchiquetés par les obus et des cadavres mangés par des chiens enragés et affamés. Des filles et des femmes malmenées puis violées et parfois enterrées vivantes par des hommes armés en uniforme militaire et leurs milices, ceux-là même supposés les protéger. Des personnes âgées ont été forcées de s'accoupler avec leurs fils, filles, petits fils ou petites filles selon les cas. Où sont donc passées nos valeurs morales humaines ? La compassion et l'empathie ne sont-elles plus de ce monde ? Même les casques bleus, nos prétendus protecteurs, commettant aussi des crimes de viol, sous le parapluie d'une communauté internationale, restent impunis.

Mon combat contre la dictature demeure constant. Il vise à instaurer la démocratie et à redonner la dignité aux Africains. Pour construire un pays ou développer un continent, il faudrait des femmes et des hommes éduqués et qui ont accès aux soins médicaux. Il faudrait des gens capables de défendre les valeurs humaines, de relever les grands défis de demain, de mettre en place de véritables institutions démocratiques qui transformeraient qualitativement la société pour le bien-être des citoyens. Mon grand souhait est d'humaniser cette Afrique moribonde et scélérate s'écroulant sous le poids du silence coupable des siens. Elle possède pourtant d'immenses richesses et un capital humain considérable.

L'individu étant au centre de tout, l'éducation, la santé, la justice, la paix, l'avenir en matière environnementale, le développement durable devraient être les préoccupations premières de tout Africain. La bonne gestion, le partage équitable du patrimoine commun, la création d'emplois avec les avantages sociaux, la sécurité et la libre circulation des biens et des personnes motiveraient les Africains à demeurer chez eux. Le logement, l'électrification, l'eau potable et la nourriture sont des besoins vitaux élémentaires pour tous.

Que tous ceux cités dans cet ouvrage qui ont été de près ou de loin associés à la politique de destruction en Afrique assument pleinement leurs responsabilités. Les faits que je relate ici reflètent l'expression de la vérité telle que je l'ai vécue. Il ne s'agit nullement d'une chasse aux sorcières. *La vérité est têtue*, dit l'adage. En conséquence, la vérité triomphera des cendres de ceux qui n'ont pas eu de sépultures comme les inoubliables disparus du Beach de Brazzaville dit Beach de *Bermudes* et bien d'autres. Oui, des drames du silence à la volonté de vivre. Tel est le grand cri de la majorité de sans voix !

Dans le présent ouvrage, le masculin – pluriel désigne le genre masculin et le féminin.

Sidonie Alexis-Salabanzi

PROLOGUE

Cet ouvrage est un appel à la fraternité, à la compassion, au respect des lois et à la bonne gouvernance. Il invite les peuples à mettre en place des institutions fortes et sécuritaires qui garantissent la justice et la cohabitation harmonieuse.

L'Afrique, l'Égypte pharaonique surtout, a joué un rôle important dans l'histoire de l'humanité. De puissantes dynasties, notamment la *XXXe dynastie,* y régissaient la vie économique, culturelle, religieuse et politique. En plus du rayonnement civilisationnel de l'Égypte ancienne, l'Afrique a compté de nombreux empires et royaumes, tous glorieux tels que : L'empire Songhaï, Les royaumes des grands lacs, Le royaume du Kongo, Le royaume du Bénin, L'empire Zoulou…

De nos jours, l'histoire de l'Égypte pharaonique et celles de grands empires africains comme celui du Mali, du Ghana et du royaume Kongo ne sont plus que de grandes épopées. Cependant, les archéologues et les historiens continuent de faire des recherches pour mieux connaître cette Afrique des temps immémoriaux. Les traces qui témoignent de la grandeur de la civilisation africaine sont désormais gravées dans la mémoire collective des Africains. Initiée oralement au début du XIIIe siècle, la charte de Kouroukan Fouga[1] est

---

1 http ://www.unesco.org/culture/ich/fr/RL/la-charte-du-manden-proclamee-a-kouroukan-fouga-00290. « La Charte du Mandén, proclamée à Kouroukan Fouga (« dans le haut bassin du fleuve Niger entre la Guinée et le Mali »). « UNESCO » Culture » Patrimoine immatériel » Listes » La Charte du Mandén, proclamée à Kouroukan Fouga ». Consulté, le 25 mars 2016

la preuve tangible d'une Afrique organisée où les sages favorisaient *le verbe* c'est-à-dire le dialogue voire la médiation.

Quoi qu'on en dise, l'Afrique contemporaine a toutes les raisons de regretter son passé glorieux. Cela est légitime et surtout humain. Dans tous les cas, les regrets et les pleurs sont des signes de la reconnaissance des manquements ou des erreurs, dénotent aussi le parcours vital d'une orientation vers l'avenir, une leçon de l'histoire qui traduit une vive prise de conscience du présent. Bien que le passé ne soit pas visible, il ne nous quitte jamais dans les faits. Il laisse toujours une piste sur laquelle il nous est possible de renaître des cendres et de cheminer vers l'avenir.

L'Afrique de grands empires et de grands royaumes est aujourd'hui balkanisée en *micro États-nations* impuissants et voués à la mendicité par les conquérants et les colons et à la merci de la géopolitique internationale. Divisés culturellement, socialement et géographiquement, ils constituent les pays pauvres, les pays du tiers-monde et aujourd'hui les pays en voie de développement. Que de qualificatifs !

L'Afrique apolitique travaille durement, les femmes et les hommes déterminés pour leur survie, résistent contre vents et marrées. Les parents ont l'appui inconditionnel de leurs enfants, dans cette Afrique déterminés pour leur survie, où l'hospitalité, le sourire franc, l'humilité et l'amour malgré la souffrance, impulsent la joie et l'espoir de vivre.

En Afrique où la colonisation a fait de nombreuses victimes, les colonialistes se sont illustrés dans l'établissement d'une politique de haine tribale obsessionnelle. Ils ont mis aussi dos à dos les enfants d'une même ethnie ou les habitants d'une même contrée. La colonisation, dans son rôle le plus vil où les opposants furent fusillés ou pendus sans procès, n'est pas seulement à l'origine du dysfonctionnement des États et du tissu social africain. Elle a aussi déstabilisé et banni les ensembles sociaux.

Pour preuve, les différends frontaliers qui minent la plupart des pseudos pays africains, en font foi. Lors des différends frontaliers, les ex-colons n'interviennent que pour attiser la flamme afin de vendre leurs armes de guerre. Cette machine de scission mise en place par les oppresseurs d'hier continue aujourd'hui à gangrener les moindres pas visant une reprise en mains, le contrôle de la situation par les africains eux-mêmes. Ces agissements déstabilisateurs se reflètent dans les relations bilatérales qu'essaient de tisser les peuples d'Afrique avec ceux d'Europe et d'Amérique du Nord. Les pays dits développés sont enfermés dans la logique qu'il faudrait toujours un *gagnant* et un *perdant.*

La néo-balkanisation de l'Afrique en zones d'influences est le plus grand obstacle à l'instauration d'une véritable unité africaine. À ce titre, les institutions panafricaines, fragilisées par des divisions internes finiront par jouer leur rôle de marionnette avec efficacité. L'identité africaine s'affirmera lorsque les Africains parleront d'une seule et même voix dans les instances internationales et dans la défense des intérêts de leurs populations. Elle triomphera quand l'Afrique ne sera plus anglophone, francophone, lusophone, hispanophone et autres. Elle s'affirmera quand la corruption sera enrayée et quand les richesses naturelles ne seront plus bradées et pernicieusement surexploitées. Les africains qui pensent ne pas avoir les moyens de leur politique et la force mentale pour changer les choses, devraient se défaire diligemment de ce complexe d'infériorité. L'indépendance des États africains devrait être réelle et les peuples devraient s'assumer et s'affirmer.

Il est génial d'œuvrer pour une Afrique nouvelle, unie et volontariste, capable de gérer et de transformer ses richesses naturelles à l'intérieur du continent. Une Afrique capable d'éduquer et de former ses enfants de la maternelle à l'université. Une Afrique de femmes et d'hommes à même de prendre leur destinée en mains afin d'affronter avec vigueur les défis d'un monde globalisé et contrôlé par une poignée de mafiosi. S'affairer pour une Afrique tolérante et ouverte au dialogue, à la modernité et à la libre circulation des biens et des personnes est bel et bien légitime. Une Afrique où la science et la technologie seraient prioritaires et l'environnement respecté. Une Afrique généreuse où la valeur du travail reprendrait ses droits. Voilà le cap vers lequel l'Afrique du troisième millénaire est appelée à s'engager résolument.

Actuellement, l'équilibre écologique de la planète Terre est menacé par la faute d'une exploitation abusive des richesses naturelles. L'Afrique, le maillon le plus convoité de la chaîne économique mondiale, en est la plus affectée. D'ici quelques années, l'Afrique devrait se doter d'une politique de reboisement pour éviter la sécheresse qui frappe sévèrement la Corne de l'Afrique. Entre-temps, les richesses naturelles de l'Afrique, tels que le bois et tous ses dérivés, connaissent une surexploitation scandaleuse au profit des capitaux étrangers. L'Afrique, parent pauvre de la lourde machine industrielle, reste la plus grande victime du réchauffement climatique global tant décrié par les pays industrialisés, les plus grands pollueurs de la planète.

Dans cet ouvrage, l'accent sera mis sur l'indépendance de la justice. Elle devrait être réellement impartiale, indépendante et libre des autres pouvoirs. Le pouvoir judiciaire est indépendant du pouvoir exécutif. Celui-ci ne devrait point entraver le cours de la justice. La subordination hiérarchique pose un réel problème de l'indépendance de la justice. Seule la véritable indépendance stricte de la séparation des trois pouvoirs, judiciaire, législatif et exécutif consoliderait la démocratie. La démocratie est synonyme de justice, de liberté, de paix, de développement et tout ce qui est en faveur du peuple. Le droit devrait être impartial et administrer au profit de tous.

Un survol historique est fait sur certains maux qui minent le développement et la paix en Afrique

L'ethnicité, les conflits post-électoraux, le pillage des richesses naturelles et la corruption demeurent des maux affaiblissant la notoriété du continent. La pertinence d'une politique sociale du développement devrait être parmi les priorités tout comme la prévention et la résolution pacifique des conflits. La construction d'une société démocratique relèverait du défi et d'un engagement ferme.

Une brève description de la jeunesse de l'Afrique du Nord en ébullition démontre qu'une révolution subsaharienne pourrait entraîner d'autres maux. En faisant ce survol, mon rêve le plus absolu est d'œuvrer sans cesse à la paix et à l'indépendance totale du continent, à son unification de façon pacifique et harmonieuse avec une gouvernance sous l'onction des valeurs morales solides

Les Africains sont appelés à lutter pour donner une nouvelle orientation politique démocratique au continent. La politique - c'est l'art d'assumer dignement ses responsabilités vis-à-vis de l'ensemble des populations sans distinction ethnique et moins encore clanique.
Être indépendant, c'est prendre sa destinée en main et prendre son envol de façon efficace sur tous les plans.
La personnalité d'un leader politique devrait toujours être au-dessus de tous les clivages tout en faisant de la jeunesse la priorité de tous les temps.
Gouverner- c'est faire des choix réalistes.

Sidonie Alexis-Salabanzi

Ils ont corrompu certains de nos compatriotes, ils ont contribué à déformer la vérité et à souiller notre indépendance. Que pourrais-je dire d'autres ? Que mort, vivant, libre ou en prison sur ordre des colonisateurs, ce n'est pas ma personne qui compte. C'est le Congo, c'est notre pauvre peuple dont on a transformé l'indépendance en une cage d'où l'on vous regarde du dehors tantôt avec cette compassion bénévole, tantôt avec joie et plaisir. Mais ma foi restera inébranlable. Je sais et je sens du fond de moi-même que tôt ou tard, mon peuple se débarrassera de tous ses ennemis intérieurs et extérieurs, qu'il se lèvera comme un seul homme pour dire non au colonialisme dégradant et honteux, et pour reprendre sa dignité sous un soleil pur.

Patrice Emery Lumumba

La liberté n'est pas chose toute faite ni toute simple. Elle naît, elle se fait, elle croît, elle s'enracine ou dépérit. La liberté, c'est ce qu'il y a de plus concret, de plus réel pour un être humain. Je deviens libre et non pas je sais beaucoup de choses sur la liberté. Ce n'est pas de savoir beaucoup de choses sur la liberté qui me rend libre.

Pierre Ganne

CHAPITRE I

LA GESTION DU POUVOIR POLITIQUE

La constitution définit le fondement juridique du pouvoir législatif et les garanties juridiques que toutes les autres lois doivent respecter. Elle établit une magistrature entièrement indépendante qui interprète la Constitution et les lois du Parlement et des législatures provinciales et territoriales comme elle le juge approprié. L'indépendance judiciaire sauvegarde nos fondements constitutionnels et assure la mise en application des lois de manière équitable et uniforme. L'indépendance de la magistrature donne l'assurance aux citoyens de l'intégrité et de l'impartialité des décisions judiciaires. C'est une marque distinctive d'une société juste et démocratique.

Dick de Jong (2010)

1- La gestion du pouvoir politique

La gestion du pouvoir politique prescrit la manière de gérer des pays, des provinces ou des régions, des villes, des groupes d'individus ou des familles. Elle comprend trois entités distinctes et toujours autonomes : *le pouvoir judiciaire*, *le pouvoir exécutif* et *le pouvoir législatif*. Ce, pour préserver et garantir les droits et libertés des citoyens.

Ces trois entités constituent le pouvoir traditionnel et régissent la gestion politique d'un pays, d'une nation, des États fédérés et autres. Il est donc impératif de définir leur rôle et impact dans nos sociétés africaines qui ont connu l'esclavage et la colonisation. Par ailleurs, la démocratie est ce mot universel expliquant clairement ce système concurrentiel auquel il est important d'adhérer, même si les plus forts imposent leurs lois. Celles-ci peuvent être critiquées ou contestées sans en venir aux mains ni aux armes, dans le plus grand respect de l'éthique de la justice et de la morale.

2- Les trois pouvoirs et leur rapport

Dans les pays où les institutions sont honorées, ces pouvoirs remplissent diverses fonctions pouvant s'interconnecter à certains niveaux. Mais, en aucun cas cette collaboration limitée, ne compromet leur autonomie. Le pouvoir judiciaire, détracteur des pouvoirs exécutif et législatif s'occupe d'appliquer impartialement la loi. Quant au pouvoir législatif, il a la fonction absolue de légiférer. Enfin, le pouvoir exécutif a le rôle de faire respecter la loi. Il applique la politique socio-économique du pays.

a)- Du pouvoir judiciaire

Le pouvoir judiciaire est le meilleur arbitre des règles de bonne gouvernance. Sa mise en place et son fonctionnement requièrent la participation des citoyens honnêtes et incorruptibles. Malheureusement, dans bien de pays africains où les institutions taillées sur mesure sont bafouées, et où les dirigeants sont au-dessus de la loi, la réalité est tout autre. L'autonomie du pouvoir judiciaire est indispensable pour garantir et faire respecter les libertés individuelles et les droits fondamentaux, quel que soit le régime et dans tous les domaines de la vie de la nation.

En Afrique, dans certains pays où le système judiciaire serait complice de la corruption galopante, on dénote des exactions, tel que l'emprisonnement arbitraire même pour délit d'opinion, ce qui fait ombrage au sérieux de la gouvernance d'un pays et constitue une menace et un frein à la démocratie.

Dans le postmodernisme, quelles que soient les étapes brûlées, les efforts engagés, les tâtonnements et les essais qui parfois se soldent par des échecs cuisants, la démocratie devrait être un processus évolutif, probe et pacifique.

Le Conseil constitutionnel et la Cour de justice sont les hautes instances judiciaires de tout pays démocratique. Il conviendrait de rappeler que Le pouvoir judiciaire peut comprendre : la Cour constitutionnelle ou le Conseil constitutionnel et la Haute cour de justice. Il y a lieu de noter que ceci est valable en cas d'un pouvoir judiciaire spécial. Cependant, dans le cadre d'un pouvoir judiciaire ordinaire, on met en place les tribunaux, la cour d'appel, la Cour suprême et le Conseil supérieur de la magistrature. Ces organes sont habilités à arbitrer les litiges entre les organismes gouvernementaux et les citoyens. Leur but est de doter les États d'outils judiciaires incorruptibles et répondant aux règles de déontologie. Ces instances républicaines et non familiales, sont au service du peuple. Leur mise en place répond à des exigences démocratiques. Cela signifie que leurs membres devraient être élus par le peuple et non nommés par le président de la République. Afin d'éviter la complaisance, la manipulation et la tricherie, et que des régions à taux élevé d'opposition soient marginalisées, il serait préférable que le quota d'élus à ces instances soit fixé au prorata de la population. Quand l'objectif du quota est équilibré, il est possible de prévenir le mécontentement, l'injustice, les rivalités et la violence gratuite. L'objectif fondamental serait celui du quota égalitaire et principalement équilibré.

Le Conseil constitutionnel est un organe public exerçant la médiation en cas de conflits électoraux. Il a les moyens nécessaires pour détecter la fraude électorale. Autonome et bienséant, il applique la constitution dans toute sa mesure. Comme modèle de référence, les leaders africains suivraient le schéma français, britannique, espagnol, portugais ou allemand. Cependant, dans le contexte africain, cette instance combien indispensable est tenue de s'actualiser en tenant compte des réalités sur le terrain. À mon avis, elle serait constituée de représentants des régions et à l'échelle continentale et selon les textes en vigueur par des représentants de chaque État.

Dans l'exercice du pouvoir judiciaire, le non-respect des lois rime avec l'arbitraire.

a-1 Exemples de gestion du pouvoir judiciaire en Afrique

Il serait convenable de donner des exemples relatifs à la manière dont est géré le pouvoir judiciaire en Afrique.

Cas 1 : Le Congo-Brazzaville.

En République du Congo, selon l'article 133 de la Constitution de 2002, en vigueur, la Cour suprême assure le pouvoir judiciaire et les autres sphères nationales de compétences. De l'indépendance à nos jours, ce pays a eu plusieurs constitutions. La dernière de 2002 cousue sur mesure ne serait pas respectée par son initiateur qui souhaiterait organiser un référendum.

Une constitution répondant à une personne donnée contiendrait un véritable vice juridique. Elle freinerait son utilisation dès que son auteur ne serait plus aux affaires. L'opposition qui aurait signalé des irrégularités et dénoncé une fraude électorale massive avant le scrutin aurait exigé en vain le report de l'élection. Les contestations post-électorales émises par l'opposition seraient ignorées par le gouvernement qui se serait offert le luxe d'aller aux urnes.

Pendant la campagne électorale, les opposants asphyxiés seraient écrasés par le rouleau compresseur financier du pouvoir. Des *milliards de francs CFA ont été sortis du trésor public pour acheter la conscience d'une population paupérisée.* Ces richesses détournées ou évanouies dans la nature auraient pu servir à réfectionner, construire les écoles et les maisons détruites dans les régions du sud, victimes d'une guerre civile préméditée. Le 12 juillet 2009, obéissant à l'appel au boycottage lancé par une opposition financièrement bâillonnée, les électeurs se sont rendus timidement aux urnes. En dépit de la faible participation au vote, la cour constitutionnelle de Brazzaville acquise à la cause du pouvoir, a sans peine validé le scrutin. Encore cinq ans de privation et de pénitence pour le peuple d'un Congo-Brazzaville complètement asphyxié. Oui, des drames du silence à la volonté de vivre !

L'histoire nous apprend que rien n'entrave et ne brave la révolte d'un peuple longtemps opprimé. Son courage est à lui seul la somme de toutes les armées du monde. C'est pour cette raison que le pouvoir appartient au peuple souverain.

En 1993, au Congo-Brazzaville, le Président Pascal Lissouba se présente aux élections et remporte la victoire grâce à l'appui de son prédécesseur. Ses intentions de faire du Congo une « *petite Suisse* » sont bien connues. Il demanda au peuple de le jeter dans l'océan, en cas d'échec de son mandat présidentiel. Ironie du sort, son mandat parsemé de violences qui auraient pu être évitées, n'a pas été à la hauteur de ses grandes ambitions. Et, le peuple ne l'a pourtant pas rejeté pour autant. En ripostant aux provocations de son prédécesseur et de ses milices cobras, une guerre civile est déclenchée inutilement. Les deux belligérants ou protagonistes utilisent l'armement lourd. De part et d'autre, les quartiers résidentiels de Brazzaville sont bombardés et les alliances fraternelles oubliées.

Curieusement, à la fin de son règne, au moment où la guerre fait rage, le président met en place le Conseil constitutionnel dont les membres encore issus de son entourage ne font pas l'unanimité. Il y a de quoi s'interroger sur une telle brèche à la démocratie. Quelle crédibilité pour un tel Conseil constitutionnel ? Ses membres peuvent-ils être impartiaux, intègres et pragmatiques dans leurs attributions ? Une fois que tout fut consommé, la réponse à ces deux questions demeure.

On ne peut vouloir *les carottes et le lapin.* Si l'objectif essentiel d'un Conseil vise à canaliser les débordements du pouvoir exécutif, il va de soi que sa mission primordiale aurait pu être celle de suspendre l'action anti-républicaine du pouvoir en place. Dans ce cas, l'ajournement de sa mise en place serait un manquement suicidaire. Les guerres fratricides ainsi activées entraînent des conséquences irrémédiables. C'est le peuple qui paye de sa chair. Le silence et l'inaction du Conseil constitutionnel confirmeraient son *inaptitude fonctionnelle.*

Le Conseil Constitutionnel a été mis tardivement en place, ce qui a été interprété comme pour faire valoir une fausse légitimité, violant ainsi la légitimité proprement démocratique. La violence est alors implicitement institutionnalisée. Ce fut l'une des erreurs de ce pouvoir de Brazzaville issu des urnes en 1992 et la fin du processus démocratique.

Partant, faire la différence entre la légitimité et la tricherie de façon déterminante revient au peuple lui-même à qui il incombe de défendre à tout prix les principes et les valeurs démocratiques en refusant une prétendue légitimité de conservation du pouvoir pour le pouvoir. Cette seconde légitimité paraît fictive dans la mesure où elle s'incarne unilatéralement dans l'exécutif qui prétend être le centre du pouvoir démocratique.

Dans le cas d'espèce, la légitimité démocratique, détenue par le peuple seul, a tout le risque de glisser subrepticement vers des mécanismes caricaturaux, aberrants et absurdes des régimes monopartites sanglants auxquels la République du Congo venait de tourner le dos. Mais, personne ne semblait mesurer l'écueil institutionnel déclenché par *un dysfonctionnement du pouvoir judiciaire.* La Constitution d'un État démocratique en République du Congo avait pour mission de mettre en place toutes les institutions républicaines pendant la transition. Ce ne fut pas possible pour des raisons diverses dont des menaces de mort répétées sur certains responsables. Des barricades furent érigées, signes avant-coureurs de perturbations et de violence. La prudence était donc de mise, surtout au sujet des questions de justice et de paix.

Pour en savoir davantage au sujet des événements survenus au Congo-Brazzaville, nous recommandons de lire les ouvrages suivants :

- Dieudonné ANTOINE-GANGA (2012). *Si Bacongo m'était conté… La joie de vivre métamorphosée en violence*, L'Harmattan, Paris, 198 pages.
- Dominique Ngoie Ngalla *(1999). Congo-Brazzaville, Le retour des ethnies. La violence identitaire,* Abidjan, Imprimerie Multiprint, 125 pages.
- Emmanuel DONGALA *(2002).Johnny Chien Méchant,* Editions le Serpent à plumes, Paris, 360 pages.
- Nobert DABIRA (1998). *Brazzaville à Feu et à Sang, 5 juin-15 octobre 1997*, Paris, l'Harmattan, 384 pages

- Jean-Roger ZIKA (2002). *Démocratisme et misère politique en Afrique. Le cas du Congo-Brazzaville,* L'Harmattan, 196 pages.
- Yitzhak Koula (2000). *La démocratie Congolaise brûlée au pétrole*, Paris, L'Harmattan, 220 pages

Malheureusement, nous rencontrons de nombreuses personnes feignant de ne rien savoir de toutes ces guerres.

Les *passionnés du pouvoir* ont causé beaucoup de torts aux institutions républicaines telles qu'elles avaient été déterminées par la Conférence nationale souveraine de 1991. Devrait-on en vouloir au Prélat, Monseigneur Ernest Kombo, ou au Premier Ministre de la transition, André Milongo ? Non, car tout le monde n'était pas prêt à s'engager dans la logique démocratique dont l'ouverture au début des années 1990 apporta une lueur d'espoir au sein des populations africaines. Les libertés d'agir et d'expressions sont alors amèrement bâillonnées.

Le 20 juin 1990, lors du Sommet France - Afrique de la Baule, François Mitterrand, le Président français, avait dans son discours salué l'inéluctable vent du changement en Afrique. Roland Dumas résume ce discours en ces termes : « Le vent de liberté qui a soufflé à l'Est devra indubitablement souffler un jour en direction du Sud (.) Il n'y a pas de développement sans démocratie et il n'y a pas de démocratie sans développement »[2]. A. MBog Pibasso écrit dans un article que « ces pourfendeurs de la République dont ils prétendent être pourtant des *humbles* serviteurs veulent transformer le continent africain en conglomérat de royaume, où chaque potentat au pouvoir se décrète roi, et installe une monarchie en lieu et place de la République comme le veut pourtant la constitution de leur pays»[3].

---

2 La politique africaine de la France, n0 324, session ordinaire de 2010-2011, Rapport d'information enregistré à la Présidence du Sénat le 28 février 2011.

3 Ibid

Cas 2 : Le Bénin

Le Bénin, fidèle à ce mot d'ordre du président de la France, François Mitterrand, fit des progrès gigantesques dans l'instauration de la démocratie, surtout que la majorité des présidents africains arrive au pouvoir par des coups d'État sanglants ou par passation des pouvoirs ou encore par voie successorale. Contre la volonté du peuple, on change à sa guise les institutions et la constitution.

Le Bénin, après avoir accédé à l'indépendance le 1er août 1960, compte plusieurs présidents déchus. Mathieu Kérékou est celui qui a conduit le Bénin dans l'ère démocratique sans bain de sang[4]. Il a respecté les règles du jeu et s'est montré conciliant vis-à-vis de son peuple. Il a respecté la tenue de la Conférence nationale du 19 au 28 février 1990, sous la présidence de Mgr De Souza Isidore. La conférence nationale qui s'était terminée par une *circumduction* consensuelle enrichissante a tracé la nouvelle donne politique de la République du Bénin.

Tout se passa sans barricade. Un accouchement sans douleur en quelque sorte. La période transitoire du Bénin se déroula aussi dans la paix et l'harmonie. Tout le monde avait alors compris que la paix est une valeur inéluctable à préserver. C'est par le dialogue, seul élément conciliateur fiable et réaliste que l'on peut instaurer la paix, l'unité nationale et l'autorité de l'État. Cet exemple béninois est très édifiant. En conduisant le Bénin vers une démocratie à visage humain, Mathieu Kérékou, *dictateur* jadis diabolisé, fit peau neuve à la face du monde.

Adoptée le 2 décembre 1990, la constitution s'applique bien au Bénin. En mars 1991, les élections législatives et présidentielles eurent lieu. Mathieu Kérékou perd le pouvoir et se retire. Nicéphore Soglo, son ancien premier ministre, devient le premier président de la République élu sous le régime démocratique.

---

[4] Machioudi Dissou. (2002). *Le Bénin et l'épreuve démocratique. Leçons des élections de 1991 à 2001*, Paris, L'Harmattan.

Dans ce pays où la démocratie s'instaure selon les règles requises, « le président de la République est le garant de l'autonomie de la justice »[5]. Sur ce point, les textes de loi sont très clairs, et cela semble bien fonctionner. Voilà pourquoi de nos jours, le Bénin jouit d'un climat institutionnel stable. Grâce à l'efficacité de ses lois qui assurent la protection et la sécurité de tous les citoyens, il est devenu un modèle de démocratie en Afrique.

Au Bénin où les populations ont amorcé ce processus en douceur, on a compris que la démocratie est la seule voie qui mène à l'unité nationale, à la paix, à la reconstruction et au développement durable. La constitution du Bénin stipule que « le pouvoir judiciaire est indépendant du pouvoir législatif et du pouvoir exécutif »[6].

Dans le préambule de la constitution, l'objectif fondamental est : «créer un État de démocratie pluraliste, dans lequel les droits fondamentaux de l'homme, les libertés publiques, la dignité humaine et la justice sont garantis, protégés et promus comme la condition nécessaire au développement véritable et harmonieux de chaque béninois tant dans sa dimension temporelle, culturelle que spirituelle »[7]. La détermination du peuple béninois fait la différence dans l'application du processus démocratique, même si dans ce pays la pauvreté reste une problématique sociale qui persiste.

Cas 3 : Le Togo

Par contre, en 2002, au Togo, le président de la République, Gnassingbé Eyadema change la constitution sans s'en référer au peuple. Comme son mandat arrive à terme, il modifie la constitution afin de mourir au pouvoir.

---

5 Ibid

6 La Constitution de la République du Bénin. (1990). *Titre VI : du pouvoir judiciaire, article 125*, 2 décembre.

7 Ibid.

C'est au cours d'un coup d'État sanglant qu'Eyadema prit le pouvoir contre Sylvanus Olympio. Ce dernier, leader de l'Union des forces de changement (U.F.C.), fut élu premier ministre en 1958.

En 1960, la France accorde l'indépendance au Togo. En avril 1961, le premier ministre, Sylvanus Olympio devient le premier président issu des urnes. Le 13 janvier 1963 marque la date de son meurtre. Le 13 janvier 1967, jour de l'anniversaire de l'assassinat du président de la République togolaise, Sylvanus Olympio, le colonel Eyadema s'empara du pouvoir.

N'ayant aucune expérience en matière de gouvernance, les putschistes auraient fait appel à Claude Grunitzky, journaliste et entrepreneur franco-togolais qui était en exil. Dès lors, les conflits internes au sein du gouvernement entraînèrent la chute du géant aux pieds d'argile. En 1969, ce président à vie s'impose en dictateur. En mars 1991, la rue est en grève. Les mouvements de contestation sont matés et les droits de l'Homme sont foulés aux pieds. Les élections de 1993, 1998 et 2003 gagnées par des moyens frauduleux, confisquent ainsi la démocratie togolaise. Le 5 février 2005, Eyadema meurt. Aidé par un coup de force de l'armée et l'appui inconditionnel de la France, son fils Faure lui succède.

Cas 4 : Le Congo (RDC)

Le 17 mai 1997, Laurent Désiré Kabila prend le pouvoir à Kinshasa. En janvier 2000, il y est assassiné et Joseph Kabila lui succède.

Cas 5 : La Guinée Conakry En Guinée Conakry, Lansana Conté devient président à vie grâce au vote d'une nouvelle loi démocratique.

Cas 6 : Le Tchad Idriss Déby qui a chassé Hissène Habré devient président du Tchad à l'issue d'une guérilla. Les antidémocratiques ou les *antidémocrafricains* soutenus de l'extérieur sont les vrais fossoyeurs de l'Afrique.

Cas 7 : L'Afrique du Sud

Le système judiciaire de l'Afrique du Sud, serait indépendant du gouvernement. Dans ce pays en construction démocratique, *la Cour constitutionnelle est la plus haute institution judiciaire*[8]. Bien que l'apartheid ait laissé des séquelles inexprimables, le système judiciaire sans discrimination raciale reste la rampe sécuritaire pour l'ensemble des citoyens. Le chômage, la violence et la peur demeurent les points névralgiques de cette société où les chants qui frisent la haine continuent à en blesser plus d'un. Cela prend du temps pour changer et s'adapter à la nouvelle vie de la nation. Il y a aussi des Blancs conservateurs qui refusent de collaborer avec les autres. La xénophobie ne saurait point être constructive. Il est donc inutile de mener la politique des fielleux. Le vivre ensemble pacifiquement est un idéal noble.

Cas 8 : le Niger

À la tête d'un pays riche en uranium et d'une population affamée vivant aux crochets d'une communauté internationale sélective, Mamadou Tandja, l'homme fort du Niger, fut renversé par des militaires le 18 février 2010. Il croupit dans une caserne avec quelques-uns de ses collaborateurs. Cet exemple démontre que les dictateurs sont souvent victimes de leur propre forfaiture.

Cas 9 : le Maroc

Au Maroc, le pouvoir judiciaire se démarque par la Cour suprême[9]. Le rôle de cette dernière est d'inspecter la normalité des choix. Elle comprend six chambres : La chambre civile, la chambre de statut personnel et

---

8 Xavier, P. (1996). Cahier du Conseil constitutionnel n0 9, la Cour constitutionnelle sud-africaine, Johannesburg.

9 Constitution du Maroc. (2011). Série « Documentation juridique marocaine », Édition du 1er juillet.

successoral, la chambre pénale, la chambre administrative, la chambre sociale et la chambre commerciale[10]. Abdeslam Maghraoui, professeur à Princeton, donne son point de vue sur la monarchie en ces termes : « peut et doit être réformée en clarifiant sa relation constitutionnelle et juridique avec l'État, la société et le gouvernement [11]». Ces mots sont tirés d'un article publié par l'hebdomadaire *Le journal*, 7-13 juin 2003. Cependant, Ignace Dalle ajoute que « cette conviction est partagée par ceux qui veulent voir le Maroc entrer dans la modernité en se dotant d'une véritable monarchie constitutionnelle et en envoyant aux oubliettes l'actuelle Constitution « octroyée par le roi ».[12]

a-2 Démocratie et constitution

La démocratie devrait assurer la continuité de L'État, la sécurité des citoyens et des chefs d'État à la retraite, pour ne pas les contraindre à l'exil ou les rendre victimes des soi-disant bavures policières.

Le multipartisme sur papier, qu'on claironne dans les pays africains, comptoirs coloniaux avérés, confirme à bien des égards la mainmise des pouvoirs dictatoriaux sur leurs peuples.

Dans certains pays, l'opposition, en prenant les armes contre le pouvoir en place, démontre à contrario que le monopartisme en Afrique reste une réalité vivante. C'est pour cette raison qu'il serait nécessaire de nuancer le débat sur les démocraties africaines qui, pour certains, ne sont qu'une complaisance commanditée de l'extérieur.

Dans les démocraties africaines où le parti unique tient encore le haut du pavé, le multipartisme calqué sur

---

10 Ibid

11 Dalle, I. (2003). "Espérances déçues du Maroc", *le Monde diplomatique*, août, p. 19.

12 Ibid

l'Occident a du mal à s'implanter. Dans ces démocraties naissantes, les dirigeants taillent des constitutions sur mesure pour se maintenir au pouvoir, d'où la résurgence des conflits et des coups d'État en série. Aujourd'hui, le politique africain peine à instaurer et à faire respecter une institution démocratique issue de la volonté du peuple comme à travers l'organisation de *Référendum constitutionnel.*

Situation 1 : Entorse constitutionnelle au Burundi

Le cas du Burundi illustre bien cette situation. Le président a brigué un troisième mandat au dédain de la constitution et sans tenir compte de multiples protestations des populations et de la vie des manifestants. C'est le pouvoir absolu. Ce troisième mandat est donc légitimement contesté par la majorité des populations. Ainsi, le Burundi est de nouveau plongé dans des problèmes d'ordre institutionnel, juridique et bien sûr politique. Le retour de la paix au Burundi parait indubitablement risqué par l'entêtement du président de la république à vouloir demeurer au pouvoir. C'est le bras de fer d'un soi-disant pasteur et ex- rebelle.

Dans son essence, le pouvoir judiciaire devrait contrer les ambitions illégales des dictateurs de s'incruster au pouvoir par des révisions systématiques antidémocratiques de la constitution. Malheureusement, le pouvoir dictatorial africain a tous les instruments pour, le cas échéant, bâillonner et mater l'opposition, réprimer cruellement les manifestants, piller, massacrer et bombarder les populations civiles. À défaut, les élections sont reportées sine die et le mandat présidentiel révisé à loisir. Pour finir, l'absence d'un calendrier électoral fixe laisse la porte ouverte aux coups d'État ou aux complots orchestrés.

Par ailleurs, il ne s'agit pas d'inventer sur papier les meilleures structures et institutions. Les meilleurs garde-fous pour contenir les dérapages, les abus de pouvoir et les errements du premier magistrat, sont les hommes et les femmes qui ont la lourde charge d'animer ces institutions. La qualité des institutions judiciaires est beaucoup plus tributaire de la conscience civique et du comportement des humains que de la beauté des structures. Sinon, tout ce qui est retors, y est possible en toute impunité.

Dans une institution démocratique régie par le respect des lois et des textes, il ne s'agit point du pouvoir d'un individu, d'une ethnie, d'une région quelconque, mais bien de celui du peuple. Dans les sociétés dites démocratiques où nul n'est au-dessus de la loi, la dignité et le respect sont parmi tant de valeurs fondamentales. Il est grand temps pour les pays africains de commencer à bâtir des sociétés où les droits et la dignité humaine sont respectés, les devoirs et les obligations mis en œuvre.

Dans un processus électoral démocratique, les résultats définitifs des élections présidentielles et législatives sont validés et proclamés soit par la Cour constitutionnelle soit par la Cour d'Appel soit encore par les deux et non point par le ministre de l'intérieur en sueur et tremblant à cause de leur forfaiture.

Ces deux instances réagissent aux recours des fraudes et des irrégularités enregistrées au cours du vote, mentionnées dans les procès-verbaux déposés par les candidats. Ces dernières années encore, la plupart des élections organisées en Afrique, connaissent un climat de contestation sur fond de violence. Exemples récents : le *Kenya* lors de l'élection présidentielle du 27 décembre 2007. Les élections étant fortement médiatisées, les grands journaux ont fait part des tueries, des bavures policières et ils ont dénoncé certains militants ayant commis des actes odieux. La même scène est vécue au Zimbabwe et en Côte d'Ivoire (2010) où le comble fut atteint avec un bicéphalisme au sommet de l'Etat et un conflit postélectoral qui aurait fait 3000 victimes.

Dans la plupart des cas, les prérogatives des instances précitées sont ignorées ou bafouées comme à Brazzaville où le hold-up électoral est décrié. La vie de ceux qui ont gagné est en danger. Le perdant quant à lui, s'impose en massacrant et en arrêtant les militants et les innocents. Il crée ainsi une situation ambiguë.

D'après Joseph Ki-Zerbo : « Une telle situation est attribuable à la triple antinomie de l'exercice de la souveraineté par le peuple qui n'est que de façade, du fonctionnement d'un système de domination qui concentre l'orientation de politique générale au pouvoir quasi monarchique du président, et à la persistance d'annihilation structurelle de l'opposition[13]. La cause immédiate n'est pas un dysfonctionnement des instances ou des textes qui les régissent en tant que tel, mais la pression exercée par cette antinomie sur les membres. »[14]

En effet, entre un pouvoir du peuple et un pouvoir aux mains d'un parti, entre la revendication d'une opposition farouche et la responsabilité qui incombe aux membres des hautes instances judiciaires, la solution n'est pas toujours celle des urnes. Il y a donc une crise d'objectivité et une crise de responsabilité. La solution émane souvent du pouvoir en place. Il compte sur l'armée ou les milices claniques, parmi son arsenal persuasif. Du coup, la responsabilité des instances judiciaires fond dans l'arbitraire. Des procureurs incompétents s'insurgent et ils faussent tout. La nation est ainsi livrée aux instincts grégaires du conflit, de la spirale de la violence et, finalement, de la guerre fratricide.

Il y a donc une raison prééminente, pour renforcer le pouvoir des instances judiciaires, de dénoncer l'impartialité de leur exercice, de choisir des hommes et des femmes compétents, intègres, responsables, patriotes, soucieux du bien-être social des populations et engagés dans une politique de paix totale.

---

[13] KI-ZERBO, J. (2003) *À quand l'Afrique ?* Entretien avec René Holenstein, Paris, Édition de l'Aube, p.56.

[14] Ibid

Il faudrait en déduire que le *rôle inhérent* d'une institution de gestion du pouvoir judiciaire consisterait réellement à contrôler la *constitutionnalité des règles républicaines*, à délimiter les responsabilités en cas de conflits électoraux et à établir les obligations des uns et des autres en toute quiétude.

Cette situation de prévention impérative permet aux hautes instances judiciaires de départager les parties sur des bases objectives et équitables. Il est indiqué, dans ces circonstances, que l'autonomie du pouvoir judiciaire par rapport aux pouvoirs législatif et exécutif soit comprise et respectée dès le départ. C'est la confusion entre les trois pouvoirs et la non-délimitation de leur champ d'exercice qui, le plus souvent en Afrique, serait une source de conflits électoraux. La conception d'un État démocratique africain passerait par l'instauration de la discipline et du strict respect des textes adoptés à l'unanimité ou de façon consensuelle.

Généralement, il est difficile que le Conseil constitutionnel puisse résoudre un conflit qui oppose la majorité présidentielle à l'opposition. Les membres du Conseil constitutionnel étant nommés par décret présidentiel, donc, par le président de la république, ne défendraient que les intérêts de celui-ci. En effet, le président de la république s'arroge les pleins pouvoirs de leur offrir le poste où ils sont susceptibles de *se sucrer* et de briller par leur incompétence partisane. Cette expression est couramment utilisée en Afrique centrale pour signifier que ceux qui s'accrochent au pouvoir pour le pouvoir sont là pour se servir et non pour servir les intérêts de la nation. Ayant déjà un parapluie de protection qui favorise le laxisme, les membres du Conseil constitutionnel perdent la marge d'autonomie dans l'exercice de leurs fonctions.

L'inexistence de cette haute instance pendant plus de trois décennies a fragilisé le passage des régimes monopartites aux régimes démocratiques. L'exercice politique du pouvoir judiciaire n'ayant pas bénéficié du temps voulu pour s'incruster dans les structures de l'agir politique, sa mise en place, improvisée, a été le plus souvent aléatoire et vouée à l'échec.

Le pouvoir judiciaire est ainsi pris entre le marteau de la demande démocratique et l'enclume des pressions du système monopartite aux mains d'un seul homme. De fait, la migration du régime monopartite au régime multipartite a engendré une mutation du pouvoir en autocratie cruelle.

Sans faux-fuyant, disons simplement que les démocraties africaines se sont juxtaposées, stratifiées et amoncelées sur des systèmes du monopartisme. Les textes ont, certes changé, mais les mentalités et les hommes sont restés les mêmes. Cette fragilité du tissu politique africain qui transparaît à travers la faiblesse de son pouvoir judiciaire, crée, de nos jours, une situation alarmante. À telle enseigne qu'on peut rencontrer, dans un système multipartite, les mécanismes de gestion qui frisent encore la dictature farouche. À cet effet, le semblant de démocratie se mue très vite en tyrannie active. C'est ainsi qu'un peu partout en Afrique, les guerres, les génocides, les cas flagrants d'atteinte aux libertés fondamentales de l'être humain continuent à sévir.

Sociologiquement, on pourrait justifier qu'un changement historique d'idéologie amène toujours un risque de déviance. Mais, politiquement, cet argumentaire est insatisfaisant. La gestion d'un État a besoin de repères fiables, tangibles, vérifiables et perfectibles.

La solution politique du problème de fragilité institutionnelle des États africains est la consécration sans équivoque de l'indépendance totale et de la séparation nette du pouvoir judiciaire de l'exécutif. Tant que cette indépendance ne sera pas assumée par les politiques, la peur de l'exécutif de perdre le pouvoir par un coup d'État sera permanente. Malencontreusement, cette insécurité justifie la perpétuation d'un pouvoir autocratique à l'intérieur du régime multipartite. L'exécutif revendique seul le pouvoir démocratique qui est incarné par une personne : Monsieur le président de la République. En s'accaparant tous les pouvoirs, il se cramponne à la magistrature suprême par tous les moyens et au dédain même de la constitution. Manifestement, dans ces conditions, il y a un *vide constitutionnel.* Nous entendons par *vide constitutionnel* l'absence des points juridiques clés dans une constitution donnée.

Situation 2 : vide constitutionnel au Congo-Brazzaville

Par exemple, la Constitution de mars 1992 du Congo-Brazzaville n'avait rien prévu au cas où le président de la République serait responsable d'actes anticonstitutionnels : répression sanglante, déclenchement d'un conflit armé, non-tenue des élections, etc. La conséquence désastreuse d'un tel vide constitutionnel fut l'arrêt immédiat du processus démocratique avec des guerres à répétition.

Le 21 mai 1997, l'étincelle s'allume à Owando et s'active à Brazzaville, moins de trois semaines plus tard, lors du règne du président Pascal Lissouba. Cela a entraîné la lutte pour le pouvoir le plus meurtrier de l'histoire du Congo. En ce jour inoubliable du 5 juin 1997, un écolier de cinq ans, son sac au dos, est tué en plein centre-ville ainsi que le colonel Henri Eboundit à Ouenzé, neveu du président Joachim Yhombi Opangault, successeur du président Marien Ngouabi.

Le 15 octobre 1997, le général Denis Sassou Nguesso s'empare de nouveau du pouvoir. Le pays est livré aux enlèvements et à des actions criminelles, de 1997 à 2003. Le 18 décembre 1998, le pouvoir en place déclenche une autre guerre dite *guerre à huis clos.* Un groupe de parlementaires suédoises était à Kinshasa et avait traversé le fleuve pour mieux faire un état de lieu de la situation à Brazzaville. J'ai rencontré ces braves parlementaires à Kinshasa lors de mon exil. Le groupe vit l'abomination qu'il dénonça au Sommet du Caire de l'an 2000. Les parlementaires suédoises ont été écœurées par *la langue de bois des organismes internationaux face à cette guerre à huis clos.*

Les populations civiles du Sud du pays ont été utilisées comme des boucliers humains, par *les rebelles ninjas* d'un côté, l'armée gouvernementale et les milices du pouvoir utilisant des engins lourds de l'autre côté. Sur ordre du pouvoir, ces milices d'une cruauté sans nom ratissent farouchement les quartiers Sud de Brazzaville qu'ils réduisent en véritables champs de cadavres.

En 1999, le corridor humanitaire n'est plus qu'un couloir de la mort. Comme d'habitude, la communauté internationale voit, regarde et observe se perpétrer dans le mutisme le plus complet l'orgie sanguinaire. Les organismes internationaux installés sur place s'interdisent de décrier le nettoyage humain.

Entre 1999 et 2000, de nombreux jeunes garçons, au retour d'un exil pourtant supervisé par un impuissant Haut-Commissariat aux Réfugiés, sont enlevés au Beach de Brazzaville. Ces jeunes dont le seul crime était d'être des ressortissants du Pool ont été sauvagement assassinés sur ordre du pouvoir. Objectif : décapiter cette région de sa jeunesse masculine considérée comme l'ennemie publique numéro un dudit régime du ***pandémonium***. Faire du mal est leur mode de pensée.

La situation de terreur et d'horreur qui a prévalu dans ce pays, favorise un vide juridique ayant pour conséquence le maintien au pouvoir du président de la République par des élections visiblement frauduleuses. Ce scénario se répète depuis octobre 2015. La région du Pool vie une tragédie indicible avec déjà plus de 10 000 morts. Ils sont bombardés par le fielleux au pouvoir. Les survivants errent dans la forêt au moment où Sassou se régale de la victoire usurpée au milieu de ses semblables ce 16 avril 2016. Mon Dieu, que font les humanitaires ? Quel est le rôle de l'ONU ? Voilà le génocide du XXIe siècle.

Quand l'exécutif ne tient plus compte des *textes constitutionnels de partage du pouvoir*, il y a un problème dramatique. Seul le pouvoir de l'institution présidentielle compte. C'est donc un pouvoir sans partage, un pouvoir à vie, qui sans scrupule se transmettrait de père en fils. Le cas du

Togo en dit long sur cette pratique fallacieuse, devenue une tendance en Afrique subsaharienne. En République Démocratique du Congo, après l'assassinat de Mzee Laurent Désiré Kabila, c'est Joseph Kabila, le fils, qui lui succède. Ces monarchies républicaines usent de la force, de la répression, des enlèvements, du vol et du viol pour se maintenir au pouvoir.

Le président de la République, *assoiffé de pouvoir ou patriote-poche*, brigue de nouveaux mandats, éliminant parfois physiquement ou à petit feu les adversaires politiques de taille. Avec une flexibilité des mandats, il devient inamovible. Une Constitution taillée à sa mesure est *promulguée*. En se cramponnant au pouvoir, sa solution finale serait inévitablement l'instauration d'une dictature sanglante et répressive. Cette répression quasi permanente fait fuir du continent les meilleurs cerveaux. C'est bien là une des faces cachées et hideuses de la politique africaine contemporaine. Voilà un *drame du silence* qui se refermera sur lui-même, si les sans *voix* ne se font pas entendre et n'exercent pas leurs droits au chapitre. Tant que l'exécutif se substituera en *summum* du pouvoir, la démocratie africaine ne sera qu'un leurre.

Pour un enracinement de ses politiques sur des bases propres, l'Afrique devrait choisir entre les traditions chefferiques et les macrostructures importées et préfabriquées de l'Occident. Une remise en question serait alors nécessaire face aux enjeux totalitaires. Il faudrait savoir en assumer alors les limites et les contradictions. En tout cas, le pas à franchir est inévitable et long.

En Afrique, ce n'est pas la tenue d'une élection qui témoignerait de l'existence d'une démocratie. Les mécontentements quasi généralisés montrent à quel point le problème serait grave. Suite à la mort du Président Omar Bongo l'élection présidentielle s'est déroulée au Gabon le 30 août 2009. En République Démocratique du Congo, l'élection présidentielle s'est tenue le 28 novembre 2011. Au Togo, l'élection présidentielle a été organisée le 25 avril 2015, au Kenya, le 4 mars 2013 et au Zimbabwe, le 29 mars 2008. Les résultats des élections ont été contestés par l'opposition. Ceci est un constat qui cristalliserait la difficulté de maîtrise infrastructurelle et objective du processus électoral. On ne saurait minimiser une telle situation. De part et d'autre, c'est-à-dire au niveau du pouvoir en place comme au niveau de l'opposition, l'intérêt reste celui de la conquête du pouvoir, on peut comprendre sans difficulté les dessous cachés de ces processus électoraux. Je conteste les pots-de-vin, l'intimidation, la manipulation, le mensonge, le dénigrement, les peaux de banane, les tractations, les intrigues, la concussion, et les combines entre autres sans oublier les assassinats politiques répétitifs. La transparence est un principe immanquable en démocratie. C'est à ce peuple et pour ce peuple que la *transparence es*t *un droit absolument essentiel.* Dès lors, la contestation, en cas de fraude, est une situation normale nécessitant des explications valables et claires.

D'ailleurs, au comble du malheur, là où le pouvoir en place s'est durci, c'est le même peuple électeur, à qui l'on promettait monts et merveilles, qui paie de son sang. Il est aisé de comprendre que le pouvoir en place soit la partie normalement apte à manipuler le processus électoral. Il se trouverait et se confronterait donc à une opposition soit farouche, timorée ou divisée. Pourquoi cet enjeu prévisible des rapports de forces parfois dévastateurs, suscite-t-il une instabilité institutionnelle et politique en Afrique ? Réponse : la cristallisation d'une légitimité *du pouvoir par le peuple et pour le peuple* est quasi absente ou foulée aux pieds. Comment assurer à la source même une telle légitimité ?

Pour le cas précis des démocraties africaines, la légitimité du pouvoir par le peuple et pour le peuple devrait émaner d'une juste considération du pouvoir judiciaire. L'institution présidentielle n'en est que l'exécutif et non pas le fondement. Il est indispensable de comprendre cette dimension concrète et évidente d'une politique africaine qui préviendrait des enchevêtrements dysfonctionnels du pouvoir. Les difficultés liées au partage du pouvoir sont l'un des goulots d'étranglement des démocraties en Terre d'Afrique.

Situation 3 : Démocratie et succession-cas du Gabon

En 2003, Le président Omar Bongo Ondimba a changé la constitution pour s'incruster au pouvoir. Le 8 juin 2009, les autorités gabonaises annoncent officiellement la nouvelle de son décès à l'âge de 73 ans. Doyen des chefs d'état en exercice, il a régné pendant (42) quarante-deux ans. Mme Rose Francine Rogombé, présidente du Sénat a assuré l'intérim de la présidence de la République. Conformément à la Constitution gabonaise, elle a été chargée d'organiser les élections dans les trente ou quarante-cinq jours qui suivent. L'article 13 fixe les dispositions relatives à la vacance du pouvoir :

> « En cas de vacance de la présidence de la République pour quelques causes que ce soit, ou d'empêchement définitif de son titulaire constaté par la Cour Constitutionnelle { .}, les fonctions du président de la République, à l'exception de celles prévues aux articles 18, 19 et 116, alinéa premier, sont provisoirement exercées par le président du Sénat ou, en cas d'empêchement de celui-ci dûment constaté par la Cour Constitutionnelle {…}, par le premier vice-président du Sénat. [15] »

Par ailleurs, les textes précisent que le président intérimaire n'a pas le droit de briguer ce poste, son rôle étant clairement défini. Le choix d'un successeur parait un moment crucial pour le Gabon où seul le respect des institutions démocratiques lui donnerait un souffle nouveau. Unique candidat du Parti Démocratique Gabonais, Ali Bongo Ondimba, fils du feu président Bongo s'est présenté à l'élection présidentielle du 30 août 2009 après avoir séjourné en France.

---

[15] Constitution de la République gabonaise. (1991). Loi n0 3/91 du 26 mars.

Quelques jours plus tard, les résultats sont publiés. Ali Bongo Ondimba serait officiellement élu président de la République gabonaise avec 41,73 % des voix, face à Pierre Mamboundou (25,64 %) et André Mba Obame (25,33 %). Ces derniers récusent la légalité de la proclamation et la bonne foi des résultats. Après la validation des résultats de cette élection, Ali Bongo est investi le 16 octobre 2009. Cette contestation a entraîné des émeutes parce que les résultats auraient été truqués. Ali Bongo aurait été investi sans avoir gagné et il aurait eu le soutien de la France. Il représenterait les intérêts de celle-ci.

Le pouvoir judiciaire est la force représentative *de jure et de facto* du pouvoir *par le peuple* et *pour le peuple.* Puisque sa légitimité est douteuse, l'institution présidentielle, au grand dam du peuple, joue tous les rôles. L'opposition y est sans cesse menacée. Les journalistes audacieux finissent leurs jours en prison ou ils sont assassinés. C'est le cas de Joseph Ngouala du Congo-Brazzaville, de Norbert Zongho du Burkina Faso, de celui de l'Algérien Saïd Mekbel (Berbère), assassiné le 3 décembre 1994 à Béjaïa dont voici le dernier écrit :

> « Ce voleur qui ? ? ?
> Ce voleur qui, dans la nuit, rase les murs pour rentrer chez lui, c'est lui.
> Ce père qui recommande à ses enfants de ne pas dire dehors le méchant métier qu'il fait, c'est lui.
> Ce mauvais citoyen qui traîne au Palais de justice, attendant de passer devant les juges, c'est lui.
> Cet individu, pris dans une rafle de quartier et qu'un coup de crosse propulse au fond du camion, c'est lui.
> C'est lui qui, le matin, quitte sa maison sans être sûr d'arriver à son travail et lui qui quitte, le soir, son travail sans être sûr d'arriver à sa maison.
> Ce vagabond qui ne sait plus chez qui passer la nuit, c'est lui.
> C'est lui qu'on menace dans les secrets d'un cabinet officiel, le témoin qui doit ravaler ce qu'il sait, ce citoyen nu et désemparé.

Cet homme qui fait le vœu de ne pas mourir égorgé, c'est lui.
C'est lui qui ne sait rien faire de ses mains, rien d'autre que ses petits écrits.
Lui qui espère contre tout parce que, n'est-ce pas, les roses poussent bien sur les tas de fumier.
Lui qui est tout cela et qui est seulement journaliste[16]. »

Saïd Mekbel a écrit ces mots à la veille de son assassinat. Victime d'un abus de pouvoir ! *Le héros des journalistes algériens, Saïd Mekbel, chroniqueur au Matin, un homme timide et doux qui avait tous les courages, jeta un jour sur une feuille quelques réflexions : « J'aimerais bien savoir qui va me tuer - et quand ? Les assassins ont-ils des états d'âme » ? Il fut abattu à bout portant, le 3 décembre 1994, en plein midi.*[17] Comme il n'était pas un pyromane, il devait se taire et les autorités l'ont muselé définitivement, tel est cet autre drame du silence irréparable. Les journalistes meurent souvent dans des prisons sinistres s'ils osent dénoncer les abus et les dérives du pouvoir.

Je rends un vibrant hommage à tous les journalistes morts au service de l'information. Autant l'État assure la sécurité nationale autant il devrait protéger les journalistes, premières victimes des dictatures africaines.

La justice étant le fondement de tout pouvoir, ipso facto, le pouvoir judiciaire est le socle et la clé hermétique de toute démocratie.

J'insiste que la justice demeure le véritable fondement de tout pouvoir. Le pouvoir judiciaire étant le socle et la clé hermétique de la démocratie, le Conseil constitutionnel,

---

16 http ://www.lematindz.net/news/3505-le-dernier-billet-de-said-mekbel-assassine-un-3-decembre.html. « Le dernier billet de Saïd Mekbel, assassiné un 3 décembre… » 2010. Par Le Matin d'Algérie. « Le journal des débats et des idées ». Consulté le 26 mars 2016.

17 www.lexpress.fr/informations/les journalistes-entre-censeurs et tueurs. « Les journalistes entre censeurs et tueurs ». L'Express. Par Pasquier Sylvaine et Husarska Anna et Bakri Mina, publié le 08/08/1996 à 00 :00. Consulté, le 10 novembre 2007.

haute instance du pouvoir judiciaire a les prérogatives de garantir la norme de ce qui a trait à la justice. C'est à lui seul et au peuple que l'exécutif devrait rendre compte et non l'inverse. Grâce à des lois clairement énoncées et à des fonctions bien définies, il serait donc important de rendre le pouvoir judiciaire indépendant, transparent et très objectif.

De ce point de vue, la société civile, constituée d'associations, d'organismes non gouvernementaux voire des confessions religieuses pourrait compter sur cette haute instance dotée de mécanismes fiables pour la bonne marche de la République. Elle règlementerait le corps judiciaire et les membres qui en assument le fonctionnement sont assermentés. Elle sanctionnerait les infractions et favoriserait le dialogue en cas de conflits. Le peuple devrait lui faire confiance parce qu'elle incarne le dernier recours. À ce titre, ce bien commun devrait constituer le pont entre le pouvoir judiciaire et le pouvoir exécutif. Roger Koussetogue soutient que « les pouvoirs judiciaire et exécutif doivent certes collaborer en vue du bon fonctionnement de la société »[18]. Par ailleurs, il souligne qu' « un régime qui gouverne réellement dans l'intérêt du peuple n'a rien à craindre de l'indépendance du judiciaire »[19]. Selon le même auteur : « le droit à une administration de la justice est sans doute l'une des modalités les plus sûres pour une meilleure consolidation de l'État de droit. Ce droit répond à plusieurs autres dont le droit de saisir les juridictions compétentes ou le droit à un procès juste et équitable[20].»

Pour consolider la démocratie en Afrique, le pouvoir judiciaire devrait absolument jouer avec la société civile un

---

18 Koussetogue Koudé, R. (2008). « *Dans l'affaire Media Right Agenda, Nigéria, p.*38

19 Ibid

20 Koussetogue Koudé, R. (2005). *Le positionnement stratégique de la Commission africaine des droits de l'Homme et des peuples dans le cadre de l'émergence de l'État de droit et du processus de démocratisation en Afrique*, Institut des Droits de l'Homme, p.36.

rôle prépondérant, en dénonçant courageusement les malversations, les injustices et la non-transparence. Selon cette logique, si le juge qui est le responsable principal ne se soumet pas aux cercles de pression, ou ne fait pas le jeu du pouvoir, il faut craindre, le risque d'une possible élimination physique. C'est le cas du jeune président de la Cour suprême de la République du Congo, assassiné ignoblement par les bourreaux de Brazzaville, en 1965. Cet assassinat et bien d'autres choquent toujours les populations. Il s'agit de *Lin Lazare Matsocota.* Il fut un grand juriste avec une voix qui touchait les masses. Fils unique, il laissa une mère et une épouse, Marceline Fila Matsocota, inconsolables et un fils traumatisé à vie. Ces assassinats ont été perpétrés au moment où Pascal Lissouba et Ambroise Noumazalaye furent les personnalités politiques puissantes de la République du Congo. Une terreur inexprimable régnait dans tout le pays. C'était l'horreur incommunicable et irrémédiable !

Dans les textes, l'émergence du pouvoir judiciaire africain serait une évidence. En tout état de cause, un état africain qui se veut être un véritable État de droit ne saurait faire l'économie du pouvoir judiciaire indépendant. Cela entraverait le régime démocratique équilibré et sérieux. Du président de la République au dernier citoyen, la soumission au respect des lois républicaines est une exigence non négociable. Pour construire une société où l'idéal de justice est le *fer de lance*, la non-complaisance devant les exigences judiciaires est la base véritable d'un enracinement des principes de droit. Évidemment, si dans une société quelconque, l'impunité s'érige en règle de droit, il ne faut pas s'étonner que le citoyen ordinaire en fasse à son tour une leçon dans la gestion de ses responsabilités minimes.

Ceux qui nous gouvernent, donneraient une connotation essentielle aux institutions. Si le premier magistrat du pays serait délinquant, la société refléterait cette image. Si la société serait insouciante d'une vie publique responsable, cela correspondrait à la posture des responsables indifférents.

Pour clore, que pourrait-on attendre des dirigeants inconséquents ? Absolument rien ! Si les hommes et les femmes promus à l'exercice du pouvoir judiciaire sont corrompus par des intérêts partisans, on aurait beau *raboter* parcimonieusement et polir scrupuleusement en vain des textes défiant l'histoire des démocraties sans pouvoir obtenir le résultat escompté. Certes, l'intérêt requis pour une conquête du pouvoir fait partie des ambitions légitimes d'une personnalité politique. Mais *rien et rien du tout,* loyalement et royalement, ne peut justifier, comme mode de représentation démocratique, la fraude, l'intimidation, la répression, les exactions, les arrestations arbitraires, le musellement de l'opinion publique, la terreur, les tueries et l'impunité.

En démocratie, le pouvoir judiciaire n'est jamais informel ; il est inconditionnellement normatif. Ce pouvoir constitue la plus grande force qui donne un sens aux lois et détermine leur fonctionnement et leur application.

b)- Du pouvoir législatif

Le pouvoir législatif est l'organe unique chargé de voter les lois. Il définit le type de régime et détermine la charge qui incombe au président de la république, premier magistrat du pays. Il se désigne souvent par le nom de *l'Assemblée législative.* Celle-ci comprend des membres appelés tour à tour *députés*, *représentants du peuple* ou c*onseillers de la République ou parlementaires. Une loi est toujours votée* par le Parlement ou l'Assemblée nationale. Cette dernière *l*égifère et contrôle l'action gouvernementale.

Les pouvoirs législatif et exécutif se distinguent par et dans leurs prérogatives. Généralement, dans la constitution, on trouve une définition nette de leur cadre de différenciation ou de nuance.

Au regard des textes relatifs aux constitutions africaines, les similitudes avec le modèle français pour les pays francophones, et le modèle britannique pour les pays anglophones, sont perceptibles. En degré, ces constitutions ne sont pas des copies conformes de celles des constitutions des démocraties occidentales, mais la terminologie est souvent identique. Sans parler de plagiat, leur contenu reflète régulièrement celui du maître d'antan. Du point de vue de l'expertise, l'Afrique ne manque pas de juristes compétents qui ont d'ailleurs dû travailler les textes sous pressions multiformes, parfois dans un contexte de violence et d'intimidation. Leur ingéniosité s'est souvent mêlée à la contrainte du moment, combien subtile pour *leur sécurité.*

Au point de vue de la géostratégie, notons qu'aucune constitution africaine n'aurait été ovationnée dans sa hardiesse et sa finesse par les observateurs internationaux. Les constitutions africaines actuelles ont besoin de s'affranchir. Si *la démocratie est le pouvoir du peuple par le peuple et pour le peuple,* une constitution taillée sur mesure pour plaire à une tierce personne entérine des mécanismes de blocage politique. En Afrique, on le sait, les blocages politiques engendrent des spirales de violence. Dans ce cas, on n'hésiterait pas à poser une question délibérément équivoque : à qui profiteraient les constitutions africaines taillées sur mesures ?

On comprend qu'élaborer une constitution constitue une démarche à la fois noble et exigeante. Par contre, les juristes africains devraient tenir compte de tous les secteurs de la vie publique pour éviter les vides juridiques. En cas d'une situation inattendue, la constitution est une loi incomparable et ultime. C'est *l'acte de naissance et le bouclier d'une nation.* Elle retrace la vie de la nation d'une manière générale et de ses citoyens d'une manière particulière. Elle donne les grandes orientations relatives aux institutions républicaines, aux attributions des acteurs principaux comme le président de la république, le premier ministre et d'autres animateurs politiques. Elle détermine, dans un langage clair, la façon de diriger le pays, en tenant compte de l'intérêt primordial des populations.

Une constitution définit les principes fondamentaux de toute république. Elle définit les droits et les devoirs de tout citoyen. Elle fixe les formes d'organisation et les règles du bon fonctionnement de l'État. Elle constitue la norme juridique supérieure de tout État de droit. C'est ainsi que la promulgation de toutes les normes inférieures devrait se faire conformément à ce texte de loi. Le pouvoir exécutif ne pourrait s'arroger le droit de modifier unilatéralement une disposition constitutionnelle. Le tout nécessiterait un référendum.

Une constitution renferme un travail concerté et éprouvé par la majorité et non par un parti. Sur ce point précis, les constitutions africaines actuelles ne pourraient baliser l'avenir des démocraties africaines que si elles s'affirmaient, dans la forme et le contenu, comme instances suprêmes, stables et fiables, instances représentatives du pouvoir du peuple. On dit simplement : dans une constitution, il revient au citoyen électeur la responsabilité d'exercer son choix judicieux. Il donne son assentiment inaliénable par son *oui électoral.* C'est l'intérêt du peuple et du citoyen qui fait la constitution. Chaque fois que ce peuple et ce citoyen ont eux-mêmes été aliénés dans leurs vraies prérogatives, les plus beaux textes constitutionnels seraient devenus à leur égard des purs tortillages.

En légiférant, ce pouvoir exerce son emprise sur *l'action gouvernementale.* Il est autonome vis-à-vis du pouvoir exécutif et devrait être dirigé par des acteurs incorruptibles. Son rôle est insurpassable car il consiste à mener à bien un pays ou une fédération. Au fond, il ne devrait pas y avoir des constitutions injustes, c'est-à-dire des constitutions foulant au pied l'intérêt des peuples. Les députés ou les conseillers de la République siégeant à l'Assemblée nationale auraient régulièrement des comptes à rendre aux populations qu'ils représentent. Ils devraient voter des lois cohérentes et ne pas se laisser influencer par le chef de l'exécutif. Leur pouvoir est bien limité à ce champ de compétence. Ainsi donc, le pouvoir législatif se situe en rapport à une réalité constitutionnelle. Les points d'amélioration de celle-ci traduisent le tout de la société. Et, c'est sur la base des valeurs qu'existent ce *tout* servant à établir les lois. Autrement dit, une constitution émane des hommes et des femmes en fonction d'un creuset éthique avant de lui donner une connotation purement politique.

La valeur d'une constitution n'est pas assujettie à sa fonctionnalité juridique. Par fonctionnalité juridique, j'aimerais stigmatiser la latitude d'un texte légal à fixer les champs de compétence et d'application. Une constitution ne répond à un ordre politique juste que lorsqu'elle vise le plus grand bien de tous et non d'une ethnie ou d'un clan ou d'un singleton à qui les *ancêtres* auraient légué, semblerait-t-il, le pouvoir. La constitution de chaque pays comprendrait une procédure de destitution du président de la République si la majorité de la *rue* le désavoue pour irresponsabilité politique. Si cela arrivait, il n'aurait pas le droit de recourir à la force. Par exemple, au Burkina Faso, en Égypte et en Tunisie, les manifestants pacifiques ont chassé les présidents de la République. Pour éviter les bains de sang, cela se passerait dans le respect et le calme.

Le pouvoir législatif fondé sur le narcissisme face à la communauté internationale est, à coup sûr, un fiasco. L'Afrique devrait battre aussi sa propre coulpe sur ce qu'elle engendre comme contradiction interne. En effet, des observateurs critiques ne pourraient s'empêcher de voir la légèreté avec laquelle les textes sont changés comme on change de costume. Un texte constitutionnel qui a fait l'effervescence référendaire pourrait devenir, du jour au lendemain, objet d'opprobre. Au nom d'un individu, des éminents juristes accepteraient de faire de la mascarade au prix de ce qui serait erroné et humainement injuste. L'avenir de la nation étant ainsi hypothéqué, le peuple va convoler en recommencement perpétuel. Les citoyens seraient confrontés à l'imprévisible et à l'improvisation.

Au niveau du pouvoir législatif, voici les aspects positifs d'une construction démocratique :

- la stabilité constitutionnelle qui garantit la paix et la sécurité sociale;
- l'instauration d'une opposition constructive et non destructive. Qui décide de l'opposition constructive ? Ce sont les partis ne partageant pas les mêmes points de vue que le parti au pouvoir. Les acteurs politiques, en concertation avec d'autres partis décident de créer l'opposition constructive. De cette concertation jaillit une solution favorable pour une démocratie sans effusion de sang, sans pillage, sans destruction humaine et matérielle et surtout sans viol de filles, de femmes ainsi que de l'incitation à l'inceste pendant les conflits;
- la conciliation entre système de représentation et la prise en compte des intérêts des acteurs sociaux au niveau des circonscriptions (mairie et société civile).

Quels sont les signes caractéristiques d'un pouvoir législatif jouant positivement son rôle ? Souvent, pour faciliter la victoire, la loi électorale est réaménagée en faveur de l'omnipotent dirigeant despote. Bien que l'exécutif ait la compétence de proposer des lois, celles-ci sont votées par les députés. Des projets de loi leur sont soumis. Ils en débattent à l'Assemblée législative, l'unique instance habilitée pour l'agrément ou le rejet des projets de loi. Elle les enregistre et convoque une réunion extraordinaire animée par ses membres.

Le pouvoir législatif étudie attentivement les lois et les approuve par un vote. C'est au pouvoir exécutif de faire le lien d'une quelconque institution avec les personnes concrètes. C'est dans leur rapport à l'exécutif que lesdites personnes seraient censées être des sujets de droit et de devoir. Le pouvoir judiciaire garantirait ce rapport. Le pouvoir législatif, tout au plus, vérifierait si un tel rapport prenait sa source d'une loi concertée. Au fin mot, le pouvoir législatif examinerait le caractère juste ou non d'une loi. Le pouvoir judiciaire en donnerait l'opérationnalité et le pouvoir exécutif l'application. Le pouvoir législatif reposerait sur la nette harmonisation du judiciaire et de l'exécutif, d'une part, de la société non comme agrégat de personnes mais comme individus raisonnables et sujets de décision, d'autre part. Il faudrait donc dissocier mais sans rupture le pôle des trois pouvoirs et le pôle du *monde-participatif* sur lequel s'exercent lesdits pouvoirs. Sur ce point, nous nous interrogeons sur la manière dont un ordre politique deviendrait approprié dans ces prérogatives à faire des lois crédibles et humaines.

Quelle est la portée d'une telle dissociation ? C'est de ne pas sur-majorer le système de la représentation au nom de ce *monde- participatif*. Une société démocratique a un système de valeurs et de cultures propres. La teneur d'une constitutionnalité du pouvoir législatif répondrait intentionnellement à cette réalité sociétaire. Ainsi, elle a pour fondement ce qui existe déjà. Une constitutionnalité est synonyme de ce qui fait vivre les populations dans leurs entreprises au quotidien comme dans leurs utopies fécondes de l'avenir.

Au fond, l'originalité d'une constitution et de l'ensemble des clauses qui la composent, dépendraient irrémédiablement de la représentativité des intérêts d'un peuple précis, sur la base d'une consultation nationale ou d'un référendum. Chaque peuple se donne une constitution qui lui est propre et donc inaliénable.

L'Afrique a besoin non seulement d'institutions crédibles et fortes, de bons dirigeants mais encore d'hommes et de femmes qui décideraient de son avenir. À ce titre, le pouvoir législatif, dans une certaine mesure, serait le *pouvoir-décideur* du monde-participatif, de ces hommes et de ces femmes. Il n'est pas au-dessus du *peuple-décideur*. Par *pouvoir-décideur,* nous entendons, au sens brut, le pouvoir qui donne droit au peuple comme communauté de personnes de participer à la vie de la nation. Ce pouvoir émane de ce même peuple. En un mot, le *pouvoir-décideur* est le pouvoir du *monde-participatif*. Ce dernier concept canalise les aspects déformant d'une représentativité déséquilibrée. Le *monde-participatif* est l'ensemble des sujets concrets, sans exception, ayant des intérêts à défendre et des objectifs communs à atteindre pacifiquement.

Il faudrait un certain rapport de hiérarchisation des pouvoirs fondés sur le *pouvoir-décideur* du *monde-participatif*, composé à son tour par des personnes efficaces, légalistes et disponibles. Chaque fois que ce rapport a été inversé, reléguant le *monde-participatif* à l'ombre, alors que les représentants se sont taillé la plus grande part du gâteau, les déséquilibres ont commencé à se faire ressentir : le peuple a alors revendiqué son droit naturel. Quand on le lui a refusé, il a utilisé le moyen qui lui est naturel : la désobéissance civile, voire la révolution ou le soulèvement populaire.

Ainsi, il incombe aux trois pouvoirs de rendre compte au *monde-participatif* et non le contraire. Le concept d'indentification *du pouvoir-personne* peut receler un degré d'équivoque irréfutable. Quand cette identification est démesurée, la dictature s'installe : on ne rend plus compte à autrui. Le concept de responsabilité nous semble mieux convenir pour traduire le type de contrat tacite entre les trois pouvoirs représentatifs et le *monde- participatif.* Ce contrat tacite voudrait dire : *servir au nom de*…et non *se servir au nom de*…Voilà la nuance !

Le rapport du pouvoir législatif au pouvoir exécutif constituerait un problème épineux. Normalement, le pouvoir exécutif aurait pour mission d'élaborer et de proposer des projets de loi à l'Assemblée législative, l'instance habilitée à analyser les textes qui lui sont soumis. Les députés, représentants du peuple et non du pouvoir exécutif siègeraient à l'Assemblée nationale. Issus des partis politiques ou des individualités, ils jouent un rôle clef et ils représentent leur circonscription respective en tant que *porte-voix* des citoyens. Ils prennent part aux débats politiques démocratiques avec dévouement et efficacité au travail législatif et au contrôle de l'exécutif. Ils examinent les projets de loi en vue de leur adoption ou de leur rejet. Ils ont un code de déontologie. Au sein de l'Assemblée législative, on trouve, d'une part, les députés de la majorité ou de la minorité présidentielle, et, d'autre part, les députés de la majorité ou de la minorité opposante. Leur engagement au sein d'une assemblée nationale hétérogène déterminerait l'avenir de la nation.

J'entends par *Assemblée nationale,* l'instance du jeu démocratique des contraires : *majorité - minorité.* Ce jeu est rude, mais indispensable. En effet, comment l'opposition devrait-elle jouer son rôle et l'exécutif incarner la stabilité institutionnelle ?

En Afrique, cet équilibre reste encore problématique. Le pouvoir exécutif chevauche les prérogatives du jeu démocratique des contraires. Il tend continuellement à museler l'opposition. Comme celle-ci constitue l'intrigue du jeu démocratique au sein du pouvoir législatif, le pouvoir exécutif a les mains libres d'agir à sa guise. Dès lors, même minoritaire, le pouvoir exécutif empièterait sur les clauses constitutionnelles.

Par conséquent, le pouvoir législatif, force représentative du peuple, devient inexistant. Au lieu de créer une force de participation du peuple à travers le jeu démocratique, le pouvoir législatif se sent subjugué voire écrasé par le pouvoir exécutif. Ainsi, les ferments réels d'une démocratie africaine seraient superposés sur des bases monopartites. Cette situation est de plus en plus préoccupante pour la consolidation des démocraties africaines. On voit comment des hommes pleins de talent et de savoir, élus au suffrage universel, deviennent des dictateurs pour avoir été incapables d'assumer le jeu démocratique des contraires et de la diversité d'opinion. L'exemple de Robert Mugabe et bien d'autres en dit long.

C'est la confiscation des pouvoirs par l'exécutif qui ruinerait les démocraties africaines. Pourquoi parlons-nous de confiscation des pouvoirs ? En fait, quel rôle exercerait la présidence de la République comme une institution face au pouvoir législatif et au pouvoir exécutif lui-même ? Pour être précis, je décris la présidence de la République comme une institution imprescriptible. Comme une institution permanente, la présidence de la République est le garant de la *gouvernabilité*, de la stabilité dans tous les domaines et de la sécurité d'une nation unie. Or, cette prérogative institutionnelle n'a sa vraie signification, dans un système démocratique, que dans la stricte mesure où elle tire son obédience de l'équilibre des trois pouvoirs : le judiciaire, le législatif et l'exécutif. Tant que cette obédience est disqualifiée, la démocratie devient un vain mot.

L'arbitraire du pouvoir exécutif devenant la règle du jeu, le président de la République ne pourrait pas s'identifier à l'ensemble des trois pouvoirs. Il deviendrait le chef au-dessus de la mêlée et gouvernerait sans partage. Il serait le peuple représenté. De l'institution pérenne, on passe à une personne inamovible. Puisque la personne désormais indéboulonnable incarne à elle seule une institution pérenne, elle brouille et gangrène le jeu démocratique. Elle viole régulièrement la constitution. Elle terrorise souvent les populations et règne en monarque absolu, en affaiblissant et bâillonnant l'opposition. Quand une opposition est affaiblie ou corrompue, voire acculée, un autre régime monopartite s'enracine. L'exécutif interdit toute manifestation populaire. Il instaure le couvre-feu, intimidant de la sorte le peuple.

Pas étonnant, dans le cas susmentionné d'assister à une suprématie du pouvoir exécutif sur le pouvoir législatif par l'entremise de l'institution présidentielle conduisant vers un déséquilibre et dysfonctionnement des institutions politique. Pour cette raison, les élus, promus à la magistrature suprême, en Afrique, ont du mal à gérer l'équilibre du jeu démocratique. Évidemment, si l'institution présidentielle africaine s'appuie sur les structures chefferiques de l'Afrique traditionnelle, sans prendre en compte la différenciation des pouvoirs, on arrive à une contradiction interne des structures.

D'une manière générale, il y a toujours des divergences d'opinion dans une Assemblée législative, quel que soit le régime politique. Ces divergences ne voudraient pas dire affrontements ou conflits armés. Parfois, ceux qui sont de la même obédience politique c'est-à-dire les oiseaux du même plumage, ont aussi des tendances qui entraînent des divergences politiques. Dans ce contexte, chacun détient le droit de défendre son point de vue. Quand on a un point de vue, on le discute jusqu'au bout pour convaincre. Ce n'est qu'à l'issue du débat, qu'il pourrait y avoir une idée conciliant les points de vue ou une dichotomie entre les points de vue différents. C'est à cela que servirait le débat d'idées. Sinon pourquoi organiser un débat autour des idées qui convergeraient immédiatement ? Si nous ne nous abusons, débattre de quelque chose signifie *en discuter en examinant tous les aspects* de façon claire et édifiante. Le but est de construire et de vivre dignement ensemble en garantissant la paix, la sécurité et la liberté pour tous.

La tolérance politique et la souplesse dans les propos éviteraient les conflits armés. Les lois votées devraient répondre aux aspirations des peuples. Seul le respect des attributions ferait d'une Assemblée nationale une institution politique valable et forte.

Les trois pouvoirs définis dans les textes constitutifs ont des fonctions concrètes. Souvent, ils sont sous la botte du pouvoir exécutif qui ne respecte pas les paliers fonctionnels de l'organigramme de l'État. Pour éviter des abus de pouvoir au niveau de l'exécutif, tout comportement délictueux devrait entraîner la démission du président de la République. Une telle clause devrait figurer dans la constitution même si elle était taillée sur mesure. Le chef devrait aussi être tenu responsable des promesses faites lors de sa campagne électorale, base sur laquelle il a été élu.

En Afrique où les vrais dissidents sont souvent jetés en prison, en exil ou déjà enterrés, l'opposition à bout de souffle serait parfois de connivence avec l'exécutif qui la corrompt facilement. Autant les politicards changeraient de camp à leur guise, autant les faibles prêts à trahir, succomberaient au charme du *roi-argent*. On a beau massacrer leur électorat, ils resteraient muets comme des carpes.

Selon le contexte et le but à atteindre, les concepts essentiels des textes des lois diffèrent d'un pays africain à un autre. Pour contrecarrer ceux qui veulent de façon arbitraire dissoudre ou amender les textes de loi comme la constitution, tout changement devrait être soumis à un referendum.

b-1 Alternance du pouvoir- non-violence

On ne pourrait boucler ces pages sans citer quelques dignes fils d'Afrique qui ont quitté l'exécutif dans le respect des lois en préservant la paix. Le Sénégal est l'un des pays africains où la démocratie se fraie un chemin. Après 20 ans de pouvoir sans partage, le premier président du Sénégal, Léopold Sédar Senghor, qui a gouverné de 1960 à 1980, s'est retiré sagement.

En 1976, sous la houlette d'Abdou Diouf, son successeur, le parti unique sénégalais a favorisé la formation des partis d'opposition. Jeté en prison par ses prédécesseurs, Abdoulaye Wade, l'homme fort de l'opposition sénégalaise d'antan succéda à ce dernier. Ironie du sort, la victime d'hier exerçant son deuxième mandat devient aujourd'hui le persécuteur des opposants politiques sénégalais. Selon certains citoyens, Wade demeurerait le plus dur et le plus conflictuel car il souhaiterait s'accrocher au pouvoir.

Après 22 ans de règne, Julius Nyerere avait fini par se retirer du pouvoir. Il aurait dirigé la Tanzanie de 1961 à 1984 en sage.

Le premier président du Mali, Modibo Kéita, a été renversé par un coup d'État le 19 novembre 1968. Son tombeur, Moussa Traoré a été évincé à son tour le 26 mars 1991 par Amadou Toumani Touré dit ATT suite à une grande révolte populaire. Après une courte transition marquée par une conférence nationale et une nouvelle constitution qui instaure le multipartisme, Amadou Toumani Touré se retire suite aux élections démocratiques de 1992 au profit du gagnant, Alpha Oumar Konaré. Amadou Toumani Touré et son équipe de transition ne pouvaient pas se présenter aux premières élections. Alpha Oumar Konaré, élu le 26 avril 1992 et réélu le 11 mai 1997, après ses deux mandats présidentiels s'est retiré, conformément à la constitution. Amadou Toumani Touré ayant pris sa retraite de l'Armée, il a été soutenu comme candidat indépendant par le Mouvement Citoyen et plusieurs partis politiques. Il remporta les élections présidentielles du 12 mai 2002. Réélu le 29 avril 2007, il devait achever son deuxième mandat en 2012. Malheureusement, il a été renversé le 22 mars 2012 par un coup d'État militaire quelques semaines avant les élections présidentielles. Il vit en exil, au Sénégal.

L'ancien président, Mathieu Kérékou a fait preuve de maturité politique en respectant le choix du peuple béninois. Il sied de rappeler qu'il est venu au pouvoir par un coup d'État et il a dirigé le Bénin du 26 octobre 1972 au 1e mars 1990. Il est le fondateur de la République populaire du Bénin. Ensuite, il a été de nouveau président du 4 avril 1996 au 5 avril 2006 sans oublier qu'il fut réélu le 18 mars 2001. Cependant, le 5 avril 2006, dans la plus grande distinction, il rétrocéda le pouvoir de façon démocratique et honorable au peuple. Ayant rejoint les ancêtres le 14 octobre 2015 à Cotonou, il est parmi les leaders charismatiques d'Afrique. Que son âme repose en paix !

Quant au président Boni Yayi, désireux de briguer un troisième mandat, il a été freiné par la constitution et il y a renoncé. Toutefois, il a encouragé les jeunes à prendre leurs responsabilités pour mener à bien le bateau naviguant le long de l'océan avec le peuple exemplaire du Bénin à son bord.

Quant au premier ministre, Lionel Zinsou, il mérite le prix Nobel de la paix, le fait d'avoir accepté sa défaite avec sérénité et résilience. Avouons donc la maturité politique de ce peuple combien sobre et noble. Cela signifie que ce modèle est obligatoirement à suivre partout en Afrique. Vive le Bénin !

En Afrique du Sud, Nelson Mandela a réussi à négocier la fin de l'apartheid auprès des ségrégationnistes. Il demeure le symbole vivant de la paix, de la démocratie, de la liberté et de la reconstruction nationale. Sorti de prison, il est élu président de l'Afrique du Sud le 10 mai 1994. Fragilisé par la dureté des épreuves, il ne briguera pas un deuxième mandat en 1999. Devenu citoyen du monde, il est une fierté pour l'Afrique tout entière. Il est le combattant réel pour la dignité humaine et la liberté. Noirs et Blancs sont appelés à cohabiter pacifiquement. Chacun contribuerait à une Afrique solidaire et beaucoup plus humaine.

Au-delà de ces personnalités d'États, il existe aussi en Afrique des apôtres de la *non-violence* dont on ne parle pas. Pour avoir dit non à la servitude, Simon Kimbangu, homme pacifique enchaîné, humilié et torturé par les Belges, fut jeté en prison à vie au Congo belge, actuelle République Démocratique du Congo.

Patrice Lumumba ne fut pas aussi un homme violent (Congo- Kinshasa). Il avait seulement une vision politique éclairée face aux atrocités dont le peuple fut victime sous le joug belge. Il fut incompris.

Le 15 mai 2002, Gerard Soete, Belge-flamand [21], commissaire de police aurait révélé :

> « …en pleine nuit africaine, nous avons commencé par nous saouler pour avoir du courage. On a écarté le corps. Le plus dur fut de le couper en morceaux à la tronçonneuse, avant d'y verser de l'acide. Il n'en restait presque plus rien, seules quelques dents. Et, l'odeur. Je me suis lavé trois fois et je me sentais toujours sale, comme un barbare[22] ».

Cette sale besogne fut commise en janvier 1961, près d'Élisabethville, l'actuel Lubumbashi, au Sud. Joseph Okito et Maurice Mpolo subirent le même sort. L'implication des autorités belges ne serait plus un secret. On soupçonnait bien une main noire belge et cela se serait confirmé. Une telle révélation est difficile à supporter et cela relèverait de la cruauté humaine. Un acte barbare perpétré en Afrique avec la complicité de certains frères congolais. Je réfère vivement les

---

22 https ://www.facebook.com/notes/tinda-bilili/-jai-découpé-lumumba-disait-le-belg : « J'AI DÉCOUPÉ LUMUMBA » disait le belge Gérard Soete sans état d'âme". Publié par Le Bougnoulosophe le 10/29/2007. Consulté, le 10 mars 2014.

lecteurs à la version de la Conférence Nationale Souveraine de 1992, publiée par le quotidien indépendant : *Le Phare.*

Godefroi Munongo, ministre de l'intérieur aurait reçu l'ordre de faire disparaître le corps de Patrice Lumumba[23]. Prenons conscience ! Et, *plus jamais* cela.

Grand-mère Menga ne cessait de dire autour du feu que Matsoua André Grenard, digne fils du Congo a vivement combattu le colonialisme. Il « avait créé "l'Amicale" pour promouvoir et défendre l'accès des Africains au droit français, à l'éducation, et à la citoyenneté pour tous »[24]. Bastonné et jeté en prison, il est bel et bien mort de dysenterie. Il repose à Mayama dans la région du Pool (à l'époque du Moyen-Congo). Selon Monseigneur Roch Auguste Nkounkou, Matsoua André Grenard a subi dans sa chair les atrocités sans nom des bourreaux. Il était très brave et ses adeptes ont désobéi les autorités. Sa mort fut annoncée par le gouverneur général de l'Afrique Équatoriale Française, Félix Éboué, le 13 janvier 1942 et confirmée par Tata Moutsila, l'éminent chauffeur et père de Tata Moutsila Joseph. L'heure fut grave.

Au Congo-Brazzaville, l'histoire héroïque des luttes contre l'occupant français menées par Bouetambongo, Mabiala Ma Nganga ont également influencé André Grenard Matsoua.

Le président du Botswana, Festus Gontebanye Mogae, après un mandat de dix ans, a accepté de quitter le pouvoir conformément à la constitution. Le Botswana pays d'Afrique australe, jouit d'une stabilité politique appréciable et d'une gestion économique exemplaire. Ce pays producteur de diamant ne massacre pas son peuple. Il le respecte. Aucun opposant n'est en prison. Le 20 octobre 2008, Festus

---

23 http ://www.digitalcongo.net/article/5041. « Assassinat de Lumumba : le témoignage de G. Munongo. Kinshasa, le 7 décembre 2001 ». Consulté, le 16 mars 2015.

24 Antoine-Ganga, D. (2012). "Si Bacongo m'était conté. La joie de vivre métamorphosée en violence ». L'Harmattan. Paris. P. 90.

Gontebanye Mogae reçut le « *Prix Ibrahim* », qui récompense la bonne gouvernance en Afrique.[25]

À son sujet, le Docteur Peter Piot, Directeur exécutif de l'ONUSIDA affirme :

> « L'ex-Président botswanais a montré ce que la bonne gouvernance et la persévérance pouvaient permettre de réaliser lorsqu'un pays connaît des difficultés extrêmes. Le prix Ibrahim vient couronner les efforts que M. Mogae a entrepris pour freiner la propagation du VIH, non seulement au Botswana mais sur tout le continent. C'est un réel visionnaire et un exemple pour d'autres dirigeants du monde entier.[26] »

Ainsi, « Le Botswana a aujourd'hui un PIB par habitant parmi les plus hauts d'Afrique. Un produit intérieur brut au service de sa population par le biais d'investissements dans les trois secteurs prioritaires de l'éducation, de la santé et de l'action sociale »[27]. Il a su diversifier l'économie de son pays.

Au cours d'un de ses discours parlementaires, Festus Mogae déclara : « Aussi sûr qu'un noceur paie ses excès d'une gueule de bois au réveil, un châtiment encore plus sévère attend une nation qui dépense sans compter pour satisfaire des plaisirs immédiats au lieu d'investir dans un développement durable[28] ». Il a tenu promesse et son retrait du pouvoir est un exemple relevant de l'humilité. C'est ce qu'on appelle faire de

---

25 http ://www.afrik.com/article15490.html. « Le Botswana champion d'Afrique de la bonne gouvernance ». Mardi, le 21 octobre 2008 / par Anissa Herrou » Consulté le 26 mars 2016.

26 http ://www.unaids.org/fr/resources/presscentre/featurestories/2008/october/20081020mogaeleadership/. « Leadership et sida : Festus Mogae, *20 octobre 2008"* . Consulté, le 17 février 2013.

27 Ibid

28http ://www.loidici.com/Fiertesafricaines/FestusGontebanyeMogae.php. « Son Excellence Festus Gontebanye Mogae ancien Chef d'État – Botswanais », autre source : www.africansuccess.org. 2008. Consulté, le 17 février 2013.

la politique positive. Il laisse derrière lui, un pays calme bien que les critiques de ses détracteurs ne manquent pas. Que ses successeurs mettent l'accent sur ses manquements, cela est fort légitime, démocratie oblige.

Joaquim Alberto Chissano, ancien ministre des affaires étrangères au temps de Samora Machel, devenu président de la République du Mozambique (6 novembre 1986 - 2 février 2005), a pris sa retraite en fin de mandat. Cela signifie qu'une démocratie respectueuse des institutions, garantit la sécurité à tous les acteurs politiques.

Les députés devraient avoir la sagesse de voter des lois démocratiques favorables à tous. On ne devrait point profiter de la majorité dont disposerait un parti ou une coalition pour voter des lois discriminatoires pénalisant les minorités ou une ethnie donnée.

c)- Du pouvoir exécutif

Il revient au pouvoir exécutif de diriger, de faire respecter la constitution et d'appliquer sagement les lois tout en privilégiant le dialogue avec l'opposition constructive. Cependant, dans la plupart des cas en Afrique, l'exécutif se comporterait tout autrement et se croirait indéboulonnable. Il subjuguerait le peuple. Lui seul aurait le dernier mot. Il ne constituerait même pas l'unanimité et il ne garantirait point la sécurité. Il règnerait en maître absolu avec des discours creux et truffés de mensonges. Parfois, il prend le pouvoir par les armes et procède par l'élimination de tous ceux qui peuvent obstruer sa gestion politique. Il n'accepte point les critiques. Sous son règne, les prisons sont bondées de monde et les cimetières remplis de fosses communes. Il instaurerait un régime dominateur et sanguinaire.

Élu au suffrage universel, le président de la République n'appliquerait plus jamais la constitution et il ferait tout par rapport à son bon vouloir en muselant l'opposition et le peuple. Les leaders de l'opposition injustement traînés par le bout du nez subiraient des exactions indescriptibles et des menaces de mort pèseraient sur eux. Kidnappés et malmenés, ils craignent souvent pour leur vie. Le chef de ce pouvoir resterait le champion du non-respect des droits fondamentaux. Le peuple, las de se résigner, irait dans la rue pour revendiquer son droit légitime.

Ce pouvoir a souvent une connotation tribale, clanique et même ethnique. Il engendre un régime à succession monarchique, de père en fils comme ce fût le cas du Togo et du Gabon. À la mort du président Eyadema au Togo, son fils lui succéda. Au Gabon, après le décès du président Omar Bongo, son fils Ali Bongo, dirige l'État, malgré les contestations de résultats électoraux par l'opposition.

La fraude électorale serait la plus grande force de ce genre de régime ne voyant que son intérêt et non celui des masses. Une marche silencieuse se transforme vite en boucherie humaine. Silence ! Silence, car il n'accepte point la contradiction. C'est un fait accompli d'une politique ayant des germes de pouvoir absolu. Ce genre de pouvoir semble-t-il a été consolidé par la France qui serait l'instigatrice de nombreuses guerres civiles en Afrique et de plusieurs coups d'État. Le pétrolier français ELF ayant fourni les armes en 1997 au Congo-Brazzaville demeurerait le responsable principal de cette période meurtrière. En 2002 et 2011, on trouve le même scénario en Côte d'Ivoire de façon très violente et inhumaine.

Tout est téléguidé par une puissance aux jeux destructeurs paternalistes cherchant à maintenir ses ex-colonies dans une position de soumis.

Il incombe au peuple de choisir librement son dirigeant. Voilà la meilleure manière de définir le pouvoir exécutif démocratique et son rôle régalien.

Ce pouvoir, comparable à un train ayant un point de départ et une destination fixe, respecterait sa vitesse de croisière. Le point de départ serait la publication des résultats électoraux à la suite desquels le gagnant prêterait serment et décrirait sa vision politique pour mener à bien la République. Il fait des promesses qu'il devrait absolument réaliser par rapport à son plan de société. Avant son entrée en fonction, un organisme spécial devrait évaluer ses biens et ses avoirs à l'étranger pour éviter tout détournement de fonds publics. Il devrait accepter publiquement la séparation des trois pouvoirs et admettre ne point influencer son autorité sur les pouvoirs judiciaire et législatif. Son champ d'action clarifié et ses fonctions limitées, il n'exercerait point d'actes de violence.

La destination détermine la fin de son mandat suivie d'une seconde évaluation pour vérifier les biens acquis durant son mandat et les avoirs à l'étranger. Aurait-il plongé dans la léthargie ? Pourrait-il briguer un second et un dernier mandat ? Il serait jugé par rapport à son rendement. Aurait-il créé des emplois ? Quel serait le niveau de vie des populations depuis que ce dernier était au pouvoir ? On fait donc le bilan de ce régime.

À la lumière de notre expérience, le président de la République, ayant stimulé une croissance économique exemplaire et ayant assuré la sécurité pour tous, pourrait ainsi briguer un autre mandat. À la fin de son second mandat, il n'en briguerait pas un autre selon les balises de la constitution. On procéderait alors à une évaluation de ses biens. En cas de mauvaise gestion, son équipe et lui devraient expliquer les faits que la justice et le peuple leur reprocheraient dans un climat serein et respectueux des lois.

Après la proclamation des résultats de l'élection présidentielle, suit la prestation de serment du chef de l'exécutif ; ce dernier entre ainsi officiellement en fonction parce que le *chef de gare*, à l'image du président de la cour constitutionnelle, lève son drapeau blanc pour le coup d'envoi de départ à une destination fixe et connue de la population. Cela nécessiterait une vision claire, un plan de société divulgué pendant la campagne électorale. Il a l'obligation de tenir ses promesses électorales. En tout temps, il se conformerait à la loi tout en respectant les droits fondamentaux des citoyens. Étant le garant de l'unité nationale, il n'exercerait aucune influence sur les pouvoirs judiciaire et législatif et moins encore un contrôle quelconque. En cas de bavure, il mériterait d'être jugé comme tout citoyen et il perdrait son immunité. Ce, en cas d'incitation à la violence ou d'une guerre civile. Les belligérants ayant entraîné une guerre civile seraient responsables de leurs gestes et ils en endosseraient les conséquences. Mettre fin à l'impunité serait le rêve de tout progressiste. Que chacun soit responsable de ses actes.

Être le chef du pouvoir exécutif d'un pays, c'est agir en qualité de leader transformationnel ou charismatique. Il a une conduite exemplaire. Il n'est point un voyou. Il n'est pas le soir chez les maîtresses où le quartier est barricadé par l'armée. Sa vie privée ferait aussi partie de sa gestion de l'État et les journalistes auraient le droit de dénoncer le comportement d'homme léger sans courir le risque d'être jetés en prison. La famille est le premier parti de tout citoyen. Elle mériterait respect et le chef de l'exécutif ne devrait pas être celui qui nuirait à la famille. Il est le leader qui conduit son peuple vers une éthique de la justice et de la morale en toute transparence. Il ne ment pas et il ne déforme pas l'histoire du pays, il rend compte au peuple.

Le chef de l'exécutif éviterait tout cumul de pouvoir. Il sied donc qu'il délègue le pouvoir. En cas d'absence prolongée ou d'incapacité avérée, la constitution justifie ce manquement par une clause. Un chef constant demeurerait à l'écoute de son peuple. Pour quiconque, le pouvoir procure fortune, autorité et invulnérabilité mais les choses devraient changer et chacun devrait connaître ses limites pour une meilleure gestion de la République.

L'armée, la police et la gendarmerie ne devraient point pointer l'arme sur la population. Ces institutions existent pour assurer sa protection. Ces agents mériteraient une éducation patriotique de manière à ce qu'ils respectent eux aussi les lois et la dignité des citoyens quels que soient les événements. En dehors des corps officiels existants, les États ne devraient pas entretenir des milices et des mercenaires prêts à accomplir de sales besognes. Ces corps traditionnels ont le droit d'exercer leurs fonctions en protégeant la population. Aucun chef d'État n'a le droit de lui ordonner de tirer sur le peuple. La cour martiale n'est pas une solution clémente et elle n'a pas sa raison d'être. Elle conduit souvent aux assassinats des innocents. Il faudrait cultiver l'esprit constructif en sachant faire des concessions à tous les niveaux.

Sur ce point, les chefs traditionnels devraient également constituer un groupe de sages que le chef de l'exécutif consulterait afin de mieux reconstruire le pays voire le continent. Ces sages devraient être incorruptibles tout en sachant défendre leurs contrées respectives par la médiation et la négociation.

Pour mener à bon port un peuple, le chef de l'exécutif bénéficierait de l'appui d'un premier ministre, généralement chef du gouvernement. Ce dernier, entouré des ministres, devrait rendre régulièrement compte de leur gestion au chef de l'exécutif. Il serait strictement interdit à ces derniers d'abuser de leur pouvoir et de détourner les fonds alloués au fonctionnement de chaque ministère.

Le pouvoir exécutif, animé par un président ou un premier ministre conformément à la constitution, a comme fonctions principales : l'exécution des lois adoptées par le pouvoir législatif, dont le parlement demeure le législateur. Celui-ci comprendrait l'Assemblée et le Sénat. En cas d'une situation conflictuelle, le gouvernement pourrait prendre une motion de censure afin de dissoudre une des deux chambres. Il s'agit de l'Assemblée nationale. Le pouvoir exécutif serait constitué d'un ensemble d'organismes et d'une administration agissant au nom du gouvernement. Il signe des décrets ou des arrêtés car c'est lui qui appliquerait les lois votées au Parlement ou à l'Assemblée nationale.

Le pouvoir exécutif a aussi des *pouvoirs discrétionnaires* à savoir la prise de décisions urgentes sans le consentement du Parlement afin de faire face à une situation complexe. Cela pourrait arriver en cas de vide juridique dans les textes de loi.

Le pouvoir exécutif guide la politique nationale dans la plus grande dignité. Il suggère des lois au Parlement. Il disposerait d'une administration et d'une armée pacifique protégeant la population et non point une armée des *soudards*. L'exécutif ne devrait point supplanter les pouvoirs législatif et judiciaire.

En résumé

Les trois pouvoirs forment l'État dans tout régime démocratique. Tout chef de l'exécutif accepterait et respecterait la séparation des pouvoirs. En démocratie, le principe de la séparation de ces trois pouvoirs s'impose pour mieux gérer et mener de façon transparente la politique nationale ou continentale. Ils ne devraient jamais être concentrés entre les mains d'une seule personne ou d'un groupe collégial. Ces pouvoirs distincts seraient clairement définis par la constitution. En cas de conflits, le pouvoir judiciaire est apte à les régler sagement en tenant compte de l'intérêt collectif et non de l'intérêt individuel. Le pouvoir judiciaire, autonome, serait confié aux juges d'une meilleure probité morale. Ce pouvoir a une condition obligatoire d'impartialité. Ses aptitudes sont clairement déterminées par la constitution.

Quant au pouvoir législatif, il siège périodiquement. Il vote non seulement les lois mais encore, il contrôle l'action du pouvoir exécutif. Il délibère en public. Cependant, le pouvoir exécutif est tenu au secret selon la loi de la confidentialité.

Pour la bonne marche de la république, il faudrait nécessairement veiller à la séparation de ces trois pouvoirs.

Enfin, l'Afrique devrait apprendre à privilégier le droit. Il est à noter que le pouvoir judiciaire, fondement de tout pouvoir, nécessiterait une autonomie totale. Dans un état de droit, il garantirait au peuple des procès équitables et des processus électoraux fiables. Le trafic d'influence, la corruption, la complaisance judiciaire et les montages des procès avec de faux témoins seraient inacceptables.

Le pouvoir judiciaire devrait veiller scrupuleusement à l'application du droit. La séparation des trois pouvoirs déterminerait leur action et leurs limites telles que définies par la loi. Le pouvoir législatif qui adopte les projets de lois initiés par le pouvoir exécutif, homologue les traités approuvés et négociés par celui-ci, ne devrait pas se laisser suggestionner par ce bulldozer.

La constitution définit clairement le rôle et le fonctionnement des trois pouvoirs. Il faudrait donc garantir l'égalité en droit autant que possible car, dans son application, le droit est parfois discriminatoire. Le droit devrait tenir compte des réalités sociales et non d'un individu se substituant en monarque absolu.

Pour réussir la démocratie pluraliste, il serait obligatoire d'établir :

Une Commission formellement électorale indépendante;
- Un corps électoral;
- Un bulletin unique;
- Un découpage électoral réaliste;
- Un recensement méritant.

La transparence et l'honnêteté sont des vertus en toute chose afin de réaliser un scrutin exemplaire. Comme au tennis, le gagnant sert toujours la main du perdant. Cette étape permet de restructurer et de redynamiser l'État tout en créant des institutions solides et démocratiques. Respecter l'ordre constitutionnel serait un idéal parmi tant d'autres.

Les partis politiques impliqués dans des guerres fratricides mériteraient d'être dissouts du fait d'avoir généré l'irréparable. Ces partis incarnent les principes du mal et de l'usurpation du pouvoir. Ils utilisent la violence comme mode d'accès au pouvoir et de gouvernance. Il convient d'agir afin de privilégier les règles démocratiques.

La *charte de Kouroukan Fouga de 1236,* ci-jointe en appendice, aiderait à comprendre que l'Afrique a toujours été organisée et qu'elle a su définir le pouvoir et son fonctionnement.

CHAPITRE II

POLITIQUE AFRICAINE ET ETHNICITE

Je ne suis pas vraiment libre si je prive quelqu'un d'autre de sa liberté. L'opprimé et l'oppresseur sont tous les deux dépossédés de leur humanité.

Nelson Mandela
(Un long chemin vers la liberté)

1- Politique africaine et ethnicité

Chaque société comprend des groupes de peuplades différents. Comme chacun est le reflet de l'autre, l'idéal pour ces identités d'ensemble serait de vivre en harmonie car ce qui nous unit est plus fort que ce qui nous divise. Une société paisible et laborieuse profiterait à tous les ensembles comme en mathématiques modernes. Unis, nous serons plus efficaces et plus productifs. L'espace politique devrait s'ouvrir à tous les groupes et à tous les citoyens.

a)- L'ethnicité en politique

i- L'ethnicité

Le concept d'*ethnicité* comprend plusieurs paramètres : la race, la tribu, l'ethnie, les coutumes voire l'identité. L'ethnicité est un concept ancien définissant un ensemble de peuples d'une origine donnée, parlant les mêmes langues et ayant souvent les mêmes mœurs. L'Allemand Max Weber (1864-1920) définit clairement ce concept. Il précise que l'*ethnicité* est liée au concept *ethnie.* Il analyse le *concept d'ethnie sous l'angle d'identité comme un construit social.* Il définit l'ethnicité « non comme une construction sociale, mais aussi comme un moyen d'instrumentaliser les luttes sociales et politiques[29] » .

En Afrique, quand on parle d'ethnie, il s'agit d'un groupuscule ayant les mêmes coutumes et la même culture. Pour clarifier l'ethnicité, Gérard Bouchard, historien et sociologue canadien relève qu'elle est « L'ensemble des traits, objets et productions symboliques dans lesquels une collectivité se reconnaît et par lesquels elle se fait reconnaître. On pourrait dire tout aussi bien toutes les caractéristiques culturelles ou symboliques partagées par l'ensemble des

---

[29] Weber, M. in Patez, F. (mars 1997). Les relations communautaires ethniques selon Weber, Université de Haute Bretagne, Rennes.

membres d'une collectivité et qui ont pour effet, sinon pour fonction, de la singulariser. L'ethnicité, c'est donc tout ce qui nourrit un sentiment d'identité, d'appartenance, et les expressions qui en résultent »[30].

Quant à Lonsdale, il mentionne que l'appartenance ethnique est un fait social universel : tout être humain crée sa culture à l'intérieur d'une communauté qui se définit par opposition aux *autres*. Par ailleurs, il enchaîne en notant que : « si certains aspects de l'ethnicité représentent effectivement un pesant héritage de traditions, sa signification est chaque jour réinventée pour satisfaire à de nouveaux besoins[31] ».

Généralement, les guerres civiles en Afrique ont une connotation ethnique comme en témoignent les expressions utilisées par les médias : épuration ethnique, guerre tribale, etc. En Afrique, la dynamique de l'ethnie et de l'ethnicité s'illustre tristement lors du génocide rwandais (1994).

Au Rwanda où il y a eu une purge ethnique insensée déshonorant la race humaine, aucun acteur présent sur le terrain ne pourrait à l'heure actuelle expliquer comment on en serait arrivé là; Comment on aurait pu laisser faire ? Les balbutiements de l'Organisation des nations Unies (ONU), de la communauté internationale et de tous les fieffés liés au conflit rwandais ne rassureraient guère les jeunes et les générations de demain. Le discrédit jeté sur le général canadien, Roméo Dallaire et bien d'autres officiers, ne changerait rien aux massacres commis sur le terrain.

Au Congo-Brazzaville, lors du règne du Professeur Pascal Lissouba du 31 août 1992 au 15 octobre 1997, les milices issues des partis politiques, toutes tendances confondues, ont commis des massacres odieux. Certains enfants nés des unions

---

30 Bouchard. G. (1996). « *Ouvrir le cercle de la nation. Activer la cohésion sociale. Réflexion sur le Québec et la diversité* », in les nationalismes au Québec, sous la direction de Michel Sara-Bournet et de Jocelyn Saint-pierre, Les Presses de l'Université Laval, Québec, p. 319.

31 Lonsdale, J. (1998). *Ethnicité, morale et tribalisme politique,* in Politique Africain, 61, besoin d'État, Karthala, pp. 98-115.

interethniques en auraient fait les frais. Au Congo-Kinshasa, plus précisément à Lubumbashi, il y a eu le même scénario. Une forte épuration ethnique s'est opérée dans cette ville où résident les Luba et les Kasaïens entre 1991 et 1995. Les enfants issus des couples interethniques ont été sacrifiés. Bon nombre des victimes issues de ces unions qui ont pourtant cohabité des siècles durant n'ont point de sépulture.

L'historien Joseph KI-Zerbo rappelle qu' « à partir de la colonisation, on a hiérarchisé les ethnies africaines comme on a hiérarchisé les races, les Blancs en haut, les Noirs en bas. C'est là où les germes contemporains du conflit ont été posés»[32]. Il enchaîne sur le fait qu'il « faudrait cultiver ces structures interethniques et transethniques positives, parce qu'elles peuvent aider à résoudre des problèmes »[33].

En Afrique, l'ethnicité surplomberait la politique. Si vous n'appartenez pas à l'ethnie du chef au pouvoir, vous êtes marginalisé. En privilégiant les siens, la discrimination ethnique hisse des barrières multiformes qui deviennent une arme d'exclusion pour d'autres régions. Lors des élections, l'ethnie est une donne incontournable. *Le votez-moi, je suis des vôtres,* est une réalité. Un système politique qui puise sa force de l'ethnie, enivre et emprisonne. On utilise l'ethnicité comme moyen de règlement des comptes. Le sentiment d'appartenance à une ethnie a des effets à la fois subjectifs et objectifs. L'objectif dénoterait du concret tandis que le subjectif relèverait de l'idolâtrie et il paraît bien nuisible.

L'ethnicité étant lignagère, on ressent le besoin de se joindre à son ethnie et de se reconnaître parmi les siens. Quand on se retrouve dans une grande métropole, la force des besoins identitaires pousse à vous rapprocher des vôtres. Ainsi donc, pour faire face aux aléas de la vie, on met en place des structures de survie telles que l'entraide sociale en cas de décès,

---

32 Ki-Zerbo, J. (2003). *À quand l'Afrique ?* Entretien avec René Holenstein, Édition de l'Aube, Paris, p. 56.

33 Ibid

de maladie ou d'autres vicissitudes de la vie. Loin de la maison ou du pays, on est sensible à la résonnance ethnique, à un quelconque lien de parenté. Ceci est valable pour tous les peuples de la planète. L'ethnicité suscite une solidarité aveugle dans les conflits.

Les Africains subissent l'histoire. Ils ne fonctionnent pas par rapport au temps. La politique africaine très ethnicisée devrait faire place à une véritable démocratie qui répond aux réalités du moment. Une démocratie qui privilégierait l'intérêt général. Une démocratie qui mettrait l'humain au centre de tout.

L'ethnicité demeure pourtant une valeur sûre. Tout développement commence au sein des siens et de sa communauté. Elle devient une tare quand elle est utilisée comme un outil de destruction des autres groupes. Qu'on l'accepte ou pas, elle est le socle de la communauté. La diversité ethnique et culturelle nourrit un monde pluriel où les intérêts individuels des composants priment.

L'ethnie se caractérise par l'appartenance à un ensemble de peuples, un groupe d'individus ou un groupe sociologique ayant les mêmes valeurs, les mêmes concepts de vie, parlant souvent la même langue, partageant parfois le même espace ou vivant hors du milieu naturel ou historique. Peu importe la religion, elle regroupe plusieurs sous-ensembles, qui ont les mêmes origines, des mœurs identiques et des facteurs sociaux communs. Ces peuples sont souvent réunis en un lieu commun et autour d'un chef qui parle au nom des siens toujours à la première personne du pluriel « *Nous* ». Quant aux violences interethniques, elles découleraient parfois de facteurs bénins. Ces litiges pousseraient les membres à se serrer les coudes pour se défendre et à défendre leur patrimoine commun. La culture, base essentielle de l'électorat traditionnel, serait à notre avis le point clé de l'ethnie.

Engelbert Mveng note que « la notion même de groupe ethnique est mal aisée à cerner dans les textes anciens. Ce qui distingue ces groupes, c'est leur style de vie qui va du régime alimentaire aux activités culturelles, économiques, militaires, religieuses, les plus élaborées »[34]. Dans l'ethnie, il y a toujours un sous-groupe dominant d'où le qualificatif du tribalisme. Peut-on vraiment balayer cette vision étroite d'une Afrique dont l'histoire coloniale reflète « la manipulation de haines tribales, les frontières tracées suivant le bon vouloir des coloniaux, les déplacements de population, les détentions, les grandes et petites humiliations »[35]. La haine fratricide et ethnique est un élément destructeur de la société. Elle mériterait beaucoup plus d'attention d'être reléguée.

Le professeur Touna Mama mentionne que « la population camerounaise se caractérise par une forte diversité ethnique. Les 230 ethnies dénombrées se répartissent en six groupes : les soudanais, les Hamites, les Sémites, les Bantous, les Sémi-bantous et apparentés, et enfin les pygmées. Cette diversité apparaît comme une richesse, base de la diversification de l'économie tant souhaitée »[36]. Il est donc inutile de créer d'autres groupes ethniques. Il est important d'œuvrer pour l'unité nationale afin de permettre des lendemains meilleurs aux générations futures. Il est essentiel de comprendre que la haine tribale cristallise les oppositions. De plus, le tribalisme est une idéologie haineuse stimulant les divisions et la violence au sein de la communauté. Seule l'unité conduirait les peuples d'Afrique au progrès et à une paix durable et stable.

En Afrique du Sud, les dirigeants du système de l'apartheid auraient voulu mettre en place *un conseil ethnique*[37] et érigé des États ethniques pour qu'ils aient toujours le contrôle du pays. Les témoignages de la Commission de la vérité et de la réconciliation présidée par le révérend Pasteur Desmond

---

34 Mveng, E. (1972). *Les sources grecques de l'histoire négro-africaine depuis Homer jusqu'à Strabon,* Présence africaine, Paris, 1972, p. 151.

35 Obama, B. (19 mars 2008). *« Les rêves de mon père », l'histoire d'un héritage en noir et blanc,* document, presses de la Cité, p.318.

36 Touna Mama, E. (2008). Membre de l'Académie des sciences du Cameroun, *L'économie du Cameroun : Pour un nouveau départ,* Afrédit (Africaine d'Édition), p. 31

37 Pagé, L. (2001). *Mon Afrique*, Éditions Libre Expression, Québec, p. 316.

Tutu, met à nu la méchanceté de l'Homme sur l'homme. Cette commission mise en place par « le gouvernement d'unité nationale a fait la lumière sur la période comprise entre le 1er mars 1960 [38] date interdisant tout activité des mouvements anti-apartheid et le 10 mai 1994 »[39], date marquant *l'investiture présidentielle* [40] du nouveau président, Nelson Mandela, élu triomphalement et loyalement par les Sud-africains, toutes races confondues.

La force de l'ethnicité résiderait dans la complicité existant entre un groupe de peuples donné qui partage une approche de vie quelconque. Leur vie sociale décrirait souvent leurs origines. Aujourd'hui, en Afrique, les mariages mixtes tendent petit à petit à transformer la réalité ethnique. Dans une Afrique vivant à l'ère du postmodernisme, les inter-mariages sont en train de briser les mythes antiques.

La tribu et le clan sont des sous-ensembles de l'ethnie qui fixe le point d'attache, le repère, le groupe d'appartenance et l'identité. Il serait donc normal d'être identifié par rapport à sa communauté. L'ethnie n'est donc point un concept de division. C'est un concept des groupes ayant des points en commun favorisant le rapprochement et révélant parfois les liens de parenté.

Le groupe ethnique, entité sociétale vitale, mériterait d'évoluer dans un environnement sécuritaire où le partage dialogue et le respect de l'autre demeurent indispensables. Il devrait stimuler la paix durable et encourager le développement socio-économique. Il ne devrait être ni manipulé ni utilisé comme moyen de répression par les pouvoirs politiques. L'ethnie se doit être pacifique et constructive. Elle devrait jouer un rôle prépondérant au sein de la société. Elle devrait assurer l'harmonie et favoriser la

---

38 Ibid
39 Ibid
40 Ibid

cohabitation en privilégiant l'interdépendance et le partage du patrimoine commun.

La haine, le racisme et l'hostilité ethnique sont préjudiciables à l'humanité comme le montre aussi ce pan de l'histoire :

En janvier 1959, au Congo-Kinshasa, les émeutes provoquées par les colons belges firent de nombreuses victimes. Sept jours après l'indépendance, « l'armée se révolta contre la conservation des cadres européens »[41] dans les instances de la République. L'anarchie s'installa et les rivalités ethniques reprirent le dessus. Soutenu par les Belges, Moise Tschombé déclara la sécession du Katanga. L'ONU envoya les casques bleus contenir le mouvement sécessionniste.

Ces facteurs sont dans une large mesure la cause de multiples massacres et de l'émigration massive des ethnies minoritaires vers d'autres horizons. Le génocide du Rwanda en 1994, les massacres des adeptes du groupe dit Bundu dia Kongo dans la province du Bas-Congo et plus précisément dans les villes suivantes : Boma, Matadi et Muanda ont été commis du 23 janvier au 3 février 2007 dans le Sud-ouest de la RDC. Ce, dans le plus grand silence de la cruauté du pouvoir de Kinshasa. Ailleurs, on parlerait du génocide dudit groupe des Bakongos. France 24 aurait fait un reportage sur ces tristes événements. Depuis 1997, le Sud du Congo-Brazzaville subit des massacres à huis clos à raison tout simplement de leur origine. En ce moment, la peur règne au Congo et les arrestations arbitraires des politiciens s'accélèrent en 2016 sans oublier les massacres des jeunes du Sud du Congo en fin 2015 pour avoir refusé de voter pour le référendum du 25 octobre 2015. Au Soudan du Sud, des crimes de masse sont commis depuis décembre 2013. Quant à la Somalie, des massacres sont régulièrement perpétrés dans la capitale Mogadiscio depuis 2006. Voici donc autant d'exemples tangibles.

---

[41] Pagé, L. (2001). « *Mon Afrique* ». Éditions Libre Expression, Québec, p. 316.

La Déclaration universelle des droits de l'Homme et d'autres chartes en vigueur ont mis en évidence l'importance du respect humain. Dans la société, tout Homme mérite respect. Tout homme a droit à la vie. Tout homme a des droits et des devoirs qu'il importe d'assumer. Nombreux sont les génocides et les massacres passés sous silence.

En 2014, nous avons encore été témoins d'une situation intolérable en République centrafricaine. Le peuple centrafricain fait face à de nombreuses exactions depuis le dernier coup d'État de Michel Djotodia de 2013 à 2014. Ces incongruités continuent entre ex-Séléka musulmans et les milices d'autodéfense anti-Balaka, en majorité chrétienne. Amnesty international a annoncé que « les milices anti-Balaka mènent des attaques violentes dans le but de procéder au nettoyage ethnique des musulmans en RCA »[42]. Dans la capitale Bangui, les images sont épouvantables. La cruauté de l'Homme est inexprimable. Les anti-Balaka se vengent de ce qu'ils ont subi. Il sied de renforcer la sécurité pour toutes les populations. La ville de Bossemptélé pointée du doigt, s'est vidée de ses habitants. Que de charniers ! Musulmans et chrétiens vivaient dans la plus grande harmonie dans ce pays. Et, en Afrique centrale, le problème de religion ne se posait pas. Les populations ont besoin de beaucoup plus de sécurité et d'unité. Réconcilier un peuple, c'est unir un continent tout en mettant fin à sa souffrance.

Il est essentiel d'amener les Centrafricains, musulmans et chrétiens, à se pardonner réciproquement et à se réconcilier, même si comme le dit Diderot « les réconciliations sont fausses lorsque les haines ont éclaté ». Pardonner est une action plus noble et plus rare que celle de se venger. L'union Africaine et la communauté internationale devrait cesser de tergiverser et d'avoir la volonté réelle d'aider coûte que coûte à

---

[42] Amnesty international, février 2014. « CENTRAFRIQUE. Amnesty international dénonce un "nettoyage ethnique". Publié, le 12 février 2014 par l'OBS avec AFP ». Consulté, le 17 février 2014.

mettre fin à cette grave crise qui déshonore tout le monde et à organiser les élections réellement démocratiques dans la paix afin de relancer l'économie tout en rétablissant les structures administratives.

Le XXIe siècle devrait être celui de la cohabitation, de paix, du développement durable et de l'investissement. Il serait important que tout le monde puisse œuvrer pour la paix. Toute manipulation ethnique viendrait de l'élite politique. Chaque constitution devrait dresser des balises qui protègeraient tout humain contre tout conflit religieux, ethnique ou politique.

Cependant, le concept du tribalisme, facteur d'affrontement politique, active les guerres civiles ou interethniques comme ce fut le cas au Kenya le 27 décembre 2007 lors de la réélection falsifiée du président sortant Mwai Kibaki. Le journaliste du Monde diplomatique, Jean-Christophe Servant, expliqua que « le facteur ethnique est un instrument agité par les deux camps »[43]. Il y a eu destruction matérielle et surtout mort d'hommes. Dressés pour tuer au nom de l'ethnie, les jeunes sont descendus dans la rue et ont causé la mort à plein d'innocents. Jacqueline Klopp nota que « Cette fois, il est temps de demander que justice soit faite. Il ne faut pas répéter les erreurs du passé. Autrement nous contribuerions à obstruer encore un peu plus la fragile route de la démocratie au Kenya »[44].

Suite à une rivalité entre Salva Kiir et Riek Machar écarté du pouvoir, la jeune nation du Soudan du Sud a basculé dans une violence extrême ce 15 décembre 2013. Cette crise politique a basculé dans les viols et les assassinats à caractère ethnique. Actuellement, les violences revêtent une dimension ethnique. Les Dinka, ethnie de Kiir et Nuer, celle de Machar s'affrontent. La frénésie collective violente a gagné toutes les

---

[43]Servant, J.-C. (2008). *Les ethnies instrumentalisées dans la course présidentielle, affrontements très politiques au Kenya,* Le Monde diplomatique, Paris, N0 647, p. 9.

[44] Klopp, J. (2008). Citée par Jean-Christophe SERVANT, IN Le Monde diplomatique, p.9.

parties. Cela est bien déplorable. Khartoum et Juba sont priés de se réconcilier pour assurer la sécurité des biens et des personnes. Ensuite, il serait nécessaire de se pencher sérieusement sur la résolution des conflits entre les frères ennemis afin de mettre fin à la guerre fratricide qui ravage tant le plus jeune état du continent africain. La reprise du dialogue politique et la stabilité du Soudan du Sud demeurent des priorités. Que la paix soit le plus grand idéal pour tous les pays en conflits ou en guerres.

Ainsi donc, la politique africaine étant minée par l'ethnicité, il serait difficile d'y asseoir une réelle démocratie. Nonobstant, les dirigeants devraient être les acteurs de la cohésion entre les ethnies.

En travaillant en faveur de cette cohésion, instaurant le dialogue constructif entre les différents groupes sociaux. Cela serait très important afin de garantir un meilleur avenir. Il faudrait retenir que la division perpétuelle serait bien regrettable. Les ethnies ne devraient point se faire violence. Tout devrait être fait de façon pacifique dans la médiation et le dialogue de façon pragmatique. Tout le monde étant égal en droit et en dignité, privilégions les valeurs de la *non-violence.* Il faudrait une forte prise de conscience afin d'accepter que nous sommes tous égaux.

b)- Le dépassement de l'ethnicité

Daniel Bourmaud mentionne que : « L'analyse politique contemporaine valorisant la dimension ethnique est à la fois juste et fausse. Elle serait juste grâce à «une conscience ethnique conséquence de la colonisation. Elle est fausse dans le sens où les luttes d'influences et les réseaux de pouvoir s'appuient encore largement sur des unités plus réduites »[45]. C'est grâce à une indivisibilité ethnique politique qu'on se

---

[45] Bourmaud, D. (1988). *Histoire du Kenya, État et pouvoir local*, Paris, Éditions Karthala, p. 20.

cramponnerait au pouvoir. Incontestablement, ceci serait une réalité.

L'ethnicité serait à la solde des groupuscules politiques. On utiliserait ce facteur pour s'assurer le soutien des siens. Dans un environnement où les lois sociétales seraient humaines, le dépassement de l'ethnicité serait possible si l'intérêt national primait sur l'ethnicité. Si « l'ethnicité est une sorte d'assurance sociale, dans bien des cas, c'est un facteur de sous-développement »[46] mental.

Dans une Afrique en voie de développement et démocratique la manipulation politico-ethnique n'aurait pas de place. Les jeunes, espoir de demain ne devraient pas se laisser aller à la fainéantise, à la vie facile et à la vie d'enfants soldats. Une telle situation me conduirait à m'exprimer en ces termes :

Ô Africain,
Ô Africaine,
Ô toi, jeune ou vieux,
Sème la bonne graine
Pour ta mère, Afrique.

Où que tu sois,
Jette un regard
Favorable sur ta mère,
Maman Afrique !

Cultive,
Démocratise,
Modernise,
Pacifie
Et développe l'Afrique
Afin qu'il y fasse bon vivre.

---

[46] Jewsiewiicki B. (2011). *Groupe «Afrique noire»*, cahier n0 10, *Dialoguer avec le Léopard ? Pratiques, savoirs et actes du peuple face au politique en Afrique noire contemporaine, Paris,* Éditions L'Harmattan, p. 147

Ne vole point,
Ne viole point,
Ne détruis point
Mais, construis !
.
Protège l'environnement,
Protège ta sœur,
Protège ta mère,
Protège ton frère,

Refuse la corruption
Refuse la manipulation,
Refuse de tuer.

Respecte-toi
Respecte l'autre et ses biens.
Respecte le bien commun et celui du voisin.

De tout temps, l'éthique commande la responsabilité, l'ouverture au dialogue, le pragmatisme et le dynamisme à visage humain.

Aucune ethnie n'est au-dessus de la loi ni au-dessus de l'autre. Tout le monde est égal en dignité. Autant le leader ne devrait privilégier aucune ethnie, autant il serait le garant naturel de l'unité nationale. Il devrait jouer son rôle sans hypocrisie. Menée à bon escient, la démocratie déterminerait le type de leadership exercé : transformationnel ou charismatique et la bonne gouvernance. Il est temps de cesser de se persécuter pour des concepts subjectifs.

Unis, les Africains seront forts et indivisibles. Aucune puissance extérieure ne pourrait les manipuler comme ce fut le cas dans le passé. Esclaves ? Ils l'ont été. Colonisés ? Ils l'ont été. Surexploités et néo-colonisés ? Ils le sont encore. Les conflits ethniques ? Ils s'accélèrent avec la chasse au clan des dictateurs déchus dans le monde arabe en ébullition. C'est le temps de construire et d'avancer. On ne construirait point sur la haine et la rancune. Savoir faire des concessions serait aussi une grande valeur pour mieux reconstruire et recoller les calebasses cassées.

Quant aux enfants d'hommes politiques ou de leur tribu, ils sont citoyens comme tout le monde. On ne pourrait pas leur refuser l'espace politique. Il serait question tout simplement de veiller à ce que ce soit sur le mérite et la qualification selon le cadre défini pour tout citoyen.

Retenons que l'ethnicité serait un principe de mauvaise gouvernance. Pour un meilleur équilibre de gouvernement, il faudrait un grand brassage tenant compte de l'ensemble d'ethnies. Quelles que soient nos origines ethniques, l'essentiel serait de servir et de contribuer à l'édification d'une Afrique libre et prospère. Ainsi, se construirait le continent dans la dignité car *nous sommes tous égaux*.

d)- Le pouvoir en Afrique contemporaine et recommandations

Le passé glorieux de l'Afrique, magnifié par l'existence de grands royaumes et d'empires est un fait historique indéniable et inaliénable ! La Charte de Kouroukan Fouga-Mali de l'an 1236 qui montre tout l'art de l'organisation sociale et politique de l'empire du Mandingue qui d'ailleurs constitue une des premières chartes des droits humains.

Après la lecture de cette charte, on pourrait comprendre que l'Afrique était un continent bien organisé et nous serions amenés à nous questionner pourquoi toutes ces dérives administratives sur le continent dans notre monde contemporain ?

Le pouvoir en Afrique aujourd'hui est une source de perturbations, de guerres civiles et autres négativités, mériterait une discipline juridique exemplaire.

L'égoïsme politique des dirigeants entraîne des bains de sang comme ce fut le cas du Tchad, du Kenya, de la Libye, de la Côte-d'Ivoire, de la Somalie, des deux Congo et du Soudan du Sud. Le président de la République, qui se cramponne au pouvoir, gère l'État comme une propriété privée, une épicerie. Dès lors que le patrimoine public appartient à un groupe donné qui se dit au dessus de la loi, ceci devient un facteur de régression.

Aussi, *chose étrange*, tout projet qu'on amorce serait financé par l'extérieur. Notre diplomatie n'est que celle de la main tendue. Il est temps de repenser l'âme africaine et de changer de tendance afin que le continent puisse se suffire à lui–même. Il occuperait une place lui permettant d'émerger grâce à ses multiples richesses naturelles. Il possède tant de métaux. En travaillant fort, sa population retrouverait le chemin de la liberté et de la dignité.

Il requerrait d'accepter que tout chef d'État soit justiciable dès qu'il commet des bévues graves : tueries, incitation à la guerre civile et toutes sortes de discriminations à l'égard d'une tribu ou de la minorité. Aucun chef d'État ne serait l'Alpha et l'Oméga.

La notion du respect est fondamentale pour chaque peuple. Dans la constitution, une clause devrait le préciser. La constitution comprendrait également une clause qui limiterait le mandat présidentiel tout en indiquant la date de prise de fonctions et celle de cessation. Ce mandat serait renouvelable seulement deux fois.

À la fin de son mandat, l'ancien président de la République aurait droit à une retraite confortable et à des avantages sociaux. Il pourrait siéger au Conseil constitutionnel s'il le désirait. L'État assurerait sa protection et celle de sa famille. Seulement, en cas de problèmes avec la justice, il répondrait obligatoirement aux convocations des juges parce qu'il serait devenu un citoyen ordinaire.

De sinistre mémoire, l'Afrique ne connaît aucune transition vers une démocratie proprement africaine tenant compte de ces réalités. Par ailleurs, la démocratie à l'occidentale loin d'être la panacée, ne devrait être ni imposée, ni importée. Toutefois, la démocratie américaine devrait nous inspirer. Elle est un meilleur modèle de respect constitutionnel de génération en génération. Quel que soit le régime, il ne faudrait point :

- violer le peuple de tout alternance politique ;
- violer la Charte de la démocratie de l'Union Africaine ;
- violer l'ordre constitutionnel et le calendrier électoral ;
- trahir sa qualité d'homme ou de femme d'État ;
- Choisir le rapport de force ;

Bien au contraire, il faudrait en tout temps soutenir les aspirations légitimes du peuple, de la jeunesse pour la démocratie, la justice et la liberté. Garantir la stabilité, l'unité et la cohésion sociale devrait être la priorité de tout gouvernement. Cela permettrait de contribuer à la promotion des valeurs et de la culture démocratique.

Que les Africains donnent la priorité à la marche démocratique afin que chaque peuple retrouve sa dignité en sortant de l'esclavage et de la brutalité.

Pour être efficace et répondre aux aspirations des peuples, la démocratie s'accommoderait aux réalités du terrain en le rendant plus humain et plus naturel. Le vote populaire en est une première exigence ainsi que le respect des lois et de la constitution.

En toute liberté, le peuple fait un choix éclairé. Seulement, que cette démocratie soit directe ou indirecte ou semi-directe, le peuple souverain en sort souvent lésé. La démocratie devrait se baser sur l'histoire, les us et coutumes passés et actuels.

À l'issue des élections, Au-delà de toute sensibilité politique, le vainqueur et le vaincu se féliciteraient. Ils se serreraient la main en guise de respect et d'acceptation de l'autre. Ce, pour un meilleur exemple face au peuple : fraternité, paix et unité. L'État est éternel tandis que même les grands hommes passeraient.

En démocratie directe, on prétendrait attribuer au peuple le privilège d'adopter les lois ainsi que les décisions nécessaires tout en désignant les agents de conception. Quant à la démocratie indirecte, elle serait synonyme de démocratie représentative. Le peuple élirait des représentants et leur rôle serait bien limité. Cependant, en démocratie semi-directe le peuple statuerait sur les lois et sur certaines initiatives dites populaires dont le référendum. De manière absolue, tout pouvoir exercé par un singleton ou un clan, s'identifierait à un régime dit dictatorial ou tyrannique. Ipso facto, le vrai pouvoir est celui issu des urnes transparentes et non des urnes entachées de violence et de sang.

La démocratie adaptée aux réalités locales, la liberté des choix et l'indépendance économique permettraient de négocier d'égal à égal avec tous les partenaires bilatéraux quelle que soit leur puissance économique.

Une Afrique libre et laborieuse serait une puissance sur l'échiquier mondial au sein de la famille des nations. Avec son abondant patrimoine naturel et son potentiel humain de taille, elle en sortirait forte et aguerrie.

José Saramago, écrivain portugais, prix Nobel de littérature en 1998, précise :

> «Si la démocratie était vraiment le gouvernement du peuple, pour le peuple et par le peuple, tout débat cesserait… Le pouvoir démocratique est, par sa nature, toujours provisoire. Il dépend de la stabilité des élections, du flux des idéologies et des intérêts de classe. On peut voir en lui une sorte de baromètre organique qui enregistre les variations de la volonté politique de la société. Mais, de façon flagrante, on ne compte plus sur les alternances politiques apparemment radicales qui ont comme effet des changements de gouvernement, mais qui ne sont pas accompagnées de transformations sociales,

économiques et culturelles aussi fondamentales que le résultat du suffrage le laissait supposer »[47].

Tout pouvoir devrait nécessairement se soumettre aux règles absolues de l'intérêt général et non le contraire.

Certains pays avancent calmement vers une démocratie véritable. L'Afrique du Sud a eu des élections tranquilles tout comme le Ghana. Le 28 décembre 2008, John Atta Mills, chef de l'opposition ghanéenne, a gagné les élections au second tour face à son adversaire, Nana Akoufo-Addo, président sortant du Nouveau parti patriotique. Le président sortant a accepté sa défaite même s'il a décrié les irrégularités que la justice a promis d'examiner.

John Atta Mills, décédé le 24 juillet 2012, demeure *l'artisan de la stabilité politique et démocratique du Ghana.* En matière de démocratie, bien que le chemin à parcourir soit long, il faudrait qu'on s'y attelle pour l'émergence d'une Afrique nouvelle et prospère. Comme le souligne bien Fatou Ciné Camara, nous savons que, « dans la tradition négro-africaine, le pouvoir n'est pas un attribut qui se suffit à lui-même pour laisser son détenteur libre d'en user à son gré. Le pouvoir est d'abord une charge[48] ».

Dans ce monde, rien n'est figé. Comme le scandent bien les marxistes : *tout est changement et tout est mouvement.* Selon la loi de la dialectique, nul n'est éternel. Inutile de s'accrocher au pouvoir. Les plus grands rois pharaoniques ont été fauchés par cette loi naturelle. Des rois redoutables comparables aux dieux vivants se seraient lamentablement décrochés de l'arbre comme une mangue, leurs tombes profanées, ils ont été jugés indésirables. La terre a eu du mal à les contenir. La terre leur est très lourde parce qu'ils ont commis, eux les immortels, des crimes contre l'humanité. La loi de l'impunité finirait par

---

[47] Saramago, J. (août 2004). *En marge pouvoir économique. Que reste-t-il de la démocratie ?* Le Monde diplomatique, Paris.

[48] Kiné Camara, F. (2004). *Pouvoir et Justice dans la tradition des peuples noirs, philosophie et pratique,* l'Harmattan, Paris, p. 111.

prendre fin et les rois seraient désarmés et jugés. Cette loi de la dialectique est *immuable.*

Si les plus grandes dynasties du monde sont tombées, ne laissons point le déluge derrière nous. Conservons plutôt les grandes valeurs pour que les générations de demain s'en servent comme référence.

En Afrique, par respect des clauses électorales, certains chefs d'État feraient des concessions ou accepteraient la vérité des urnes. Pour son combat contre un système ségrégationniste inhumain et violent, Nelson Mandela a purgé plus d'un quart de siècle en prison. Ce système déshumanisant et répressif a été l'un des plus grands crimes contre l'humanité. Aujourd'hui, les séquelles laissées par ce système sont la conséquence directe de toutes les violences qui sévissent en Afrique du Sud. L'apartheid porterait seul le poids de la responsabilité de trois cent cinquante ans de colonialisme et d'oppression dont quarante-huit ans de ségrégation raciale. Les pauvres demeurent encore pauvres sans distinction de race et il faudrait des changements profonds pour mieux refaire cette Afrique du Sud. Détruire les taudis pour reconstruire des logements sociaux et faire naître un monde nouveau : celui de tous les rêves et de l'unité.

Dans l'introduction de la revue : *politique africaine*, Sean Jacobs note que la constitution de l'Afrique du Sud, « l'une des plus libérales du monde, puisqu'elle reconnaît le droit à l'avortement, le mariage homosexuel et la responsabilité de l'État envers les citoyens pauvres et des institutions visant à " renforcer la démocratie constitutionnelle" ont été mises en place, comme la commission des droits de l'homme et la commission pour l'égalité des genres »[49].

---

[49] Sean, J. (2006). Politique africaine, Afrique du Sud, Au-delà de l'arc-en-ciel, no 103-octobre, Édition Karthala, Paris, p. 6.

La Côte-d'Ivoire de l'après Félix Houphouët-Boigny serait devenue un charnier. Le 19 septembre 2002, la ville d'Abidjan s'est réveillé dans un chambardement sanglant.

Cette rébellion armée pour les uns et salutaire pour les autres déchire le pays en deux. Sans procès, le général Robert Guéi, président issu du coup d'Etat contre le président Konan Bédié, et Émile Boga Doudou, ministre de l'Intérieur, seront tous les deux tués avec de nombreux civils sans précédents dans l'histoire sociopolitique de ce pays ! Le principe de l'identité, institutionnalisé par Konan Bédié empoisonnerait la politique ivoirienne. De là partirait une guerre de succession qui ensanglanterait ce pays jadis un modèle de développement en Afrique.

En décembre 1993, après le décès d'Houphouët-Boigny premier président de la Côte-d'Ivoire, Konan Bédié, président de l'Assemblée nationale d'alors, prit sa place comme le stipule la constitution. Pour s'incruster au pouvoir, Bédié, baoulé comme Houphouët, appuyé par le Parti démocratique de la Côte d'Ivoire (PDCI) constitutionnaliserait le concept de l'*ivoirité* à tout prétendant au poste de la magistrature suprême. *Quand on veut noyer son chien, on l'accuse de rage, crient* les Ivoiriens du Nord assimilés aux Burkinabés et aux Maliens.

Comme l'indique la journaliste belge, Colette Braeckman, c'est « une guerre des chefs qui attise les sensibilités ethniques et suscite l'inquiétude des pays voisins qui respirent par le poumon ivoirien ».[50] Le pays s'embrase à la grande satisfaction des vendeurs d'armes. Les comportements xénophobes, la méfiance entre ethnies et la politique de diviser pour mieux régner refont surface.

Dans ce cafouillage insurrectionnel, les Ivoiriens côtoient l'embrasement total. Pris dans les feux de l'action, de nombreux français naturalisés ou pas, hésitaient à rentrer dans

---

50 - http ://www.congopage.com/forums/viewtopic.php ?f=1&t=4030&p=28841 : "Le Monde diplomatique" met à nu Chirac le cupide". Par Colette Braeckman, le Monde diplomatique de février-mars 2005.
-www.jeuneafrique.com du 13/09/2011

une France qui ne leur assurerait aucun emploi décent ni un avenir radieux.

Alassane Ouattara, premier ministre du gouvernement Houphouët-Boigny, jeta l'opposant Laurent Gbagbo en prison à la suite d'une manifestation démocratique. Dans un climat d'instabilité politique, le gouvernement du général Guéi, issu du coup d'État contre Konan Bédié, organise les élections qui conduisent Laurent Gbagbo au pouvoir.

D'ores et déjà, Laurent Gbagbo, décrié par la fameuse partiale et nébuleuse communauté internationale, aurait voulu sortir son pays du joug colonial. Il aurait désiré ouvrir le marché national ivoirien à d'autres pays estimant que la Côte d'Ivoire ne devrait plus être une chasse gardée de la France.

Dans chaque ministère, un conseiller français veillerait au grain. Les grands groupes (Bouygues, Bolloré, EDF, Saur et autres) seraient habitués à se voir attribuer les contrats sans devoir affronter la concurrence internationale. Dans le secteur bancaire, la Société générale, la BNP et le Crédit Lyonnais règneraient sans partage. En France, lors des campagnes électorales, *les partis politiques de droite comme de gauche comptent traditionnellement sur les gros financements venus d'Afrique.* Par exemple, « Robert Bourgi a affirmé dimanche et lundi dans plusieurs médias français avoir remis à l'ancien président Jacques Chirac et son ex-bras droit Dominique de Villepin, près de 20 millions de dollars de dirigeants africains, destinés au financement de la campagne présidentielle de 2002 du président sortant .Par mon intermédiaire, et dans son bureau, cinq chefs d'État africains - Abdoulaye Wade (Sénégal), Blaise Compaoré (Burkina Faso), Laurent Gbagbo (Côte d'Ivoire), Denis Sassou Nguesso (Congo-Brazzaville) et, bien sûr, Omar Bongo (Gabon) - ont versé environ 10 millions de dollars pour cette campagne de 2002, prétend l'avocat… »[51]

---

[51] www.lefigaro.fr/international/2009/06/09 : "VGE affirme que Bongo a financé la campagne de Chirac". Publié par Mathieu Szeradzki (lefigaro.fr). Consulté, le 10 juin 2009.

« Le président Jacques Chirac, soutenu dans ses campagnes électorales par certains chefs d'État africains, a battu le record des montants versés par les rois nègres »[52], dixit Valéry Giscard d'Estaing ancien président de la France de 1974 à 1981.

En effet, ce dernier a affirmé sur les ondes d'Europe-1 que le président Omar Bongo avait « *soutenu financièrement* » Jacques Chirac lors de la campagne présidentielle de 1981. Il précise que « normalement on n'acceptait pas des versements de fonds provenant de pays étrangers qui soutenaient financièrement Jacques Chirac. J'ai appelé Bongo et je lui ai dit : vous êtes très aimable mais vous soutenez financièrement la campagne de mon concurrent. Il y a eu un temps mort...Il m'a dit : "Ah, vous le savez...À partir de ce moment-là j'ai rompu mes relations personnelles avec lui" »[53], a-t-il rappelé lors du décès du président Bongo en 2009.

En Afrique, les élections sont souvent une source à problèmes. Avec la manipulation des populations par les candidats, elles prennent un aspect purement ethnique. C'est le cas du Kenya qui était l'un des pays de l'Afrique de l'Est le plus apprécié pour son calme, son charme, son hospitalité et sa stabilité politique. Ce pays a basculé dans la violence postélectorale lors du scrutin du 27 décembre 2007.

Les esprits des deux belligérants, Mwai Kibaki et Raila Odinga, étant surchauffés, la médiation du président de l'Union africaine John Kufuor s'est soldée par un échec. Les belligérants refusèrent de faire des concessions. L'intervention de Koffi Annan, ancien secrétaire général de l'ONU, permit, la résolution de ce conflit le 24 janvier 2008. Muni de patience, de sagesse et de bon sens, Koffi Annan réussit à calmer la tempête et amena les belligérants sur la table de négociation.

Après le Kenya, les mêmes événements se répétèrent au Zimbabwe. Une tricherie électorale couronnée d'arrogance

---

52 Ibid

53 Ibid

envenima la situation. Le président sortant, Robert Mugabe refusait de se plier aux résultats du scrutin issus des urnes, le 29 mars 2008.

Comme la publication des résultats électoraux tardait à se faire, Morgan Tsvangirai, commença à s'agiter et à faire des pressions sur Robert Mugabe. Le président sud-africain Thabo Mbeki, s'empressa de mener une médiation quelque peu pusillanime. Un second tour s'imposa afin d'y voir un peu plus clair. Le 30 mars, Robert Mugabe, en monarque absolu, proclama sa victoire de manière éclatante. Âgé de 84 ans, au pouvoir depuis *1980, père de l'indépendance Zimbabwéenne*[54]*,* il refuse de quitter le pouvoir. Autoproclamé de nouveau président de la République, il règne sans partage sur un pays en ruine et un peuple affaibli par la faim et les maladies au vu et au su de toute la communauté internationale.

Stephen Harper, Premier ministre du Canada, a critiqué ce processus électoral en le qualifiant de *laide perversion de la démocratie.*

Des mesures pouvaient être prises pour sanctionner un tel régime. De ces mesures, un gouvernement d'union nationale fut mis en place. Pour réconforter son peuple meurtri et panser les séquelles laissées par la parodie d'élection, Morgan Tsvangirai s'est montré conciliant. Contre vents et marrées, il accepta de devenir premier ministre en février 2009. Affligé par la mort accidentelle de son épouse, Tsvangirai fait preuve du dépassement de soi. Il irait en tournée chercher des partenaires pour un nouveau décollage économique de son pays. Il parcourt le monde pour expliquer les difficultés de son pays en plein marasme économique et politique. Son combat mériterait d'être soutenu par tous les épris de justice.

Le pouvoir zimbabwéen, si bien parti, a eu ses premiers démêlés sérieuses « en février 2000, lorsqu'un décret présidentiel retira aux fermiers blancs les titres de propriétés

---

[54] Thureau-Dangin, P. (2008). « L'Afrique mérite mieux que Mugabe », Courrier international, n0 909 du 3 au 9 avril, p. 9.

des meilleures terres arables qu'ils détenaient depuis longtemps pour les confier à d'anciens combattants zimbabwéens de la guerre contre l'ancien régime raciste. La récupération de ces terres fut l'un des principaux objectifs de la lutte pour l'indépendance et l'expropriation des fermiers blancs, argument de taille dans la perspective des élections législatives. Pendant que 4 500 fermiers blancs détenaient plus d'un tiers des terres arables les plus fertiles sous forme de vastes exploitations commerciales, plus de 700 000 familles de paysans noirs se partageaient le restant des terres cultivables, dans des régions moins favorables à la culture »[55].

Cette expropriation a poussé les fermiers blancs à quitter un pays qui jadis fut le grenier de la région « alors qu'ils étaient restés au moment de l'indépendance [56] ». Les partenaires économiques du Zimbabwe s'étant refroidis, le pays s'est enfoncé dans une crise aiguë distribuant dans sa coulée de lave, la pauvreté, l'inflation, le choléra, la mort en série, l'exil et la violence gratuite.

Face à cette montée de souffrance, Robert Mugabe a promis la guérison de la nation entière. Morgan Tsvangirai, leader de l'opposition zimbabwéenne, chef du mouvement pour le changement démocratique (M.D.C.), malmené et jeté en prison. Il relève que : « la réalité, c'est que la seule façon de guérir le Zimbabwe, c'est une nouvelle élection, sans violence ni intimidation. Pour cela, il faudra introduire des observateurs de l'Union africaine et des Nations unies. Il faudra en outre que je sois reconnu comme candidat légitime. Ce serait la meilleure chance pour le peuple du Zimbabwe de voir ses positions prises en compte avec justice et équité »[57]. Devenu premier ministre du pays, il rêvait de mettre fin à toutes

---

[55] Champin, C. (Mai 2000). *Combat douteux au Zimbabwe.* Monde Diplomatique, mai, p. 21.

[56] Ibid

[57] Courrier International. "Zimbabwe. Tsvangirai demande l'envoi d'une force de l'ONU". Publié, le 25 juin 2008. Par Morgan Tsvangirai. Consulté, le 20 avril 2009.

formes de violences politiques. Les violences ont fait plus des victimes au sein de l'opposition sans compter celles du choléra. Il enchaine que : « la lutte qui se déroule au Zimbabwe aujourd'hui est une lutte entre la démocratie et la dictature, entre la justice et l'injustice, entre le bien et le mal. C'est une lutte dans laquelle la communauté internationale doit être plus qu'un participant moral. Elle doit se mobiliser »[58]. Il serait temps d'enterrer la hache de guerre et de rebâtir le Zimbabwe. Que l'agriculture soit relancée et qu'une solution favorable pour les fermiers blancs qui méritent leur place dans cette ex-Rhodésie du Sud, soit recouvrée.

Que l'arbre de l'unité nationale pousse dans ce pays où Noirs et Blancs conjugueraient leurs efforts pour bâtir ensemble un pays nouveau, digne et prospère. Le Zimbabwe, autrefois grenier agricole le plus rentable d'Afrique, devrait être relancé. Que se fasse un partage équitable pour une paix durable dans un pays jadis prospère !

Le Burundi, indépendant depuis 1962, est un pays déchiré par des guerres civiles à répétition ayant fait de nombreuses victimes. Il comprend trois principales ethnies : Hutu, Tutsi et Twa. Les plus connues sont les hutu et les tutsis. Les Twas sont les autochtones, des citoyens semble-t-il peu considérés. Cela serait un manque d'humilité. Tous les êtres humains sont égaux.

Dans leur milieu naturel, ces Citoyens marginalisés par d'autres peuples sont d'habiles chasseurs. Dépossédés de leur terre et ne pouvant plus chasser, ils sont malgré eux devenus d'habiles artistes et potiers de circonstance. N'étant plus marginalisés comme dans le passé, leur vie tend de plus en plus à s'améliorer.

Chassé en 1965, le roi du Burundi se refugia en Suisse. Dans la résolution des conflits ethniques bien que quasi inexistants pendant la période royale, ce *muganwa*, ce rassembleur, brillait par sa neutralité. Son fils aîné, Louis

---

58 Ibid

Rwagasore, héros de l'indépendance et unificateur du peuple, fut tué avec la complicité de la main noire extérieure. Sa disparition a plongé ce pays dans des conflits ethniques.

De 1966 à 1976, Michel Micombero, Tutsi, et premier président du Burundi, exerça un régime peu démocratique. Pour des raisons ethniques et politiques, il massacra de nombreux hutus. Il régna dans la terreur.

En 1972, l'attaque des rebelles hutus fit des victimes du côté des Tutsis. Les femmes enceintes seraient éventrées. Ces événements lugubres déclenchés au Sud du pays plus précisément à Bururi, entraînèrent la première vague de répression burundaise, détonateur d'une répression aveugle et brutale menée au détriment des intellectuels tutsis. Au lieu de s'attaquer uniquement aux rebelles, on s'en était pris à tous les hutus. En 1976, Micombero serait renversé par Jean-Baptiste Bagaza, un Tutsi.

Auparavant, les Tutsis du Burundi occupaient de hautes fonctions dans tous les secteurs de la vie publique : douanes, santé, forces armées, police, etc. Bien qu'ayant droit à l'éducation et à la santé, les Hutus, exclus du système, n'auraient pas digéré cette discrimination sociale instituée sur des considérations radicalement ethniques.

L'arrivée au pouvoir de Melchior Ndadaye marqua un tournant décisif dans la vie de ce pays. Dès 1993, on commença à chasser les tutsis. Le 21 octobre 1993, Melchior Ndadaye est assassiné. La violence explosa et elle ne prit fin qu'en 2005. Après la mort de Melchior NDadaye de l'ethnie hutu, des écoliers enfermés dans une classe, dans la localité de Kibimba furent brûlés vifs. Une autre fois, on tira dans une école à Bujumbura. Les enfants, sans défense, couraient dans tous les sens. Ils furent assassinés sans commisération. Voici deux exemples de barbarie parmi tant d'autres. Les mères dont les enfants ont été victimes de ces tragédies demeurent inconsolables jusqu'à ce jour.

Les Tutsis étant minoritaires au Burundi, la sagesse recommanderait de faire des concessions pour rendre la cohabitation aisée et plus fraternelle. Pour le bien être des peuples, il faudrait bannir toute forme d'agression traumatisante. Pour éviter les récurrents conflits ethniques qui secoueraient le Burundi, la constitution accorderait des quotas pour chaque ethnie. Même au niveau de l'armée, la parité serait de mise. En somme, une mise en route de discrimination positive à l'africaine ! Pour des raisons d'intérêts égoïstes, il arrive qu'on assiste à un massacre interethnique. Alors que les Tutsis du Rwanda avaient perdu le pouvoir lors de la révolution sociale de 1959, ceux du Burundi régnaient encore.

L'histoire se répète. Pierre Nkurunziza, président actuel du Burundi, brigue un troisième mandat. Depuis le 26 avril 2015, des Burundais manifestent contre ce troisième mandat qu'ils jugent inconstitutionnel. Ce 23 mai 2015, un leader de l'opposition est assassiné devant chez lui avec son garde de corps. L'enterrement de Zedi Feruzi s'est fait dans la plus grande sérénité. Mais, le sang coule déjà à Bujumbura. Les manifestants refusent de rester chez eux et le chaos pointe encore une fois à l'horizon dans ce pays pittoresque. Du président de la république du Congo, il aurait reçu une importante aide financière afin que Pierre Nkurunziza se maintienne au pouvoir. Il massacre et il accuserait des innocents non armés. Voilà la ruse !

Entre autres, le génocide rwandais serait qualifié d'ignominie inexplicable. Cette barbarie qui a vu parents et enfants succomber à coups de machettes mériterait une approche nuancée dans la démarche de la résolution du drame.

Certains auteurs responsables de ces crimes odieux, aujourd'hui jugés dans des tribunaux internationaux ont été les bourreaux de leurs propres partenaires, amis et voisins. Le Rwanda, réconcilié avec lui-même, essaierait tant bien que mal de panser les blessures infligées pour rapprocher les peuples en rendant la cohabitation possible, pacifique, acceptable et fraternelle. En fait, *plus jamais* serait une clause à inclure dans les constitutions des pays qui ont connu ce genre d'opprobre. Ces déchirements crapuleux seraient des exemples types *des drames du silence.*

Les sillons du communautarisme africain constitueraient un trait d'union entre les tribus ou les ethnies de toutes les couches sociales. Certes, dans ce siècle où tout paraît comprimé et dépersonnalisé, la mondialisation a pris d'assaut les mécanismes du développement économique et humain. Les machines remplacent l'homme et tout devient automatique. Difficilement, on parlerait à quelqu'un. Les calculs seraient faits par les robots. Dans plusieurs pays, le travail deviendrait de plus en plus précaire.

Rapprochons-nous les uns des autres pour construire un monde paisible, juste et équitable. Un monde où nos dirigeants véhiculeraient les principes du communautarisme socio-politique africain, combattraient les anti-valeurs et s'engageraient dans le vécu quotidien des populations afin de rompre la chaîne des injustices sociales qui sévissent partout.

Il serait grand temps que l'Afrique refuse les politiques dictées de l'extérieur conduisant le continent au chaos. Le discours du président de la République française, Nicolas Sarkozy, le 26 juillet 2007 à l'Université Cheick-Anta Diop de Dakar, au sujet de la démocratisation des pays francophones a nourri des débats controversés. Les promesses chimériques y afférentes n'auraient donné aucun résultat probant, sauf le sang qui a coulé et continue à couler dans certains pays d'Afrique.

Quant au Cameroun, l'organisation d'une plateforme de dialogue entraîna une grande agitation au cours des années 90. Les Camerounais, peuple de paix, ont favorisé celle-ci et la construction s'amorce pacifiquement.

En République démocratique du Congo, la Conférence nationale souveraine pour la démocratie, le développement et le dialogue accoucha d'une souris. Le président du Zaïre, Mobutu, lança le projet d'un débat national le 14 janvier 1990, les larmes aux yeux. Les attentes des participants qui évoquaient la création d'une République fédérée compte tenu de l'immensité territoriale n'apportèrent pas les résultats escomptés. Il y eut des morts à Kinshasa et ailleurs.

Dans ce vaste pays tant convoité pour ses richesses naturelles, les crimes perpétrés contre les populations de l'Est sont incommensurables. Le 30 novembre 1999, le Conseil de sécurité de l'ONU a adopté la résolution 1279 qui crée la Monuc en République démocratique du Congo. L'impuissance de la Mission de maintien de la paix de l'ONU : La Monuc et le comportement liberticide des casques bleus compliqueraient la situation déjà complexe.

De 1966 à 1981, le Ghana a connu un cycle infernal de révolutions de palais. Le capitaine John Jerry Rawlings porté par deux fois à la tête de l'État, a fini par faire du Ghana un havre de paix. Il a orienté ce pays sur la voie de la démocratie et du développement progressif et intégral. Aujourd'hui, le Ghana est un modèle de démocratie remarquable. Sa stabilité politique permet à ses ethnies de vivre dans la sérénité et le respect mutuel. Au Ghana, aucun ancien chef d'État n'est ni en exil ni persécuté. Les institutions fonctionnent et le pays prospère. Les traditions, la culture, les us et coutumes n'ont pas perdu leurs valeurs.

En Afrique subsaharienne, la corruption, la manipulation des ethnies, l'achat de conscience des électeurs, la militarisation des civils et la formation des milices sont les grands maux qui, à l'approche des élections, mineraient la construction de la démocratie.

Le verrouillage des médias, la falsification des listes électorales, la pression des hommes armés sur la population, la distribution des cartes d'électeurs aux mineurs et aux personnes fantômes, l'octroi des cartes d'identité nationale à ceux qui ne le mériteraient pas, mineraient la crédibilité de l'élection. On ne peut en toute conscience se fier à un scrutin entaché d'irrégularités irréfutables. La mise en place d'une Commission électorale même réellement indépendante ne garantirait pas nécessairement la transparence et un meilleur déroulement du scrutin.

La question de la révision des lois fondamentales est au cœur du débat politique dans plusieurs pays d'Afrique où des gouvernants font face à plus ou moins brève échéance à l'obligation de céder la place, comme en République Démocratique du Congo, au Burundi, au Congo-Brazzaville et, etc.

Par exemple, au Congo-Brazzaville, la Constitution du 20 janvier 2012 interdit Sassou Nguesso à double titre de se représenter. La constitution dont il est l'architecte limite à deux le nombre de mandats que peut exercer un chef de l'État et à 70 ans l'âge maximal pour être candidat à la magistrature suprême. Lui, il est maintenant âgé de plus de 70 ans. Il est au pouvoir depuis plus d'une trentaine d'années et il change constamment de constitution. Dans sa dernière constitution, il avait limité l'âge pour disqualifier ses adversaires politiques comme Bernard Kolélas et bien d'autres.

Au Burkina Faso, l'insurrection populaire a entrainé la chute de Blaise Compaoré, Président de la République. Ce dernier a lu à la hâte et à la télévision sa démission écrite et signée le même jour, le 30 octobre 2014. Cela est arrivé au moment où il a bien voulu tripatouiller la constitution. Son entêtement à rester coûte que coûte au pouvoir est le résultat du mécontentement populaire. Après 27 ans au pouvoir sans partage et après avoir assassiné son meilleur ami d'enfance, le président Thomas Sankara le combattant de lutte, Compaoré est maintenant en exil. Ceci a été possible grâce à la mobilisation générale de la société civile et surtout de la détermination de la jeunesse. La bravoure du peuple burkina s'est à nouveau illustrée récemment lors de la tentative du coup d'État des nostalgiques de Blaise Compaoré.

En 2012, le président sortant du Sénégal, Abdoulaye Wade, a tenté de s'accrocher au pouvoir. Le président du Rwanda, Paul Kagamé brigue un autre mandat et il est sur le point de modifier la constitution.

Les mises en garde de Barack Obama, qui avait lancé le 28 juillet 2015 à la tribune de l'Union africaine à Addis-Abeba que « personne ne devrait être président à vie », n'ont pas été entendues. Les États-Unis, mais aussi la France et l'Europe, suivent avec inquiétude l'évolution de la situation au Congo-

Brazzaville. La situation étant déjà assez compliquée dans la région.

Le peuple africain, assoiffé de liberté et de sécurité, rêve d'une démocratie qui répondrait aux réalités du continent. Avant l'élection, les candidats devraient s'assurer que le recensement est effectif, les listes et la loi électorale conformes à la constitution, d'autant plus que sur la vérité des urnes reposerait l'avenir politique, démocratique et économique. Accepter son échec dans un scrutin transparent et conforme aux lois électorales établies par la constitution est la manifestation d'un comportement démocratique.

Tout compte fait, prendre du recul après une défaite électorale relèverait de la sagesse et voire de l'humilité. C'est aussi se préparer pour revenir convaincre l'électeur de voter pour lui et pour son projet de société. **L'Afrique est imprégnée de sueurs, de sang et de larmes des victimes de l'intolérance.** L'oppression et l'asservissement devraient être bannis tout comme la désespérance. Ainsi, la résistance à l'oppression et à l'absolutisme serait un droit naturel.

Avec les indépendances, l'Afrique est beaucoup plus dirigée par des dictateurs voulant transformer les États en monarchie et modifiant continuellement les constitutions de manière anarchique.

L'homme incrédule serait à l'origine de plusieurs malheurs de son peuple en oubliant qu'il est lui-même mortel.

Seulement, avec un noble enthousiasme, nous pourrions marcher dignement vers la paix et la concorde pour le triomphe de l'alternance démocratique en Afrique. Il conviendrait d'exercer un pouvoir de persuasion.

Dans nos adversités, ne prenons jamais les armes, mais privilégions toujours le dialogue de façon pacifique. Nos ainés se distinguèrent par leur détermination pour la liberté. Marchons à jamais sur leurs traces en revendiquant flegmatiquement nos droits inaliénables. Car, la paix, la justice, la liberté et la tolérance sont les véritables remèdes pour construire une Afrique démocratique et prospère. Œuvrons ardemment en faveur de la stabilité politique. Œuvrons sans cesse à l'indépendance totale du continent et également à son unification harmonieuse.

Ensemble, jetons les bases d'une Afrique émancipée, fondée sur la paix, la discipline et la bonne gouvernance. Ayons toujours une vision commune d'une Afrique moderne et sereine afin de laisser à notre descendance un témoignage précieux sur notre époque.

CHAPITRE III

LE PILLAGE DES RICHESSES NATURELLES ET LA CORRUPTION

Ce qui m'effraie, ce n'est pas l'oppression des méchants mais l'indifférence des bons.

Martin Luther King

1- Le pillage des richesses naturelles

Les abondantes richesses naturelles et leur pillage sont à l'origine de bien des malheurs de l'Afrique. Les populations chassées souvent manu militari de leurs terres ne tirent aucun profit des richesses provenant de leurs propriétés foncières qu'exploiteraient outrageusement les multinationales, alliées inconditionnelles des gouvernants. La grande partie des gains provenant de ces richesses serait virée automatiquement dans les banques étrangères pour enrichir certains dirigeants. Une telle attitude ne profiterait ni au pays ni aux citoyens. L'extraction des matières premières, source de pollution, devrait faire l'objet d'une réglementation rigoureuse. Avant d'amorcer les extractions minières, toutes les précautions au niveau des zones habitables et habitées devraient être prises pour assurer la protection des populations.

Ne point réfléchir ou ignorer délibérément ces questions d'actualité, afin de protéger la nature et les populations, c'est commettre un crime contre l'humanité.

Le déversement de produits toxiques a des conséquences néfastes sur les populations riveraines. Aussi, les populations exposées aux produits toxiques déversés se meurent en absorbant et respirant l'air pollué. L'an 2015 a été couronné par la tenue de la Conférence des Nations unies sur les changements climatiques à Paris (COP21) ou 195 États ont pris part à cette grande conférence. En sa qualité de président de ladite conférence, Laurent Fabius a présenté un « accord universel sur le climat ». Le 2 décembre 2015, celui-ci a été adopté par consensus malgré quelques hésitations de certains pessimistes. Selon lui cet accord : « … constitue le meilleur équilibre possible, un équilibre à la fois puissant et délicat, qui permettra à chaque délégation de rentrer chez elle la tête haute, avec des acquis importants »[59]. Aussi, il mentionne que :

---

59 http ://www.lemonde.fr/cop21/article/2015/12/12/cop21-les-points-cles-du-premier-accord-universel-sur-le

« … les efforts doivent être accomplis sur la base de l'équité… les pays développés doivent continuer à montrer la voie en assumant des objectifs de réduction des émissions en chiffres absolus… Les pays en développement devraient continuer d'accroître leurs efforts d'atténuation (…) eu égard aux contextes nationaux différents ». Enfin, l'accord souligne qu'« un soutien doit être apporté aux pays en développement par les nations économiquement plus avancées »[60].

Nous nous souviendrons de la pertinence de cette conférence combien raisonnable et nécessaire pour l'humanité.

En toute circonstance, en tout lieu et en tout temps, l'Afrique exploitée, victime de ses richesses, n'a jamais été compensée pour les dégâts qu'elle subit. L'Afrique serait réduite depuis la colonisation à une vache à lait.

Nous apprécions la tenue de cette conférence mondiale sur le climat. Si les uns et les autres en respectent les balises, un grand pas serait fait dans ce domaine grandissant et inquiétant du réchauffement climatique dont de nombreux pays et leurs citoyens subissent les conséquences funestes de ce phénomène. L'égoïsme de l'Homme en est le facteur principal. Il serait impératif qu'un suivi des résolutions de la COP21 par des experts de tous les continents soit fait afin de réduire et de prévenir les agissements néfastes. Notons qu'au

---

climat_4830606_4527432.html#xRYYq1rUiIsd4jmp.99. COP21 : les points clés de l'accord universel sur le climat. Le Monde.fr | 12.12.2015. Par Pierre Le Hir. Consulté, le 9 mars 2016.

[60] Ibid

total 175 pays ont signé en une journée l'accord de Paris sur le climat, le 22 avril 2016 au siège des Nations unies (ONU)[61].

De nombreuses entreprises étrangères, voire des multinationales, sèment la désolation environnementale et humaine en Afrique sous le regard indifférent de grandes puissances et toujours avec la complicité de certains dirigeants.

À Mbuji-Mayi, à l'époque du président Mobutu, des bulldozers écrasèrent des creuseurs de diamant. Un hôpital et une école avaient même été détruits dans le seul but d'exploiter les mines de diamant. Il serait formellement interdit aux habitants des localités diamantifères de creuser des trous. Les entreprises qui renflouent les poches des dirigeants sont vigilantes et hostiles à l'égard des populations souvent expropriées de leur terre ancestrale. Cette information viendrait d'une source sûre et des investigations sur le terrain en 1993, lors de l'intronisation de Monseigneur Tshibangu, évêque de Mbuji-Mayi. Nous avons fait le tour des gigantesques champs de diamants. Des machines géantes et impressionnantes y exploitent les mines de diamants.

Le 7 août 1996, les bulldozers auraient une fois de plus frappé les plus faibles, causant l'irrémédiable. Partout où les intérêts des Géants seraient en jeu, les exploitants miniers commettraient des crimes contre l'humanité. Les populations éprouvées, délaissées à elles-mêmes, continueraient à subir les affres des drames du silence. De nombreux témoins oculaires affirmeraient avoir perdu certains de leurs proches dans les mines lorsque les leurs ont été enterrés vivants. Ces événements mortels provoquent toujours le désarroi et la confusion au sein des populations. Les corrompus ferment les

---

61 http ://www.lemonde.fr/cop21/article/2016/04/22/a-new-york-171-pays-reunis-pour-signer-l-accord-de-la-cop21-sur-le-climat_4907201_4527432.html. 175 pays ont signé l'accord sur le climat à l'ONU; Le Monde.fr avec AFP | 22.04.2016 à 15h48 • Mis à jour le 22.04.2016 à 20h49

yeux et reçoivent leur part du butin au détriment des populations meurtries et sacrifiées.

En Tanzanie, des creuseurs seraient aussi passés sous les bulldozers. La justice tanzanienne plaida en vain en faveur des populations. Le juge Justice Mchome ayant soutenu les creuseurs dits *illégaux* ou *récalcitrants* donna un coup de poing dans un mur en béton pour manifester sa désapprobation. Ceci s'est passé « à Bulyanhulu en Tanzanie, le 29 septembre 1997 »[62]. Les creuseurs tanzaniens qui auraient tenu tête à l'entreprise, exigeaient d'être indemnisés.

Au Mali, la ville de Sadiola est un désastre écologique et humain. Le maire Sissoko a témoigné : « Les exploitations minières se multiplient sur le Mali. À Syama, mine désaffectée depuis 2001, les eaux souterraines et les eaux de ruissellement sont polluées ; les populations meurent tout doucement de maladies non diagnostiquées… » [63].

Au « Ghana, des communautés ont été expropriées, des maisons et des écoles détruites, les sources d'eau douce ont été polluées et les populations n'ont plus guère accès à leurs terres et à leurs champs en raison de l'expansion sans gêne des activités minières ».[64]

Au Botswana, en Angola, au Cabinda, en République démocratique du Congo, en République du Congo et ailleurs, l'exploitation lucrative des richesses naturelles occasionnerait des conflits, de la corruption, des malversations financières, de la fraude fiscale et sociale ainsi que de la mauvaise

---

[62] Deneault, A. Abadie, D. et Sacher, W. (2008). *Noir Canada, pillage, corruption et criminalité en Afrique,* Les Éditions Écosociété, Montréal, p. 21.

[63] « Les pollutions de la mine Sadiola », cité par Deneault, A., Abadie, D. et Sacher, W. (2008). Noir Canada, pillage, corruption et criminalité en Afrique, Les Éditions Écosociété, Montréal, 2008, p.39.

[64] Mining Watch, (1999). « Canadian Gold Mining Interests Involved in Police Shootings in Ghana, West Africa", Ottawa;
http ://www.miningwatch.ca/cms/index.php ?/ghana/Canadian Gold_Mining, cité par Deneault, A. Abadie, D. et Sacher, W. (2008). Noir Canada, pillage, corruption et criminalité en Afrique, Les Éditions Écosociété, Montréal, 2008, p. 41.

gouvernance. En Afrique, les exploitants miniers se soucient peu de l'environnement, de la vie des populations et des générations futures. Réfléchissons !

Les matières premières tirées des richesses naturelles n'améliorent pas la qualité de vie du citoyen. Au Congo Brazzaville, l'exploitation du pétrole serait un drame et une source de conflits ayant entraîné de multiples guerres. Dans le delta du Niger, l'exploitation des mines a provoqué la recrudescence des milices armées et de la violence. En Sierra Leone, les immenses réserves de diamants ont été pendant onze ans le théâtre des conflits armés à l'origine d'une guerre civile.

À l'instar du processus de Kimberley qui lutterait contre la vente des diamants de sang issus des conflits libériens et sierra léonais, les richesses naturelles du monde et surtout celles d'Afrique mériteraient d'être exploitées et gérées de façon pacifique, responsable et transparente par les Africains eux-mêmes. Les organismes non gouvernementaux nationaux et internationaux avec l'aide des sociétés civiles devraient, si possible, jouer un rôle de gendarme en Afrique afin d'empêcher les pouvoirs moribonds et corrompus de plomber l'envol du continent.

Le processus Kimberley serait un système mondial de certification de diamant brut. Ce système servirait à contrôler le diamant afin d'éviter le commerce illicite de ce produit en faveur du financement des guerres civiles. À titre d'exemple :

> « Grâce au Canada et à son leadership sur cette question, les Nations Unies ont mis en œuvre plusieurs initiatives pour régler le problème. En 1998, le Conseil de sécurité des Nations Unies (CSNU) a imposé des sanctions en vertu desquelles les diamants importés d'Angola devaient satisfaire aux critères d'un système de contrôle et être accompagnés d'un certificat d'origine officiel. Au cours de son mandat au CSNU, de 1999 à 2000, le Canada a joué un rôle clé en présidant le Comité des sanctions contre l'Angola et en exigeant des mesures

pour renforcer l'application de ces sanctions. Ces mesures ont servi de base à l'adoption de sanctions visant d'autres pays »[65].

« Les diamants de guerre suscitent un intérêt soutenu sur la scène internationale. Au Sommet d'Okinawa, en juillet 2000, le premier ministre Jean Chrétien, de concert avec les dirigeants des autres pays du G-8, a souligné que le commerce des diamants de guerre constitue, pour le G-8, une question prioritaire dans la prévention des conflits armés. À cette occasion, les dirigeants des pays du G-8 ont réclamé que soit étudiée la possibilité de formuler un accord international sur la certification des diamants bruts. En janvier 2001, l'Assemblée générale des Nations Unies a adopté la résolution 55/56 afin que soit élaboré un programme international de certification des diamants bruts, en vue de prévenir l'entrée des diamants de guerre sur les marchés légitimes. Au Sommet de Kananaskis, en juin 2002, dans le cadre du Plan d'action du G-8 pour l'Afrique, les dirigeants ont de nouveau accordé leur appui au Processus de Kimberley et aux mesures de contrôle qu'il instaurerait »[66].

« Le Canada a participé aux travaux du Processus de Kimberley dès sa création. En mars 2002, le Canada était l'hôte d'une rencontre du Processus, qui a abouti à un consensus sur les propositions d'un programme international de certification des diamants bruts. Au cours d'une réunion ministérielle tenue en Suisse le 5 novembre 2002, les ministres se sont engagés à la mise en œuvre internationale du régime à compter du 1er janvier 2003 »[67].

---

65 www.diamants-infos.com/brut/processus-Kimberley.html. Certificat du processus de Kimberley par le Conseil de sécurité des Nations Unies, 1er janvier 2003. Consulté, le 3 mars 2010.

66 Ibid

67 Ibid

L'Angola, le Tchad, la Côte-d'Ivoire, le Ghana, la Guinée (Conakry), la Guinée-Bissau, le Niger, le Nigéria, la Sierra Leone, la Guinée équatoriale, le Cameroun, les deux Congo réunis, l'Afrique du Sud et bien d'autres pays, devraient éviter tout conflit armé synonyme de règlement de compte et de nettoyage ethnique.

L'investissement des gains provenant des richesses naturelles tirées des sols du continent serait propice à la création de nouveaux emplois, au désenclavement des régions, à la construction des infrastructures et de bien d'autres structures collectives à caractère social (hôpitaux, écoles, centres de formation et omnisports, etc.).

En Afrique du Sud, de nombreux mineurs perdraient la vie dans des mines où les conditions de sécurité ne répondraient pas aux normes requises. Aucun monument n'a jusqu'à maintenant été érigé à leur mémoire. En exigeant l'augmentation de leur salaire, ils sont incompris et leurs doléances sont examinées de façon indifférente et ils s'exposent à des sanctions sévères.

Au Nigéria, Roland-Pierre Paringaux constate que «première puissance d'Afrique, dont la population reste l'une des plus pauvres du continent, la manne pétrolière extraite par les majors occidentales aide, depuis des décennies, des élites tyranniques et leurs clientèles corrompues à s'enrichir et à se maintenir au pouvoir. Bénéficiaires d'un système dans lequel Shell détenait la part du lion, certains ont ainsi amassé des fortunes considérables »[68].

Permettre une exploitation des matières premières par la Chine c'est avoir une vision de gestion des biens publics à court terme. C'est donner une clef passe-partout à ce géant émergent qui, sans scrupule, risquerait de dépouiller aussi les terres africaines. Les richesses naturelles que renferment les sous-sols sont un legs pour les générations futures, surtout que

---

68 Paringaux, R-P. (décembre 2000). *De la complicité avec les dictatures « au capitalisme éthique », « Business », pétrole et droits humains*, Le Monde diplomatique, p. 4.

bon nombre d'enfants font partie des générations sacrifiées ayant pour profession *chômeurs à vie* ou *diplômés sans emploi*. Ce patrimoine géologique mériterait d'être protégé et géré de façon responsable. Les miettes qu'on balance en Afrique devraient servir au développement durable, mais ce n'est point le cas. Avec des dirigeants réfléchis, l'Afrique serait le continent le plus avancé et le plus prospère.

2- La corruption institutionnalisée

La corruption est ancrée dans les mœurs africaines. Par exemple, au Cameroun, le gouvernement frappe et sanctionne les corrompus qu'il a lui-même formés. La corruption tend à détruire la moralité et l'intégrité publiques du continent. En pratiquant la politique de la main tendue, les spécialistes habilités à négocier les contrats des États, décrédibilisent leurs pays respectifs. Serait-il possible de l'éradiquer ou de limiter ses conséquences funestes sur le progrès socio-économique ? Cette calamité ronge le monde depuis des siècles. Elle a de nombreuses ramifications et elle n'épargne aucun peuple.

Quant à la Sierra Leone, le président, Ernest Bai Koroma, aurait démis de ses fonctions la ministre de la Pêche, Haja Afsatu Kabbah pour détournements de fonds publics. La justice sierra léonaise aurait condamné l'ancien ministre de la Santé, Tejan Koroma, à cinq ans d'emprisonnement pour *irrégularités dans les passations des marchés de l'État.*

En Afrique, c'est par le sommet que les choses se dégradent. Dès que la corruption, le trafic d'influence, les détournements et bien d'autres maux s'installent, la vie sociale croule sous le poids d'indélicatesses commises par le pouvoir en place.

L'Afrique aurait besoin de juges incorruptibles pour enquêter sur les dossiers de corruption de tout genre. Cela permettrait de mieux lutter contre ce phénomène international combien pernicieux. Il faudrait combattre la politique de pots-de-vin, de concussion, de faux et d'usage du faux. Quant aux auteurs de l'affaire Mounchipou Seidou, (Ancien ministre des Postes et Télécommunications du Cameroun. Je pris part aux séances de la plaidoirie à Yaoundé en 2003) ils devaient tout simplement accomplir des travaux communautaires. Mounchipou est originaire du Noun et du village Manka. J'eus un entretien avec lui au parquet du tribunal de grande instance du Centre administratif de Yaoundé. Il me confia que ce fut le plus grand moment de sa vie avec Dieu. Il lisait assidûment le Coran en prison où il a passé environ quinze ans de sa vie. Cette affaire de corruption serait la plus invraisemblable dans la distribution des marchés de l'État. Il y a eu beaucoup de confusions. Des innocents ont été à la barre à raison de vices de procédures.Tout fut mal préparé et mal présenté par les représentants de l'État qui furent tant humiliés par les mises au point de la partie de la défense constituée des avocats brillants du Cameroun. Grâce au décret présidentiel du 18 février 2014 « portant commutation et remise de peines »[69], Mounchipou Seidou a été libéré et il est reparti au village.

Dans un pays démocratique comme le Canada, une telle situation serait traitée différemment comme nous l'avons constaté lors des assises de la commission Charbonneau, du jugement de l'ex-Lieutenant-gouverneur du Québec, Lise Thibault… La justice canadienne a plutôt entamé une enquête musclée et pour protéger les intérêts des contribuables. Chaque citoyen incriminé devrait répondre de ses actes en présentant une situation bien claire et un dossier bien étoffé.

La corruption dans son essence, se définit comme un vice engendrant la pauvreté, la misère et les guerres civiles. Il serait révoltant que l'insécurité et la corruption sévissent là où il y a des richesses. La misère et les tueries cohabitent. Ainsi, la corruption porterait préjudice sur tous les plans.

---

[69] http ://www.camer.be/48826/11 :1/cameroun-mounchipou-seidou-mort-dun-haut-commis-de-letat-cameroon.html voire le journal Mutation du 19 janvier 2016 par Michel Ferdinand : « Cameroun : Mouchipou Seidou : Mort d'un haut commis de l'État : Cameroon ». Consulté le 2 avril 2016.

La corruption est réprimée dans tout pays ayant des institutions démocratiques fiables. Marceline Fila Matsocota note que « la corruption est directement liée au sous-développement. Plus un pays est corrompu, moins il est développé. À cause de la corruption et de la gestion calamiteuse des richesses naturelles pourtant abondantes, les pays africains sont classés parmi les plus corrompus et les plus pauvres du monde. Leurs habitants vivent avec moins d'un dollar U. S. par jour[70]».

À Kinshasa, une commission devant combattre la corruption a été mise en place en 1998. Il s'agit de la *Commission Tolérance zéro*. La corruption étant institutionnalisée et donc bien enracinée, cette commission n'a fonctionné que pendant 90 jours.

La corruption active serait le nœud des guerres interminables à l'Est de la République Démocratique du Congo. Ensuite, un agent de l'armée ayant un salaire de 50$ U.S., construirait des maisons somptueuses à étage, roulerait dans des voitures luxueuses tout en entretenant une multitude de maîtresses. La République centrafricaine ainsi que tant d'autres pays africains sont logés à la même enseigne.

Au Congo-Kinshasa, la province du Katanga est *une ceinture de cuivre* qui s'étendrait jusqu'à la Zambie voisine. C'est la plus grande réserve de cuivre jamais exploitée. Les deux provinces du Kasaï occidental et oriental sont très riches en diamant. Les voleurs agréés qui prétendent mettre l'embargo et protéger les régions minières seraient déjà sur le terrain.

Pour les internationaux, le continent africain rime avec la corruption. Alain Deneault nous dépeint un portrait pathétique de certains pays africains dans *Noir Canada* :

> «Anna Moepi constate que les cliniques et les écoles promises n'ont jamais été construites. Pour construire un

---

[70] Fila Matsocota, M. (2007) *De l'aberration du tribalisme, régionalisme et autres ismes,* Collection découverte, Paris, p. 78.

barrage, les populations maliennes ont été expropriées sans réelle compensation. La Banque mondiale qui avait promis que ce projet n'appauvrirait pas la population civile, n'a pas su réaliser cet objectif cyniquement minimal. Dans cette opération, le Lesotho est sorti endetter de 160 millions $ US. Ce désastre provoqué par la négligence occidentale est un crime économique, beaucoup plus grave que les actes de corruption qui l'entérinent »[71].

De cette négligence, les populations en seraient sorties complètement ruinées. De tels cas devraient être pris en main par le gouvernement afin que justice soit faite. La Banque mondiale devrait prendre ses responsabilités pour que les familles appauvries soient rétablies dans leurs droits.

Pourtant, ce ne sont pas les compétences du savoir économique qui manquent en Afrique. Les détournements et l'impunité plongeraient le continent dans une situation économique chaotique mettant les plus démunis sous perfusion financière. Les riches demeureraient indifférents face aux conditions de vie des plus démunis. C'est cela le drame et la situation la plus alarmante.

À l'instar des dépenses astronomiques engagées par les incessants voyages privés des familles présidentielles, les dirigeants africains devraient cesser de confondre le contenu de leurs poches avec celui du trésor public. Un chef d'État devrait être un modèle de gestion saine et transparente.

Chaque année, une commission financière indépendante continentale devrait évaluer les dépenses faites par la présidence de la République qui du reste ne serait point une propriété privée. Tant que les dirigeants ne changeraient pas

---

71 - « Les pollutions de la mine Sadiola », cité par Alain Deneault avec Delphine Abadie et William Sacher, Noir Canada, pillage, corruption et criminalité en Afrique. Les Éditions Écosociété, Montréal, 2008, p.39.

leurs habitudes de prodigalité, de laxisme financier, de détournement des deniers publics, il serait difficile à l'Afrique de se développer. Pis, l'argent usurpé par les Africains, enfoui dans les banques étrangères ne profiterait aucunement à leurs peuples sinon à augmenter l'épargne disponible pour les entreprises privées occidentales. Seule la Libye de Kadhafi serait géré sans fonds extérieur et l'argent viré à l'étranger portait le nom de ce pays. Il a construit ce pays qui est actuellement en lambeau.

3- Le contrôle financier

Les dirigeants africains transfèrent régulièrement des détournements des fonds publics en Occident. Les médias sociaux dénoteraient *l'affaire des biens mal acquis* de certains chefs d'État de l'Afrique centrale. Ils devraient plutôt renforcer les lois fiscales et faire des campagnes de moralisation de la gestion des biens publics. Enfin, ils devraient s'organiser pour résoudre les questions liées aux finances, au développement économique et social. Que cet argent soit investi en Afrique pour la construction des hôpitaux, des écoles et la création d'emplois pour tous. Tant que le président de la République se déplacerait en hélicoptère pour éviter les nids de poule et les routes impraticables, les infrastructures adéquates ne seraient pas mises en place.

Pour réussir un tel envol, il faudrait une conscientisation des peuples. Pour le respect des biens publics, il faudrait aussi prévoir des sanctions pour ceux qui enfreindraient la loi. La gestion financière devrait obéir à des règles établies, strictes et applicables par tous.

La force de la Suisse viendrait du fait qu'elle respecte scrupuleusement les lois du secret bancaire. La fuite des fonds déposés dans des banques étrangères et surtout suisses, amputerait le continent africain d'une grande partie de ses richesses financières. Il arriverait même que ce secret bancaire muet comme une tombe, lèserait les ayants-droits après la mort des usurpateurs.

Au moment où le citoyen moyen ne peut se procurer un petit comprimé d'aspirine, de nombreux politiciens s'offrent de somptueux biens mobiliers et immobiliers à l'étranger au détriment des contribuables. Des irresponsables inconséquents à la recherche d'une cache, vont d'une capitale européenne à une autre avec des malles bourrées d'argent au lieu de la création d'une monnaie unique, d'un code continental d'investissement qui lui permettrait de créer des emplois stables avec des salaires dignes, assortis d'une assurance-emploi et d'une assurance maladie pour tous.

Le Fonds monétaire international (FMI) et la Banque mondiale auraient commis d'énormes erreurs quant à l'évaluation de projets et de situations économiques, sociales et humaines, sur le continent.

Joseph E. Stiglitz révèle que : « Quand le FMI et la Banque mondiale prêtaient de l'argent à Mobutu, le célèbre président du Zaïre (aujourd'hui République démocratique du Congo), ils savaient (ou auraient dû savoir) que ces sommes, pour l'essentiel, ne serviraient pas à aider les pauvres de ce pays mais à enrichir Mobutu. On payait ce dirigeant corrompu pour qu'il maintienne son pays fermement aligné sur l'occident[72] ». En 1987, le Zaïre eut « un crédit du FMI de 370 millions de dollars »[73].

En matière d'emprunt, si les prêts ne sont pas liés, le système de corruption huilé par ces institutions quelque peu autocratiques, fonctionne à merveille. Mobutu, doyen des présidents de l'Afrique centrale se conduisait en vrai monarque. Il gérait les fonds contractés au nom de l'État, comme un bien personnel. D'ailleurs, la plupart des présidents africains agissent encore de la sorte. La Banque mondiale et le

---

72 Stiglitz J. E. (2002), *La grande désillusion*, Fayard, p. 382.

73 Kapita Mulopo, L. (1992). *P. Lumumba justice pour le héros*, l'Harmattan, Paris, p. 9.

F.M.I. ferment les yeux sur ces gestes qu'ils couvrent, servent et connaissent si bien.

L'espoir de la politique de l'ajustement structurel (PAS) en Afrique n'a été qu'un leurre. Cependant, dans un des rapports de 1996 de la Banque mondiale on a indiqué :

> « La capacité de bien gouverner s'améliore en Afrique, mais cette capacité demeure limitée. La capacité technique est faible. Responsabilisation et transparence font défaut. Trop souvent, le pouvoir de l'État est mis au service d'objectifs à courte vue, inspirés de favoritisme. Étant donné ces handicaps, l'État devrait se garder d'intervenir pour régler des problèmes qui peuvent être résolus, même imparfaitement, en laissant faire le marché. Celui-ci ne fonctionne peut-être pas parfaitement mais, dans de nombreux pays africains, on ne voit pas que les pouvoirs publics puissent faire mieux en y intervenant. Les gouvernements devraient donc réserver les richesses limitées dont ils disposent pour des interventions dans les domaines où les résultats ne sauraient être obtenus par le seul jeu des forces du marché : mettre en place l'infrastructure et les services sociaux de base, gérer l'appareil juridique et judiciaire qu'exige une économie de marché, et protéger l'environnement... C'est ainsi qu'il conviendrait mieux de supprimer les offices de commercialisation des produits agricoles que d'essayer d'en améliorer le fonctionnement, réduire tous les droits de douane que prévoir des exonérations, et vendre les entreprises publiques que de tenter de les redresser à grand renfort de subventions et de services d'experts»[74].

D'après la Banque mondiale, une reconceptualisation de l'État pourrait marcher avec les objectifs ci-dessous :

---

[74] Banque mondiale, (1996). L'ajustement en Afrique, op. cit. p. 210-211, in Politique Africaine 61 Besoin d'État, Karthala, p.22-23.

« L'objectif est d'avoir un État plus légitime, transparent et ayant un grand sens de responsabilités et de l'intérêt public qui puisse assurer les trois actions suivantes :

- Tracer la voie qui pourrait mener à la croissance économique;
- Élargir la participation au processus de développement;
- Reconnecter l'État à la société civile ».

Cela s'avérerait possible avec les gouvernements responsables et non usurpateurs.

Les projets de développement de la Banque mondiale orientés vers la lutte contre la pauvreté ne seraient que des soins palliatifs et non des programmes d'avenir. Même si la Banque mondiale prêtait de l'argent pour les infrastructures et la production afin d'atteindre l'équilibre, le constat serait le suivant : elle favoriserait l'investissement de production pour accroître la colonisation et non pour améliorer l'industrialisation de la production de subsistance interne. Ceci provoque la dépendance coloniale qui freine le développement de l'Afrique et stimule la destruction du tissu social. L'argent serait toujours mis à la disposition des gouvernements qui malheureusement, font preuve d'incompétence en matière de gestion financière.

L'Afrique paraît très endettée d'où son étiquette du continent pauvre pour jouer sur la psychologie des Africains. Bruno Jaffré nous rappelle cette citation de Thomas Sankara :

« La dette, c'est le néocolonialisme ou les colonialistes qui se sont transformés en « assistants techniques ». En fait, nous devrions dire en assassins techniques. Et ce sont eux qui nous ont proposé des sources de financement, des « bailleurs de fonds ». Un terme que l'on emploie chaque jour comme s'il y avait des hommes dont le « bâillement » suffisait à créer le développement chez d'autres »[75].

Les fonds alloués au développement seraient régulièrement détournés. C'est le système de corruption, de mécanismes de transfert et d'administration de l'aide qui stimulerait l'exploitation des populations au profit du capital occidental. Pour pouvoir joindre les deux bouts, les populations extenuées par le chômage, la faim et la maladie se ruent sur les produits importés à bon marché et parfois périmés.

Dans certains domaines, l'intervention du Fonds monétaire international serait inadéquate. Le FMI ne serait pas une agence de développement mais la banque centrale qui recevrait les dépôts d'autres *banques centrales*. Pour maintenir l'équilibre, quand les autres banques manqueraient de devises, le FMI interviendrait. Il leur accorderait des crédits dans des monnaies diverses. Il imposerait des règles et un taux de change privilégié pour les exportations.

Après la crise du pétrole de 1973, les pays de l'OPEP tentaient d'injecter le surplus des pétrodollars en Amérique latine. Mais, les difficultés économiques des années 1980 ayant déséquilibré le remboursement des crédits, cela a entraîné d'énormes problèmes financiers. La balance de paiement étant le problème clef du FMI, à chaque fois qu'on parlerait de finances, il intervient, soit pour supprimer, soit pour sauver les entreprises en difficultés.

Le FMI étant une institution animée par le profit, il lui arrive de sponsoriser des entreprises para-publiques mal gérées. Malgré son intervention, il lui est parfois difficile d'éviter des faillites financières comme celles occasionnées par la récession économique de 2008 et qui s'accentua en 2013.

---

[75] Jaffré, B. (septembre 2014). Thomas Sankara. Le Monde diplomatique N0 726, Paris. P. 24.

Il arrive aussi que le FMI ait une fausse vision du développement d'un pays ou de la viabilité d'une structure économique. La preuve est qu'il n'a pas pu éviter la récente faillite financière des économies capitalistes occidentales. La situation relative à la crise grecque demeure une interpellation majeure. En « 2001, la Grèce est le douzième pays européen à intégrer la zone euro. Ses partenaires découvriront qu'Athènes avait dissimulé la réalité de l'état de ses finances, notamment de son déficit public . En "2009, la note grecque dégringole. Le pays doit désormais payer des intérêts de plus en plus élevés à ses créanciers. C'est le premier plan d'austérité : augmentation des impôts, diminution des salaires des fonctionnaires, gel des embauches dans le service public. Aux élections d'octobre, le gouvernement sortant en paie le prix : les socialistes du Pasok succèdent à Nouvelle Démocratie (droite)". En "2010, à la crise financière s'ajoute la crise économique. Les deux principaux secteurs de la Grèce, le tourisme et le transport maritime, sont particulièrement touchés. Le chômage monte en flèche. En avril, Athènes requiert l'aide du FMI et de l'UE en échange de mesures draconiennes pour réduire les dépenses. Les Grecs sortent de nouveau dans les rues du pays. L'Espagne, le Portugal et l'Italie s'inquiètent à leur tour". En "2011, malgré les plans d'austérité successifs, la Grèce peine à sortir de la récession ; la dette continue de grimper, pour dépasser 150 % du PIB. Un deuxième plan de sauvetage est approuvé par la troïka (UE, FMI, BCE) mais tous les indicateurs économiques restent dans le rouge. Une possible sortie de l'euro est évoquée" . En " 2012, les manifestations, de plus en plus violentes, se multiplient à travers le pays" »[76].

---

[76] http ://www.courrierinternational.com/article/2012/05/24/grece-trois-annees-de-crise-economique-et-politique, publié le 23 mai 2012 : « Chronologie. Grèce : trois années dde crise économique et politique ». Consulté le 31 mars 2016.

La volte-face de la Grèce en est la preuve face aux diktats de l'Union Européenne !

Je suis allée en Grèce voir ma grande amie, le docteur Papadimitriou, à 400 kilomètres d'Athènes. La misère est palpable au quotidien. Les infrastructures de prestige ont été construites mais les sommes injectées par l'Union européenne et le Fonds monétaire n'ont pu être remboursées à temps. Une gestion calamiteuse financière a conduit ce beau pays semblable à *un musée à ciel ouvert* vers la banqueroute. Les mesures d'austérités imposées par les plus forts apparaissent inhumaines pour le peuple grec frustré. Un peuple européen est mis à genoux.

Je félicite le courage du premier ministre Alexis Tsipras et ses compagnons qui ont pris des décisions courageuses en 2015. Serait-il possible de créer une monnaie parallèle pour s'en sortir ? À mon avis, cela n'est pas la meilleure solution. Pour mieux bâtir l'Europe qui fait face à des défis immenses, on privilégie la voie de la négociation tout en tenant compte de la réalité dans laquelle le peuple grec est plongé. Compatir avec ce peuple stoïque et se sentant humilié servirait de leçon. Dans ce cas de figure, la spéculation des médias aurait paru irresponsable. Le manque de médias neutres et objectifs poserait des problèmes dans la société moderne. Que les États africains s'inspirent du cas de la Grèce pour savoir sortir la tête de l'eau et garder leur dignité. Cessons donc d'être des parents pauvres.

Quand il y a crise, c'est que l'État n'a plus d'argent ou il est en cessation de paiement. Parfois, la Banque mondiale et le FMI interviennent en exigeant la fermeture des entreprises qui ne font pas de profits. Serait-ce réaliste ?

Dans de tels cas, les travailleurs de ces structures vivent dans des situations d'angoisse et de déséquilibre total. Les chefs de familles sont licenciés sans indemnité. On est toujours confronté aux mêmes scénarios avec les programmes d'ajustement structurel non expérimentés au préalable.

Dans ces cas, les remèdes seraient de valoriser le potentiel agricole ; de reconsidérer les relations entre pays dans le cadre du bon voisinage et de la coopération bilatérale; de développer la production alimentaire aux alentours des villes.

Quand les problèmes institutionnels bloquent le bon fonctionnement des choses, l'activité politique reste la seule manière de s'enrichir. L'économie étant étouffée, il faudrait faire des restructurations spécifiques région par région.

C'est pour ces raisons que les experts des pays donateurs et ceux des anciennes colonies devraient se retrouver autour d'une table afin de faire l'audit de la colossale dette africaine. Ce, pour faire face à l'orthodoxie financière et ses contraintes. Le problème de la dichotomie de l'endettement nécessite l'organisation d'une telle plateforme. Seuls les résultats de cette table ronde pourraient établir les responsabilités à la faveur de la croissance économique en Afrique. Le gaspillage des fonds publics, la fuite de capitaux et la gabegie financière appauvrissent sévèrement les États déjà fragilisés par la mégestion exacerbée et la corruption.

L'application des règles de stratégie de gestion est un impératif pour sortir l'Afrique du marasme économique. Pour mieux décoller et se faire une bonne santé économique, l'Afrique aurait besoin d'activités économiques libéralisées, d'une réforme du système judiciaire qui mettrait en place un code continental de procédure pénale appuyé par la Charte universelle des droits de l'Homme et de la protection des libertés individuelles. Pour tout investisseur, l'Afrique est l'occasion rêvée pour prospérer en affaires. Et, pour prospérer, il faudrait absolument éviter les conflits armés car l'Afrique n'a pas besoin d'armes. Elle a seulement besoin de semences et d'une coopération bilatérale honnête.

Les Africains devraient apprendre à améliorer l'environnement des affaires, favoriser la stabilité politique, construire la paix, respecter les biens publics et d'autrui en créant des emplois pour que les générations futures puissent se prendre en charge. Une Afrique paisible et économiquement stable serait un idéal ultime. Libéraliser les échanges en Afrique serait l'un des plus grands défis du continent.

L'équilibre financier relèverait d'une organisation orthodoxe continentale.

En Afrique, les constitutions et les structures administratives sont fondées sur les modèles occidentaux connus. Le vrai problème résiderait dans le comportement des hommes et des femmes qui les animent. La solution ne serait pas structurelle et institutionnelle. Mais, elle serait socio-culturelle et économique, principalement au niveau de la conscience et de l'engagement civique.

Les élites politiques et le corps enseignant sembleraient ne pas montrer l'exemple et ne pas véhiculer une vision caractérisant les grandes valeurs : la dignité, l'honneur, les sacrifices, la solidarité, le patriotisme, l'honnêteté, l'intégrité et la sécurité. Le médecin ou l'administrateur ou l'ingénieur devrait être formé dans sa spécialisation mais dans les valeurs suivantes : sacrifices, création de richesses et de valeur ajoutée, dignité, honneur, vision globale, patriotisme et solidarité, honnêteté et intégrité, sécurité individuelle et collective, tolérance et respect, humanisme et éthique professionnelle.

Les organismes pourraient être compétitifs si les hommes et les femmes qui y évoluent, pratiquaient, sentaient et vivaient ces valeurs essentielles.

Si les États francophones africains étaient réellement indépendants, pourquoi leur monnaie dépendrait-elle du Trésor public français ? Pourquoi ces États resteraient-ils financièrement affiliés à la France ? Cette affiliation a un effet capital sur le développement des pays francophones, totalement liés et assujettis à la politique monétaire de la France.

En matière de politique monétaire, il serait temps que les pays concernés mettent fin à cette dépendance avilissante, synonyme d'appauvrissement et de soumission. Il faudrait dénoncer ces accords caducs et unilatéraux non profitables aux États africains et leurs peuples. Il serait temps de libérer ainsi l'Afrique francophone en renonçant au Franc de la Communauté financière de l'Afrique (Franc CFA).

L'Afrique de l'Ouest possède également le Franc CFA relevant de l'Union économique et monétaire de l'Afrique de l'Ouest (UEMAO). Ce franc, utilisé dans huit pays de l'Afrique de l'Ouest (Bénin, Burkina Faso, Côte-d'Ivoire, Mali, Niger, Sénégal et Togo), dont la Banque centrale des États de l'Afrique de l'Ouest (BCEAO), est l'institution d'émission répondant aux besoins de la France. Elle fonctionne sous l'œil vigilant de cette dernière. En Afrique centrale, on utilise le CFA, de la Communauté économique et monétaire de l'Afrique Centrale (CEMAC), qui émane de la Banque des États de l'Afrique centrale (BEAC). Celle-ci est une Banque d'émission placée sous l'œil vigilant du Trésor français. Six pays de l'Afrique centrale en sont membres : Cameroun, Centrafrique, Congo Brazzaville, Gabon, Guinée équatoriale et Tchad.

Avec le passage de la France à l'Euro, le CFA s'y rattache par dépréciation et taux de change fixe. Cette monnaie serait pour l'Afrique une forme d'esclavagisme financier. La politique monétaire de ces pays francophones mériterait d'être revue et analysée. Comment des pays indépendants continueraient-ils à dépendre financièrement d'une métropole au passé colonial brutal ? La trésorerie française reste le plus grand bénéficiaire de ce marché. Que justice soit faite dans ce domaine, aux profits à sens unique, pour l'intérêt supérieur des populations laborieuses d'Afrique.

À quels taux d'intérêts les banques occidentales accordent-elles les prêts à l'Afrique ? Les prêts à intérêts privilégiés seraient inexistants pour les hommes d'affaires et les ménages. La Trésorerie française aurait-t-elle le droit d'investir les réserves des pays africains francophones à la Bourse de Paris en son nom propre ?

Comme tout serait dicté par la France, les banques africaines des pays francophones ne possèderaient ni politique ni indépendance monétaire. Pour déceler le montant total de la fraude financière faite au détriment du labeur, de la sueur et du sang des peuples d'Afrique, l'examen de ce système de dépendance monétaire, conséquence directe de la colonisation, mériterait d'être approfondi. Les États africains, renflouteurs du Trésor français, paieraient toujours un dû à la France mais jamais le contraire. Le président Ahmed Sékou Touré, de la Guinée de Conakry, eut en son temps la sagesse de dire : *NON, à la France ;* ce qui lui a valu une condamnation à mort politico-économique.

Dans les pays francophones, le contrôle financier et le système des prêts qui endurent la loi du plus fort, seraient problématiques. Comme la main qui donne est toujours au-dessus de celle qui reçoit, pour maximiser son profit, la France, qui prétend être la prêteuse, tirerait toujours la couverture de son côté. Maître d'une situation monétaire opaque, elle dicterait sa loi pour mettre à genoux les plus faibles, dont les peuples surexploités paieraient par le sang, la destruction sociale et la division ethnique, une rente perpétuelle.

Dans ces pays soumis où le pétrole serait déjà gagé à vie, oser parler du pillage de l'or noir tout comme de celui d'autres richesses naturelles, ce serait signé son arrêt de mort. Le Groupe français Total, responsable numéro UN de ce grand pillage, serait le plus grand fournisseur d'armes de guerre partout où il serait installé. Elf, actuel Total aurait reconnu avoir fourni, lors de la guerre civile de 1997 à 1999, les armes pour massacrer les paisibles populations de Brazzaville et des régions Sud de la République du Congo. Les maisons détruites n'ont jamais été reconstruites et les victimes n'ont jamais été indemnisées.

La France, qui n'a pas de pétrole, possèderait de puissantes compagnies surexploitant les ressources pétrolières africaines. Cependant, des pays africains qui ne peuvent apparemment pas vivre sans l'aide de la France, seraient parmi les plus pauvres. Les préfinancements pétroliers amorcés depuis 1985 mériteraient d'être revus à la hausse pour sortir ces pays du statut des pays pauvres et les plus endettés (PPTE).

En 1985, le prix du baril de pétrole ayant chuté, le gouvernement de Brazzaville étant dans l'incapacité d'honorer sa dette, les yeux fermés, elle accepta les préfinancements pétroliers. Tant que la France aura la primeur de parrainer les pays francophones, les potentats au pouvoir n'auraient rien à craindre.

Dans cette bataille de l'énergie, la France bien qu'initiatrice et instigatrice de la corruption généralisée dans les pays d'Afrique francophone, ne serait pas la seule à blâmer. Les pays concernés devaient signer des accords commerciaux qui protègeraient et respecteraient leurs droits inaliénables. Dans cette période de crise financière presque mondiale, pendant que ces pays seraient mis à sac, la Compagnie pétrolière Total se vanterait d'avoir fait des profits considérables. Par exemple : « 5,9 milliards d'euros de dividendes seront redistribués par Total à ses actionnaires. Derrière cette belle plus-value financière, se cache une autre réalité : celle des gigantesques coûts sociaux et environnementaux que génère l'activité de la 5ème compagnie pétrolière mondiale »[77].

Le peuple congolais du Congo-Brazzaville qui ne constate la présence de la manne pétrolière que par l'enrichissement illicite du clan au pouvoir, par les dégâts que les nappes de cambouis laissent au large de l'océan atlantique et sur les côtes polluées de la baie de Pointe-Noire, ignorerait *la quantité exacte de pétrole brut produit. Une véritable aubaine pour Elf, patron par excellence de ces États en faillite morale. Quoi qu'il arrive, le groupe qui a fait main basse sur le pétrole du pays, est assuré d'être remboursé … À la fin de 1987, par rapport à son PIB, le Congo était le pays le plus endetté au monde.* Comme les crimes économiques et les crimes contre l'humanité ne sont pas toujours sanctionnés, on espère

---

[77] "La face cachée des énormes bénéfices financiers générés par Total » Par Olivier Petijean et Ivan du Roy. Publié le 28 MAI 2015 ou http ://www.bastamag.net/La-face-cachee-des-enormes-benefices-financiers-generes-par-Total-au-profit-de. Consulté le 29 mars 2016.

que la France et les dirigeants du Congo finiraient bien un jour par répondre de leurs crimes.

À l'heure de la récession économique mondiale, la débâcle financière des pays francophones découlerait de la duperie financière orchestrée par la France. Il serait temps que la France ait une coopération bilatérale franche avec les pays de la zone *franc* pris en otage par son système sangsue.

Sans le soutien financier des ex-colonies, l'économie française s'effondrerait comme des châteaux de cartes. Des changements radicaux s'imposeraient pour mettre fin au traumatisme financier qu'elle infligerait à ses valets depuis les pseudos indépendances. Les pays africains qui vivent au ralenti, croulent sous le poids des dettes perpétuelles qui mériteraient d'être annulées. Sous la base des fonds constamment détournés, les plans d'investissements glisseraient et resteraient souvent infinançables. Des livraisons fictives des produits seraient monnaie courante. Joseph E. Stiglitz, prix Nobel d'économie, ayant travaillé au F.M.I, ancien conseiller du président Bill Clinton des États-Unis, fait une analyse soutenue de cette structure financière : «Ce qu'on lui reproche tout particulièrement, c'est d'avoir exigé des mesures, comme la libération des marchés des capitaux, qui ont aggravé l'instabilité mondiale, et d'avoir mené de grandes opérations de sauvetage qui ont échoué »[78].

Le FMI aurait une grande responsabilité dans l'enlisement des États africains francophones. Avec lui, les décisions et les accords sont unilatéraux. Les mesures restrictives que le FMI aurait imposées à plusieurs pays en voie de développement se seraient soldées par un échec cuisant. L'économie des pays ayant accepté ce genre de mesures et particulièrement ceux d'Afrique francophone, agoniserait.

Contrairement à ce que nous connaissions sur le FMI, Dominique Strauss-Kahn en sa qualité de Directeur général de cette institution et le conseil d'administration ont pris des

---

[78]Stiglitz, J. E. (2002). La grande désillusion, Édifions, Fayard, Paris, P.367.

décisions courageuses pour une vision future plus réaliste. Strauss-Kahn « laisse derrière lui des succès importants dans la modernisation de l'institution, mais aussi des chantiers inachevés dus à son départ prématuré…En novembre 2010, cette institution est parvenue à un accord sur une nouvelle répartition conforme à la nouvelle donne de l'économie mondiale »[79]. Il conviendrait de rappeler qu'au moment où il fut nommé, le FMI était sur les béquilles en 2007. Le Conseil d'administration et lui auraient décidé de réduire les charges en compressant certains cadres et en vendant « une partie de son or ». En avril 2009, les États membres ont pris la résolution de tripler les ressources du FMI. Les prêts pourraient *être accordés à taux zéro pour les pays pauvres.*

Pour plus de transparence, la Banque mondiale et le FMI dont la crédibilité et l'efficacité seraient mises en cause, auraient un besoin urgent d'une vérification interne. Ils devraient revoir leur politique inadéquate, responsable du ralentissement économique en Afrique. Le Fonds monétaire international, la Banque mondiale et l'Organisation mondiale du commerce seraient des institutions responsables de la dérive de plusieurs États africains. Ces trois acteurs de la finance mondiale refuseraient d'entendre les cris de détresse des populations que leur politique inadaptée et égoïste aurait contribué à les mettre à genoux.

La France n'aurait aucune raison de chasser les Africains propriétaires des terres que ses entreprises exploitent. En dehors des textes internationaux ratifiés, aucun État, quelle que soit son importance, n'aurait point le droit de dicter une ligne de conduite à d'autres États souverains. La France, en général et bien d'autres en particulier, viderait l'Afrique de sa richesse, de ses matières premières, de son âme, mais en complicité avec leurs alliés corrompus africains pour s'enrichir.

---

[79] www.lefigaro.fr/conjoncture/2011/05/19/04016-2011/05/19/ARIFIGOO43/-dsk-au-fmi. « DSK au FMI : des succès mais aussi des chantiers inachevés ». Par le figaro. Consulté, le 20 mai 2011.

Chaque fois que les Mammifères de la finance investissent dans un pays en voie de développement, d'une manière ou d'une autre, cette aide financière est récupérée par des moyens frauduleux. Il serait question de clarifier donc le concept de l'aide au développement. Quant au FMI, sa politique ayant changé, les États africains pourraient de nouveau lui faire confiance. Il est le seul à pouvoir mieux comprendre l'enjeu de la coopération chinoise qui seraient notamment *un marché des dupes* où les pénalités sont en faveur du donneur.

CHAPITRE IV

UNE POLITIQUE SOCIALE DU DEVELOPPEMENT

1- Eau potable pour tous

La pénurie de l'eau potable est une problématique cruciale en Afrique. Les pays dotés d'une hydrographie généreuse manqueraient de politique de traitement et de distribution d'eau potable.

Une bonne gestion de l'eau garantirait l'existence de toutes les régions du continent par l'approvisionnement des régions même les plus arides et les plus reculées. La gestion de l'eau devrait être une priorité des priorités dans le projet de société de tout gouvernement digne de ce nom. Boire, manger, vivre, se soigner, s'éduquer, s'abriter, s'éclairer et se déplacer justifieraient les besoins vitaux. Quel que soit l'état de leurs finances, les gouvernements africains auraient le devoir et l'obligation d'assurer leur disponibilité. La consommation d'une eau non traitée ou contaminée entrainerait des épidémies telles que la typhoïde, la dysenterie, le choléra, l'onchocercose, etc.

Dans certaines régions du continent où l'on manquerait d'eau, dans les villes où elle ne jaillit plus des robinets, les populations, surtout les femmes, portant les récipients sur la tête, iraient de village en village à la recherche de cette denrée indispensable. La raréfaction de l'eau à cause de la sécheresse entraîne la diminution de la production agricole. Nous attendons impatiemment que les pouvoirs publics, à l'aide des nouvelles techniques garantissent l'eau partout, y compris dans le désert.

L'Afrique centrale, dotée d'une grande capacité d'eau potable charroyée par ses multiples cours d'eau à grand débit serait victime par la faute des dirigeants d'une pénurie d'eau potable et d'électricité.

Il conviendrait tout simplement d'assainir les eaux douces en évitant le gaspillage et songer aussi à la construction de barrage hydroélectrique performant pour faire face à la pénurie d'électricité.

L'eau étant vitale, personne ne devrait en manquer. Petrella a invoqué lors de la conférence Eau citoyenne à la Maison Mère de la congrégation Notre –Dame que « l'eau est un problème social »[80]. En dehors de l'eau, il y a la nourriture pour tous qui est un sujet pertinent. Les gouvernements devraient résoudre ce problème et assurer l'eau potable pour tous en l'offrant gratuitement.

2 - La pertinence de la nourriture pour tous

Pour tout enfant, une maman symbolise la bravoure. Quels que soient ses origines, sa race, son rang social, ses moyens, une maman se battra pour donner une éducation tant scolaire que traditionnelle appropriée à sa progéniture. Les maraîchères de Kinshasa en République démocratique du Congo nourrissent leurs enfants grâce aux activités de fortune et du commerce informel entretenus entre les deux Congo. Dans les pays où le contrat social entre l'État et les citoyens serait rompu, de nombreux jeunes feraient leurs études grâce à la débrouillardise d'une mère souvent analphabète qui se bat pour un meilleur avenir de ses enfants.

Dans les foyers monoparentaux, la mère assure seule le bien-être des enfants au quotidien. Ainsi donc, la dévotion, l'investissement moral et financier qu'elle y met n'ont pas de prix. En grandissant, ces enfants pour lesquels elle a tant peiné, oublient parfois les sacrifices maternels leur ayant permis de réussir leur vie. Une fois leur famille fondée, certains enfants iraient jusqu'à l'oublier au point de ne plus donner signe de vie.

---

[80] Petrella, R. (30 septembre 2009). Le devenir de l'humanité : l'enjeu de l'eau. Communication présentée lors de la conférence Eau citoyenne. Maison Mère de la Congrégation Notre-Dame. Montréal, Canada.

Jean-Baptiste Placca, syndicaliste burkinabé, mentionne que « *les familles sont fragilisées. Et plus, le panier de la ménagère est vide, plus vite poussent les villas luxueuses. Et, tout ça c'est avec notre argent* ».[81]

La vie devient de plus en plus onéreuse et l'épargne des ménages inexistante. La corrélation entre un corps mal nourri et le développement du cerveau étant établi, une nourriture saine et équilibrée resterait le plus grand remède pour assurer la santé et la croissance de l'être humain. Seul le développement agricole pourrait résoudre le problème accru de la faim. Tout ce qui est mangé vient de la terre. Dans le cadre de la conservation des terres et de l'environnement, il faudrait cultiver la terre sans la détruire ni l'empoisonner avec les engrais chimiques. Les terres fertiles n'auraient pas besoin de ces engrais qui les appauvriraient et les empoisonneraient.

Par manque de pistes agricoles, les produits des paysans venant d'un sous-sol fertile et sain ont du mal à se retrouver sur les marchés des grandes villes. Alors que dans certaines régions les populations ont de la difficulté à se nourrir, le FMI précise qu' « une des manières de résoudre les questions de la famine, c'est d'augmenter le commerce international »[82]. Pour sa part, le poète Léo Ferré écrit : «pour que le désespoir même se vende, il ne reste qu'à trouver la formule »[83].

Au Tchad, les humanitaires d'Oxfam auraient observé des femmes casser des fourmilières pour ramasser des espèces nutritives. Au Mali, pour nourrir la famille, les mères partent très loin à la recherche des plantes sauvages. Au Burkina Faso, au Congo et au Niger, le scénario serait identique. N'ayant pas de rations suffisantes pour nourrir leurs enfants, les mères vivraient dans une insécurité alimentaire qui entraînerait la perte de vie de leur progéniture. Dans les pays du Sahel, la sécheresse, la famine et le manque d'eau privent des milliers de

---

[81] Placca, J.-B. (2008). Courrier international, N0 910, Paris, p. 30

[82] Halimi, *S. (2008). FMI-faim*, Le Monde diplomatique, N0 650, Paris, p. 1

[83] Ibid.

personnes d'abri, de bétail et réduisent le nombre de repas par jour. Comprenons que la faim crée un climat de révolte.

Par ailleurs, l'aide humanitaire très insuffisante arriverait constamment en retard avec des céréales périmées.

Le Burkina Faso, le Mali, la Mauritanie, le nord du Nigéria, le Niger et le Tchad seraient menacés par la désertification et une crise alimentaire aiguë. Pour éviter le désastre, cela nécessiterait des précautions et des programmes appropriés.

La famine qui pointe à l'horizon, s'installe progressivement dans certains pays. Cela marque le dysfonctionnement du système agricole africain entièrement *sous perfusion*. Les gouvernements devraient accorder plus de priorité à l'agriculture et à l'élevage pour résoudre le problème de la faim, une question sociale urgente.

Les économies de nombreux pays africains ne reposeraient que sur l'extraction de richesses minières comme c'est le cas de l'Afrique du Sud, de l'Algérie, du Congo-Brazzaville, du Congo-Kinshasa, de l'Angola, de la Libye, de la Guinée Équatoriale, du Mali, etc. Ces richesses minières seraient des potentialités devant stimuler le développement socio-économique de ces États. Le problème de la faim nous inquiète et il faudrait trouver une solution immédiate. La flambée des prix des produits de première nécessité serait la cause de ce mal qui minerait actuellement le monde entier. Les pays producteurs de pétrole auraient également augmenté les prix de l'or noir. Ce phénomène paraît étrange. Pourquoi exagérerait-on ? Ce sont bien sûr les plus forts qui en tirent profit.

La famine est également un problème de droits humains. Avec le réchauffement climatique qui fait des dégâts un peu partout dans le monde, les paysans africains en particulier manqueraient de semences et de sécurité. La dégradation économique et la flambée des prix de denrées de première nécessité susciteraient des révoltes. Transformer le maïs en biocarburant entraînerait la privation d'une denrée essentielle aux nombreuses populations de la planète. Le biocarburant à base de maïs resterait une équation controversée. Elle nécessiterait qu'une analyse sérieuse évalue son effet sur la vie des humains.

En juin 2008, s'est tenue la Conférence internationale de l'Organisation des Nations unies pour l'alimentation et l'agriculture, FAO dont le siège est à Rome. Il y avait cents participants, dont une cinquantaine de Chefs d'État et de gouvernement, le secrétaire général des Nations unies Ban Ki-moon et des responsables d'autres organismes internationaux. Cette conférence, convoquée en urgence, avait pour objectif de tenter de circonscrire la disette qui pointe à l'horizon dans le monde. Les enjeux récents relatifs aux *bioénergies*, au *réchauffement climatique* et à la crise alimentaire due à la hausse scandaleuse du prix du pétrole ayant entraîné la flambée des prix des produits de première nécessité, figuraient à l'ordre du jour[84].

Le président le la Banque mondiale, Robert Zoellick y a fait part du message des participants africains qui seraient « .fatigués de discuter et veulent des actes »[85]. Le Zimbabwe est un grand producteur de blé. Sa politique de confiscation de terre des « fermiers blancs » entraînerait une dégradation de la production et accentuerait la crise alimentaire. Il y a lieu de rappeler qu'il existe un contrat entre les « fermiers blancs » et le gouvernement zimbabwéen, signé en 1980 pendant les premières heures de l'indépendance de la Rhodésie du Sud, actuel Zimbabwe.

Dans ce contrat, il était conclu que les *fermiers blancs* qui sont aussi des zimbabwéens puissent restituer les terres fertiles qu'ils ont arrachées *aux zimbabwéens noirs* par la force. Le Zimbabwe fournirait la production des bœufs qui ne sont pas nourris aux hormones et une meilleure production mondiale de maïs exportée vers l'Occident.

---

84 L'ONU, (2008). En quête d'un plan pour nourrir la planète, Le Monde, France métropolitaine, n0 19705, Paris.
85 Ibid

En 1999, le président Robert Mugabe a sollicité la coopération des fermiers blancs qui auraient marqué leur refus. C'est la goutte d'eau qui fit déborder le vase. Acculé, le président Mugabe arracha à son tour ces terres en 2000, ce qui a contraint quelques fermiers blancs à s'exiler. Cette information émane d'une source informée et neutre de la capitale zimbabwéenne, Harare. On tient à ce que Robert Mugabe quitte le pouvoir afin d'y placer certainement une marionnette. Il serait souhaitable de faire la part de choses en rendant à X ce qui lui appartient tout en veillant à une meilleure productivité.

Un pour cent des fermiers blancs occuperait quatre-vingt-dix-neuf pour cent des terres arables, sous prétexte qu'ils créeraient de l'emploi. La cohabitation pacifique et la stabilité politique constitueraient des éléments clés pour assurer et continuer le développement socio-économique de ce pays très fertile, jadis le grenier de l'Afrique.

Concernant la destruction de la biodiversité, le braconnier devrait apprendre à respecter les lois de protection environnementale. La chasse non réglementée constitue une faute grave. Les États devraient orchestrer les campagnes de sensibilisation pour expliquer le danger du braconnage, ainsi que les méfaits de la destruction abusive de la biodiversité.

La surexploitation de l'environnement et celle des richesses naturelles deviennent une menace pour la faune, la flore et l'humanité. Ces sujets, qui interpelleraient nos consciences et nos peuples, devraient trouver une solution immédiate. Il faudrait absolument contenir le braconnage, à l'origine de la disparition des espèces en danger et stopper le commerce du bois qui entraînerait la dégradation des forêts et la surexploitation des bois rares et précieux (acacia, baobab, ébène, teck, okoumé, etc.).

Si on cultivait la terre de façon rationnelle, dans une Afrique fertile, la faim serait éradiquée. Que chacun ait un petit potager derrière sa case ou pas, le problème de la faim ne devrait en principe pas se poser. Mais, à cause de mauvais choix de nos dirigeants, l'Afrique demeure, encore aujourd'hui, le continent le plus menacé par la faim. Le manque d'infrastructures et le coût élevé du transport empêcheraient les paysans de convoyer le fruit de leur travail en ville. Les États devraient construire des routes et les entretenir pour que les gamins qui habituellement font ce travail de remblai puissent se consacrer aux études.

Par ailleurs, lors d'une conférence au siège du Parlement européen, le directeur général des Nations unies pour l'Alimentation et l'Agriculture (FAO), Jacques Diouf, aurait prévenu que *le nombre de personnes souffrant de la faim dans le monde a augmenté.* Ceci devient une réalité. « Le 13 septembre 2006, il a lancé un appel en faveur d'une " deuxième révolution verte" qui permettrait de nourrir une population mondiale croissante tout en préservant les ressources naturelles et l'environnement»[86]. Il ajoute que « la faim est avant tout un problème politique et économique : la planète produit suffisamment d'aliments pour que tous ses habitants puissent se nourrir convenablement »[87].

Tout en respectant les problèmes liés à l'environnement, les Africains devraient retourner à la terre. Ils devraient donner la priorité à l'agriculture, l'élevage, la pisciculture et autres domaines d'activités pour résoudre les cruciaux problèmes alimentaires. Mettre sur pied des coopératives villageoises aiderait les jeunes à se sédentariser. Ce serait l'unique moyen d'éviter l'exode rural, d'apprécier et de créer de l'emploi dans les secteurs respectifs sans uniquement compter sur l'aide des organismes internationaux et des politiciens qui détraqueraient et désorganiseraient la vie des enfants pauvres pendant que les leurs seraient mis à l'abri des tourbillons politiques, étudieraient en Occident. Malgré cela, le rôle essentiel du gouvernement devrait consister à accorder des subventions

---

86 Discours de Jacques Diouf à San Francisco devant le World Affairs Council de la Californie du Nord, le 13 septembre 2006.

87 Ibid

pour encourager et dynamiser les initiatives des populations laborieuses et surtout les coopératives agricoles des femmes.

En Afrique, l'agriculture demeure une grande priorité. L'existence et le développement en dépendent. Gwynne Dyer, journaliste indépendant canadien rappelle que « l'Afrique est le dernier endroit où il reste des grandes surfaces de terres arables inoccupées. Il y a bien quelques paysans, mais comme ils sont peu nombreux et pauvres, on peut facilement les acheter ou les expulser[88] ». Il donne un message prophétique.

Au Soudan, la Corée du Sud possèderait *690.000 hectares de terre* pour la culture du blé et les Émirats arabes seraient propriétaires de *30.000 hectares.* En ce moment, ils financeraient 378 000 hectares supplémentaires pour la culture de blé, de haricots, de luzerne, de maïs et de pomme de terre. L'Arabie Saoudite serait en train de négocier 500 000 hectares en Tanzanie. (Gwynne, 2009)

En République démocratique du Congo, la Chine exploiterait une gigantesque palmeraie. Elle serait propriétaire de 2,8 millions d'hectares de terre arable. En plus, elle serait sur le point d'acquérir deux autres millions d'hectares en Zambie pour la culture de *jatropha curcas*[89], plante médicinale aux multiples propriétés. Quant aux Britanniques, ils seraient propriétaires de nombreux hectares en Angola, en Éthiopie, au Mozambique, au Nigéria et en Tanzanie.[90]

À Madagascar, un contrat de 99 ans cédant 1,3 millions d'hectares à l'entreprise Daewoo de la Corée du Sud pour la culture de maïs aurait provoqué la chute du président Marc Ravalomanana. Le jeune président Andry Rajoelina aurait eu la sagesse d'annuler ce fameux bail en rappelant que : *les terres malgaches ne sont ni à vendre ni à louer.* L'exemple d'Andry Rajoelina serait appréciable. Ce genre de contrat créerait des conflits entre les occupants et les autochtones. La prudence

---

88 Gwynne Dyer. (2009). « *Néo-colonialisme » agricole en Afrique*, Le Droit, Ottawa, 19 mai, 2009, p. 15.

89 Ibid

90 Ibid

devrait être de mise sur toute l'étendue du continent. Les associations agricoles devraient s'occuper de ce volet afin de créer l'emploi et le fruit serait vendu au marché international au prix du vendeur et non de l'acheteur. Profitons de nos terres fertiles pour développer non seulement l'agriculture mais aussi l'Afrique.

L'esprit de ce genre de contrat serait interminablement unilatéral. Si cette vision n'est pas prise en compte par les pays africains, les générations futures seraient confrontées à une indisponibilité des terres arables. Brader le patrimoine public serait un acte ignominieux. Les dirigeants politiques devraient avoir le souci et la sagesse de préserver l'héritage que nous ont légué nos parents et qu'il faudrait céder aux générations futures.

Selon Oxfam-Québec :

> « La Banque mondiale doit contribuer à freiner les accaparements de terres. Elle finance de nombreuses transactions foncières et influence les autres investisseurs. Elle a donc un potentiel énorme de faire en sorte que les acquisitions de terres bénéficient aux populations locales. Comme première étape, nous demandons au président de la Banque mondiale, Jim Kim, de geler temporairement les investissements fonciers de la Banque afin d'établir de meilleures normes pour ce secteur »[91].

Benoit Lallau relève qu' « un "accaparement responsable" demeurera donc de l'ordre de l'oxymore, car ces logiques d'investissement à grande échelle s'inscrivent dans un modèle non durable, faisant peu de cas des dynamiques des sociétés paysannes et de la diversité des solutions techniques. La

---

[91] http : //oxfam.qc.ca/cultivons/actualites du 7 février 2013. « Les pays à faible gouvernance cibles privilégiées des investisseurs fonciers". Par Jeremy Hobbs, Directeur général d'Oxfam. Publié, le 7 février 2013. Consulté, le 20 mars 2013.

spoliation foncière fait ainsi écho à une vieille antienne, dominant l'économie mondiale : le marché libre, les technologies (biotechnologie, ici) et l'investissement privé (responsable s'entend) réunis sauveront l'humanité de la pénurie alimentaire qui la menace. Mais, tout comme la finance dérégulée, même "responsable", conduit inévitablement à de fortes instabilités, le modèle agro-industriel et latifundiaire conduira à d'autres crises. Il sera temps d'accuser la fatalité climatique, la démographie des pauvres ou quelque potentat local irresponsable »[92].

Aujourd'hui, la Corne de l'Afrique fait face à une famine extrême. On nous fait part de « 10 millions de personnes menacées, soit :

3,5 millions au Kenya ;

3,2 millions en Ethiopie ;

2,5 millions en Somalie ;

600 000 en Ouganda et 120 000 à Djibouti »[93]. Cette situation alarmante est bien triste dans un monde où les riches continueraient à exploiter les plus pauvres. Les nourrissons y seraient les plus touchés et le taux de malnutrition plus élevé. Le réchauffement climatique demeure l'un des facteurs déclencheur de cette catastrophe humanitaire ainsi que de l'insécurité présente dans cette région. La sécheresse inquiétante dans certaines régions d'Afrique causerait beaucoup de misères.

Enfin, les autorités politiques étant responsables du bien être des peuples, elles devraient subventionner et encourager la capacité de produire davantage afin de pouvoir nourrir les populations et atteindre l'autosuffisance alimentaire pour tous. Le peuple pense d'abord à manger. Pour assurer une meilleure

---

92 Lallau, B. (octobre-novembre 2015). "Terres volées, passivité international. (Maitre de conférences en économie à l'université Lille-I. P. 23- 25. « Manière de voir, Numéro 143 ». Afrique Enfer et Eldorado.

93 Lachapelle, J. (15 juillet 2011). *Tragique sécheresse en Afrique de l'Est. Cri d'alarme.* La Presse, Montréal. P. A10.

santé des populations, tout être mérite d'accéder aux aliments de qualité et à bon marché. Il faudrait donc rendre les aliments accessibles à tous. Besoin serait de s'en procurer au plus bas prix. Car, tout le monde a le droit de vivre longtemps en mangeant convenablement. L'économie, base principale du développement, mériterait des règles saines de gestion.

L'électrification de l'Afrique freinerait le déboisement à outrance. Et, il faudrait qu'elle soit à la portée de tous à moindre frais. Par ailleurs, l'auteure attirerait l'attention de tous ceux qui gère l'économie forestière en dépassant les limites de leur pouvoir. Cessons de détruire les forêts pour conter la désertification !

2- Le logement pour tous

Une politique de logements sociaux serait bénéfique aux jeunes ménages et aux personnes âgées qui sont une charge pour les autres membres de leurs familles. L'État devrait construire des maisons à des taux d'intérêts privilégiés pour abriter les citoyens économiquement faibles, les ménages à revenu moyen et intermédiaire.

Dans un pays où le chômage bat son plein, le gouvernement et les opérateurs économiques devraient stimuler la création des petites et moyennes entreprises (PME) en lien avec la création d'emplois dans tous les secteurs économiques. Il serait souhaitable d'octroyer des prêts à un taux d'intérêts privilégiés avec un différé de deux ou trois ans. Il faudrait développer la politique des microcrédits pour donner aux femmes et à toute personne salariée ou pas, la chance de s'affirmer dans un secteur d'activités de son choix afin de leur faciliter l'accès au logement. Nonobstant, dans les régions d'Afrique où certains groupes ethniques et claniques ont compris la pertinence des collectivités agissantes, les populations s'organisent afin d'améliorer leur qualité de vie. Dans un village malien du nom de Sanankoroba, un projet collectif aura propulsé le village vers le développement et qui fait la fierté de ses auteurs. Ce projet créerait des emplois, ferait renaître au sein du peuple la confiance longtemps érodée et diminuerait l'exode rural des jeunes qui resterait dans la région et assurerait ainsi son développement. Un tel projet stimule chez les jeunes le sens de l'autonomie et freine le parasitisme, fléau inquiétant au sein de la société.

3- Le bien-fondé de l'électrification de l'Afrique

Les atouts du bien-fondé de l'électricité pourraient être :

- l'hydro électricité;
- les bio-énergies;
- l'éolienne, très bruyante, devrait être exploitée dans des endroits isolés et non habitables;
- le solaire et non le nucléaire, combien nocif pour l'humanité et l'environnement.

L'électrification de toute l'Afrique, certes un projet gigantesque, pourrait donner un élan nouveau à la construction dynamique du continent. Comprenons qu'avec le barrage d'*Inga,* dans la province du Bas-Congo en République démocratique du Congo, on pourrait électrifier toute l'Afrique. « Selon plusieurs organisations internationales, dont l'Agence Internationale de l'Energie, 620 millions d'Africains n'ont toujours pas accès à l'électricité, bien que le continent regorge de multiple ressources énergétiques, notamment l'énergie solaire et le pétrole »[94].

Dans sa « définition d'une doctrine énergétique africaine et d'industrialisation véritable »[95], Cheick Anta Diop relève :

---

94 http ://www.scidev.net/afrique-sub-saharienne/energie/multimedia/le-deficit-energetique-de-l-afrique-un-defi-pour-la-science.html. « Débat- Le déficit énergétique de l'Afrique : un défi pour la science » ? Publié, le 17 juillet 2015. Consulté, le 3 avril 2016.

95 http ://www.cheikhantadiop.net/. « CHEIKH ANTA DIOP ». Publié dans le site du même nom, aucune date n'est indiquée. Consulté le 3 avril 2016.

« Il s'agit de proposer un schéma de développement énergétique continental qui tienne compte à la fois des sources d'énergie renouvelables et non renouvelables, de l'écologie et des progrès techniques des prochaines décennies … L'Afrique Noire devra trouver une formule de pluralisme énergétique associant harmonieusement les sources d'énergies suivantes : 1. Énergie hydroélectrique (barrages), 2. Énergie solaire, 3. Énergie géothermique, 4. Énergie nucléaire, 5. Les hydrocarbures (pétrole), 6. Énergie thermonucléaire" auxquelles il ajoute le vecteur énergétique hydrogène »[96].

Pour ce faire, il est conseillé de cesser d'envoyer les fonds africains dans les banques étrangères et apprendre à mieux gérer les richesses. Une gestion saine permettrait aux banques africaines de s'organiser et de soutenir ce genre d'investissement, nullement un investissement de prestige, mais plutôt une nécessité.

Il existe bien d'autres stratégies pour électrifier les villes et les campagnes. Grâce aux cours d'eau, peu importe leur intensité, des nouvelles méthodes ont inspiré des ingénieurs. Ces moyens prendraient la vedette de l'énergie éolienne.

L'électrification généralisée diminuerait la pression des populations sur l'environnement ; notamment l'utilisation du bois et du charbon.

Il faudrait d'urgence éduquer l'Homme à respecter et à protéger toutes les espèces animales et végétales.

L'énergie renouvelable serait profitable pour tous les ménages en éliminant les délestages intempestifs.

---

[96] Ibid

4- La problématique de l'éducation

Après les indépendances, l'éducation occupait une place de choix et était une préoccupation continentale. Dans plusieurs pays d'Afrique, elle était gratuite. De nos jours, les conflits ethniques sont la plupart du temps liés à la politique et au partage de richesses naturelles comme le pétrole, l'uranium et le diamant, etc. Ils ont embrasé le continent et ils ont décimé quasiment les structures éducatives.

Les États devraient conjuguer leurs efforts pour rendre l'éducation accessible à tous, de la maternelle à la 13e année. Dans les pays dits pauvres, les études universitaires devraient être accessibles à toutes les couches sociales. Les États et les organismes non gouvernementaux auraient le devoir d'accorder des bourses afin d'encourager les grands talents dans tous les domaines à se perfectionner et à se faire connaître. Éduquer, c'est instruire un peuple dans la dignité et la fierté. Être analphabète, c'est être ignorant tout le reste de sa vie; c'est un handicap coûteux. Il faudrait éduquer en rendant l'alphabétisation obligatoire et accessible à tous. L'éducation est l'un des maillons les plus importants du développement et du progrès social.

Dans beaucoup de pays de l'Afrique francophone, l'éducation de base, l'alphabétisation et la qualité de l'éducation ont énormément régressé. L'éducation étant un droit inaliénable, les gouvernements en collaboration avec la société civile et les parents devraient entreprendre des reformes susceptibles d'assurer sa pérennité. Les politiques d'éducation, les stratégies pédagogiques adaptées et les tâches des enseignants devraient être clairement définies par l'autorité compétente. Les élites de demain se mettraient à l'ouvrage, quel que soit le secteur de compétence de leur choix. En sciences les meilleurs élèves mériteraient des encouragements et des bourses d'excellence.

À l'image de l'éducation au Canada, les enseignants assumeraient les évaluations suivantes : l'évaluation diagnostique, l'évaluation formative et l'évaluation sommative. Chaque étape comprendrait une grille d'évaluation réaliste contenue dans le programme scolaire.

En Afrique, les enfants subissent l'effet des choix politiques médiocres des gouvernements. Djibril Mama Debourou relève que : «Cette régression intervenait dans le contexte d'un accroissement démographique sans précédent, tandis que les programmes d'ajustement structurel (PAS) négociés avec les institutions de Bretton Woods imposaient une austérité déroutante à des structures politiques fragiles, nouvellement engagées dans le difficile processus de la démocratisation»[97].

Il serait intéressant de comprendre que l'idéologie forme le marketing du projet de société et s'articule autour des valeurs suivantes : vision et sécurité. Or, l'école est un puissant creuset de la formation du *citoyen qui est l'acteur* principal de la société. Tout comme les garçons, les filles ont droit à l'éducation et à l'apprentissage de tous les métiers, y compris techniques et scientifiques. Y aurait-il eu un suivi de la réunion des experts et des organismes spécialisés tenue en décembre 1998 à Ouagadougou au cours de laquelle on adopta « le plan d'action de la décennie de l'éducation en Afrique, lequel reprend l'analyse des entraves à l'amélioration de l'accès à l'éducation»[98] ?

Normalement, les enseignants, c'est-à-dire les éducateurs, devraient être intègres, honnêtes, laborieux et pacifiques. Bien que l'enseignant, le gouvernement et la société civile aient un rôle fondamental à jouer dans le processus de l'éducation des enfants, les parents aussi devraient assurer un suivi afin de les motiver. Ils auraient un rôle à jouer dans l'apprentissage du civisme, de l'étude de la morale, de la culture, de la paix et de l'utilisation à bon escient des outils pédagogiques modernes.

---

[97] Mama, Deroubou. D. (décembre 2000). Entre décentralisation et mondialisation, Le Monde diplomatique. P. I.

[98] Ibid

Savoir éduquer, c'est aussi savoir être souple, savoir écouter, respecter l'opinion de l'autre, être ferme, aussi sans être malléable et moins encore brutal. Les élèves handicapés ont besoin d'aide et ils mériteraient d'être traités avec bienveillance.

Pour se recycler, les fonctionnaires auraient besoin de stages de perfectionnement et de remise à niveau. L'amélioration des conditions de travail et de vie va de pair avec le rendement. La corruption, résultat d'une misère rampante, pousse certains ministres à vendre leurs services avant de signer tout contrat au nom de l'État ou d'une région avec une tierce partie.

Il est essentiel « de créer des sociétés alphabétisées pour parvenir à éliminer la pauvreté, réduire la mortalité infantile, instaurer l'égalité entre les sexes et assurer le développement, la paix et la démocratie dans tous les pays du monde [99]». La croissance démographique et la mortalité infantile existent simultanément. Ce fait n'est pas un mal, pourtant bien plutôt la preuve de la vitalité et du futur d'une population. Le problème se situerait dans la distribution équitable des richesses. Chose étrange, notons que les Occidentaux souffrent d'un faible taux de croissance démographique.

Irène Dembé, professeure de lettres mentionne qu'une «réduction de la pauvreté n'est envisageable que s'il y a une amélioration du niveau d'étude »[100].

En éduquant les enfants, on forme une main d'œuvre spécialisée, prête à servir la société. L'État devrait beaucoup investir dans l'éducation. C'est l'une de ses plus grandes responsabilités. Il devrait donner l'occasion à chaque citoyen de s'instruire et de réussir.

Quant aux enfants handicapés, dyslexiques, dysphasiques et Albinos, ils devraient bénéficier d'une assistance sociale

---

[99] Camiré, L. et Harvey, R. (2006-2007). *Alphabétisation en Afrique de l'Ouest, Investir dans le capital humain*, Revue à lire, numéro 13, p. 17.

[100] Dembé, I. (décembre 2010-janvier 2011). Francophonie, Magazine international d'informations. p. 43.

professionnelle particulière, et leur assurer une meilleure intégration scolaire et sociale.

C'est à partir de l'école que les jeunes peuvent espérer en un futur radieux et s'insérer sur le marché du travail. L'école, la communauté et la famille formeraient de bons citoyens grâce à cette trilogie communicative. Elles réconforteraient et apprendraient aux jeunes à prendre leur destin en main. Il est fort dommage de rappeler que les enfants actuels naissent dans les soubresauts des viols et des meurtres. Les soudards sont des tueurs sans état d'âme.

Il faudrait donc établir des stratégies pédagogiques adaptées et stimuler l'éducation inclusive. Les filles et les garçons devraient s'orienter aussi vers les carrières scientifiques. Les pays africains devraient entreprendre des réformes en matière d'éducation. La qualité de l'éducation demeure un atout fondamental et une nécessité. Appliquer des méthodes pédagogiques appropriées serait essentiel pour stimuler la réussite scolaire et éviter le décrochage scolaire. Les enseignants devraient eux-mêmes être bien rémunérés tout en ayant une excellente formation afin de donner un apprentissage de qualité.

Il faudrait donc refonder l'école africaine en l'adaptant également à sa culture scientifique et à son histoire. Les classes ne devraient pas être surchargées. Elles devraient répondre aux normes internationales. L'Unesco devrait davantage encourager la gratuité de l'éducation et une meilleure formation des éducateurs.

Relever le niveau scolaire représente un grand défi si l'on espère bâtir des sociétés bien instruites et éduquées. L'éducation devrait intégrer à la fois, les différences culturelles, fondamentales pour tous. La construction d'une nation passerait par l'éducation qui est la clef de la réussite et du changement positif. Elle demeure un enjeu incontournable pour toute l'humanité. Ainsi, une société sans arme et sans violence s'engagerait dans :

- La lutte pour l'alphabétisme;
- La lutte pour l'égalité;
- La lutte pour l'émancipation;
- La lutte pour la liberté;
- La lutte pour mieux développer les destinées du continent;
- La lutte pour les valeurs de la justice;
- La lutte pour le pardon et la réconciliation;
- La lutte pour le respect des biens publics et privés;
- La lutte pour le respect et la protection de la nature.
- La lutte pour l'enseignement de bonnes mœurs et l'acceptation des différences ethniques et physiques de tout citoyen.

Enfin, le harcèlement sexuel et toutes les faveurs de nature sexuelle mériteraient d'être dénoncées et punis. Les groupes hégémoniques sont bien connus et ils continuent à développer la culture du sexe comme arme. L'éducation serait la clef du succès, du savoir et de changements de mentalité.

5- Le développement et l'avenir en matière environnementale.

Ce sujet susciterait des débats politiques houleux. L'environnement demeure, de tout temps, un élément prioritaire, inhérent à la gestion politique. L'Afrique ayant subi une dévastation forestière sans précédent devrait désormais penser davantage à la protection de son patrimoine environnemental. Une fois exporté, le bois d'Afrique sous forme de produits finis importés et vendus revient à des prix exorbitants. Une politique de transformation locale des matières premières s'imposerait pour que ces produits puissent être à la portée de toutes les bourses.

La désertification intensive sur le continent serait synonyme de la destruction de la *forêt-grenier* au sens large du terme. Protéger l'écosystème et l'exploitation responsable des espèces forestières devrait être la préoccupation de chaque peuple. Les forêts peinent déjà à se régénérer en raison du réchauffement climatique attribuable à l'utilisation abusive de certains produits chimiques. Nous constatons que plus la température augmente, plus le cycle hydrographique de la planète Terre ne s'accroît.

En matière de protection environnementale, il existe des normes nationales et internationales qu'il faudrait respecter. Mais, les exploitants forestiers véreux et les mineurs de tout acabit saccagent ce patrimoine irremplaçable. Tout exploitant industriel devrait nettoyer, reboiser et indemniser les propriétaires des terres exploitées et souillées.

Quant à l'exploitation minière, elle pollue aussi bien l'atmosphère que l'eau. Des experts éminents notent : « la gestion environnementale mondiale, avec ses défis, devrait être limitée à un petit nombre de thèmes (viabilité écologique, développement durable, biodiversité, réchauffement climatique), dont les effets sont ressentis universellement. Une dimension qui est grave, irréversible »[101].

La coopération avec la Chine, géant économique incontournable de ce troisième millénaire, mériterait d'être revue à la loupe pour mieux comprendre le sens élevé de ce mariage d'intérêts ainsi que tous les aspects liés à l'exploitation anarchique des forêts africaines et des matières premières. Le principe voudrait que si tu coupais un arbre, tu en planterais cinq autres. À l'allure où vont les choses, les Africains bradent tout. Les Chinois et bien d'autres partenaires du continent n'endosseraient point la responsabilité de cette destruction massive de la forêt tropicale. Au Gabon, la déforestation amorcée inquièterait les environnementalistes et les autochtones dont l'habitat paraît fortement menacé. Toutes les espèces de bois rares, l'Okoumé en tête, seraient sauvagement surexploitées.

---

101 Édouard A. Parson et AL., (2001). Gérer l'environnement, Les Presses Universitaires de Montréal, p. 111.

Ce déboisement excessif mettrait à nu les autochtones habitant la forêt. D'ici quelques années, ils n'auront plus d'abri. Détruire le patrimoine forestier, c'est priver les animaux de leur milieu naturel. C'est fragiliser leur existence en péril. Les arbres millénaires sont en train d'être détruits. Remplacer ce qu'on a sciemment détruit en peu de temps, deviendrait assez pénible. Faire pousser l'Okoumé dans la forêt équatoriale relèverait du génie. L'Okoumé mériterait d'être protégé. D'après les sages de ladite forêt, commentait grand-mère Menga, la régénération de l'Okoumé serait liée à un processus digestif accompli dans l'estomac du gorille ou de l'éléphant. En fait, c'est le résultat de leur matière fécale, les crottins des bêtes qui feraient pousser cet arbre mythique. L'abattage de ces arbres historiques devrait être prohibé d'autant plus que leur existence paraît un mystère à élucider.

Nous estimons que l'objet de la coopération chinoise en Afrique ne paraîtrait point un marché très gagnant dans le cadre du *donnant-donnant*. Ce marché semblerait *perdant* parce que les richesses naturelles échangées contre le financement et la construction d'infrastructure de développement échapperaient au contrôle de l'État. Les Chinois, rusés, imposeraient des pénalités qui les arrangeraient. Les Africains devraient jouer pleinement leur partition du contrat. Que cela puisse se faire pour éviter tout problème d'incompétences et de fourberie.

La déforestation a un effet négatif sur l'environnement. Lancer une campagne de sensibilisation pour stimuler le reboisement se ferait dans toutes les langues africaines. Grâce au progrès de la technologie, de gigantesques tuyaux d'eau pourraient arroser le désert, une autre façon de le dompter. La protection de la nature, une des grandes priorités, s'imposerait au continent. Sous certains cieux, le réchauffement climatique se vivrait au quotidien. Mais, sous d'autres cieux, la réalité serait bien différente. L'interaction subjective et objective se jouerait. Les solutions dépendraient des gouvernants sérieux et des lois en vigueur.

En Afrique, la détérioration de l'environnement entraînerait son lot de problèmes. De nombreux cours d'eaux ont tari et de nombreuses espèces animales seraient en voie d'extinction. L'utilisation du plastique non-recyclable devrait être interdite. Préserver la nature, l'avenir de la planète et les habitants relèverait des préoccupations primordiales de l'Homme. Les experts ne cessent de sensibiliser les populations au sujet « des sécheresses persistantes en Afrique, responsables de souffrances indicibles subies par des millions de personnes »[102]. Sans être alarmiste, le réchauffement climatique s'éternise en phénomène planétaire. Ils soulignent : «Si notre développement actuel n'est pas viable, il faut lui substituer un développement écologiquement durable, et socialement plus souhaitable ».[103]

Pendant ces quarante dernières années, la déforestation de l'Afrique fait le bonheur d'une minorité d'exploitants sans déontologie. Elle occasionne les inondations, active les érosions, provoque la sécheresse et amplifie la désertification. Malgré l'avertissement de spécialistes en la matière, l'Afrique n'arrive pas à contenir le déboisement anarchique de ses forêts. Les ancêtres respectaient la nature. Aujourd'hui, l'égoïsme des gouvernants livrerait le continent, jadis verdoyant, aux mains des multinationales qui seraient en train de le razzier à grand pas.

En abattant les espèces rares, les compagnies forestières détruisent au passage diverses essences. Cette destruction accélérée de l'écosystème n'émeut personne, surtout pas les dirigeants qui se soucieraient seulement de remplir leurs poches.

À la fin du mois d'août 2002, à l'occasion du Sommet mondial sur le développement durable tenu à Johannesburg en Afrique du Sud, sous l'égide des Nations unies, on pouvait lire

---

102 Académie nationale des sciences –USA, (1992). U*ne planète, un avenir,* Nouveaux Horizons, p. XI.

103 Ibid, p. XIX.

: « La vie que nos ancêtres menaient ici il y a plusieurs millions d'années devrait nous servir de leçon : alors que leurs empreintes sur la nature étaient petites, les nôtres sont devenues dangereusement grandes. Ce Sommet doit orienter l'humanité sur une nouvelle voie, une voie qui garantit la sécurité et la survie de la planète pour les générations futures»[104]. C'est la réalité combien appréciable apposée sur une plaque par Koffi Annan, le 1er septembre 2002, en Afrique du Sud.

Le panorama environnemental africain actuel inquiète les environnementalistes chevronnés. Le peuple africain devrait se sentir interpellé au premier chef. Le continent menacé par ce fléau aurait besoin d'une mobilisation des consciences à même de freiner nos ardeurs destructrices. Dans les enjeux à respecter, une réglementation rigoureuse mériterait d'être amorcée et adoptée pour arrêter la politique des brûlis utilisée pour cultiver les champs. Elle devrait mettre aussi en œuvre des méthodes de reboisement appropriées pour combattre l'avancée du désert.

La forêt est un employeur multidimensionnel. Elle donne du travail et de la nourriture à toutes les espèces. Des contraventions devraient être imposées à tous les contrevenants causant sa destruction en l'occurrence aux grandes compagnies forestières et aux braconniers de tout acabit.

Quant aux combustibles ménagers ou domestiques comme le charbon obtenu à partir du bois de chauffe coupé dans la forêt, ils pourraient être remplacés par le gaz et l'énergie solaire. Que l'on se penche aussi vers les techniques nouvelles qui transformeraient les ordures ménagères en charbon ou en énergie domestique. Face à la nature en train de nous lâcher à grand pas, il serait urgent de changer les

---

104 Sinai, A. (2002). Douteux partenariat pour l'Afrique, LE monde diplomatique, P. 16.

habitudes destructrices car, un problème de survie et de sécurité se poserait.

Les Chinois seraient les plus grands acheteurs de défenses d'éléphants. Ces pachydermes vaudraient une protection continentale et internationale. Puis, les politiques devraient s'engager afin de protéger davantage les animaux en péril.

Pour être en harmonie avec la biosphère, l'homme devrait changer son mode de vie. Ses activités seraient source de conflits entre la nature et lui. L'Homme serait le plus grand destructeur de l'environnement. De nos jours, la culture environnementale s'imposerait en processus éducatif. Pour le bien de tous et de l'humanité tout entière, il sied d'éviter de faire des refugiés climatiques. Tout individu est invité à améliorer ses rapports avec la nature en s'éduquant, quel que soit l'âge. Il faut donc valoriser l'éducation dans ce domaine sensible et combien indispensable. Il est nécessaire de savoir que :

- perdre la biodiversité, c'est perdre l'existence humaine, donc la vie sur terre;
- la nature a ses lois que tout citoyen devrait scrupuleusement respecter. Entraver ces lois menacerait notre existence. C'est pour cette raison que « la 21e conférence des Nations unies sur les changements climatiques offre certes quelques raisons de demeurer inquiet, mais elle en donne aussi – chose plutôt rare sur le front de la lutte contre le réchauffement – quelques-unes de se réjouir »[105]. Cela signifie que le réchauffement climatique est bel et bien une évidence. Il constituerait une menace mondiale. Que chacun plante chaque année des arbres fruitiers, d'agrément, et qu'il les protège.

Dans la corne de l'Afrique et plus précisément dans la zone d'Éden où s'exercerait une piraterie hors du temps, les

---

105 http ://www.lemonde.fr/cop21/. « Paris Climat 2015 - COP21 ». Publié, le 25 décembre 2015. Consulté le 3 avril 2016.

Somaliens sont victimes d'une guerre civile impitoyable. En plus, la Somalie serait victime de largage des déchets toxiques dans ses eaux par certains grands navires comme ce fut le cas en Côte d'Ivoire en 2006. Et pourtant, « en Occident, les normes environnementales sont très élevées et le public, très conscientisé sur ce sujet. En Afrique, par contre, les lois en ce qui a trait aux déchets toxiques sont beaucoup moins sévères et certains croient pouvoir en profiter impunément pensant l'intérêt public nul par rapport à ce sujet. C'est ce que devaient croire les responsables du déversement de plusieurs tonnes de déchets toxiques à Abidjan, en Côte d'Ivoire. Peut-être auraient-ils pu s'en tirer si ce déversement n'avait pas d'abord causé la mort de deux fillettes le 4 septembre 2006 »[106]. Il serait nécessaire que ce problème des détritus nocifs qui affecteraient les hommes et l'environnement soit examiné par l'Union africaine et les Nations unies, tout comme celui de bateaux de pêche. Ils violeraient sans cesse les lois internationales en ratissant les eaux territoriales africaines.

Quelques bateaux pirates dépeupleraient les eaux africaines de poissons et ils ne payent aucune taxe. Bien plus, ils revendent ces poissons à des prix exorbitants aux Africains. Pour éviter tout accrochage fâcheux, il serait temps que ces navires justifient leur passage et déclarent leur contenu avant de s'engager dans les eaux territoriales. Quelques navires largueraient des déchets toxiques dans ces eaux. Ils contamineraient non seulement les côtes africaines, mais aussi la planète entière.

Dans son ensemble, l'Afrique croulerait sous le poids des pandémies faisant fi des règles élémentaires d'hygiène. Des sachets aux autres matières plastiques encombrant et polluant l'espace terrestre, l'insalubrité environnementale devient un problème de taille. La construction dans les villes de toilettes

---

[106]http ://perspective.usherbrooke.ca/bilan/servlet/BMAnalyse ?codeAnalyse=287 voire dans LE FIGARO, « Étrange pollution à Abidjan », Le Figaro, 6 septembre 2006, p. 3.

publiques appropriées éloignerait le citoyen du choléra, de la typhoïde et de bien d'autres maladies endémiques pouvant être aussi évitées en respectant les règles d'hygiène : lavage des mains, ramassage des ordures, non propagation des matières fécales, etc.

La révérence des règles d'hygiène pourrait aider à éviter le pire : la mortalité infantile. La salubrité est un élément essentiel portant sur la qualité de la vie d'une personne, d'une ville, d'un pays ou d'un continent. Le bord des routes, des rivières, des fleuves et des océans ne devrait en aucun cas servir de dépotoir des déchets de quelle que nature que ce soit. La pollution chimique crée un danger pour la population. Les changements climatiques perpétuels et permanents, selon des cycles, s'amorcent progressivement et cela constitue une menace pour l'humanité. Des populations mises à risque vivraient dans la tourmente. Les pluies torrentielles emportant tout sur leur passage sont fréquentes. Des familles entières entraînées par les eaux disparaissent. Ces intempéries font de nombreux sans-abri.

En principe, tout citoyen du monde devrait être un gardien avéré de la protection de la nature et de l'environnement. Pour cette raison, le mouvement de la Kényane Wangari Mathai, Prix Nobel de la Paix, emportée le 26 septembre 2011, a eu l'ambition de planter 47 millions d'arbres à travers l'Afrique. Que les gouvernements puissent contribuer à réaliser un tel projet d'envergure, ainsi que les organismes non gouvernementaux ! Pour se faire, il faudrait une grande mobilisation continentale. Quand le dernier arbre serait coupé, c'est en ce moment qu'on se rendrait compte que l'argent ne pourrait point acheter l'arbre et moins encore la fonction chlorophyllienne.

Qu'adviendrait-il quand toutes les ressources naturelles seraient épuisées ? Pensons donc aux générations futures, car l'environnement devient de plus en plus un enjeu incontournable quelle que soit la région. De nombreux pays africains seraient tant menacés par ce fléau.

6- L'investissement dans le développement

La bonne gouvernance se caractérise par une conduite et une gestion socioéconomique, politique, environnementale compatibles ou en harmonie avec la vie de l'être humain, des populations d'un Etat. C'est un facteur de développement durable. Elle oblige les gouvernements à répondre et à satisfaire les besoins fondamentaux de leur peuple, tels que :

la création d'emplois, des soins de santé garantis et adéquats, si possible à bas prix ou gratuits, la sécurité des personnes et des biens, la libre circulation des biens et des personnes, le respect des droits humains et l'éducation gratuite afin de garantir une alphabétisation pour tous. Promouvoir la bonne gouvernance viserait un facteur de développement propice à l'investissement. L'Afrique aurait besoin de personnes crédibles, porteuses de grands changements sécuritaires. Tout pouvoir politique digne de ce nom devrait s'attaquer aux grands maux qui rongent le continent, comme le sida, le paludisme, la corruption, la violence, le viol des femmes, l'analphabétisme, l'insalubrité sanitaire, la destruction de la nature, le chômage, la faim, la pauvreté, la précarité sociale, l'incarcération arbitraire, assurerait sa place au sein de son peuple et dans le concert des nations.

Développer les infrastructures routières et ferroviaires font partie de grandes réalisations novatrices de notre temps. Ces infrastructures favoriseraient le développement de l'économie, l'industrialisation des pays et le rapprochement des peuples de façon harmonieuse. Le transport ferroviaire le long des grands axes continentaux mériterait une attention particulière. Un tel projet exigerait des investissements importants certes, mais donnerait un visage nouveau au continent et contribuerait à l'unité africaine proprement dite. Ce *transafricain* du XXIe siècle ouvrira les portes à une prise de conscience continentale bien que l'aboutissement d'un tel projet nécessiterait une volonté de fer de la part de nos dirigeants. Il serait plus difficile d'aller d'un pays africain à un autre que de voyager vers l'Occident et pourtant, l'Afrique qui ne manque pas de moyens ni d'atouts pour faire aboutir ce projet, manquerait des dirigeants à la hauteur pour le réaliser.

Ces réalisations ferroviaires et routières donneraient la possibilité à tout africain de circuler librement et à moindre frais à travers le continent. Ces projets généreraient des emplois pour des milliers de personnes et développeraient des régions éloignées par le désenclavement.

En Côte-d'Ivoire, le président Houphouët Boigny a laissé un pays doté d'infrastructures viables. Avec la guerre de ces dernières années, les routes se sont détériorées, sans compter les populations qui vivraient dans la crainte de perdre leur vie ainsi que leurs biens et produits de dur labeur.

La Tunisie serait un modèle de construction d'infrastructures au-delà des problèmes politiques.

Au Congo-Brazzaville, on doit au président Alphonse Massamba Débat des projets rentables d'industrialisation : l'usine de Kinsoundi pour le textile, l'usine de cahiers, l'usine d'extraction de la potasse à Pointe-Noire, l'usine d'allumettes, l'huilerie, l'usine de bois et bien d'autres infrastructures qui, aujourd'hui, ne sont plus que les vestiges d'un passé lointain. Ces réalisations économiques ont été assombries par une gestion calamiteuse du bien public. Nous accusons l'incompétence et l'égoïsme des paranoïaques.

En République démocratique du Congo, les usines, les industries, les petites et moyennes entreprises déchoiraient sous le poids de la corruption et du laisser-aller permanent. Les mines de diamants pratiquement à ciel ouvert, ne profiteraient qu'aux exportateurs et non aux populations.

Le Cameroun ayant connu son envolée dans le domaine agricole tendrait vers la prospérité économique.

La Libye de Kadhafi, de 1962 à 2011, a construit de nombreuses usines au point d'importer la main-d'œuvre. Pour des raisons diverses, l'Afrique du Sud qui est un modèle de développement sur le continent, traînerait maintenant le pas. Le chômage de masse frapperait ce pays et il engrangerait la xénophobie vis-à-vis de la main-d'œuvre venant des pays voisins ou d'ailleurs. Aucun pays africain ne devrait exiger un visa d'entrée pour tout ressortissant du continent. Brisons les barrières inutiles qui freineraient le développement humain et économique de notre beau continent.

En abordant ce sujet, je ne saurais écarter l'Organisation Mondiale du Commerce (OMC), fondée en 1994. Malgré sa doctrine flatteuse, elle ne diffère en rien d'autres organismes à caractère mercantile pratiquant un multilatéralisme de façade. «Les États y sont en égalité de voix, contrairement à l'ONU, au FMI, à la Banque mondiale, où les procédures de vote sont à l'avantage des pays riches [107]». Une justice en matière de commerce mondial tenterait de mettre l'accent sur « *les principes de droit*[108] ». Il n'y a point de justice ni de principe de droit en matière de commerce, il n'y a que les intérêts des plus grands qui comptent.

En outre, le monde étant en perpétuelle mutation, des changements considérables sembleraient surgir dans le domaine du commerce international grâce aux « importantes modifications issues de la réforme de 1994[109] ». La mise en place « de l'Organe de règlement des différends (ORD), chargé d'une véritable fonction judiciaire de caractère obligatoire[110] » semblerait avoir tracé des balises appréciables. Ainsi, « les pays en voie de développement (PVD) »[111] en feraient bon usage. Ce qui était impossible hier, semble amorcer le changement afin d'améliorer la situation. Quelle que soit la donne, le Nord et le Sud ne pourront discuter d'égal à égal que le jour où les dirigeants africains organiseront leur propre comptoir de vente, parleront d'une même voix pour la défense de leurs intérêts communs et seront solidaires les uns des autres sur l'échiquier mondial.

---

107 Chemillier-Gendreau, M. (2007). « *Organisation mondiale du commerce* ». Le Monde diplomatique, p. 24.
108 Ibid
109 Ibid
110 Ibid
111 Ibid

Bien qu'en droit humain nous nous croyons tous égaux, en politique, la loi du plus fort prévaut et il y a toujours *deux poids et deux mesures* ainsi que des *coups bas.* Pour les pays dits en voie de développement, l'éveil semblerait être proche, mais encore bien loin en ce qui concerne l'Afrique à cause de multiples conflits armés. Prévoyons que l'Afrique se libérerait des crocs de ses maîtres à penser. C'est urgent et l'Afrique sonnerait le glas pour le développement durable réel ainsi que la croissance économique.

7- Les microcrédits et les femmes

Les femmes étant marginalisées dans plusieurs pays d'Afrique, elles devraient s'unir, évoluer et lutter ensemble pour asseoir leurs droits et prendre leur place sur l'échiquier mondial. Elles se devraient d'être les actrices du changement réel et du développement dans leurs domaines respectifs. Pour mener à bien la réalisation de leurs projets individuels ou collectifs, elles devraient être sur les fronts où l'action se passe, accepter de se former et d'être informées afin de jouer pleinement leur rôle, savoir aussi qu'il serait difficile de décoller sans une bonne planification stratégique.

Planifier, c'est réfléchir, s'organiser, s'épanouir, s'orienter vers le succès et la création d'emplois. C'est en outre changer de mentalité. Avant d'amorcer une planification, il conviendrait d'identifier les actions à entreprendre.

Dans la planification des stratégies pour les femmes, autant la création des réseaux d'action demeurerait un impératif, autant la prise de décision devrait se faire de façon collégiale. Le processus pourrait s'avérer parfois long et les étapes à suivre multiples. Savoir évaluer les forces et les faiblesses à court, moyen et long termes constituerait un point capital. Avoir une vision de l'ampleur de leur engagement démontrerait une forte détermination. Les partenaires d'affaires devraient respecter leurs valeurs, dont :

le partage, la solidarité, l'hospitalité, l'égalité, l'équité, la formation, la réussite et la transparence. Les femmes auraient un grand rôle à jouer dans la vie socio-économique du continent. La transparence financière et l'honnêteté constitueraient les fondements de la réussite de tout projet, quelle que soit sa dimension.

Souvent, les femmes s'organisent autour d'associations subventionnées par les Organismes internationaux non gouvernementaux (ONG). L'exemple de la Sénégalaise Ndèye Soukèye Guèye Sow, responsable de projet dans le cadre de microcrédits alloués aux femmes, serait édifiant. Lors de son entrevue à la revue Amina, elle a parlé d'une enveloppe de « 3 millions de dollars », prêt de « la République de Chine pour aider les femmes susceptibles de mener un projet à bien »[112]. Cette entrevue de Guèye Sow ayant perçu plus de 2,2 milliards de FCFA pour les sénégalaises tracerait une nouvelle voie des femmes vers l'autonomisation et le développement, thème élaboré plus généralement sous la dénomination du capital social[113] ». De nombreuses femmes auraient bénéficié de crédit et c'est un bol d'oxygène pour les femmes qui s'organisent de façon active et déterminée. Ce projet ayant démarré en 2001, devait être bouclé en 2005. Les femmes savent gérer et ce crédit a dû générer des bénéfices car les dames sont prudentes et elles sont en train d'entreprendre des actions de grande envergure pour sortir du marasme économique.

Ce crédit au taux d'intérêt privilégié de 5% serait accordé pour un projet dont la durée était de douze mois. Ce taux est dit privilégié par rapport à celui de la banque traditionnelle française dite banque gourmande qui fait des gros profits et exploiterait les clients. Guèye relève que :

---

112 Amina numéro 389. (octobre 2002). P. 58.

113 Traoré Fatoumata (2011). Capital social, instrument d'autonomisation des femmes : une nouvelle approche de mesure. Editions universitaires européennes ; 292 pages.

> «Une chose est sûre, les femmes remboursent toujours leurs dettes et se sentent beaucoup plus responsables des activités dans lesquelles elles sont impliquées »[114].

À l'heure actuelle, ce projet fonctionne bien au Sénégal. La femme africaine est consciente de son rôle de mère et de bâtisseuse. C'est à travers elle que la paix véritable pourra se construire et le développement durable s'établir. Ce genre de crédit stimule les efforts de la femme à prendre sa destinée en main. Sous d'autres cieux, on pratique l'approche *empowerment.* Cette approche définit les règles directrices nécessaires pour que les femmes se prennent en main et s'organisent afin de réussir et de se sentir libres et fières de fournir les efforts adéquats pour la survie. Il existe plusieurs familles monoparentales où la femme, chef de famille, motive ses enfants à réussir leur vie. La plupart des chefs d'État africains sont issus de ce genre de familles et Nous ne comprenons pas leur politique dictatoriale. Les microcrédits susciteraient la confiance et changeraient la mentalité des femmes rurales et urbaines.

En ce qui concerne l'alphabétisation et l'apprentissage de petits métiers, des formations gratuites leur sont données. Elles investissent dans les secteurs agricoles, artisanaux, commerciaux et autres avec beaucoup d'abnégation. La rentabilité exigerait de la patience et le suivi des projets, un savoir-faire.

Pour élever les enfants, certaines femmes s'attèlent à casser des pierres au risque de leur santé. Parfois, elles portent leur bébé au dos, l'exposant aussi aux débris de pierres et à la poussière. Elles ont besoin d'aide comme les *casseuses de pierres à Mafouta et à Kombé* en banlieue de Brazzaville. Cette activité se fait sous une chaleur accablante.

---

114 Ibid

L'émancipation économique de la femme s'amorce avec courage. La femme rêve de bâtir des économies et des communautés plus fortes, plus instruites et démocratiques. Le pouvoir économique des femmes mériterait d'être renforcé. Il faudrait leur octroyer des subventions.

Dans les économies de subsistance, les femmes consacrent du temps à accomplir des tâches domestiques multiples et épuisantes. Elles puisent de l'eau à des kilomètres tout en berçant leur enfant au dos. Elles ramassent également du bois dans la brousse pour la cuisson. Elles ont le droit d'exercer un métier dans la mesure où ce travail ne perturberait pas leur fonction naturelle d'épouse et de mère.

Il est à noter qu'en matière de développement durable dans une humanité pacifiée, les femmes ne devraient pas autant souffrir au vu même de tout ce développement scientifique et technique en ce XXI e siècle !

8- La démocratie : une condition indispensable pour la paix durable.

Il y a lieu d'expliquer de nouveau, la notion de la démocratie. Bien qu'elle soit peu appliquée dans certaines parties du monde où la tyrannie continuerait à faire des victimes, la démocratie reste un vieux concept.

> « Née il y a plus de deux mille ans en Grèce, la démocratie, synonyme de gouvernement du peuple par lui-même, fondement idéal de notre société actuelle, imprègne profondément notre mode de pensée et concerne tous les aspects de la vie en société, de la vie politique à celle des entreprises en passant par celle des diverses collectivités[115] . Elle contribuerait à établir les lois réalistes et surtout favorables à toutes les couches de la

---

115 Gédéon, L. (2007). « De la démocratie », la revue, Université Catholique de Lyon, N0 11, p.5.

société du vivre ensemble, à tel point qu'on affirmerait par raccourci symptomatique, non plus vivre " en système démocratique mais vivre en démocratie"[116] ».

En démocratie, la Constitution est la pièce maîtresse de tout État, d'un pays ou des États fédérés. Elle constitue la base de toutes les lois. Elle définit la composition, le mécanisme du pouvoir et l'étendue de la mission assignée aux acteurs politiques. Elle décrit la manière dont les dirigeants devraient exercer le pouvoir politique dans l'intérêt du peuple et non dans un quelconque intérêt individuel. Elle assure la liberté d'expression, le respect mutuel, l'unité, l'autonomie du pouvoir judiciaire et elle définit les rôles du pouvoir législatif et exécutif. Elle certifie les droits des citoyens.

Il serait réaliste de créer une démocratie sur la base des considérations communautaires en érigeant des balises qui garantissent la cohabitation pacifique. Le Canada est un modèle en la matière. Il accepte que les gens s'organisent en communauté tissant ainsi des liens solides entre eux tout en vivant en harmonie avec le reste de la population. Dans certaines grandes villes le phénomène des communautés résidant dans des quartiers portant leur nom est d'actualité. Par exemple, la communauté chinoise, la communauté italienne, la communauté portugaise, la communauté congolaise et la communauté haïtienne sont une réalité vivante au Canada.

La démocratie, réalité universelle, devrait être instaurée partout pour que tout soit transparent et géré selon les règles établies en faveur du peuple. Elle favoriserait le dialogue entre les groupes et les nations. Un consensus demeurerait possible si les règles du jeu paraissent explicites et respectées. Au cas où une partie se sentirait lésée, point n'est besoin de se battre, les voies de recours juridiques, au dialogue, à la médiation règleraient tout différend. Le fondement d'une démocratie n'est pas seulement un organigramme politique, il comporte

---

[116] Ibid

un ensemble d'enjeux. La démocratie s'appuierait sur l'acquiescement de la population. Elle comprend des valeurs humanistes et elle mériterait une protection. Elle tiendrait toujours compte du facteur humain et du consensus.

Il serait indispensable de relever que les pouvoirs judiciaire, exécutif et législatif constitueraient le socle de la démocratie quand leur rôle est bien défini et comme nous l'avons présenté plus haut. Cette inversion des choses jouerait son rôle quand un individu s'approprie le pouvoir. C'est le peuple et lui seul qui a le pouvoir de le censurer par des moyens requis, les élections. En démocratie, les élections permettent de sanctionner et aussi de choisir le meilleur candidat.

La démocratie africaine devrait se bâtir de manière pacifique, sans effusion de sang. Dès qu'on comprend que rien n'est figé et que nous devrions construire le continent dans la dignité et la légalité, les dirigeants et leurs conseillers, capables de concevoir et de mener à terme des projets pour une durée à court, à moyen et à long termes devraient s'atteler au travail.

Tout idéal se construirait sur la base d'une vision claire. Ainsi, l'Afrique coopérerait toujours avec les autres continents. En démocratie, les portes du monde sont grandement ouvertes et surtout en ce moment de la mondialisation. Nous constatons que « démocratie libérale et économie de marché sont devenues les mots d'ordre des nouveaux pouvoirs »[117]. Selon Plenel, « la démocratie, au sens littéral, c'est le pouvoir attribué, directement ou au travers de représentants élus, au peuple [118]».

La démocratie évolue lentement et elle se réfère souvent aux expériences vécues par d'autres. Elle devrait garantir un équilibre stable entre l'État, le marché, les partis politiques et la société de manière à garantir la durabilité et la contenance d'un

---

117 Durandin, C. (2000). La Roumanie : un piège ? Éditions Hesse, p. 13.

118 Plenel, E. (1994). Langue vivante, puissance défunte, le monde diplomatique, 4 mai, p.1.

gouvernement devant répondre de ses actes ou de ceux d'autrui. Il s'agirait d'un gouvernement franc et honnête. Celle de l'Afrique tiendrait compte de ses valeurs ancestrales positives. Anaisabel Prera Flobes écrit que la démocratie « est une éthique qui imprègne tous les aspects de vie d'une communauté nationale, régionale ou locale, mais aussi l'ensemble des relations entre les gens, c'est une culture qui donne son sens à l'unité nationale[119] ».

Dans sa vision du futur, la nouvelle espérance, clairvoyante, devrait dire NON au pouvoir pour le pouvoir parce que c'est une méthode autocratique. L'Afrique aurait besoin d'idéologies créatrices au sein d'une société laborieuse, pacifique et harmonieuse où tout le monde vivrait en liberté et en sécurité. Pour ce faire, elle aurait besoin d'instaurer les balises de bonne gouvernance.

Les hommes au pouvoir qui ne roulent que pour une politique sans perspective de demain ne se préoccuperaient point de l'avenir des générations futures. Dans un pays de l'Afrique centrale, sous un soleil accablant, la mairesse de l'arrondissement exigea des femmes avec enfant au dos, le nettoyage d'une grande artère avec pour seul outil leurs propres balais à brindilles. De tels comportements seraient les signes prévisibles d'un pouvoir dégénérescent. Compte tenu de tous ces manquements, l'Afrique roulerait mieux sous l'étendard d'une démocratie collective en lieu et place d'une démocratie individualiste.

La caricature de fausses démocraties africaines se présenterait de la manière suivante : la première année, c'est pour manger le gâteau; la deuxième, c'est pour narguer ceux qui mangent les miettes; la troisième, c'est pour parler de démocratie théorique afin de bercer les populations; la quatrième, c'est pour préparer sa succession dans un autre pouvoir démocratique. La cinquième, on est dans une

---

119 Prera, A. (1998). *Paix, Développement, Démocratie, in Flobes dans Boutros Boutros – Ghali,* Bruylant, Bruxelles, P. 1282.

succession de mandats flexibles. La sixième, on rentre dans un pouvoir démocratique, faisant semblant de démocratisation où on justifierait le *droit de s'établir* à tout prix et, *c'est la fin qui justifie les moyens*. Dans ce cas de figure, l'opposition est muselée et le peuple assiste à la mascarade. Dès qu'il se révolte, les engins lourds sortent des casernes pour le massacrer.

En démocratie, le droit de contester étant inaliénable, condamner un peuple pour délit d'opinion serait tout simplement anti-démocratique. On ne construit pas une société démocratique dans le sang, la violence, la destruction humaine et matérielle. La démocratie en tant que doctrine est supposée être perfectible et adaptable aux réalités des peuples. Même si elle n'apporte pas les résultats escomptés dans l'immédiat, elle privilégierait au moins l'esprit de dialogue et de justice. Accepter d'exercer son droit de vote, c'est faire un choix de société bien que dans plusieurs pays, voter, c'est mettre sa vie en danger. L'abstention serait le refus de participer à un processus politique inacceptable. Ce serait légitime et responsable si les politiques en tenaient compte.

Voter serait un devoir, un droit civique indispensable pour tout citoyen. L'élection serait le seul moment où les peuples investis dans leurs droits et leurs devoirs s'exprimeraient librement. Ils exerceraient pleinement leur rôle de citoyen responsable.

En Afrique, la présence des observateurs internationaux et la mise en place d'une Commission électorale indépendante n'empêcheraient point les fraudes. Celui qui ne gagnerait pas ferait un hold-up électoral pour prendre le pouvoir, ou s'y incruster, selon les cas. Alors, s'abstenir de participer à un scrutin définirait clairement le refus d'accomplir un devoir de citoyen. L'abstention et le vote en blanc relèveraient d'une erreur de jugement. Il faudrait choisir l'alternance de façon objective.

À travers le vote, il serait possible d'apprécier ou de sanctionner les décideurs politiques. Le vote nous permettrait d'être égaux devant la loi et la justice. Dans un monde libre et démocratique, voter marquerait une responsabilité civique obligatoire. C'est le seul moyen qui acquiescerait au peuple souverain de choisir librement son leader pour une période fixée par la constitution. Une fois la fièvre électorale terminée, les candidats devraient se retrouver et œuvrer ensemble pour le bien de la nation. Après le scrutin, les injures et tout autre excès de langage déserteraient le paysage politique. Insulter, discriminer et dénigrer en mentant résulteraient de la méchanceté et cela mériterait d'être sanctionné. Les gens civilisés ne s'insulteraient point car c'est le peuple qui a le dernier mot.

Le vote, autorité du peuple souvent sous pression, serait un outil d'expression démocratique et non une arme de division. C'est le droit de participation du peuple à l'élection qui déterminerait la sphère démocratique. Les électeurs souhaiteraient que leur élu s'entoure d'hommes et de femmes compétents, capables de gérer dignement les affaires de l'État. La divergence d'opinion serait l'un des fondements du régime démocratique. Un gouvernement cynique, irresponsable et tyrannique devrait être sanctionné.

Bâtir, c'est observer, étudier et comprendre les lois humaines : « tant que le possible n'est pas fait, le devoir n'est pas rempli [120] ». Que chaque dirigeant africain se pose la question de savoir s'il a bien rempli son devoir et s'il a tout fait pour concrétiser ses promesses électorales.

Qu'il se pose la question de savoir combien de projets il a pu réaliser sans avoir endetté le pays outre mesure. Qu'il se pose la question de savoir de quel côté de la balance penche le bilan de son exercice antérieur. Par ailleurs, «le crédit et la valeur d'un chef d'État se mesurent à la qualité de la vie qu'il offre à ses citoyens. Vous n'avez rien fait tant que le peuple souffre[121]».

---

[120] Hugo, V. (1849). « Discours sur l'abolition de la misère ». Assemblée législative française, Paris.
[121] Ibid

La démocratie se présenterait comme une glace de verre. Elle nous renvoie notre propre image. Elle reflèterait l'histoire des peuples, leurs us et coutumes, leur culture et leur niveau d'éducation. Si elle n'est pas transparente, elle n'est qu'un leurre. Elle permet l'alternance mais ne privilégie point l'ethnie, la tribu ou le clan. Elle garantirait la sagesse et la dignité de l'autre. En démocratie, la corruption doit être dénoncée et on ne la laisse jamais impunie. Respecter les règles de l'art démocratique signifierait : respecter le choix du peuple. Le peuple étant souverain, il voterait pour qui il voudrait et on ne lui imposerait pas de candidat.

Autrement, le peuple aurait le droit de manifester pacifiquement son mécontentement dans la rue. Le rôle des institutions démocratiques serait d'accepter ses doléances et d'agir en leur faveur. L'État demeure une institution éternelle assurant la protection de ses sujets tout en assurant la création des emplois. L'État est le garant du bien-être social de tout citoyen. Seul le peuple et lui seul a l'aptitude d'élire les représentants devant exercer le pouvoir. On se conforme aux intérêts de tous sans distinction religieuse, ethnique et moins encore tribale et clanique car nous sommes tous égaux.

CHAPITRE V

LA RESOLUTION PACIFIQUE DES CONFLITS EN AFRIQUE

La paix est un ensemble dynamique de rapports de coexistence et de coopération entre les nations et au sein des nations, caractérisé non seulement par l'absence de conflits armés, mais encore, par le respect des valeurs humaines contenues dans la Déclaration universelle de 1948 et par souci d'assurer à chacun le maximum de bien-être.

Boutros Boutros-Ghali *;*
Paix, *Développement, Démocratie ;* Bruylant, Bruxelles,
1998, volume II, p.899

1- La paix et non la guerre

Selon Bangoura et cela est vrai :

> « L'État postcolonial est générateur de violence politique et d'insécurité. Non seulement il s'affirme par la violence d'État en tant que détenteur du monopole de la violence physique, du monopole des ressources économiques et « de la vérité », mais il est lui-même source de violence contre l'État et le pouvoir politique de par la répression et la négation des forces politiques et sociales autres que celles qu'il produit ou reconnaît[122] ».

Par ailleurs, la rébellion n'est pas synonyme de résolution de conflits. Sans conviction de lutte contre l'injustice, elle n'est souvent qu'un réseau de mafieux, de corruptibles, de pillards acquis à la cause des mauvais perdants et des destructeurs sans foi ni loi. Elle est responsable de la destruction et de tous les maux que cela engendre. Les rebelles massacrent et terrorisent les populations qu'ils prennent en otage moyennant des rançons élevées. Ces seigneurs de guerre s'en prennent aux étrangers et aux humanitaires internationaux pour se faire une notoriété sur l'échiquier mondial. Cela freine le progrès. Favoriser la communication, c'est faire preuve d'un leadership exceptionnel.

Toute proportion gardée, la rébellion orientée vers les paisibles populations est synonyme du banditisme organisé. La violence entraîne toujours la violence avec, en bout de ligne, des déchirements communautaires néfastes.

Le respect à la différence est une démarche humaniste. Une opinion libre varie d'un individu à un autre. Les points de vue divergents favorisent les débats contradictoires, gage d'alternance et de légitimité démocratique. Quand

---

[122] Bangoura, D. (1996). Besoin d'État, Université de Paris 1 Panthéon-Sorbonne, in Politique Afrique 61, p. 39-53.

l'information et la communication fonctionnent en symbiose, le déclencheur de conflit est vite canalisé. Elle facilite la négociation et la réconciliation tant chères à la paix recherchée.

2- La violence graduée

Il est triste d'évoquer les conflits armés de la fin du XXe siècle et du début du XXIe siècle. Le génocide rwandais et bien d'autres cruautés camouflées dont nous feront cas demeurent les drames du silence qui ont ruiné pourtant de nombreuses vies.

Le combat pour la paix et la liberté, qu'on est tenu de gagner, devrait être inlassable et compris de toute personne éprise de justice.

Avec les émeutes récentes d'origine xénophobes survenues en Afrique du Sud, on a l'impression d'avoir franchi le rubicond. Les Zimbabwéens, les Mozambicains et autres nationalités d'immigrants sont devenus dans ce pays des cibles potentielles de violence. Dès le moindre conflit social, les maisons habitées par les étrangers ainsi que leurs commerces sont incendiés. *Le Monde, Paris,* 26 mai 2008, titrait : « sept des neuf provinces[123] » sont sous l'emprise de la violence.

Il est important de comprendre que nul n'est étranger sur son propre continent si on considère que l'Afrique est une maison qui a plusieurs chambres. Quand on se sent en insécurité dans l'une d'elles, on se réfugie dans l'autre pour dormir paisiblement. Le Sud-Africain ne devrait surtout pas oublier que pendant l'apartheid, il a bénéficié d'une hospitalité sans limite partout dans le monde.

---

[123] Pompey, F. (2008). La xénophobie meurtrière s'étend en Afrique du Sud, Le Monde, p. 1.

2 a- Les conflits pétroliers

Cas du Nigeria

Roland-Pierre Paringaux rappelle qu' « en 1993, le Mouvement pour la survie du peuple ogoni, dirigé par l'écrivain Ken Saro-Wiw, réussit à mobiliser des dizaines de milliers de personnes contre Shell. L'affaire devient une cause internationale. Sous la pression, le numéro un mondial du pétrole doit cesser sa production. Pour relancer celle-ci, le gouvernement du général Sani Abacha déclenche alors une pression meurtrière. Des centaines d'Ogonis sont arrêtés, emprisonnés et parfois sommairement exécutés. Deux ans plus tard, Ken Saro-Wiwa et huit militants ogonis seront exécutés malgré les protestations internationales[124] ». N'est-ce pas un crime contre l'humanité resté impuni ? Et, c'est l'un des drames du silence.

Cas du Soudan

Selon Roland-Pierre Paringaux : « Pétrole et droits de l'homme ne font pas, non plus, bon ménage au Soudan. Les dirigeants islamiques de Khartoum, qui affronte la guérilla de l'armée populaire de libération du Soudan (APLS) dans le Sud peuplé de Noirs et en partie christianisée, sont régulièrement accusés d'atrocités, de déplacements de populations et aussi de tolérance à l'égard des pratiques esclavagistes en vigueur chez les milices à leur solde {…}. Sur ce toile de fond, Amnesty International a publié un rapport dans lequel elle estime que la plupart des compagnies pétrolières étrangères tolèrent ces violations en faisant semblant de regarder ailleurs[125] ».

---

124 Paringaux, R-P. (décembre 2000). *De la complicité avec les dictatures « au capitalisme éthique », « Business », pétrole et droits humains*, Le Monde diplomatique, p. 4.

125 Ibid.

2 b- Les conflits liés aux ressources naturelles

Cas du Niger

Selon M. Adamou, dénonçant la « connivence » des dirigeants politiques nigériens avec les intérêts français :
« L'uranium est produit dans les mines du Niger, mais c'est Areva qui choisit exclusivement les acheteurs. Le groupe français qui achète au Niger l'uranium à un prix fixe, peut le revendre au cours du marché mondial sans ajuster la part qui revient à la partie nigérienne. Nous sommes à l'évidence dans un type de rapport néo-colonial. De toute façon, tous savent que le Niger est lésé dans la répartition des revenus de l'uranium, mais personne ne peut lever son petit doigt pour interpeller Areva[126] ».

Areva est une firme française exploitant l'uranium au Niger. Seule la France en tirerait beaucoup plus profit et non le pays. Partant, « la classe politique nigérienne n'a pas oublié que Diori Hamani a été renversé par un coup d'Etat, en 1975, pour avoir voulu remettre en cause la main mise de la France sur l'uranium nigérie», a poursuivi le militant alter-mondialiste nigérien [127]».

Notons qu'au Niger, « la rébellion des touaregs fait beaucoup de victimes et l'intervention de l'armée gouvernementale en fait également autant »[128].

« En 1985, quatorze assaillants attaquent la localité de Tchintabaradène, tuent deux gardes républicains, blessent un

---

126 Ibid

127 Pompey, F. (2008). La xénophobie meurtrière s'étend en Afrique du Sud, Le Monde, p. 1.

128 Ousseini I. (Mai 2008). Niger, la rébellion touarègue multiplie les fronts, Courrier international N0 915 p. 38.

Gendarme et donnent naissance à la rébellion touareg [129] ». La raison de cette attaque serait la suivante : « dans la logique des rebelles Touaregs, leur mouvement de résistance interne est une lutte armée dirigée contre l'Etat auquel ils font le reproche de pratiquer de la colonisation interne. Ils dépouilleraient les Touaregs de leurs sols riches en métaux et minerais sans aucune compensation ou redistribution. Les insurgés contestent la gestion de l'État et ont toujours clamé être l'objet de marginalisation politique, économique et sociale et même victimes de discrimination culturelle. Cette justification qu'ils donnent de leur combat n'est pas sans influence sur l'opinion [130] ». Aussi, il convient de rappeler que « cette rébellion est récurrente depuis la période coloniale en 1916, avec le soulèvement des Touaregs sous la conduite de Firhoun (Chef suprême de 1914 à 1917) dans le Niger méridional [131] ».

Avec le Mouvement des Nigériens pour la justice (MNJ) implanté dans le désert, l'insécurité s'intensifie au nord de ce pays. Les propositions des médiations libyennes, burkinabé et de l'Union africaine se sont soldées par un refus du Président de la République nigérienne, Mamadou Tandja qui s'interdit de négocier avec les « bandits et les trafiquants de drogue »[132].

Le 18 février 2010, l'armée renversa le président Mamadou Tandja. Le général Salou Djibo prit le pouvoir dans le but d'organiser les élections. Le 12 mars 2011, les électeurs ont librement choisi Mahamadou Issoufou qui fut opposant et issu de l'ethnie haoussa.

---

129 https ://halshs.archives-ouvertes.fr/tel-01196001/document. « La rébellion Touareg au Niger : Approche juridique et politique ». Par Chékou Koré Lawel du 30 novembre 2012. Consulté le 3 avril 2016.

130Ibid

131 Ibid

132 Bednik, A. (2008). Bataille pour l'uranium au Niger, Le Monde diplomatique, Paris, n0 651, p. 16.

Le Niger occupe le troisième rang mondial en matière d'exportation d'uranium. Ses recettes couvrent *48% d'exportation*[133].

Pour mettre fin à la rébellion touarègue et aboutir à une paix durable, la solution diplomatique ou négociée serait à privilégier.

Tous ces rifts et cette violence insensée, armes inhumaines et destructives, ne seraient qu'une affaire de partage du gâteau et du remplissage d'estomac. Il conviendrait de souligner que l'uranium est un combustible nucléaire utilisé dans les centrales françaises. Il est très nocif.

Cas de la République Démocratique du Congo

À cause de ses richesses naturelles tant convoitées, la République Démocratique du Congo serait victime d'un complot international. Les populations chassées de leurs terres, massacrées et sacrifiées à l'autel de la cupidité pour nourrir le développement des pays nantis et limitrophes illustreraient les drames du silence. L'indifférence de la communauté internationale et continentale serait bien manifeste sur tant de tueries et viol de femmes. Ainsi, Jean-Vincent Tengetenge de la Commission Justice et paix de l'Épiscopat congolais du Kivu note : « on sait qu'Obama, alors sénateur démocrate de l'Illinois, a introduit en 2005 un projet d'aide à la démocratisation et à la pacification de la République démocratique du Congo (RDC). Ce projet qui prévoit une aide de cinquante (50) millions US par an, est devenu loi en 2006 grâce au soutien bipartisan du Congrès américain[134] ». Il conclut son propos en ces termes : « Le libellé du projet montre qu'Obama saisit toute l'énormité du drame congolais. On ne lui demande pas de troupes. Il n'a qu'à identifier le

133Ibid.
134 Ibid.

Rwanda comme source du drame et à pousser Kigali à composer avec sa majorité hutue[135] ».

Le Rwanda et l'Ouganda seraient sans cesse pointés du doigt dans les drames du peuple congolais, à l'Est de la RDC qui continue à saigner, à pleurer et à enterrer ses morts. Malgré la présence des Casques bleus de l'ONU dans ce pays, les massacres des paisibles populations y sont légion. Le silence qui enveloppe cette situation devient très lourd et inquiétant. Il n'y a jamais eu de solution en vue depuis l'administration de George H. Bush père, de Bill J. Clinton, de George W. Bush fils et maintenant, celle de Barack H. Obama. Plus « de dix millions de morts en 15 ans [136] ». D'après l'ONU, il y a eu 45 000 morts chaque mois[137]. En plein dans ce drame, les pays africains ne se sont pas convenablement organisés. Ils ne protestent pas pour mettre fin aux crimes qu'ils continuent à cautionner par leur silence.

Depuis 1996, les rebelles Rwandais et ougandais règneraient en maîtres dans le Nord-Kivu causant la mort et la désolation parmi les populations. Kigali et Kinshasa ont eu maille à partir *à deux reprises*[138]. Les femmes violées et torturées subissent des exactions avant d'être massacrées à coup de machette ou abattues froidement à coup de fusil. Le viol des femmes est devenu une habitude et donc dans cette région les femmes sont exposées à tant de dangers. Les tueurs à gage sans cœur ni âme qui hantent les faubourgs du Nord-Kivu, brillent par leur cruauté. Les femmes du monde entier devraient se lever pour dénoncer cette barbarie déshumanisante. La femme (fille, sœur, mère et épouse) mériterait d'être protégée et respectée car elle donne et perpétue la vie. Les photos ou les vidéos odieuses qui circulent dans les médias ne déshonorent et ne dégradent pas seulement

---

135 Ibid.

136 Jooneed Khan. (3 mars 2009). *Les Congolais se tournent vers Barack Obama.* La Presse, Montréal. P. A14.

137 Ibid.

138 Ibid.

la femme mais aussi et surtout l'homme qui est au centre de ce crime ignoble. Ceux qui arment et protègent ces bourreaux sont les commanditaires patentés des drames du silence qu'il faudrait identifier, dénoncer et juger le plus vite possible.

La Gouverneure générale du Canada de cette époque, Michaëlle Jean, lors de son voyage à Kinshasa en avril 2010, a souligné que « Les Nations unies avaient qualifié de " crime contre l'humanité " le traitement réservé aux femmes du Congo [139] ». Lors de son passage au Mali, au Sénégal, en République démocratique du Congo et au Rwanda, Michaëlle Jean avait livré un message profond et édifiant sur les droits des femmes dans le monde.

Par ailleurs, La Presse de Montréal du 26 février 2009, a publié l'extrait que voici : « Le gouvernement Harper n'a toujours pas répondu à un rapport consensuel du gouvernement, de l'industrie, de la société civile et d'experts qui a recommandé, en 2007, des normes écologiques et de droits de l'homme obligatoires pour les entreprises minières canadiennes œuvrant dans les pays pauvres. Ce rapport résume le débat au Canada qui a suivi les rapports d'experts de l'ONU sur le pillage du Congo, rapports qui ont identifié plusieurs firmes canadiennes impliquées dans ce pillage[140] ».

Cette situation interpellerait tout le continent, les bailleurs de fonds, la communauté internationale, l'ONU et la nouvelle administration américaine de Barack Obama qui promet des changements dans le monde. Pour sa part, l'Afrique attend impatiemment ces grands moments de changement, de stabilité, de reconstruction, de paix et de réparation inconditionnelle.

---

139 La Presse canadienne, Ottawa, (avril 2009).
http/qc.news.yahoo.com/s/capress/100419/nationales/Jean_congo

140-Agence France Presse, AFP. (26 février 2009). La Presse, Montréal. P. A20.

2 c- Conflits de leaderships ou de succession

Cas du Madagascar

À Madagascar, le président Marc Ravalomanana et le maire d'Antananarivo, Andry Rajoelina seraient à couteaux tirés. La destitution de ce dernier de son poste de maire aurait suscité une vague de protestations. En janvier 2009, de nombreuses personnes ont été massacrées par les soudards de la présidence de la République malgache. Ban Ki-moon, le secrétaire général de l'ONU, a désigné l'ancien ministre malien Tiébilé Dramé comme médiateur afin d'éviter le pire d'une crise politique à Madagascar. Face à la décision de l'Unité africaine, le 17 mars 2010, le ministre canadien des Affaires étrangères, Lawrence Cannon, a déclaré : « Ces sanctions envoient un message clair que l'Union africaine s'est engagée à la bonne gouvernance et la légitimité des processus démocratiques »[141]. Et de préciser que « compte tenu de l'absence de progrès vers une solution politique durable, le gouvernement du Canada va faire un examen en interne de ses relations bilatérales avec Madagascar[142] ».

Marc Ravalomanana, président depuis 2002, a quitté le pouvoir en mars 2010 en confiant les pleins pouvoirs à un directoire militaire. Celui-ci les a transmis à Andry Rajoelina. Ce dernier a reçu les attributions de président de la République le 18 mars 2010 pour une transition de 24 mois.

Cas de la Guinée-Bissau

La Guinée-Bissau, en deuil, son président, Joao Bernardo Vieira a été victime d'un assassinat odieux, le 2 mars 2009. Ce président prétendu indéracinable, ayant régné pendant vingt-trois ans, a eu une fin tragique. Le Chef d'Etat-major de

---

141 Ibid

142 www.madagascar-tribune.com. « Madagascar : Rajoelina meenacé de sanctions par le GIC » (« Groupement International de Contact »). Par Karine Maillot. Publié le 22 février 2010. Consulté, le 10 mars 2011.

l'armée, le général Tagmé Na Waié, a aussi été victime d'un attentat à la bombe, placée sous les marches menant à son bureau. Les autorités actuelles de ce pays *respectent l'ordre constitutionnel établi et le canevas démocratique à suivre*. Ce pays, fief des narcotrafiquants en proie à des éliminations physiques qui resteront certainement impunies est sans contexte sur la trajectoire de l'instabilité politique.

Il faudrait mettre fin aux assassinats crapuleux qui n'honorent pas le continent. Privilégier la voie de la justice, des urnes et du dialogue serait souhaitable pour une Afrique à visage humain. Ceux qui voudraient se placer dans une position favorable aux présidentielles devraient passer par la voie des urnes. Qu'ils sollicitent leur consécration auprès du peuple souverain. Les militaires, spécialistes des coups d'État souvent meurtriers, devraient retourner à la caserne pour jouer pleinement leur rôle de défense de la nation. Le pouvoir politique est l'affaire des élus du peuple. Les militaires ne devraient pas circuler dans les cités avec des armes chargées prêtes à donner la mort.

2d- Conflits ethniques et religieuses

Cas du Congo-Brazzaville

Au Congo-Brazzaville, au lendemain des guerres civiles récurrentes, de nombreux villages ont disparu dans la région du Pool, la *terra nullius*. Les écoles ont été détruites, les forêts incendiées, les arbres fruitiers saccagés, etc. Les maisons brûlées et rasées ont laissé de nombreuses personnes sans-abri et sans soutien matériel ni moral. Face à cette situation délétère, la mendicité serait devenue le lot quotidien de la population. Le phénomène des *enfants-clochards* s'est développé car de nombreux jeunes sont orphelins et ils subissent la violence de la rue dans un pays extrêmement riche et où certains domiciles seraient devenus des banques privées. Des cadres de cette région *géhenne*, persécutés pour des raisons soit ethniques soit de résistance politique, ont été garrottés. Ceux qui se sont exilés tiennent le coup et ils ne sont point devenus clochards et ils marchent dignement. D'autres ont désavoué la région en trahissant les leurs. Les présidents Fulbert Youlou et Alphonse Massamba Débat ainsi que nos parents Matsouanistes furent désavoués par les leurs. Quelles erreurs ! Sous d'autres cieux, les gens se serrent les coudes et protègent les leurs. Les Ninjas et les Tsiloulous ont massacré les leurs alors que les Cobras, les Requins, les Mambas de guerre, les Cocoyes, les zoulous, les Aubévillois ont bien protégé leurs ressortissants.

Aujourd'hui, les cimetières sont pleins de victimes. Certains n'ont pas de sépulture comme la dépouille de l'ancien président de la République du Congo, Alphonse Massamba Débat et les Disparus du Beach.

Pour faire allégeance à l'omerta tribale, les auteurs et les complices des assassinats encore vivants n'oseraient piper mot. La mort du président Marien Ngouabi, assassiné par les siens et mise sur le dos des ressortissants de la région du Pool, entraîna l'assassinat du cardinal Émile Biayenda digne fils de ladite région. Tant que les assassins de ces illustres personnalités seraient en vie et au pouvoir, l'impunité régnera et la France, complice par excellence de ces crimes, continuera à les abriter sous son parapluie.

Cas de la Somalie

En Somalie où la violence persiste, certains citoyens prennent le chemin de l'exil. Les pirates de mer de tous feux dans la région n'accordent aucun répit aux bateaux qui s'aventureraient dans les eaux de cette partie du monde. La Somalie, théâtre de violents combats opposant les Islamistes radicaux et les forces gouvernementales de la région de Taleh, ne consentirait aucune chance aux négociations et moins encore à la paix.

Cas de la Sierra Leone

La Sierra Leone est l'un des pays africains à avoir connu des combats d'une violence extrême. Une guerre civile atroce ayant duré 12 ans, s'est déclenchée en 1991 au moment où un groupe de rebelles tentait de renverser le gouvernement élu démocratiquement. En 1992, il y eut un putsch militaire dans le but de maîtriser la rébellion, soulignait-on. Cela a entraîné d'autres tensions entre l'armée, les rebelles et les milices populaires.

En 1996, il y eut un scrutin démocratique. Le parti ayant gagné les élections fut de nouveau renversé en 1997 par les militaires qui invitaient les rebelles à s'allier à eux. Cette alliance contre nature fut défaite en 1998 par les forces armées ouest-africaines. Cette année-là, de nouvelles élections démocratiques furent organisées.

L'alliance des rebelles et l'armée qui désiraient garder une parcelle de pouvoir, avaient en 1999 réinvesti le gouvernement. Un semblant de cessez- le- feu fut signé en 2002. C'était le début d'une procédure de stabilité et de réconciliation nationale. Cette guerre civile est parmi les plus meurtrières de ce pays. Elle compte à son actif *plus de cinq cent mille morts (500 000)*[143].

Sans le consentement des parents, de jeunes écoliers furent enrôlés dans l'armée sous l'étiquette d'enfants soldats. Les femmes et les enfants, couches les plus vulnérables de la société, ont été les cibles principales d'humiliation. Un tribunal dirigé par les Nations unies a condamné trois chefs rebelles pour crimes contre l'humanité. En occupant et contrôlant les mines de diamants, la collaboration d'intérêts entre les rebelles et les autorités officielles aurait bien fonctionné. Tout en démembrant la population avec les machettes, arme de barbarie par excellence, les premiers ont renforcé la contrebande, et les seconds ont bradé sans vergogne les

---

[143] Ibid

ressources minières de ce pays. Seule la justice aidera à restaurer les personnes dans leur droit.

Toute guerre civile laisse à la traîne des chômeurs, des orphelins, des veuves et des sans-abri traumatisés à vie. Les horreurs de la guerre étant indélébiles, pour rassurer et protéger les populations contre les séquelles post-tueries, une politique d'insertion sociale et de réhabilitation communautaire s'imposerait. L'ouverture d'un dialogue entre diverses communautés ethniques canaliserait l'inégalité, la haine et l'embrasement. La violence, le venin de la destruction totale de la société, s'avérerait inutile.

Cas du Soudan du Sud

Le Soudan du Sud, en guerre depuis plus d'une vingtaine d'années, continue à sombrer dans la violence. La répartition des pouvoirs entre le Nord et le Sud demeurerait une épine au pied de ce vaste pays. La gestion de la manne pétrolière serait la principale cause du conflit ayant mis sur béquilles ce pays aux potentialités humaines et minières non négligeables. Depuis 1999, l'utilisation discriminatoire et inappropriée des revenus du pétrole a fait des milliers de morts dans la partie sud occupée par les rebelles. Le Darfour est le lieu où les milices armées par le pouvoir de Khartoum viennent en toute impunité perpétrer leurs crimes macabres.

Le nœud de discorde ayant entraîné le quiproquo politique, demeure les ressources naturelles mal réparties sur tout le territoire soudanais. Il s'avère que le Soudan du Nord a développé les infrastructures et celui du Sud regorge plus de richesses dont le pétrole. Le Soudan du Sud, encore en proie aux conflits au Darfour, nécessiterait un dialogue franc afin que la paix durable s'y instaure et qu'une coopération bilatérale avec le Soudan du Nord soit établie. Pourtant, les accords de Naivasha (Kenya) en 2005 avaient stimulé le dialogue constructif et un rapprochement entre les belligérants. L'éclatement du Soudan a été privilégié afin de faire main basse sur l'or noir. Divisés, les deux Soudans vivent de rudes épreuves. Les populations du Soudan du Sud en pâtissent énormément et l'envol pour le développement et la construction prendrait du retard. Le Soudan du Sud continue à saigner suite aux rivalités politiques de deux alliés devenus des ennemis. Une autre guerre ethnique n'honorant point l'Afrique. Des malades ont étés massacrés dans leurs lits d'hôpital. Cela est bien triste et inhumain.

Gérard Prunier, chercheur au CNRS et spécialiste de l'Afrique de l'Est, a confié au journal Le Monde diplomatique que la cause du conflit au Darfour est *racioculturelle.* Selon lui :

> « les Arabes sont minoritaires au Soudan. Et les islamistes ne sont que l'ultime incarnation historique de leur domination ethnorégionale. Or la paix entre le Nord et le Sud est en train de se désagréger rapidement. […] Il faudrait donc manipuler le tracé frontalier Nord-Sud qui place la plus grande part du pétrole au Sud, se préparer à la reprise éventuelle des hostilités (on achète des armes), ancrer de solides alliances internationales (la Chine est acquise et l'Iran en cours de séduction) et conserver la maîtrise du territoire en créant un cordon sanitaire ethnorégional : les monts Nouba au Kordofan et le Darfour en feraient partie »[144].
>
> « Or si les tribus noubas ont été écrasées militairement entre 1992 et 2002, le Darfour paraît beaucoup plus menaçant. Les hiérarques arabes de Khartoum voudraient éviter à tout prix une brèche par laquelle les Noirs de l'Ouest s'allieraient demain avec un Sud négro-africain indépendant… et pétrolier ! [145]» (Voir « Darfour, la chronique d'un génocide ambigu [146] ».

---

144 Ibid

145 Ibid

146 Prunier, G. (mars 2007). Au-delà de l'agitation diplomatique. Darfour, la chronique d'un « génocide ambigu ». Le Monde diplomatique. Paris.

Cette guerre aurait réellement pour objectif : l'épuration ethnique.

Suite à l'accord de paix signé en 2005, le Sud-Soudan a obtenu le droit d'organiser un référendum sur son indépendance. L'Assemblée nationale en a donc fixé les modalités pour décider en 2011 d'une sécession du Sud-Soudan. Le référendum a eu lieu en 2011 mais les violences continuent parce que cette région est riche en pétrole. Que de crimes dans cette région meurtrie !

Pour circonscrire les conflits ethniques dénudés d'implication étrangère, les revenus provenant de la vente du pétrole devraient être gérés dans la transparence. Cet argent devrait servir à construire le pays et à développer les structures tendant à éradiquer la pauvreté et à contenir le chômage à grande échelle, source de la dégradation sociale et d'exaspération. Améliorer les conditions de vie tout en rendant l'éducation obligatoire et gratuite pour les enfants en âge de scolarisation devraient figurer parmi les plus grandes priorités. Les rapports de bon voisinage sont bénéfiques à la survie des peuples.

À brûle-pourpoint, un mandat d'arrêt international serait lancé contre le président de la République du Soudan, Omar el-Béchir, pour crimes de guerre, crimes contre l'humanité, etc.

L'Union africaine, constituée en majorité des Chefs d'État autocrates, avait réagi vigoureusement contre la décision de la Cour pénale internationale (CPI). Cette décision considérée comme *un complot occidental* serait plus une arme de dissuasion qu'un acharnement judiciaire contre les dictateurs africains.

Le système judiciaire international ne devrait ni intimider ni être intimidé par qui que ce soit pourvu que les décisions ne soient ni discriminatoires ni influencées par une quelconque grande puissance. Sur 108 pays engagés, si une trentaine de pays africains sont membres fondateurs de la C.P.I, par peur de voir leur impunité érodée, le reste hésiterait à ratifier cette convention. C'est le moment où jamais pour les dirigeants véreux de cesser de commettre des crimes contre l'humanité.

À ce sujet, le révérend Desmond Tutu, prix Nobel de la paix, a fait une analyse pertinente en ces termes : « les dirigeants du continent oublient que sans justice, la paix est impossible. Le mandat d'arrêt lancé contre le président soudanais place les dirigeants africains face à leurs responsabilités : sont-ils du côté de la justice ou de l'injustice ? Du côté des victimes ou des bourreaux ? Les dirigeants africains devraient prendre fait et cause pour cette initiative historique, et non pas travailler à la subvertir [147] ». Aux grands maux, grands remèdes ! Que la CPI ne suspende pas ce genre de procédures. Il faudrait mettre fin à l'impunité et aux massacres perpétrés par les dirigeants qui se croiraient au-dessus de toute loi sur terre, même divine. Malheureusement, l'affaire Laurent Gbagbo, président de la Côte d'Ivoire semble avoir complètement terni l'image de la CPI dans son jugement de *deux poids, deux mesures.*

2 e- Coups d'Etat et assassinats politiques

Que de malheurs avec tant de coups d'État !

Il ne serait pas exagéré de confirmer que certains africains incarneraient le déshonneur d'avoir la gâchette facile. Cela dénote un manque de respect pour son prochain.

Quand certains dirigeants sont sérieusement menacés par l'opposition, ils n'hésitent pas à avoir recours aux exécutions sommaires. Aussi, des dirigeants ont été violemment renversés par des coups d'État et l'Afrique, depuis 1952 connaîtra du nord au sud des bouleversements sociopolitiques sanglants. En effet :

« Depuis 1952, année du premier coup d'État perpétré en Égypte par Nasser contre le roi Farouk, le continent africain a

---

[147] Courrier International. "Coup de gueule. Desmond Tutu : honte aux présidents africains" ! Publié, le 11 mars 2009. Par Desmond Tutu.

connu 73 coups d'État. Ce chiffre atteint 100 si l'on y ajoute les tentatives, réelles ou supposées. Cette révélation a été faite par le Dr Kouassi Yao, Maître assistant en Histoire contemporaine à l'Université de Cocody, au cours d'une conférence publique qu'il a prononcée à la salle des fêtes de l'Assemblée nationale"[148]. Dr Kouassi rappelle que : " le pouvoir politique est détenu par un parti dominé par un individu, ce qui entraîne une absence d'alternance à la tête de l'État. Ensuite, faillite sur le plan économique marquée par l'exercice par l'État d'un monopole dans la gestion des ressources nationales[149] ". " Ces ressources sont monopolisées au profit de cercles politico-mafieux proches du pouvoir, observe le conférencier. Enfin, une faillite sur le plan sécuritaire[150] ". Son analyse étant pertinente, Dr Kouassi relève des points saillants du reculement de l'Afrique : " Les forces de Défense et de sécurité, censées assurer la protection des personnes et des biens, sont instrumentalisées par les dirigeants en vue d'assurer leur longévité au pouvoir[151] " ».

Nous donnons à titre d'exemples quelques événements historiques sinistres de la politique africaine.

- Le 13 janvier 1963, Sylvanus Olympio, le premier président et père de l'indépendance togolaise, est assassiné
- En Algérie, Ahmed Ben Bella est renversé au moment où il assistait à un match de football, le 19 juin 1965.
- Le 6 octobre 1981, Anouar El-Sadate, président de l'Égypte, fut tué en plein jour lors d'un défilé officiel. Avec la révolution déclenchée en 2011, l'Égypte baigne dans le sang et la parcimonie.

---

148 http ://lautrefraternite.com/2009/12/11/instabilite-en-afrique-73-coups-d%E2%80%99etat-depuis-1952-75-conflits-armes/. « Instabilité en Afrique : 73 COUPS D'ETAT DEPUIS 1952, 75 CONFLITS ARMES". Par l'Autre Fraternité. Publié, le 11 décembre 2009. Consulté, le 26 avril 2016.

149 Ibid

150 Ibid

151 Ibid

- Ange Diawara, livré par Kinshasa, pieds et mains liés, au Commandant Marien Ngouabi, président de la République Populaire du Congo, est exécuté avec tous ses compagnons, présumés auteurs d'un coup d'État manqué. Ses compagnons et lui furent exécutés à l'Etat-Major de Brazzaville en avril 1973 et non dans la forêt de Mayitoukou, dans la région du Pool. Morts, ils furent brandis comme des trophées à travers la ville et au Stade de la révolution à la plus grande indignation de la *majorité silencieuse*. Ils furent enterrés dans une fosse commune au cimetière public de la Tsiémé à Brazzaville, nos héros. Victimes de l'intolérance politique !

C'est le début de l'utilisation des fosses communes. Les tueurs n'auraient aucun respect pour les morts qui demeurent leurs ennemis. Il semblerait qu'au pouvoir, il n'y aurait aucune fraternité. Seuls les intérêts personnels compteraient. Cela est inacceptable : le manque de compassion. Les assassins courtisent sans cesse leurs veuves.

- Le Commandant Marien Ngouabi, Président de la République du Congo, abattu par les siens le 18 mars 1997 à Brazzaville en plein jour, le discrédit est jeté sur les *Bakongos de la région du Pool*, d'après la version officielle. Cela entraîna une série d'exécutions justifiées par des montages monstrueux. Abomination, disaient les uns, revanche injustifiée, vomissaient les autres. Cela dépendait du camp auquel on était affilié.
- Le 9 avril 1999, Ibrahim Baré Maïnassara, président du Niger est lâchement assassiné à l'aéroport de Niamey.
- Le Cardinal Émile Biayenda, archevêque de Brazzaville et homme de paix, fut éliminé le 22 mars 1977 par les partisans ethniques du président Marien Ngouabi. Une machination politique bien ourdie caractérisant la haine tribale.
- L'assassinat du Général Robert Gueï à Abidjan, Côte d'Ivoire, survenu le 19 septembre 2002 est un coup

dur à la construction de la démocratie et de la réconciliation toujours chancelantes.

De tous ces crimes, seuls les gouvernements et leurs complices détiendraient les explications. Ce sont là quelques drames de l'histoire contemporaine africaine qui ne sera jamais écrite, omerta oblige. Quand la justice est muette, le pouvoir jubile. Quand le peuple est muselé, la terreur règne et la chasse aux sorcières continue.

- Au Djibouti, Mohamed Djama Elabeh, ancien Ministre des Finances et de l'économie, figure parmi les victimes de l'intolérance. Chef de l'opposition, il fut nommé *Commandeur* de l'Ordre de la Pléiade au Bureau de l'AIPLF en février 1989. Il disparaît le 26 novembre 1996 laissant derrière lui une famille et des fidèles inconsolables.
- Au Tchad, la rébellion a fait d'énormes victimes. Dans les régions occupées par les rebelles, les populations sont devenues les cibles d'entrainement. Des maladies diverses viennent se greffer à la famine pour briser de plus belle des populations prises en otage par les seigneurs de guerre.
- Le conflit du Sahara occidental avec son voisin marocain demeurerait sans suite. Les drames du silence !
- Quant au Zimbabwe, un contentieux électoral a poussé de nombreux citoyens à s'exiler chez les voisins sud-africains. Ces violences gratuites sur des populations démunies ont engendré le phénomène de sans-abri. Elles ont enfoncé le clou dans le tableau noir d'une pauvreté créée de toute pièce par les ténors du pouvoir. Les émeutes ont eu lieu le 25 mai 2008 au moment où se tenait le mini-sommet de l'Union africaine en terre tanzanienne. Ces émeutes à répétition en terre africaine devraient être dénoncées, condamnées et bannies définitivement.

- Au Zimbabwe, la violence issue de la fraude électorale a repris du poil de la bête. Le Chef de l'opposition passé à tabac dans les geôles privées de la garde républicaine en est ressorti le visage tuméfié. Nous nous référons aux images télévisées. En les regardant, nous avons une boule dans la gorge. Ses collaborateurs sont malmenés. Pour canaliser la résistance des partisans de Tsvanguirai, le président Mugabe, bête noire de la nébuleuse communauté internationale, utiliserait les moyens d'intimidation. Les populations sont les premières victimes d'un embargo souvent sans effet, le président de la république qui de par sa fonction a des rallonges obscures de ravitaillements, s'en sort sans égratignure.

  Le traitement des réfugiés de ce pays est inacceptable. Le Zimbabwe ayant en son temps soutenu la lutte contre le régime de Pretoria en hébergeant les exilés politiques de l'Afrique du Sud, assiste maintenant à la maltraitance de ses citoyens.

Quand on n'atteint pas les objectifs visés, il serait difficile de pousser ces dictateurs arrogants à répondre de leurs crimes et abus contre les droits humains.

Aujourd'hui, la crise financière, économique, politique, alimentaire et sanitaire (Sida, choléra et malnutrition) aurait atteint des proportions inquiétantes dans ce pays longtemps valorisé. Il faut vite trouver une solution de sortie de crise pour circonscrire tous ces maux et tueurs en série. Le dialogue, la réconciliation et la paix avec toutes les couches du pays sans aucune distinction de race ni de sexe demeurent la meilleure solution envisageable. Tout dictateur s'accrochant au pouvoir laisserait derrière lui une image macabre que le peuple ne serait pas prêt d'oublier.

Dans certains pays, les élections seraient sujettes à de multiples tractations, de violence et d'incidents inévitables. La peur de perdre le pouvoir entraîne des tensions électorales aux bureaux de vote et des bavures policières et militaires à foison.

Accepter de confronter les opinions en toute liberté et se conformer aux exigences du jeu électoral est un exercice démocratique qui dénote du souci de vivre en paix. Les partisans des partis en présence devraient avoir un débat d'idées et non s'entretuer pour conserver le pouvoir. Pour que triomphe l'alternance démocratique et consensuelle, le pouvoir ne devrait être en aucun cas au bout du fusil. Il est une réalité cristalline des urnes.

Afin de mieux sensibiliser l'opinion publique, nous donnons en annexe, le tableau récapitulatif des Chefs d'Etat, de quelques responsables ou leaders politiques assassinés en Afrique ou morts par accident d'avion du 29 mars 1959 au 20 octobre 2011 sauf omission.

Notons que la plupart des coups d'État sont souvent suivi de tueries des innocents. De nombreux charniers n'ont aucune chance d'être révélés au public. Ils seraient enfouis dans le sol d'une Afrique qui n'arrête pas de compter ses morts. Ceux qui ont osé braver les Occidentaux et leurs assistants ont payé de leur vie.

Le morcèlement de certaines régions africaines ne fait qu'attiser le sentiment d'hostilités et d'indifférence. Partout où regorgent les richesses naturelles, les guerres éclatent de façon permanente et elles profitent aux ennemis du développement du continent tant convoité.

Nous estimons que le XXIe siècle apporte à l'Afrique des changements positifs, des valeurs de la liberté et de l'unité. Il est grand temps que nous quittions notre logique de guerre et apprenons à résoudre pacifiquement tout différend. Nous devrions mettre fin aux guerres fratricides. Nous devrions vivre dans le respect mutuel tout en favorisant le partage et la vision panafricaniste. L'heure devrait être à l'interpellation des consciences et à l'unification continentale. La table des négociations nous aiderait à régler tout conflit et non par la force. Libre et unie, l'Afrique deviendrait un espace économique prospère et respectable.

Cessons de nous attrister et militons pour l'unité du continent en y cultivant l'espoir, la prospérité et le respect de la dignité.

3- L'enlèvement de jeunes lycéennes au Nigéria

Cet enlèvement crapuleux a pris une dimension mondiale. Des célébrités occidentales ont manifesté pour exiger la libération sans condition de jeunes lycéennes scandant ce slogan : « *Bring Back Our Girls* » (Ramenez-nous nos filles). Une grande campagne médiatique est en cours. Ce mouvement mobilise les sociétés.

Cet enlèvement de masse s'est effectué le 14 avril 2014 au Lycée de Chobok dans l'État de Borno au Nord-Est du Nigéria par le groupe *Boko Haram.* Cet acte est de toute évidence contraire à l'islam et c'est une anti-valeur. Celui-ci constitue un danger public et le Nigéria serait bien fragilisé. Il faudrait renforcer les valeurs suivantes : la sensibilisation, l'égalité des chances pour le genre humain et une justice équitable.

Le groupe *Boko Haram* menacerait de vendre en esclaves ces jeunes filles ou les marier de force. Cela crée une crise sociale grave. La situation au Nord-est du Nigéria est inacceptable. L'horreur, l'insécurité et les massacres sont fréquents. En 2009, une insurrection aurait fait des milliers de morts. Le groupe *Boko Haram*, créé à Maiduguri, opèrerait dans cette région depuis plus d'une décennie.

Un tel comportement constitue un cas de violences faites aux femmes et particulièrement aux jeunes filles. C'est une atteinte grave aux droits fondamentaux d'adolescentes ainsi séquestrées. Cet acte est en contradiction avec tous les protocoles, les chartes et la Déclaration universelle des droits de l'homme. Que l'Union Africaine (UA), la Communauté économique des États de l'Afrique de l'Ouest (CEDEAO) et le gouvernement nigérian usent de divers instruments juridiques afin de persuader, de protéger, de respecter et de faire respecter le droit des personnes quel que soit leur genre.

Le Nigéria est un grand pays, riche et très peuplé, où opéreraient toutes sortes de Mafieux. Espérons que ce genre d'évènements ne soit point des montages électoraux et moins encore pour attirer l'attention internationale. Pourtant, il semblerait que cette région serait hautement militarisée. Que de victimes innocentes ! Des militaires ont été massacrés pendant leur mission de paix et de sécurité. Cela freine le progrès et nous aimerions que la paix puisse régner partout en Afrique. La violence est toujours un élément destructeur et synonyme de *violation des droits de la personne.* Créons donc un monde pacifique où chaque individu vaquerait sans crainte à ses occupations.

Je lance un vibrant appel aux États qui ont ratifié la Convention des Nations Unies sur l'Élimination de toutes les formes de Discrimination à l'égard des femmes, à la Communauté internationale et à toutes les grandes puissances engagées à soutenir le gouvernement du Nigéria pour la résolution de cette crise sociale très préoccupante. Je joins ma voix à celle du mouvement protestataire international *Bring Back Our Girls*. Que les adolescentes soient libérées sans condition ! Et plus *jamais* ce dérapage !

La secte Boko Haram continue à massacrer les paisibles populations ici et là : au Cameroun, au Niger, au Nigéria et au Tchad. L'Afrique a besoin de paix et de sécurité pour qu'elle se développe, pour cela, il faut qu'elle mutualise ses forces et ses ressources.

4- Les moments sombres de M'foa dit Brazzaville

En ma qualité de femme politique, ancienne candidate au poste de premier ministre lors de la Conférence Nationale Souveraine en 1991, de surcroît spécialiste en Relations internationales, je peins les événements historiques et politiques tels qu'ils m'apparaissent. J'exprime toujours un point de vue pragmatique. Ceci est un devoir de mémoire.

En entamant cette partie, je tiens à rappeler qu'à l'origine, la nutation économique et politique du petit pays mesurant 342 000 km2 est bel et bien violente. Cependant, je reste objective. Comme Dick de Jong, j'ose rappeler que : « les valeurs et les croyances partagées constituent la base d'une société démocratique. Elles représentent l'essence de ce qui assure l'union d'un peuple et rend une nation forte… [152] ». En République du Congo, la politique de la haine élimine des innocents depuis la chute du régime de l'abbé Fulbert Youlou, premier président élu démocratiquement. Celui-ci conduisit le Congo à l'indépendance. Quoique son règne fût très court, trois ans, il posa des jalons positifs pour la construction d'un pays démocratique et développé en privilégiant l'alphabétisation pour tous ainsi que l'unité nationale.

À ce sujet, l'abbé Fulbert Youlou ne cessait de déclarer que :

> « La construction d'un pays est une création continue. Il n'est point de pause et le progrès nécessite un effort sans cesse renouvelé. Sachons nous convaincre qu'un État comme celui dont nous rêvons, où chacun trouvera de justes possibilités d'épanouissement; un État moderne ne peut s'édifier sans le concours actif de chacun – oui de chacun de ses habitants. Qui que nous soyons, quelle que soit notre place dans la nation, ayons donc la fierté, par notre travail, notre discipline et notre civisme, d'apporter, dans la paix sociale et l'Union Nationale, notre pierre à l'édifice commun ».

Le Président Fulbert Youlou tenait à développer le pays en l'industrialisant, « *dans l'harmonie et la concorde mutuelle, unissant*

---

152 Dick de Jong. (2010). Bilingual vocabulary for Governance, Public & Administration, Pineglen Publishing, Ottawa, p. 4.

le nord, le sud, l'est et l'ouest du Congo dans un même idéal de paix, de prospérité et de progrès ».

À cette époque, tout citoyen circulait librement à travers le pays. Par exemple, un homme fatigué se retrouvant au bord de la route était vite recueilli par des gens merveilleux qui lui offraient de l'eau et un bon repas. On lui accordait ainsi l'hospitalité et ensuite, il pouvait continuer tranquillement sa route. Après avoir beaucoup bu dans les buvettes de Brazzaville Nord ou Sud, certaines personnes saoules dormaient dans la rue sans problème. Quand, une fois revivifiées et responsables, elles reprenaient leurs esprits et repartaient chez elles ou chez des amis plus proches. On avait de bonnes mœurs, le respect et la culture étaient de grandes valeurs. Le vol n'existait presque pas. Les cas de viol étaient rares et ils étaient vite réprimandés. Les bandits étaient vite réprimandés par la communauté. Le chef était craint et écouté scrupuleusement.

Afin d'éviter un bain de sang dans la population manipulée par les syndicalistes et qui manifestait tout en demandant sa démission, le président Fulbert Youlou ne chercha pas à s'accrocher au pouvoir; il démissionna dès qu'il apprit l'assassinat de trois citoyens en 1963 caractérisant la révolution des *Trois glorieuses* pour certains. Il fut arrêté et assigné à résidence au camp militaire F. Youlou. De peur qu'il ne soit assassiné, Massamba-Débat ordonna qu'il soit déféré à la gendarmerie du camp de la milice à l'entrée du quartier Bacongo. Après, il fut transféré dans une villa sise à côté du bâtiment du Trésor et du Temple protestant du Plateau d'où on le fit évader pour Kinshasa et ensuite à Madrid, en Espagne, où il mourut le vendredi, 5 mai 1972. Cette mort suscite toujours des questionnements. Il fut un homme bon, patriote et le service social fonctionnait à merveille.

Lorsqu'il fit initier le plan intérimaire par Massamba-Débat alors ministre du plan, F. Youlou insistait à ce que le développement des régions du Nord du Congo soit une des priorités.

Le président F. Youlou avait l'intention de faire extraire le fer de Zanaga à ciel ouvert. La construction du barrage du Kouilou fut également parmi ses priorités. Ce projet indispensable fut suspendu de 1968 à 1992. Le président Pascal Lissouba en relança les travaux. Comme son pouvoir fut perturbé par de multiples guerres, les travaux n'ont pu être exécutés jusqu'au bout. Les nouvelles autorités ont de nouveau suspendu lesdits travaux. Depuis 1998, ils ont été renvoyés aux calendes grecques. Entre temps, elles ont préféré louer à un prix exorbitant le courant du barrage d'Inga de la République démocratique du Congo (RDC).

C'est sous le régime de l'Abbé F. Youlou que les Matsouanistes ont refusé la carte d'identité. Ils attendaient le retour de leur leader, André Matsoua dit Matricule 22. Ils ont été exilés dans leur propre pays après avoir été maltraités, femmes, hommes ainsi que leurs enfants. Un traitement dégradant leur fut infligé et leurs tortionnaires ne s'en sont point repentis. Seul Bernard Kolélas devrait répondre à ce genre d'exactions en sa qualité de secrétaire général de la Jeunesse UDDIA-RDA de l'époque. Il fit molester les Matsouanistes dits *Corbeaux*. Des parents pacifiques mais qui avaient un idéal. Il faudrait que ces familles soient indemnisées par l'État qui les avait laissées subir l'horreur, la mort et le mépris. Ce fut l'une de plus grandes erreurs du gouvernement de l'Abbé Fulbert Youlou. Les Matsouanistes sont les fidèles d'André Matsoua tous originaires de la région du Pool comme le président de la République, F. Youlou. Leurs bourreaux sont de la même région.

En mai 1963, Massamba-Débat est écarté du gouvernement par l'Abbé F. Youlou, suite à leurs divergences d'opinion.

Au moment de la révolution des 13, 14 et 15 août 1963, Massamba-Débat fut premier ministre et il devint président de la République en décembre 1963. Il dirigea le pays en l'industrialisant grâce au *plan intérimaire* initié sous le président Youlou qui, depuis 1959, enjoignait son gouvernement à « attacher une importance extrême à ce que le Nord du pays bénéficie de son entière sollicitude et qu'un effort soit réservé en sa faveur ».

Massamba-Débat fit construire l'usine de textile de Kinsoundi, l'usine d'allumettes de Bétou, la cimenterie domaniale de Loutété, les chantiers de construction navale de Yoro à Brazzaville. Il créa l'Office National du Commerce (OFNACOM) dans le but d'aider les régions défavorisées du Nord du pays, l'usine de la Potasse à Holle (Makola), l'usine de poissons de Mossaka, les palmeraies d'Étoumbi, etc. Il créa l'Office National de Commercialisation des produits agricoles (ONCPA) entre 1964 et 1965.

Deux centres de santé sont créés dont un à Brazzaville et le second à Pointe-Noire, la ville portuaire, la capitale économique du pays. Des écoles et des collèges sont construits. Ainsi, le taux de scolarisation du pays est le plus élevé en Afrique centrale.

Les écoles confessionnelles sont privatisées par la Loi numéro 32/65 du 12 août 1965. Massamba Débat a nationalisé l'enseignement et le niveau scolaire a pris un coup.

Toutefois, aucune industrie n'a poussé dans la région du Pool, sa région natale.

Massamba-Débat a inauguré le stade omnisports dont les travaux avaient été entamés par le président Fulbert Youlou. En 1965, il organisa *les premiers jeux africains* avec faste. Il sied de remémorer que tout cela fut fait au nom du principe de la continuité de l'État.

C'est sous le mandat de Massamba-Débat que les relations diplomatiques avec les États-Unis sont rompues en 1965.

En 1966, Marien Ngouabi est membre du Comité central du Mouvement National de la Révolution (MNR), le parti unique. L'armée, l'ayant à sa tête, s'empara du pouvoir.

Après la décision du CNR d'enrôler la Défense Civile dans l'armée, la tension monta en fin août 1966.

En 1968, le Congo était l'État le plus industrialisé de l'Afrique centrale avec un taux de scolarité record. À l'époque, le taux de scolarisation était de 95 % à l'école primaire.

Sous son règne, M. Moïse Tshombé, alors premier ministre du Congo-Kinshasa expulsa les ressortissants congolais en 1964. À en croire certains observateurs de la politique congolaise, M. Bernard Kolélas aurait sa part de responsabilité dans ses expulsions. La frontière entre les capitales les plus rapprochées de la planète fut fermée.

Dans le domaine de transport, les infrastructures : Chemin de Fer Congo Océan (CFCO), Voie de la Compagnie Minière de l'Ogoué (Comilog), Voie fluviale et Port de Pointe-Noire, et la situation géographique lui permet de jouer un rôle de transit pour d'autres pays de la sous-région à savoir : le Gabon, le Cameroun, la Centrafrique et le Tchad. En ce moment, le pays détient une industrie agro-alimentaire et textile débutante, pour la partie privée et étatique. Les services publics marchent convenablement. La corruption, mal destructif du tissu social et de l'économie, a été réprimandée et quasiment éradiquée par le régime de Massamba-Débat. La situation financière de l'État est robuste et le budget excédentaire. Une gestion financière exemplaire, malgré la violence exercée par les milices de la JMNR.

Étonnamment, sous le règne de Massamba-Débat**,** le pays bascule dans la violence politique perpétrée par certains éléments de la jeunesse du Mouvement National de la Révolution (JMNR), une milice gouvernementale bien formée et dotée de matériel sophistiqué de guerre. Le pays s'orienta vers le socialisme scientifique voire socialisme bantou et fut l'un des premiers pays africains à établir des relations diplomatiques avec la Chine de Mao Tsé-toung. La présence des experts chinois, cubains et soviétiques était considérable. En juillet 1968, il fait emprisonner le capitaine Marien Ngouabi. Cette arrestation suscita un mécontentement au niveau de l'armée. Il dissout l'Assemblée nationale et le Bureau politique du Mouvement National de la Révolution (MNR). Que le peuple congolais se souvienne que les premiers assassinats politiques sont perpétrés sous le régime de Massamba Débat en 1965 :

- Lin Lazare Matsocota, procureur de la République;
- Joseph Pouabou, président de la Cour suprême dont le corps n'a jamais été remis à sa famille;
- Anselme Massouemé, directeur de l'Agence congolaise d'Information.

Le 3 août 1968, Massamba-Débat quitte le palais pour son village natal, laissant ainsi le pouvoir vacant. L'armée a publié un communiqué invitant le Président de la République à reprendre ses fonctions et il accepta. Malgré cela, un coup d'État militaire perpétré par les marxistes-léninistes le destitua et il est assigné à résidence dans son village à Boko. Donc, il fut débarqué malgré son excellent bilan économique respectant les règles de l'orthodoxie financière. Bilan jamais égalé par ses successeurs, les détourneurs des fonds publics !

Le poste de président de la République étant inoccupé, le lieutenant Auguste Poignet, Secrétaire d'État à la Défense Nationale, assure l'intérim. Les responsables militaires annoncent la nomination de Marien Ngouabi comme Commandant en chef de l'Armée Populaire Nationale (APN). Le 5 août 1968, après une grande concertation, un nouveau gouvernement est formé. La constitution d'un Conseil National de la Révolution (CNR) est annoncée. Le 16 août 1968, un Acte fondamental abroge la constitution de 1963 en instituant manifestement le CNR, organe législatif provisoire présidé par le commandant Marien Ngouabi.

Les partisans de Massamba-Débat au sein de la Défense Civile se replient au camp de la météorologie de Bacongo. Le 29 août 1968, l'armée donne l'assaut. Au bout de 3 jours d'affrontement, les partisans abandonnent leur résistance. Le 4 septembre 1968, face au déclin de son pouvoir, Massamba-Débat qui ne voulait pas que le sang des innocents coule encore au Congo, démissionna de sa fonction de Président de la République, Chef de l'État. Que le peuple se souvienne que Massamba-Débat fut un grand technocrate et un gestionnaire hors pair. Grâce à lui, le pays a connu la prospérité. Mais, il y avait la terreur dans le pays. Le 7 septembre de la même année, le CNR établit l'Acte fondamental et abolit la fonction de Président de la république. Le commandant Alfred Raoul est nommé premier ministre. Il est chargé d'assurer l'intérim à la tête de l'État jusqu'à la mise en place de nouvelles institutions.

Le commandant Marien Ngouabi a fait construire l'usine de Matsoumba, l'usine *impréco* et Chacona dit Chantier Naval. Il s'était rapproché de Massamba-Débat afin de lui *remettre le pouvoir sur béquilles et sous perfusion* qu'il lui avait arraché. Pour ne pas perdre ce pouvoir, le commandant Marien Ngouabi a été sacrifié par les siens. Ces derniers, maîtres dans l'art du montage politique ont fait porter la responsabilité de cet assassinat aux originaires de la région du Pool qui furent condamnés à la peine capitale au cours d'une parodie de procès inoubliable. Une véritable machination ! Une parodie judiciaire à la stalinienne.

Durant le régime du Président Marien Ngouabi, la politique d'épuration dans l'armée a été pratiquée. Les militaires du Pool en ont payé le prix. Pierre Mulélé, un dissident du Congo-Kinshasa, exilé à Brazzaville fut livré aux autorités de Kinshasa qui l'exécutèrent. Des élèves et étudiants de Brazzaville protestèrent en faisant la grève. Cet acte odieux brisa le cœur de tout jeune congolais. Pierre Mulélé, ancien ministre de l'éducation nationale du gouvernement de Patrice Lumumba, symbole du stoïcisme, demeure un héros. Il fut torturé à mort dans la nuit du 2 au 3 octobre 1968.

Le 31 décembre 1968, l'Acte fondamental est de nouveau modifié. Le Conseil National de la Révolution (CNR) est remanié et restreint. Les proches de Massamba-Débat sont écartés et le CNR devient l'organe suprême de l'État. Le chef du Conseil est de droit Président de la République. Marien Ngouabi devient subséquemment le troisième Président de la République du Congo. C'est la ruse. Seulement, il maîtrisait très peu les engrenages et les subtilités de l'État. Il était beaucoup plus militaire que politique. Ainsi, Sassou Nguesso menait le jeu avec l'ambition principale de diriger le pays. Sa propre marche ascensionnelle vers la magistrature suprême a été minutieusement préparée tout comme son retour aux affaires par la brutalité féroce en octobre 1997.

Le commandant Marien Ngouabi prend la tête d'un pays peuplé d'environ un million d'habitants, dont l'économie repose sur l'agriculture vivrière et l'exportation du café, du cacao et du bois, ainsi que sur l'exploitation minière et sur le transport.

Dès sa prise de fonction, le Commandant Marien Ngouabi confirme le commandant Alfred Raoul au poste de Premier ministre. Le commandant Marien Ngouabi fonde avec les marxistes Ange Diawara, Claude Ernest Ndalla et Ambroise Édouard Noumazalaye, le Parti Congolais du Travail, premier parti marxiste-léniniste en Afrique. Il entreprend donc le relèvement politique de la société congolaise sur le modèle de l'Union soviétique.

À partir de 1969, les sociétés Elf-Congo et Agip Recherche Congo sont créées par association de l'État congolais bien que minoritaire avec la société française ERAP et Agip (Société italienne) dans le domaine de la prospection et l'exploitation pétrolière. Malencontreusement, la société italienne déplorerait fortement la gestion financière congolaise qui ne pense point à la relève et à la continuité de l'État. Elle dénonce la prodigalité financière et le manque de sérieux dans la gestion financière des projets. Cela se passe, sous le régime de D. Sassou Nguesso.

En février 1969, Marien Ngouabi réorganise l'Armée et met en place une Cour révolutionnaire de Justice. Le 16 octobre 1969, l'ancien président, Massamba-Débat, est accusé d'avoir commis les assassinats perpétrés par certains de ses partisans en 1965. Ipso facto, il fut acquitté. Remis en liberté, il est de nouveau arrêté pour les événements de juillet-août 1968 et pour les assassinats perpétrés durant son mandat. Il est emprisonné avec ses anciens collaborateurs. Seulement, la Cour révolutionnaire n'est pas parvenue à mettre en évidence l'implication de Massamba-Débat dans les assassinats perpétrés sous son mandat. Il est acquitté après un mois. Pascal Lissouba, Ambroise Édouard Noumazalaye, Jean-

Baptiste Lounda, Claude-Ernest Ndalla, ses anciens collaborateurs sont également acquittés. Cependant, ils ont reçu l'interdiction de se mêler des activités politiques et celle de sortir du territoire national pendant deux ans.

Le 7 novembre 1969, Bernard Kolélas est incarcéré pour tentative de coup d'état. Déjà condamné à mort par contumace en 1965 pour importation et détention d'armes de guerre, il est revenu d'exil un an plus tôt après son amnistie par Marien Ngouabi. Ensuite, il a réintégré la fonction publique. Le 14 novembre de la même année, une cour martiale le condamne de nouveau à la peine de mort, ainsi que trois de ses compagnons. La peine est confirmée par la Cour révolutionnaire deux semaines plus tard. Heureusement, la sentence n'est pas exécutée. Il est quand même chef de famille et croyant.

Du 29 au 31 décembre 1969 a lieu le congrès constitutif du Parti Congolais du Travail (PCT), parti unique d'avant-garde, Parti-État d'idéologie marxiste-léniniste. Un Parti toujours capable du pire pour conserver le pouvoir. À cette occasion, la nouvelle constitution est promulguée. Le Congo a une nouvelle dénomination officielle. Il devient République Populaire du Congo. Les symboles de la république sont automatiquement changés. Le drapeau tricolore (vert-jaune-rouge) est remplacé par un drapeau rouge avec une houe et un marteau jaunes entrecroisés, entourés de deux palmes vertes. L'Internationale remplace momentanément l'hymne national « La Congolaise » jusqu'à l'adoption du nouvel hymne « Les *Trois glorieuses* ». En même temps, le parlement est révoqué.

Le 7 janvier 1970, le commandant Marien Ngouabi est investi à la tête du parti congolais du travail et de l'État pour cinq ans. Il nomme Alfred Raoul Vice-président du Conseil d'État.

Le 23 mars 1970, le lieutenant Kinganga, en exil à Kinshasa depuis sa tentative présumée de juin 1969, débarque à Brazzaville à la tête d'un commando et tente de renverser le régime du commandant Marien Ngouabi. Sa tentative échoue. Il est cruellement abattu aux abords de la radio nationale qu'il venait d'assiéger. Son cadavre est conduit à l'État – major où il est exposé pendant que ceux des membres de son commando tombés avec lui sont enterrés dans une fosse commune au cimetière de la Tsiémé dans le quartier nord de la capitale. De nombreux badauds dont de jeunes adeptes enthousiastes du lieutenant Kinganga sont froidement abattus adossés au mur, dans l'enceinte de la radio. Le quartier Bacongo est en deuil. Situation d'impuissance et insoutenable ! Comme toujours, Bacongo est inconsolable. Des drames qui restent toujours impunis. C'est le grand silence. Oui, les drames du silence !

C'est en 1970 que les premières fosses communes apparaissent au Congo. Un fait cruel et abominable entre concitoyens, entre frères.

Je rappelle que le lieutenant Kinganga est massacré cruellement avec plus d'une quarantaine d'innocents : hommes, femmes et enfants qui se rendaient de bon matin au travail ou à l'école. Ceux-ci sont sauvagement abattus dans la cour intérieure de l'Immeuble de la Radio, et précipités dans une fosse commune au cimetière de la Tsiémé. Les pauvres ont été fusillés parce qu'ils étaient du Sud du Congo donc Kongo.

Formé à l'École Général Leclerc et à l'École militaire d'application de Saint-Maixent en France, le lieutenant Pierre Kinganga dit Sirocco affichait son attraction pour le premier président. Incarcéré en 1968 par le régime de Massamba Débat dans le cadre de la tentative du coup d'État du mercenaire français Jacques Debreton, il est libéré en juillet 1968, à la faveur de la mutinerie qui annonce la chute du président Massamba Débat. Très vite, il se dispute avec le nouveau régime. Contraint à l'exil en République Démocratique du Congo dès 1969, en mars 1970, il tente un coup d'État militaire contre le président Marien Ngouabi.

Le capitaine Augustin Poignet, pareillement impliqué, parvient à s'évader. Une semaine plus tard, des officiers de gendarmerie, Miawouama, Nkoutou et Mengo, condamnés par la cour martiale, au cours d'un procès expéditif, sont exécutés au petit matin. D'autres, membres du commando, de l'armée et de la gendarmerie sont condamnés par la cour révolutionnaire. L'odeur des cadavres est nauséabonde dans la ville. La tristesse se lit à travers chaque visage. Les enfants Bakongolais cessent de jouer. Les rues sont désertes. La consternation est à son comble. Que des drames du silence !

Le 19 novembre 1971, un des étudiants en grève de l'université, donna un coup de pied bien appliqué au proviseur Paul Henri Olassa qui leur interdisait l'entrée du Lycée Savorgnan de Brazza, actuel lycée de la libération. Furieux, le commandant Marien Ngouabi proféra des menaces d'un retour à la guerre civile de 1959 en cas de décès dudit proviseur. Une telle attitude choqua le peuple car le chef, c'est le père de la Nation et il devrait toujours apaiser et faire la morale. Certains étudiants furent incarcérés et donc torturés et d'autres réussirent à s'exiler.

Le 4 décembre 1971, Marien Ngouabi crée par ordonnance l'Université de Brazzaville qui intègre tous les établissements d'enseignement supérieur existant à Brazzaville.

Le 22 février 1972, Ange Diawara prend la tête d'une tentative de putsch, appelé le M22 (Matricule 22). Du côté des putschistes, les ministres Prosper Matoumpa M'polo, Elie Itsouhou, et le célèbre musicien Franklin Boukaka, militants engagés sont assassinés.

Ange Diawara fuit dans la forêt de Goma Tsétsé à une trentaine de kilomètres de Brazzaville qu'il transforme en maquis. Diawara écrit un document intitulé *Autocritique du M22* qui circule clandestinement dans les grandes villes. Il y dénonce la complicité de l'OBUMITRI (Oligarchie Bureaucratico-Militaro-Tribaliste). Cette dernière est symbolisée par le commandant Marien Ngouabi. Il y relate les causes de l'échec de la tentative du M 22.

En février 1973, l'armée entreprend des opérations militaires musclées à Goma Tsé-tsé et aux alentours pour y démolir ledit maquis. De plus, au cours du même mois, le commandant Marien Ngouabi dénonce une autre tentative de déstabilisation par Ange Diawara et profite de ce prétexte pour faire arrêter 45 personnes.

Le 24 avril 1973, le pouvoir de Mobutu les livra aux autorités de Brazzaville et l'exécution sans aucun jugement de Diawara ainsi que de ses compagnons suivra ; l'entreprise du M22 prend fin. Notons que les cadavres de Diawara, Ikoko et Bakékolo ont été préalablement promenés à travers la ville dans un camion. Ils ont été exhibés comme un trophée par le commandant Marien Ngouabi en personne au cours d'un meeting populaire tenu au Stade de la Révolution avant d'être jetés dans une fosse commune au cimetière de la Tsiémé dans le quartier Nord de Brazzaville. Quel manque d'égards pour les corps sans vie ! Un tel comportement barbare a choqué plus d'un membre de la population. Encore une fois, c'est la consternation absolue. De 1972 à 1973, de nombreux jeunes des environs de Goma Tsé-tsé, dans la région du Pool, où se réfugièrent l'ancien ministre de l'Agriculture, Ange Diawara et ses compagnons ont été férocement assassinés, des écoliers et des pères de famille. C'est d'ailleurs sous le régime de Marien Ngouabi que les premières fosses communes ont vu le jour. Ces crimes sont devenus une mode de résolution de conflit par la médiocrité gouvernementale. Brazzaville est plongée dans une insondable tristesse face à la cruauté de l'homme ne glorifiant point la vie humaine. Seuls leurs intérêts égoïstes comptent.

Il est important de relever qu'Ange Diawara jouissait d'une grande renommée auprès de la jeunesse pour sa maturité politique, ses aptitudes aux arts martiaux, ses talents militaires et pour sa connaissance de la théorie marxiste.

Le 24 juin 1973, le peuple congolais est invité à se prononcer sur une nouvelle constitution élaborée par le PCT, lors de son IIe Congrès extraordinaire de décembre 1972. 73,5 % de votes favorables seraient enregistrés. Le nouveau texte fondamental rétablit l'Assemblée nationale et institue des Conseils locaux.

Au début de cette année 1973, l'État qui peinait à équilibrer son budget depuis 1968, a vu ses recettes augmenter abondamment avec la mise en production au large de Pointe-Noire du champ d'Émeraude. Grâce à l'exploitation de ce gisement par la société Elf-Congo, le Congo fait son entrée dans le cercle des pays producteurs de pétrole.

En février 1974, Marien Ngouabi créa la société Hydro-Congo. La nouvelle entreprise d'État aspire à se lancer dans la prospection et la production pétrolière. Les attentes n'ayant pas vite été atteintes, la productivité est hypothéquée.

En décembre 1974 lors du IIe congrès ordinaire du PCT, le commandant Marien Ngouabi est reconduit à l'unanimité à la tête du parti unique et de l'État pour un quinquennat.

Proche de l'Union soviétique, le commandant Marien Ngouabi s'est senti invincible. Quelle illusion !

L'édification d'une société socialiste au cœur de l'Afrique centrale ne se révèle pas réaliste et c'est le déclin à partir de janvier 1975.

Dans son discours du 31 décembre 1976, le commandant Marien Ngouabi a martelé que : « L'unité nationale, la seule vraie, c'est la conjugaison des efforts de tout le peuple, à travers les 9 régions du pays, sur la base du travail en vue de l'augmentation de la production nationale. Et la paix sociale ne peut se maintenir que dans un contexte général de travail ».

En mars 1977, le commandant Marien Ngouabi reçoit une lettre de son prédécesseur Massamba-Débat dans laquelle il lui exhorte de démissionner, car la résipiscence de la situation de la nation l'imposerait. Le 3 mars 1977, le commandant Marien Ngouabi le reçoit en audience.

Au cours d'un meeting populaire organisé par l'Union Révolutionnaire des Femmes du Congo (URFC), à la place de l'hôtel de ville de Brazzaville, il s'en prend violemment à l'impérialisme français qu'il tient pour responsable des obstacles économiques du pays. Écœuré, l'ambassadeur de France, présent sur les lieux, quitta immédiatement. Si les hommes étaient reconnaissants, ils n'allaient point oublier cette citation du commandant Marien Ngouabi du 31 décembre 1976. Il y formule cette phrase prophétique :
« Lorsque ton pays est sale et manque de paix durable, tu ne peux lui rendre sa propreté et son unité qu'en le lavant avec ton sang ». Et, ce fut son dernier discours. C'est impensable

mais, le dogme du PCT est bien connu : *le pouvoir est au bout du fusil.* Il sentait venir le complot des siens qui ne voulait pas qu'il lâche le pouvoir en renouant avec l'ancien président de la République, Massamba-Débat, originaire de la région du Pool.

Marien Ngouabi a fait des songes prémonitoires. Il est sacrifié par les siens.

Le 18 mars 1977, la journée du président Marien Ngouabi commence bien par la Faculté des Sciences de l'Université de Brazzaville, où il est chargé de cours en première année après y avoir étudié en sa qualité du premier magistrat du Congo. De retour à l'Etat-Major, il reçoit successivement en audience Alphonse Mouissou-Poaty, le Président de l'Assemblée nationale et le Vénéré Cardinal Émile Biayenda. À 14h30, un commando armé entame une fusillade dans l'enceinte de sa résidence. Touché, il est conduit à l'hôpital militaire de Brazzaville où le médecin légiste le déclare mort. Cependant, il constate que le corps de Marien Ngouabi est criblé de balles. Seulement, le De cujus porte des vêtements propres sans tache de sang. Brazzaville est plongée dans l'horreur. Quel paradoxe ! Voilà un grand montage ! Que se passa-t-il ? Secret d'État ? Ce serait l'un des drames du silence.

Le Vénéré Cardinal Émile Biayenda entretenait de bons rapports avec le commandant Marien Ngouabi qui est assassiné quelques heures plus tard, le jour fatidique de l'audience du 18 mars 1977. Le Cardinal Émile Biayenda avait demandé une audience auprès de Marien Ngouabi afin que ce dernier rétrocède le Centre Javoueh à l'Église catholique. Le soir, le Vénéré Cardinal Émile Biayenda est enlevé. Il est torturé et assassiné le 22 mars 1977. Ce dernier, sentant le complot, apaisa ses fidèles chrétiens en déclarant : « À tous nos frères croyants, du Nord, du Centre et du Sud, nous demandons beaucoup de calme, de fraternité et de confiance en Dieu, Père de toutes races et de toutes tribus, afin qu'aucun geste déraisonnable ne puisse compromettre un climat de paix, que nous souhaitons tous ».

Le 19 mars 1977, la nouvelle junte militaire désigne le capitaine Barthélemy Kikadidi comme le chef du commando qui aurait assassiné Marien Ngouabi. Le Comité Militaire du Parti (CMP) monte une commission d'enquête et une cour martiale condamnant à mort Massamba-Débat et de nombreux membres de la garde présidentielle. Massamba-Débat est exécuté quelques jours après la mort de son successeur, le commandant Marien Ngouabi. Le mois de mars 1977 demeure le mois le plus sadique de l'histoire de la République du Congo :

- Assassinat du Président de la république, le commandant Marien Ngouabi;
- Assassinat de l'ancien président de la république, Alphonse Massamba Débat. Ses yeux auraient été crevés par un militaire toujours en fonction et bien connu. Son corps n'a jamais été remis à ses enfants.
- Assassinat du Vénéré Cardinal Émile Biayenda, homme de paix et de Dieu;
- Assassinat des lieutenants Kimbouala-Nkaya, Mboro, Ontsou et de nombreux jeunes soldats âgés d'à peine 21 ans.

Selon le sage, Maître A. Moudileno Massengo, grand homme d'État, Avocat de formation, Ancien Ministre de la Justice, Ancien Vice-Président de la République et Ancien Directeur Général Adjoint d'Elf-Congo : « Arrive l'assassinat de Marien Ngouabi, en 1977, en plein siège de l'état-major des Forces armées congolaises. Sassou se borne à produire un communiqué en sa qualité de ministre de la Défense. Il y déclare : « Peuple congolais, un commando de l'impérialisme international aux abois a réussi à s'introduire à l'état-major et a tué le président de la République. Celui-ci s'est défendu, l'arme à la main ». (Serait-il donc présent ?). D'après ce communiqué, Sassou aurait dû être interpellé car, en tant que ministre de la Défense, c'est lui qui avait la haute main sur l'état-major. Mais, très rusé, il avait, déjà, pris ses précautions en mettant le parti et le gouvernement en veilleuse, deux organes principaux du régime et devant lesquels il aurait dû répondre de ses manquements, négligences et défaillances. Le lendemain, l'habile assassin change de version et ne parle plus de « commando de l'impérialisme ». Il met en cause des « prieurs » envoyés par l'ancien président Alphonse Massamba-Débat auprès de Marien Ngouabi et qui se transforment en commando d'assassins. Là aussi, personne ne révèle la voltige, le gouvernement et le parti n'étant pas fonctionnels car mis en veilleuse. Cela dit, la responsabilité de **Sassou**, ministre de la Défense qui aurait dû sécuriser les lieux, reste entière. Qu'a-t-il fait pour empêcher cet assassinat ? » En ce moment-là, l'armée était consignée.

En janvier 1978, la cour révolutionnaire ouvre le procès de quarante deux personnes accusées de complicité dans l'assassinat du commandant Marien Ngouabi. Dix d'entre elles sont exécutées le 7 février 1978. Le capitaine Barthelemy Kikadidi, en fuite depuis le 18 mars 1977 est abattu**,** un an plus tard dans son refuge, par l'armée, le 13 février 1978 à Bifouiti (Bacongo). Quelle agressivité !

En 1978, dix condamnés à mort au procès Marien Ngouabi monté de toutes pièces ont été exécutés parce qu'ils étaient tout simplement kongos et particulièrement de la région du Pool. Certains ont été passés vivants sous un engin militaire blindé qui les aurait écrasés. Quelle férocité !

Sous le régime du commandant Marien Ngouabi, Sassou Nguesso était le patron de la Sécurité nationale et de l'Armée. Comme le commandant Marien Ngouabi lui faisait une confiance aveugle, Sassou Nguesso avait le pouvoir d'État et il exerçait une grande influence sur le président de la République. Eh bien, *qui t'entoure, t'emboite,* dit l'adage.

Au Congo Brazzaville, pourrait-on parler d'un État de droit tel que décrit par le Professeur René Rémond, grand académicien français ?

> « Un État de Droit, c'est un État où la Loi, écrite et promulguée et non simplement énoncée par le parti au pouvoir, garantit le droit à la vie. Un État où les individus ne sont pas la chose du seigneur, du prince, du roi… Un État de Droit où aucun citoyen ne soit arbitrairement

menacé du droit de mort ou de vie de la part des dirigeants de l'État. Un État où tout est réglé par les voies juridiques, et non par les voies de l'arbitraire .[153] ».

Suite à l'assassinat du Président Marien Ngouabi, une mascarade judiciaire est organisée par Le Comité militaire du Parti congolais du Travail dit CMP sans vergogne.

Maître Jacques Okoko, devenu la cheville ouvrière de la justice congolaise et procureur durant le procès, requit, avec une haine monomaniaque, la condamnation à mort contre les inculpés tous natifs de la région du Pool. Maître A. Moudileno Massengo souligne :

> « Yhomby choisit Okoko pour instruire le procès de 1978 avec une ligne à suivre. Celle qui montre que le responsable est Massambat-Débat. Sassou, lui, échappe à tout interrogatoire alors qu'il était de bout en bout, au centre de cet assassinat, ne fut-ce qu'en sa double qualité de ministre de la Défense et de la Sécurité. Le procès a lieu début février 1978. Il y a 10 condamnations à mort sur 50 accusés. Yhomby a refusé de gracier les condamnés. Ceux-ci sont exécutés le lendemain, sous le regard satisfait d'Okoko. Personne ne valide ces exécutions ni ce jugement. Ni à l'intérieur du pays ni à l'extérieur. Sassou, sachant que ce procès n'est pas accepté, le met sur le compte du seul Yhomby qu'il accusera d'avoir organisé un procès qui a desservi la révolution avant de considérer Yhomby comme réactionnaire, et de le renverser. Il le fait jeter en prison pour haute trahison. Le procès Marien Ngouabi qui a déçu le peuple est l'un des éléments constitutifs de cette haute trahison. Et pourtant, tous les éléments de ce procès avaient été fournis à Yhomby et Okoko par

---

153 Rémond, R. in Mayima-Mbemba, J.-C. (2008). La violence politique au Congo-Brazzaville : Devoir de mémoire contre l'impunité, L'Harmattan, Paris, p. 48.

Sassou. En 1979, Sassou échappe à un complot qu'il attribue à Yhomby. Il remet celui-ci en prison, d'où le malheureux ne sortira qu'à la veille de la tenue de la CNS en 1991. On avait, souvent, dit que Sassou est un homme de gauche. Faux ! Il n'a rien d'un homme de gauche. Il a précipité Ngouabi et Yhomby dans le trou, pour prendre leur place. Il y est, toujours, installé, 20 ans, après la CNS».

Ce genre d'événements resté impuni se perpètre encore comme dans l'affaire des disparus du Beach dit Beach de Bermudes, où des jeunes tous natifs du Pool et sans arme, répondant à l'appel du président de la République, le Général Denis Sassou Nguesso, furent enlevés à leur arrivée au débarcadère du Beach, les « Bermudes » de Brazzaville, sous le prétexte fallacieux d'être des ninjas, miliciens de l'ancien Premier ministre Bernard Kolélas.

Pourtant, ils n'étaient pas tous des Ninjas. Ils ont subi une mort inexprimable qui sous d'autres cieux serait appelée génocide. Seules les autorités actuelles détiendraient le secret du lieu où gisent leurs restes. Des innocents, sans arme, ont été sacrifiés pour des raisons entre autres de haines politiques. Sous Joachim Yhomby Opangault, les Congolais ont connu un verdict discriminatoire ayant conduit au petit matin les ressortissants du Pool, des innocents.

Devenu président de la République après l'assassinat du président Marien Ngouabi, Joachim Yhomby Opangault est déposé le 5 février 1979. Ce fut un coup d'État classique conduisant le Commandant Denis Sassou Nguesso au pouvoir avec comme promesse : *vivre durement aujourd'hui pour mieux vivre demain*. Promesse chimérique ! Joachim Yhomby-Opangault est resté longtemps assigné à résidence, par son successeur. Libéré, et originaire de la même région que ce dernier, il aurait reçu un gros pactole après, comme le dit l'adage, *le linge sale se lave en famille*. Il faut toujours se souvenir que *les loups ne se mangent pas entre eux*.

Le 8 juillet 1979, Sassou Nguesso fait adopter par référendum une constitution pour authentifier son pouvoir. L'homme de tant d'intrigues s'érige en faux *homme des masses*. Certains le vénèrent pour avoir un bon poste ou de l'argent. C'est lui seul qui a le contrôle de tout. Il adore les éloges et il déteste les critiques.

En 1988, la ville d'Owando fut le théâtre de massacres indescriptibles d'une atrocité sans nom : Pierre Anga, un ancien membre du Comité Militaire du parti, est tué. Des villages entiers furent incendiés et des dizaines d'habitants de la même ethnie décimés. Et, ce fut le silence absolu, la terreur.

Avec l'ère démocratique insufflée par la Conférence de la Baule organisée par le Président François Mitterrand, la République du Congo organisa la Conférence Nationale Souveraine présidée par Monseigneur Ernest Nkombo en 1991. L'une des erreurs de cette Conférence serait de n'avoir pas mis en place les institutions républicaines. La période de transition dura un an et un référendum fut organisé. La constitution de 1992 fut adoptée. La tâche ne fut pas facile pour André Milongo, Premier ministre de cette transition.

Lors de la Conférence Nationale Souveraine, Bokamba Yangouma avait *retiré les travailleurs du Parti Congolais du Travail (PCT)*. Cela fut un signe de bravoure et de patriotisme.

Le général Jean-Michel Mokoko, en sa qualité de Chef d'État-major a joué un rôle très appréciable durant le déroulement de la Conférence Nationale Souveraine. Il dit que *l'armée rentrait dans les casernes*. Cela fut de toute beauté. Que le peuple congolais puisse s'en souvenir. Je le félicitai de vive voix. À mon avis, il ne serait pas manipulable. Au palais présidentiel, l'agitation fut à son comble.

Malheureusement, après ladite conférence, les *Bacongolais* ont été surpris par cette déclaration de Daniel Mabika alors porte-parole du Haut Commandement de l'Armée, sur ordre du Général Jean Marie Mokoko annonçant la fin de la Transition dirigée par André Milongo. Ainsi, le Général Jean-Marie Michel Mokoko expédia un commando dans les quartiers : Bacongo et Makélékélé. Ce commando fut dirigé par Roland Ngouabi, le fils de Marien Ngouabi. Celui-ci tira froidement sur la foule qui manifestait pacifiquement donc librement et sans arme. Ce commando fit de nombreux morts. C'est le résultat d'une *poolophobie* très avancée.

Maintenu à ses fonctions de Chef d'État-major général par le président de la République élu démocratiquement, Pascal Lissouba, le général Jean Marie Michel Mokoko aurait tenté de renverser ce chef d'État qui lui fit confiance. Déçu, Pascal Lissouba le punit en le radiant des effectifs de l'Armée et il s'exila.

Le scrutin de 1992 fut en faveur du professeur Pascal Lissouba qui devint Président de la République grâce à l'appui de Sassou Nguesso. Pascal Lissouba, entouré par « la fameuse *bande à quatre* » commit l'irréparable en déclenchant la guerre de 1993-1994; il tomba ensuite, le 5 juin 1997, dans le piège que lui tendit Sassou Nguesso qui gardait chez lui, dans sa résidence de Mpila, deux officiers qui auraient commis des massacres à Owando dans le Nord du pays et contre qui l'on avait décerné des mandats d'arrêt. Une guerre sauvage est alors déclenchée faisant de nombreux morts.

Sous le régime de Pascal Lissouba, les massacres sont nombreux. Il a plus géré des conflits armés. Ne faisant pas confiance à l'armée constituée par son prédécesseur, Mbéri Martin, son ministre de l'Intérieur créa une milice farouche, on ne sait dans quel but. Détruire ? Tuer ? C'est la première fois qu'un gouvernement élu démocratiquement est protagoniste d'une guerre civile : ils firent la chasse à l'homme dit tchèque (originaire de la région du Pool) et vice-versa la chasse à l'homme dit Nibolek (originaire des régions du Niari, de la Bouenza et de la Lekoumou). Alors un nouveau vocabulaire apparaît dans le langage des Congolais. Les membres du gouvernement sont hautains et de véritables va-t-en-guerre. À en croire certaines gens, l'un des membres de ce gouvernement, surnommé *la putain de la République* aurait contribué à la chute de Pascal Lissouba.

Cet esprit guerrier entraîna ses initiateurs à la chute et à l'exil. Les plus audacieux sont repartis au Congo pour vouloir se repositionner sans vergogne.

D'autre part, c'est sous le mandat du gouvernement de Pascal Lissouba que les ethnies des régions du sud, jadis très unies, puisque de même souche, et au sein desquelles des divisions ont apparu avec acuité. Celles-ci se sont impitoyablement opposées. Et ce, suite à la démagogie et à la manipulation des politiciens véreux tant au pouvoir qu'à l'opposition. Des obus ont été largués dans des quartiers Nord et Sud. Ces obus auraient été largués par des soldats français stationnés à Brazzaville. Ce, au nom du principe de *diviser pour régner* et semer la zizanie entre les Congolais, afin de mieux attiser la haine en vue d'une guerre civile…

C'est sous le régime de Pascal Lissouba que les bombardements ont commencé et ils ont été plus attisés sous Sassou Nguesso. P. Lissouba, élu démocratiquement n'a pas pu sauvegarder et consolider les acquis de la Conférence National Souveraine. Très imbu de lui-même.

Grâce à ses alliés puissants, Jacques Chirac, président de la république française et celui de l'Angola E. Dos Santos, Sassou Nguesso s'empare de nouveau du pouvoir et provoque un véritable ratissage sans compassion. Sa vengeance a été le ratissage sauvage des quartiers sud de Brazzaville : Bacongo, Diata, Madibou, Makélékélé, Mfilou, Sangolo, Nganga-Lingolo et des régions du sud, en l'occurrence le Pool, la Bouenza et le Niari où les orgues de Staline ont détruit les maisons et causé la mort. Ceux qui se refugièrent dans l'église catholique de Nganga-Lingolo furent tous liquidés par les Cobras. Que de scènes d'horreurs entre frères !

Ce régime garde le pouvoir par la force et exerce la ségrégation clanique.

Ensuite, la milice Cobra composée essentiellement de mercenaires et d'éléments originaires de diverses tribus du nord et du Sud, a commis la dévastation la plus coriace. Les nouvelles autorités feignent d'ignorer les charniers ! Et, l'affaire des disparus du Beach demeure un cauchemar de la fin du XXe siècle. Des jeunes sans arme sont enlevés et tués de façon inhumaine au débarcadère de Brazzaville dit Beach des *Bermudes*.

Peuple congolais, c'est le moment de prendre vos distances vis-à-vis de ce régime de sang. En démocratie, c'est le peuple qui choisit ses dirigeants.

Au moment où l'argent coule à flot, il serait distribué à l'extérieur pour entretenir des lobbyistes afin de l'aider à se maintenir au pouvoir tandis que les populations subissent toutes sortes d'injustices. L'insécurité règne et la police ne tient point compte des règles de déontologie et du principe du respect des droits de l'Homme. Les prisons sont saturées et les arrestations arbitraires sont régulières. Le viol est devenu une pratique courante en prison.

Aujourd'hui, la région du Pool, complètement détruite, compte beaucoup d'analphabètes, d'orphelins, de veuves, de mendiants et de sans-abri. De nombreuses habitations ont été sciemment détruites pendant la guerre fratricide. Autrefois, cette région comptait les filles et les fils les plus érudits et les meilleurs gestionnaires du pays. Maintenant, elle a plus de *Ngongui* c'est à dire des mouchards. Nos grands-parents furent des hommes braves tenant tête à l'envahisseur étranger.

À Bacongo, les routes sont peu accessibles. De nombreuses familles ont été expropriées. Ces expropriations ont détruit le tissu social. Les familles se sont disloquées à cause de l'argent mal partagé. La jalousie entre parents et les leurs serait aussi un autre vecteur de haine et de rejet. Ainsi, les vestiges des *Bacongolais* sont détruits laissant la place à une construction moderne onéreuse et point à la portée de tous.

Compte tenu de leur pauvreté galopante, les *Bacongolais* vendent leurs biens. Ils bradent leurs parcelles au détriment des plus nantis. Et, le phénomène de sans–abri et d'enfants de la rue se développe de plus en plus. Le viol, le pillage, le mouchardage, le mensonge, les nombreux crimes et les anti-valeurs sont les systèmes de ce gouvernement issu d'un coup de force. Alors que ce gouvernement aurait pu faire du Congo le vrai *Dubaï* de l'Afrique centrale.

En ce qui concerne les élections présidentielles, la proportion d'abstention est très élevée. Celle-ci profite au Parti Congolais du Travail (PCT), parti au pouvoir. C'est le *Parti qui dirige l'État*. Ceci est la plus grande balourdise de ce parti dit unique. Je dénonce régulièrement les dysfonctionnements dans le déroulement du scrutin électoral. Par tous les moyens, le vote est truqué et le découpage électoral inacceptable. La fraude massive porte atteinte à la sécurité du scrutin. En ce moment, le Nord ne pourrait pas être plus peuplé que le Sud. Le recensement serait à refaire de façon objective pour la continuité de l'État qui demeurera éternel. Demain, les politiciens d'aujourd'hui ne seront sans doute plus, et seront jugés par rapport à leurs actes.

Par ailleurs, les dirigeants congolais devraient rendre les conditions de détention plus humaines. Que les geôliers fassent preuve de plus d'humanité. Il est fort dommage que la haine politique ait poussé les Congolais à commettre des actes inadmissibles. Évitons donc de poser des actes de torture et de bestialité.

Le retour de Sassou Nguesso qui ne voulait pas et pourtant *enjamber d'autres cadavres*, fut un véritable règlement de comptes. Les mortiers sont largués dans des quartiers résidentiels du Sud. Les milices Cobras du général Denis Sassou Nguesso, assistées de mercenaires angolais et autres ont massacré les paisibles populations. Ces groupes farouches ont pillé, violé, tué et détruit les maisons. En 1997, la ville d'Owando est *à feu et à sang*, selon l'expression de Sassou lu-même. Le colonel Ibata et Jean Ngouabi nous en parlèrent avec beaucoup d'émotion en présence de Basile Ikouébé et de bien d'autres diplomates congolais présents à la résidence de Kitambo, à Kinshasa. C'est en voulant rentrer triomphalement en tipoye (une chaise à porteurs) à Owando que Sassou a déclenché la guerre parce que les habitants de cette ville lui refusèrent l'accès. Entre autres, ce fut une provocation de sa part sachant que c'est le fief électoral et natal de Yhomby qu'il détrôna du pouvoir en le jetant en prison. Il fit détruire les villages les plus rebelles. Il convient d'en citer quelques-uns pour mémoire tel que le mentionne un compatriote :

« - OWANDO : Selon le témoignage du Sous-Préfet du moment, Owando, principalement le quartier Mozart, est pilonné au mortier. Il y a des destructions massives (ONPT, Hôpital, maisons privées). Destruction de nombreuses vies humaines, dont un grand nombre de Ouest-africains, par les milices et mercenaires de Sassou Nguesso (Angolais, Cobras, Tchadiens, ex-Forces zaïroises, mercenaires rwandais).

- OBEA : Village incendié à 1 heure du matin, et tous ses habitants, au nombre de trente-deux (32) personnes : massacrés par les milices et mercenaires de Sassou Nguesso.

- OTENDE : Village incendié. Tous les habitants (38 personnes) massacrés par les milices et mercenaires de Sassou Nguesso.

- OSAKE : Village incendié. Trois personnes tuées, les autres ayant eu le temps de fuir dans la brousse, par les milices et mercenaires de Sassou Nguesso.

- IRANGA : Village incendié. Tous les villageois massacrés par les milices et mercenaires de Sassou Nguesso. La majorité des victimes ont été brûlées vivantes, de véritables torches humaines »[154].

De juin à octobre 1997 :

« - Pertes humaines : plus de trente mille (30 000) personnes tuées.

- Massacre des prisonniers de guerre, précédés de tortures. Plusieurs cas sont évoqués :

- Cas de Herbert Massamba, torturé et brûlé vivant publiquement par les Cobras de Sassou Nguesso. Ils jubilaient de joie.

---

154 Kovalin Tchibinda Kouangou. (2015). Les crimes du tyran de Brazzaville in congonewsbzv.

- Après la fin de la guerre annoncée par lui-même, Sassou Nguesso ordonne dix jours d'épuration ethno-tribale, physique, et de pillages systématiques des opposants (hommes politiques, combattants et leurs familles) faisant plusieurs dizaines de morts parmi les innocents.

- Il a également ordonné la poursuite des cadres politiques des parties adverses jusque dans l'arrière-pays (Pool, Bouenza, Lekoumou, Niari, Kouilou), et sur des bases ethniques et tribales. Il est nécessaire de se souvenir de ses crimes pour haute trahison : - Sassou Nguesso a livré le Congo à certaines Puissances étrangères qui l'ont envahi : l'Angola, le Tchad, le Gabon, notamment. Ce qui a causé la mort de plus de trente mille (30 000) Congolais.

- Sassou Nguesso a trahi son pays en abrogeant la constitution du 15 mars 1992. Il est passible de la Cour Pénale Internationale pour génocide et crime de guerre[155] ».

Curieusement, ces actes crapuleux sont demeurés impunis et encore sous silence.

Et pourtant, il nous faut rappeler qu'aux termes précis et formels de l'article 1er de la loi n°1-99 du 8 janvier 1999 portant attributions, organisation et fonctionnement de la haute Cour de Justice :

« La haute cour de justice est compétente pour juger les membres du Parlement et du Gouvernement à raison des faits qualifiés crimes ou délits commis dans l'exercice de leurs fonctions ainsi que pour juger leurs complices en cas de complot contre la sûreté de l'État. Elle est également compétente pour juger le Président de la République en cas de haute trahison ».

---

155 Kovalin Tchibinda Kouangou. (2015). Les crimes du tyran de Brazzaville in congonewsbzv.

Est-ce que nos juristes ont réellement connaissance de l'existence de ces textes ?

Il est aberrant de constater qu'aucune disposition de la loi n°1-99 du 8 janvier 1999 portant attributions, organisation et fonctionnement de la haute Cour de Justice n'a prévu la nomination par Décret des membres de cette Juridiction.

Tous les textes sont clairs mais nous parodions sans cesse les lois. Il faudrait rétablir la vérité et faire justice.

Le Président Denis Sassou Nguesso ayant pris le pouvoir par les armes grâce à l'appui du président de la République française, Jacques Chirac, des Angolais et bien d'autres, en a profité pour faire la purge des populations du Sud de Brazzaville et beaucoup plus de celles de la région du Pool. Les jeunes qui revenaient à Brazzaville dans la capitale en passant par la République Démocratique du Congo via le port de Kinshasa ont été systématiquement liquidés. Ce qui constituerait un grand crime contre l'humanité et sous d'autres cieux serait qualifié de *génocide.* Les parents des défunts ignorent l'endroit où les nombreux corps ont été dissimulés. La vérité est bien connue par quelques jeunes qui échappèrent à ce massacre et par ceux qui commirent le grand forfait. À Ouenzé, des jeunes en parlent encore dans les moindres détails et avec beaucoup d'amertumes.

On a l'impression que D. Sassou Nguesso serait revenu au pouvoir afin de conjurer la ruine du pays. Présentement, cela se manifeste par les actes que ce régime pose par les détournements des deniers publics.

Le 4 mars 2012 entre 8h et 10h, survient une catastrophe terrifiante et des scènes apocalyptiques. La vie des Brazzavillois bascule suite à de fortes détonations qui ont retenti comme des coups de tonnerre voire un séisme violent ou encore comme des missiles. Le pays en deuil est de nouveau face à la cruauté humaine. Cela figure parmi les plus grands massacres des civils congolais.

Tout a commencé par une première déflagration d'une violence ayant secoué toute la ville. C'est tout sauf un accident.

Les malfaiteurs n'ont pas imaginé l'ampleur de ce crime. Une seconde détonation d'une violence inaccoutumée a de nouveau secoué la ville, dix minutes plus tard. Les populations ont eu l'impression d'assister à une éruption volcanique.

Il y a eu quatre détonations d'une intensité indescriptible. Des maisons ont été terriblement soufflées. On a constaté l'irréparable et l'inoubliable : de nombreux morts et blessés. Il s'avère que ce pays producteur de pétrole manque d'ambulances et de médicaments. Quelques pharmacies ont été cassées et pillées pour donner des soins urgents aux sinistrés.

Les rumeurs sur un incident voire court-circuit à la caserne militaire de M'pila circulaient. La peur s'installa et elle fut attisée. La réalité fut difficile à vivre. Deux quartiers touchés : M'pila et Ouenzé. De nombreuses familles ont disparu.

Kinshasa, en état de choc, a subi le contrecoup des violences des détonations ayant fait des morts et des blessés. Malgré cela, les autorités de Kinshasa ont fait preuve de compassion et elles ont envoyé immédiatement des secours : Médecins, ambulances, médicaments et autres. Signe louable de bon voisinage !

Brazzaville serait prise de court. La situation est confuse et aucun message significatif n'est donné aux populations. Comme d'habitude, les congolais se contentent de la *radio-trottoir* et des rumeurs. Que d'interrogations !

Au moment où les populations erraient ici et là, le gouvernement a donné un chiffre inférieur des morts par rapport à tant de dégâts humains et matériels. Voilà un mensonge grossier teinté de cynisme. Bien évidemment, il y a eu de nombreux morts et de nombreux blessés dont on ne saurait jamais le nombre exact. Depuis longtemps, le quartier du régiment blindé, Mpila, est peuplé. Le matériel de guerre et d'autres munitions y ont été stockés. À quoi servait ce stockage ? Le Congo avait-il besoin de cet arsenal de guerre ? Pour qui et contre qui ? L'État devrait garantir le droit à la vie.

S'en prendre à Charles Zacharie Bowao, secrétaire d'État à la défense, serait une erreur de jugement. Il ne pourrait dûment être condamné dans ce drame du 4 mars 2012 de Mpila. Serait-ce un court-circuit ?

Charles Zacharie Bowao, blessé dans son amour propre, s'est mis à faire des démonstrations politiques très raisonnables. Révolte ou prise de conscience ? Quand on a un point de vue, on le discute jusqu'au bout et cela est légitime. Il est bel et bien un fils méritant du Congo.

Dans ce pays où on cache les charniers humains, Emmanuel Dongala note :

« La mort du président Marien Ngouabi, l'exécution du président Massamba-Débat accusé du meurtre de ce dernier, celle du cardinal Biayenda, les jeunes hommes disparus au Beach de Brazzaville, les massacres du 18 décembre 1998 au pont du Djoué, le ratissage de la région du Pool, l'incendie de la maison de Bruno Ossebi, le crash d'un avion sur Pointe Noire avec son cortège de morts et j'en passe... Autant d'évènements non élucidés qui pèsent de façon oppressante sur la vie politique congolaise [156] ». Ainsi, il convient de mentionner qu' « Il faut se souvenir que l'histoire de ce petit pays d'un peu plus de 3 millions d'habitants est l'une des plus violentes de l'Afrique depuis l'indépendance : des suivis de répressions sanglantes où les vainqueurs n'ont pas hésité à montrer en spectacle les cadavres des vaincus, deux présidents assassinés ou exécutés sommairement, des centaines de disparitions, des milices, des guerres civiles à répétition dont la pire a commencé un matin de juin 1997 et s'est terminée par la victoire des hommes qui exercent le pouvoir aujourd'hui [157] ».

Dans ce petit beau pays de l'Afrique centrale, seuls comptent le pouvoir et les possibilités multiples de s'enrichir et

---

156Http : //www.slateafrique.com/84077/faire-brazzaville-une-tragedie-annoncee-explosion - 1er avril 2012. « Congo : Brazzaville, une tragédie annoncée". Par Emmanuel Dongala. Consulté le 20 mai 2013.

157 Ibid

de détruire ou d'avilir l'autre. Les inégalités sont éclatantes. L'impunité est la règle du plus fort. Les plus faibles paient de leur sang et d'autres s'éteignent soit à petit feu dans des prisons lugubres et insalubres soit en exil forcé dans des pays étrangers. Les cadres d'un pays organisé et démocratique ne devraient pas être des exilés pour des raisons de haines ethniques. Les adversaires politiques sont systématiquement châtiés et toutes les affaires meurtrières restent nimbées de mystère. La corruption d'État est bien patente.

L'armée actuelle de Sassou Nguesso serait devenue une institution très tribalisée et un outil de violence collective. Elle creuse le déficit depuis 1983 date à laquelle son budget fut en dépassement de 3 milliards de FCFA, sous Sassou Nguesso. Les populations du Sud du Congo sont les premières à en subir les excès répressifs. L'armée les a arrêtées en masse (les disparus du Beach et autres) et les a torturées. Elle les a massacrées et a bombardé de nombreuses régions du sud… Ils ont risqué leur vie parce qu'ils appartenaient à une ethnie donnée. Certains jeunes, ayant participé aux massacres du Beach et ceux qui y ont échappé, font des révélations insupportables. Un gouvernement cruel.

En ce moment, tous les mouvements révolutionnaires et sociaux semblent être sous haute surveillance. Chacun, résigné par la terreur, craint pour sa vie. Les nuits sont très dangereuses et risquées car des milices armées rackettent la population de Pointe-Noire à Brazzaville. Que de nombreuses familles sans repère ! Que de villages entièrement rasés ! Que d'orphelins sans soutien dans les rues de Brazzaville ! Que de sans-abri ! Des obus ont balayé les régions du Sud en épargnant le Kouilou, *poule aux œufs d'or* de la région pétrolifère. De nombreux enfants vivent dans des conditions insalubres et certains sont devenus des mendiants et donc sans avenir, subissant la tyrannie de la rue.

De nombreux établissements scolaires de la République manquent de lieux d'aisance et de points d'eau. Depuis plus de 20 ans, le régime de Sassou Nguesso peine à achever les travaux de réhabilitation de la maternité Blanche Gomes.

L'hôpital général n'a plus d'ascenseurs et les malades sont transportés au dos moyennant une forte somme, telle est la République bananière version nouvelle république. Il a fait du Congo un eldorado des industriels du médicament. Ces produits sont vendus dans la rue. Les médicaments coûtent excessivement chers et ils ne sont point à la portée de tous. Souvent, les malades sont très mal soignés et ils périssent prématurément conduisant à la division des familles s'accusant de sorcellerie. L'université Marien Ngouabi, qui fût jadis l'une des meilleures du continent se place aujourd'hui en queue de peloton des universités africaines. Des jeunes congolais bacheliers, parfois les meilleurs de leur promotion, n'ont plus droit aux bourses d'étude à l'étranger, le nom étant devenu un critère discriminatoire. Le chômage des jeunes est à des niveaux intolérables.

Il faudrait que le mur d'humiliation, de haine, d'intimidation, du tribalisme et des arrestations arbitraires tombe afin de rebâtir les ponts et de sortir la tête de l'eau. Il faudrait, comme l'avait souhaité le président Fulbert Youlou, *l'union de tous, qui est nécessaire pour faire une seule nation, un seul Etat, une seule République…* Et, il convient de prendre une loi ferme interdisant les milices. Des réformes s'imposeraient pour donner un élan nouveau à toutes les institutions de l'État.

Après la Conférence Nationale Souveraine, si on avait compris le sens de la démocratie, on aurait évité les dérapages meurtriers. Des voix ont été étouffées. Le sang et les larmes des Congolais continuent à couler. La diffamation subsiste de plus en plus. Le mal creuse des sillons dans l'âme du peuple qui sombre dans l'ignominie. Le président de la République brandit continuellement le spectre de la guerre civile. Il oublie que le peuple se lèverait pour défendre sa démocratie et sa liberté.

Ayons l'humilité de demander PARDON au PEUPLE. Cessons donc de barguigner. Aussi bien comme les acquis de la Conférence Nationale Souveraine, le rêve de liberté et du respect se volatilise. Par où notre idéal démocratique serait-il passé ?

Les règles du jeu démocratique ont été foulées au pied par un système politique que le peuple lui seul pourrait déverrouiller. À l'heure actuelle, ce système est de nouveau discréditer. Car, la force de la nation réside dans le peuple, ces âmes braves prêtes à risquer encore une fois leur vie pour que le Congo puisse être libre. Il veut tout simplement le règne de la loi, la vraie loi : la justice et la liberté. Le déclenchement d'autres guerres civiles sont à éviter. Ce serait un autre signe de barbarie. Autrement, les Grands de ce monde devraient se lever comme un seul homme pour combattre cette barbarie.

L'armée, la gendarmerie et la police devraient inlassablement être du côté du peuple en lui assurant la protection.

Un pouvoir absolu n'ayant comme base le mensonge finit toujours par s'écrouler.

Qui sera capable enfin de donner un souffle nouveau aux congolais sans sombrer dans l'anarchie et l'égoïsme ? Ces derniers ont besoin d'une unité nationale réelle, d'un développement économique harmonieux et d'une stabilité à tous les niveaux. Le Congo n'est ni la propriété privée d'une famille, ni d'un clan, encore moins d'une région. Sa gestion mériterait d'être justifiée. Les responsables de tous les crimes devraient répondre de leurs actes. Ceux qui s'enrichissent aux dépens du peuple par tous les moyens devraient avoir honte et se repentir, car l'engagement politique est au service du bien commun et non de son bien propre.

Bâtir l'égalité des classes est un rêve légitime. Mettre fin aux méthodes de barbouzes et créer des emplois valorisants et mieux rémunérés, c'est sortir ce pays de la médiocrité. Pourquoi le régime ne partagerait-t-il pas les valeurs de nombreux congolais dans le cadre de l'éducation, du développement économique et de l'unité nationale ? L'éducation constitue l'une des solutions pour le maintien de la paix et de la sécurité. Qui donc sera capable de gouverner dignement le Congo en pansant toutes les blessures et en privilégiant la reconstruction ainsi que le respect, tout en demandant pardon au peuple ? Il faudrait prévenir le crime et aussi protéger les victimes. Les prisons sont bondées d'innocents. Pourquoi ne pas les sortir et les habiliter ? Pourquoi ne pas cesser de favoriser la culture du viol et du crime ?

Le choix des Congolais serait celui d'avoir des dirigeants responsables, exerçant un leadership positif, communicatif et transformationnel. De tels dirigeants refonderaient l'espoir et la confiance. La haine et la rancune conduisent à la régression de la société.

La misère la plus consternante règne dans le pays. C'est pourquoi tout en fustigeant les politiques meurtrières des autorités et l'indifférence des ultras riches, je déplore la précarité, les tueries, l'injustice et le déclin de l'éducation. Ce pays, producteur de pétrole compterait plus de 62 % de sans-emploi. Je recommande au gouvernement de prendre ses responsabilités.

Que les enfants de la rue soient pris en charge en les éduquant afin qu'ils ne deviennent pas les délinquants de demain.

Que les sans-abri aient des logements adéquats.

Que le gouvernement mette fin à sa politique d'indifférence.

Que le gouvernement comprenne que les *populations-électrices* vivent sous le grand seuil de la pauvreté dans un pays où la manne pétrolière coule à flot.

La ville de Pointe-Noire privée d'eau potable, d'électricité, de transport public et de canalisation fournirait plus de *90% des recettes de l'État.*

Il est bien triste de remarquer que la démocratie amorcée en 1991 ait été remplacée par la dictature actuelle. J'exhorte les jeunes à la retenue. Qu'ils refusent de se faire manipuler par les pantins et les adeptes de la violence et comprennent que le pactole pourrait s'obtenir en élaborant des projets de développement et en apprenant des métiers. Rien ne devrait tomber du ciel. Cultivons aussi la terre pour que nous mangions à notre faim.

L'histoire la plus sombre du Congo, terriblement douloureuse, mériterait une amélioration en renonçant à la violence, au mensonge et à la haine fratricide. Nous devrions avoir la détermination politique tout en respectant les règles d'orthodoxie financière. Une démocratie ne favorisant pas le dialogue avec l'opposition demeurerait un leurre. Les politiques devraient en tout temps répondre aux espérances et aux besoins du peuple souverain. L'arrogance et le manque d'humilité formeraient des vices répugnants. La justice réelle devrait jouer grandement son rôle. Les présidents Fulbert Youlou et Alphonse Massamba-Débat ont été désavoués par leurs propres frères. Aujourd'hui, la région du Pool est devenue une *terra nullius*. On a imposé une rébellion dans le Pool ayant commis des crimes. De nombreux congolais sont voués à l'exil, à la clochardisation et à la paupérisation à outrance. Les inégalités ne font que s'accentuer et les ménages peinent à tenir les deux bouts.

Aucun roi n'aurait réussi, selon la loi de la dialectique, à soumettre indéfiniment un peuple à la servitude à l'instar des Pharaons.

Il est fort regrettable que la machine à fabriquer du mensonge et à manipuler soit si efficace jusqu'à produire de fausses preuves. Le régime actuel vante régulièrement ses mérites fantomatiques. L'opposition est morcelée et elle manque de moyens financiers. Comme elle est traquée, elle est incapable d'offrir une alternative. Il convient de comprendre que l'opposition a pour rôle de désavouer les dérapages du gouvernement en fonction. La politique ne devrait point être une porte ouverte à l'injustice, à l'insouciance, à la barbarie, à la violence et aux tueries.

La cour suprême congolaise, devrait considérer le droit et avec le Conseil Constitutionnel, veiller à l'application de la constitution et des lois.

Quant à la révision éventuelle de la constitution qui fait couler beaucoup d'encre et de salive sous le pont depuis qu'on propose de la modifier, nous estimons qu'une constitution devrait être durable. Quel que soit l'*imperator* du Congo, il n'aurait pas le droit de coudre et de découdre la constitution sur mesures comme un veston. *Ce* « n'est pas une bonne pratique de modifier la constitution simplement pour le bénéfice de celui ou de ceux qui sont au pouvoir », comme l'a souligné récemment Russ Feingold, représentant du président Obama. Une constitution serait durable grâce à son interchangeabilité ou son adaptabilité qui ferait bien sûr sa durabilité. Tant qu'on est lucide et visionnaire, on se positionnerait sagement à ce poste afin de construire la démocratie tant bafouée présentement.

Il serait fort ridicule que le nouveau projet de constitution 2015 élaboré à la hâte par un constitutionnaliste corrompu démontre des failles cruciales. Ce serait un projet risqué. Il crée une situation compromettante et une attitude provocatrice. Certaines clauses sont contradictoires. Ceci est une démarche imprudente et inacceptable pouvant entraîner le pays vers la banqueroute. Il caractérise une incompétence notoire dans ledit domaine. Il serait souhaitable de savoir négocier et de poser des actes loyaux. Nul n'est au-dessus de la loi et le Congo ne pourrait point devenir une dynastie. La tricherie a trop duré et elle tendrait vers la fin.

Pour mieux préparer les élections de 2016, il serait tout d'abord souhaitable de retourner à la constitution de 1992. Ce n'est qu'ensuite que l'on pourrait y apporter quelques amendements. De son vivant, André Milongo, Premier ministre de la Transition la jugeait d'ailleurs sophistiquée. Il était en effet pour son maintien et non pour son changement, comme semblent l'affirmer certaines gens pour des raisons purement et simplement politiciennes. Quant à la Constitution de 2002, André Milongo, ancien premier ministre de la transition, se montra très sceptique à son égard.

L'un des amendements que l'on pourrait y apporter concernerait le Sénat dont le Congo n'a pas besoin. Les sénateurs s'y ennuient et ils s'endorment. Une seule chambre suffirait : l'Assemblée nationale.

Pour le moment, l'on peut aller aux élections de 2016, en appliquant la Constitution du 20 janvier 2002. Celle-ci a été initiée par le président Sassou Nguesso lui-même. D'une part, il serait difficile de comprendre la raison pour laquelle cette constitution de 2002 serait modifiée par son initiateur. L'article 56, alinéa premier de ladite constitution, prévoit bien que le Président de la République « veille au respect de la constitution et au fonctionnement régulier des institutions publiques[158] ».

D'autre part, en vertu de l'article 69 de la Constitution du 20 janvier 2002, le Président de la République (D. Sassou Nguesso), Chef de l'État, avait juré devant la Nation et le peuple de « respecter et défendre la constitution et la forme républicaine de l'État [159] ». Au lieu de violer ce serment, le Président de la République devrait purement et simplement le respecter. Sinon, il commettrait un parjure qui est un crime dans tout pays démocratique qui se respecte.

Il est important de rappeler au Président Denis Sassou Nguesso que l'article 85 de sa constitution du 20 janvier 2002 lui permet de faire l'état de la Nation devant le Parlement réuni en congrès. Ce parlement où ne siègent que ses partisans est le fruit de son labeur.

L'article 86 de ladite constitution exprime franchement que le recours au référendum concerne précisément « tout projet de loi portant sur l'organisation des pouvoirs publics, les garanties des droits et des libertés fondamentaux, l'action économique et sociale de l'État ou tendant à autoriser la ratification d'un traité ». Le champ du référendum est bel et bien défini. Pour quelle raison le président de la république s'entêterait-il à aller au référendum qui entraine des débats houleux et inutiles ?

Il y a également un vide juridique quant au nombre de mandats du président de la république ou la forme républicaine de l'État.

---

158 Constitution de la République du Congo du 20 janvier 2002.
159 Ibid

En ce qui concerne le changement de cette constitution, il est muet. On ne devrait donc pas la changer. Le texte est bien clair et il suffit tout simplement de le respecter.

Le débat sur le sort réservé à la fameuse constitution a atteint son apothéose, au point d'assombrir de nouveau l'avenir du Congo.

Ensuite, dans son article 185, la constitution entrevoit les mécanismes de sa révision. Cependant, le président de la République qui a prêté serment en jurant solennellement de la respecter, devrait l'appliquer textuellement telle quelle pour éviter toute trahison. Il sied de rappeler que les prérogatives constitutionnelles ne lui concèdent aucun droit qui dépasse les seules possibilités de révision. Réviser ce texte par son initiateur, c'est se contredire et c'est une haute trahison.

Dans ce cas de figure, il serait plus judicieux que la constitution soit revisée plutôt par son successeur. Eh bien, le mal est fait. Opérer un passage en force, c'est tout de même ramener le Congo en arrière. Les Congolais ont besoin de paix, de liberté, du manioc, du poisson salé, des légumes et du piment. Tout le monde aspire à la vie et au bien-être social. Cela est légitime.

Il est indispensable de remémorer que Sassou Nguesso est l'instigateur de l'abrogation de nombreuses constitutions en vigueur dans le passé :

- Acte fondamental du 5 avril 1977, juste après l'assassinat du président Marien Ngouabi ;
- Acte fondamental du 7 février 1979, suite au renversement par lui du président Yhombi J. Opangault le 5 février 1979;
- Acte fondamental du 30 mars 1979, par caprice politique ;
- Constitution du 8 juillet 1979, initié par Sassou Nguesso ;
- Modification de la dernière constitution le 23 aout 1984 lui attribuant plus de pouvoirs ;

- Acte fondamental du 24 octobre 1997 abrogeant la constitution du 15 octobre 1992 (transition), dès qu'il reprit le pouvoir par les armes (guerres civiles) ;
- La constitution du 20 janvier 2002, taillée sur mesure et ne lui convenant plus, il exige des modifications.

Il est curieux de constater que de 1960 à 2015, le Congo a rangé dans ses archives une dizaine de textes de loi fondamentales. En abandonnant sa propre constitution, D. Sassou Nguesso nous prescrirait un pouvoir de modèle autocratique.

Le 27 juin 2015 à Kinkala dans la région du Pool, son discours provocateur et irrationnel par lequel il proférait des menaces, frise la terreur prochaine. Il a promis « *le goût du sang aux Congolais* ». Cela signifierait qu'il aurait déjà, sans doute programmé un nouveau carnage. Pour cela, il est capable de monter de toutes pièces une rébellion armée comme il en a l'habitude.

La majorité des Congolais milite pacifiquement pour la restauration de la démocratie. Cependant, Sassou Nguesso promet *le goût du sang* aux Congolais. Il menace et il envoie les escadrons de la mort pour massacrer de nouveau le peuple dans le Sud-Congo. Des jeunes gens sont victimes pour avoir simplement refusé d'aller voter le Oui pour demeurer à vie au pouvoir. Incapable d'organiser des élections crédibles. Habitué aux coups de forces à l'instar du référendum qu'il a organisé à la va-vite le 25 octobre 2015. Non seulement, il l'a organisé avec une faible participation des populations et en décidant seul de la tenue de l'élection présidentielle du 20 mars 2016 mais en promettant en plus de gagner dès le premier tour.

La campagne électorale a été très rude pour certains opposants malmenés, traqués et ridiculisés. Le coût de participation à cette élection est de 25 millions. Sans le consentement des fonctionnaires eux-mêmes, 2000 FCFA ont été défalqués sur leurs salaires. Incroyable mais vrai !

Le Général Jean Marie Michel Mokoko, candidat, a été régulièrement convoqué à la police et non à la gendarmerie.

Les opposants sont tous traqués voire encerclés par des hommes armés. Au cours d'une conférence de presse du Général Mokoko, des journalistes étrangers étaient présents. À la fin de cette conférence trois d'entre eux ont été molestés et certains de leurs appareils ont été arrachés.

Le 24 mars 2016, le général Mokoko lance cet appel au peuple : « il est temps de cesser d'avoir peur. Je vous demande de réclamer votre vote confisqué et volé ». Ce message est fort et il perturbe le régime. Le général demande au peuple de respecter la journée du 29 mars 2016 comme une journée de désobéissance civile. Cela a été un succès et le président sortant Sassou a fait un tour dans les administrations et il a menacé de « rayer les absents de la liste de la Fonction publique ». Il s'agit bien sûr de radier et non de rayer.

L'un des avocats du général Mokoko, Maître Norbert Tricaud, martèle depuis Paris où il y a beaucoup de manifestations des Congolais : « ce n'est pas un appel à manifester, l'opposition ne veut pas un bain de sang. Il est demandé à la population de ne pas aller au travail, c'est une grève générale, une protestation pacifique [160] ». Ce jour, le peuple a été consigné chez lui. Dans certains coins de Brazzaville, sous la menace de perdre leur emploi, timidement, quelques gens y sont allés. Tout le sud du pays et quelques villes du Nord ont respecté le mot d'ordre du général Mokoko.

De son côté, Marc Mapingou, le représentant en France du candidat Mokoko qui dérange le régime déclare : « le général Mokoko et l'ensemble de l'opposition réclament un recomptage du vote sous contrôle d'observateurs internationaux…Le général n'est pas un putschiste, il veut que l'on reconnaisse que la victoire du peuple congolais a été volé ». Le général Mokoko est le candidat de la majorité des Congolais, du Nord au Sud. Veuillez SVP le libérer et libérer

---

[160] Sur BBC Afrique ou http ://www.africaintelligence.fr/LC-/diplomatie-d-influence/2016/02/24/norbert-tricaud-a-la-rescousse-du-general-mokoko,108131549-BRE. Maitre « Norbert Tricaud à la rescousse du général Mokoko ». N0 724, La Lettre du Continent. Consulté le 2 avril 2016.

tous les opposants ! Sassou serait le plus grand putschiste du Congo. Il se drape des titres ronflants : *bâtisseur* au lieu de putschiste, *médiateur international* au lieu d'exhibitionniste.

D'autre part, selon certaines informations, le général Mokoko et Okombi Salissa ont failli être tués à Nkayi et Sibiti juste pour jeter l'opprobre sur les gens du Sud. Les opposants du Nord ont été bien accueillis par les populations du Sud en dehors de Sassou qui a été hué dans certaines villes.

L'opposition bien organisée, détient les vrais procès-verbaux avec le récépissé jaune. Cependant, ceux du pouvoir sont entachés d'irrégularité ne portant pas les mêmes sceaux. Chose curieuse, le rapport de l'ancien président de transition du Burkina Faso, M. Michel Kafando, représentant de la Francophonie, n'a pas été publié. Et pourtant, il avait rencontré quelques opposants dont le Général Mokoko. C'est de cette façon que Sassou vole le pouvoir du peuple et il arme à la fois plusieurs milices. C'est à tort que les Ninja Nsiloulou sont cités. Il y a quelques années, il les avait désarmés. De toute façon, Frédéric Bitsamou dit Pasteur Ntumi est l'un des collaborateurs de Sassou. Maintenant, il tient à en découdre avec lui et il extermine les populations du Pool. Nous condamnons les partisans de Sassou en train de livrer la région du Pool à la destruction. Les mamans et leurs enfants en paient un grand tribut. C'est le nouveau génocide *à huit clos*. La région du Pool ne mérite pas un tel génocide comme celui de 1998 et 2000, sous le grand silence des Géants. C'est la plus grande ignominie demeurée impunie. Quelles actions infamantes !

Durant la campagne, Sassou a inauguré des chantiers. Son convoi s'assimilait à un véritable arsenal de guerre pour effrayer les paisibles populations qui n'ont besoin que de paix et de liberté. Lui seul décide tout et il refuse de reconnaitre les vrais procès-verbaux et s'autoproclame de nouveau président de la République au lieu de faire preuve d'humilité. Que le dépouillement des bulletins électoraux se déroule dans les normes et dans la plus grande transparence.

Sassou n'a jamais organisé des élections apaisées. Ce mois de mars 2016 et pendant quatre jours de suite, le Congo a été privé des moyens de communication : téléphone, Internet et SMS. La Radio et la Télévision n'émettent que sur son parti et en faisant son éloge. Il manque de patriotisme et ses milices sont en train de massacrer les peuples du Sud. Il serait souhaitable que ceux du Nord soutiennent ceux du Sud en revendiquant le droit à la vie pour tous les citoyens.

Il est important de porter à la connaissance de tous les Africains et à celle de la Communauté internationale qu'il y a toujours des massacres dans le Sud du Congo plus particulièrement dans le Pool. Que l'Union africaine prenne vite ses responsabilités ainsi que la Communauté internationale. Les opposants ne sont pas armés et ils ont exercé tout simplement leur droit en se positionnant aux présidentielles. Guy Parfait Kolélas, candidat et opposant originaire du Pool, contestant les résultats, a été débouté de son recours auprès de la Cour constitutionnelle, sous prétexte que son dossier n'a pas été déposé dans les délais requis. « Sa requête demandant à la Cour constitutionnelle d'annuler ou de reformuler certains résultats de la présidentielle avait été jugée, le 4 avril, « irrecevable parce que déposée au-delà des délais constitutionnels [161] ». Quel prétexte grossier ! D'après certains : « il y a le discours légaliste, incarné notamment par Guy Parfait Kolelas. Lui, promet de déposer des recours devant la Cour constitutionnelle. Une position qui lui permet de ne pas hypothéquer son avenir politique, ni la légitimité que lui confère son statut de second à l'élection présidentielle. Mais ce n'est pas sans risque non plus, car au sein de son électorat,

---

161 http ://www.jeuneafrique.com/316178/politique/presidentielle-au-congo-kolelas-arrive-deuxieme-accepte-les-resultats-officiels/ ? « Congo-Brazzaville : Guy-Brice Parfait Kolélas a déposé un recours devant la Cour constitutionnelle ». Publié, le 1e avril 2016. Consulté le 2 avril 2016.

nombreux sont ceux qui espéraient un discours plus offensif et le lui font savoir aujourd'hui [162] ».

Aussi, il convient de signaler que le manque de constance politique pourrait nuire. Cela déroute ceux qui pourraient aider l'opposition. Comme citoyens congolais déterminés, l'opposition devrait toujours laisser la place à son porte-parole, Charles Zacharie Bowao, afin d'éviter toute contradiction. Ensemble, mettons toujours en cause les résultats publiés par la cour constitutionnelle. Ce, pour éviter le scénario de 1990. En politique, on ne tergiverse point. Ainsi, Pascal Tsaty Mabiala[163] a presque déçu les siens et surtout l'opposition. Le manque de constance en politique serait une trahison.

La cour constitutionnelle aurait été séquestrée le 4 avril 2016 et c'est sous la menace et sous l'intimidation que les juges auraient proclamé les résultats en faveur de Sassou. Tout se serait passé sous haute tension. Et, au même moment des armes crépitaient dans le Sud de Brazzaville et dans le Pool où des villages ont été pilonnés. L'opposition modérée, affiliée au pouvoir est complice des attaques à l'arme lourde avec quatre hélicoptères de guerre.

Il est malheureusement triste de constater que les partisans de Sassou, originaires du Pool ne dénoncent pas le comportement odieux et génocidaire de ce dernier envers leurs frères et sœurs du Pool, éternels boucs-émissaires et victimes dont il enjambe toujours les cadavres pour accéder au pouvoir.

Pour quelle raison devrait-on gouverner sur le sang ? Il ne faut pas être myope pour voir et pour juger ce régime sanguinaire. Malheureusement, nous vivons dans un monde où

---

162 http ://www.portail242.info/Congo-Brazza-apres-la-victoire-de-Sassou-Nguesso-l-opposition-peine-a-s-unir_a1583.html. « Congo-Brazza : après la victoire de Sassou-Nguesso, l'opposition peine à s'unir ».Publié en mars 2016. Par le Portail 242. Consulté, le 26 mars 2016.

163 « LE MERCENAIRE POLITIQUE TSATY-MABIALA RECONNAIT LA VICTOIRE DE SASSOU-NGUESSO". Par Mingwa BIANGO. Publié le 09/04/2016 dans congo-liberty.com. Consulté le 10 avril 2016.

les défauts sont devenus des qualités et les qualités des défauts. Gouverner, c'est construire et non détruire. Gouverner, c'est vivre en harmonie avec le peuple et l'opposition tout en assurant la sécurité pour tout le monde. Le peuple, du Nord au Sud, refuse les manœuvres corruptives. Les bombardements et le terrorisme de l'État doivent immédiatement cesser. Que tous les opposants jouissent de leur liberté. Il est fort dommage que des opposants tant braves et déterminés soient illégalement détenus sans motif réel comme Paulin Makaya, Modeste Boukandia, Jean Ngouabi, Jacques Banangazala, Colonel Marcel Pika et bien d'autres. À mon avis, aucun Congolais ne devait être détenu arbitrairement au mépris du respect des règles de procédure pénale et être tué à raison de ses convictions légitimes. L'opposant Charles Zacharie Bowao, originaire de la Likouala, au Nord du Congo, et bien d'autres restent constants dans leur lutte. Ainsi, grâce à leur détermination, le peuple continue à revendiquer sa victoire en silence et sans arme.

La terreur de l'État –oppresseur de Brazzaville est un modèle de mauvaise gouvernance en provenance d'Édou. Je proteste face aux massacres de mon peuple. Un peuple sans rancune et sans arme ! Un peuple pacifique ! La méchanceté et l'ingratitude sont des anti-valeurs. Les bombardements d'un peuple serein relève de la pusillanimité. Voilà un deuxième génocide contre mon peuple et la destruction totale de sa fortune. Que les Géants réagissent en faveur de mon peuple ! Que les oppresseurs retrouvent leurs nids hideux !

En démocratie, tout se fait en toute quiétude et dans la plus grande élégance. Les fausses publications sont préjudiciables. Quelle bavure quand le journal *Jeune Afrique,* foulant aux pieds les règles les plus élémentaires de la déontologie journalistique, publie les résultats du scrutin avant la cour constitutionnelle ! Aussi, faudrait-il rappeler aux journalistes de Jeune Afrique que la rumeur est dangereuse et que les mensonges colportés sont nuisibles à tout un peuple voire une nation. Comme l'a affirmé Yves Sandoz : « les mots tuent autant que les armes. Ce sont eux, à travers l'usage pernicieux de certains médias, qui mettent la haine dans le cœur des hommes et arment les bras des enfants ».

Le collectif des prêtres et les laïcs de la ville de Pointe-Noire, la capitale économique du Congo disent :

> « La frustration populaire est considérable, la crise de confiance dans les Institutions de la République est radicale. Celles-ci ne reposent plus désormais sur la volonté souveraine du Peuple Congolais mais sur ce qu'il faut bien appeler un mensonge d'Etat dont le cynisme et la technicité laissent pantois tous les observateurs de notre vie politique nationale. Notre pays est sorti de l'Etat de droit. Quand bien même nos Evêques en décembre 2014, dans leur adresse au peuple de Dieu et au monde politique appelaient au non changement de la constitution et à alternance pacifique et démocratique »[164]. Cf. Message de Noel 2014.

Depuis le 14 avril 2016, tous les opposants sont encerclés dont Claudine Munari sur ordre du régime ayant ainsi volé la victoire du peuple. Claudine Munari a fait tout simplement appel à un grand rassemblement de *la paix et de l'union nationale* pour le vendredi 15 avril 2016. Ce droit lui a été refusé et elle a été assignée à domicile, entourée des blindés.

Femme congolaise où
Que tu sois, debout !
Debout pour défendre la démocratie !
Femme africaine où
Que tu sois, debout !

---

164 Article publié par le site de Zenga Mambou, le 15 avril 2016. »Claudine Munari lance un appel au rassemblement le 15 avril au boulevard » Ce, à la veille de l'investiture du président ayant volé le vote du peuple. Consulté le 18 avril 2016.

Debout pour revendiquer tes droits !
Femme de la planète où
Que tu sois, debout !
Debout pour soutenir la Congolaise !
Marchons tous ensemble
Pour barrer la route aux imposteurs !
Que la démocratie triomphe partout !
Que les droits de la femme et de l'enfant soient respectés !

Le pouvoir a célébré pompeusement sa victoire ce 16 avril 2016. Ce, après avoir marché sur les cadavres et muselé les opposants qui sont encerclés par les blindés. Voilà la vraie dictature du XXIe siècle demeurée impunie.

Réfléchissons ! Ressaisissons-nous et avançons ensemble comme le peuple digne du Burkina Faso et celui du Bénin. Arrêtons donc de propager le venin mortel !

En démocratie, nul n'est besoin de rappeler que la Cour Constitutionnelle dont l'un des rôles est de veiller au respect de la Constitution, ne devrait ménager aucun effort afin que celle-ci ne souffre d'aucune violation au Congo.

Un meeting musclé a été tenu le 3 mai 2015 à Pointe-Noire par l'opposition. Seulement Mathias Dzon aurait raté son coche par son absence. Clément Miérassa et Guy Romain Kinfouissia ont donné le ton du changement réel. Dans l'article publié par Congo-liberty, les questionnements de Jean-Marie Dikamona méritent attention : « Je suis du Pool. Je suis navré que des gens comme vous, complices notoires des crimes perpétrés par Sassou contre les populations du sud en général et du Pool en particulier, vous vous attaquiez à notre compatriote Mierassa qui reste constant dans son discours politique. Pourquoi essayez-vous d'établir un lien de famille ou de parenté avec l'assassin Okombi Salissa ? Non, soyez sérieux».

Comme l'a écrit un internaute :

« que dites-vous de Kolelas téké du Pool, qui avait des cachots chez lui à Bacongo, qui avait réquisitionné manu militari le centre de Polio de Bacongo, tout près du marché total, la buvette Bibi pour en faire des « maisons d'arrêt » et des lieux de sévices contre des originaires du Pool comme lui, des opposants bakongos et batékés du Pool à sa funeste politique, qui à cause de sa fameuse déclaration de Washington, a servi de prétexte à Sassou pour commettre un génocide contre les gens du Pool ? Que dites-vous de Kolelas, téké du Pool, à qui Sassou avait remis, par l'intermédiaire du Général Mbouissa Matoko, la somme de 40 millions de francs CFA pour monter son parti MCDDI ?

Que dites-vous de Kolelas qui après avoir semé avec ses ninjas la terreur à Bacongo et dans le Pool, a confié ses enfants Landry, Parfait et son fils adoptif Hello Mampouya, tous batékés du Pool à Sassou qui en a fait Ministres et Conseiller municipal et les nourrit au lait et au miel ? Que dites-vous de Ntoumi, ce rebelle en carton, la main du crime de Sassou dans le Pool, conseiller à la présidence avec rang de ministre ? Laissez Mierassa tranquille ! Quoiqu'étant téké des plateaux, guidé par son sens aigu de patriotisme, il a l'honnêteté de poser le problème des disparus du Beach qui sont tous originaires du Pool. Ce que Mvouba, Adelaïde Mouhani, Tchimbambelela et autres dignitaires originaires du Pool, tous des poules mouillées, n'osent pas soulever. Oui, Mierassa je vous soutiens dans votre démarche. Vous êtes un grand Monsieur. Oui, faisons du 5 mai, une journée souvenir et de mémoire pour nos chers disparus [165] ».

---

165 www.Congo-Liberty.com. INTERVIEW EXCLUSIVE DE SON EXCELLENCE M. DIEUDONNE ANTOINE-GANGA SUR LA SITUATION POLITIQUE ET SOCIO-ECONOMIQUE DU CONGO-B. Publié le 06/04/2015 par congo-liberty.com. Consulté le 8 avvril 2015.

Quant au pétrole, nerf de la guerre, sa gestion devrait être transparente afin de prévenir toutes sortes de maladies qu'entraînerait son extraction. Par ailleurs, le ministère des Hydrocarbures comme ceux des grands Travaux et des Finances devraient être confiés à des compatriotes loyaux. La gestion pétrolière attiserait tant de convoitises. Il est fort dommage que la France conserve le contrôle de l'or noir congolais.

Au nom des *sans voix,* nous dénonçons tous les crimes et tant de crimes contre l'humanité commis par toutes les milices congolaises et leurs fondateurs. La guerre et la haine fratricide ont grondé à Brazzaville, dans la région du Pool, à Bacongo, à Makélékélé, à Loubomo et à Nkayi, comme un tsunami. Que de massacres inconcevables ! Les responsables de violation des droits de la personne devaient se justifier devant un tribunal. Les *sans pitié* ont agi sauvagement alors que nous sommes des frères. Des innocents ont été éliminés. La communauté internationale a été tenue à l'omerta. L'odeur de la mort et de la misère s'est installée dans ce pays jadis havre de paix et dont Brazzaville, sa capitale historique fut la *capitale de la France libre.*

C'est sous les régimes de Denis Sassou Nguesso que les écoles ont été détruites pendant la guerre. Celles qui existent n'ont pas toutes de tables-bancs. Le manque d'enseignants et dont certains sont promus sans effet financier ! L'enseignement fut dénationalisé conformément à la Loi numéro 008/90 du 6 septembre 1990. Sans exagération, le niveau scolaire est le plus bas en Afrique centrale. C'est sous sa gouvernance que le manque d'eau potable et d'électricité sont flagrants ; la vie est devenue plus onéreuse et avec beaucoup plus de jeunes chômeurs ; plus de régicides et de divisions ; plus d'obus largués dans le Sud du Congo ; plus de destructions matérielles et de crainte pour la vie ; plus de fuite des cerveaux, plus de départs en exil de grands cadres constituant la Diaspora et luttant pour la survie et le changement au Congo ; plus de mendiants et de sans-abri ;

plus de veuves et d'orphelins ; plus de gens se clochardisant ; plus de laissés-pour-compte ; plus de parodies judiciaires et de mensonges ; plus de haine et de jalousie ; plus de corruptions et de courtisans ; plus de dépravations de mœurs; plus d'extravagance clanique ; plus de manque d'instruction civique et d'éthique professionnelle; plus de manque de respect de l'autre et du bien d'autrui ; plus d'évacuations sanitaires en France ou au Maroc ; plus de retours à Brazzaville des personnes évacuées sanitaires décédées ; plus de larmes ; plus d'argent et plus de prodigalité à l'extérieur du pays pour soutenir des groupes d'amis ; plus d'abus de pouvoir !

Le viol est massivement utilisé comme un arsenal de guerre.

Le pétrole serait géré comme un bien familial[166] et le pays comme une épicerie. Sa milice et son armée ont fait pleuvoir un déluge d'obus sur les régions du Sud surpeuplées.

Des coupes massives de bois dans la Sangha plus particulièrement à Ngombé. Chaque jour, plus d'une dizaine de véhicules de grumiers prennent le chemin de Douala (Cameroun) en parcourant Ouesso et Sokambo. Ce pillage et la destruction de la forêt ne figurent dans aucun livre journal des revenus du Congo.

Les unités de production n'existent plus comme c'est le cas de :

l'usine de poissons de Mossaka, Chacona, Sotexco, Impréco, IAD, Cidolou, Socavilou, Suco, Lina-Congo, STB et bien d'autres.

Le chômage des jeunes a atteint le point culminant de *42%* et le sous-emploi de *27%*. Un régime qui ne crée pas

---

166 http://www.lemonde.fr/afrique/article/2016/04/07/panama-Papers-comment-le-petrole-congolais-s-evapore-dans-les-paradis-fiscaux_4898082_3212.html. « Panama Papers » : comment le pétrole congolais s'évapore dans les paradis fiscaux ». Publié par Joan Tilouine in Le Monde Afrique, le 7 avril 2016. Consulté, le 10 mai 2016.

l'emploi pour les jeunes serait défaillant et l'économie en perpétuelle décroissance.

Des expropriés de Kintélé expriment leur colère. Leurs terrains ont été occupés par l'État contre leur volonté pour construire une ville olympique.

Le taux de mortalité maternelle est de plus en plus élevé. Par négligence médicale, les femmes meurent en donnant la vie. Le système de santé est sur des béquilles extenuées. De façon générale, le taux de mortalité est très élevé. Il est ridicule que le président de la république se fasse soigner à Marbela, en Espagne. Les évacuations des Congolais nantis coûtent excessivement chères ainsi que le rapatriement de leurs dépouilles.

La pénurie d'accès à l'eau potable et à l'électricité stigmate le plus grand échec de ce pouvoir extrêmement corrompu. La qualité de vie des Congolais régresse quotidiennement. Cette carence nuit aux actions économiques. L'économie est la clef de réussite de tout pays.

Le pillage systématique des deniers publics, la pratique de la concussion, l'inexécution des marchés publics et bien d'autres phénomènes minent ce pouvoir. Les fonctionnaires indécrottables ont toujours la main tendue, signe de malversation. Cette réalité est bien connue de tous. Les retraités seraient officiellement maltraités, les Truands au pouvoir exigeraient 40% de leur dû.

Le Congo est actuellement compté parmi les pays les plus corrompus au monde. Quelle triste réalité !

Le Congo est très dépendant des importations en matière de produits alimentaires. Le slogan de D. Sassou Nguesso demeura inutile : *l'auto-suffisance alimentaire à l'an 2000.* La misère continue à s'installer quotidiennement. Le rapport de septembre 2014 du FMI indiquait : « *plus de 46,5% de la population congolaise vit en deçà de la limite de pauvreté* ». Il s'agit du rapport 14/273. Que pourrait-il encore faire ce chef d'État qui ne tient point ses promesses électorales ?

Le Parti Congolais du travail (PCT) est redevenu Parti unique de fait. « *Le vivre durement aujourd'hui pour mieux vivre demain est demeuré un leurre* », slogan (1979) creux de D. Sassou Nguesso. Tous ces vains mots entraînent la détérioration du tissu social.

Suivant le sage, Maître Aloïse Moundileno Massengo :

> « Le Congo-Brazzaville, on ne se lassera, jamais, de le répéter, est entre les mains de Denis Sassou Nguesso, pratiquement, depuis 32 ans. Un homme violent, sanguinaire, jouant avec la vie et les larmes des autres, sans retenue comme le montre ce bref rappel de ses principaux crimes d'assassinat : assassinats de Diawara et de ses 28 compagnons en 1973; assassinats des présidents, Marien Ngouabi et Massamba-Débat, du Saint-Cardinal, Émile Biayenda, en 1977, procès de 58 faux complices de Massamba-Débat et exécution de 10 d'entre eux en 1978; arrestation du président, Yhombi Opango en 1979, pour haute trahison (sans preuve) et détention de l'intéressé, sans inculpation, ni jugement, pendant 12 ans; répressions sanglantes, à répétition, dans sa ville natale (Owando), jusqu'en 1997; guerre dite civile, du 5 juin 1997, contre le président Lissouba, démocratiquement élu, en 1992 (plus de 10.000 morts); massacres des populations du Sud du pays (1998-2003) en vue de « parachever » (sic) sa victoire sur Lissouba (intervenue le 15 octobre 1997); massacres dont les plus spectaculaires eurent lieu au port de Brazzaville (Beach) : plus de 353 exilés trompés à l'aide d'une promesse d'amnistie politique quittent le Congo-Kinshasa, traversent le Fleuve Congo. Sur la rive de leur pays, ils sont livrés aux bourreaux. C'est l'Affaire du Beach, pendante, devant les juridictions internationales (La Haye) et française [167] ».

---

[167] www. Congo-liberty, Afrique Éducation vs « [Congo-Brazzaville] Maître Aloïse Moudileno-Massengo dit tout sur Denis Sassou Nguesso ». Publié le 29 NOV.

De facto, le président congolais demeure impuni et intransigeant.

À cela s'ajoute la gestion chaotique de la république : la surfacturation des marchés de l'État, la dépravation des mœurs et le sexe restent un phénomène de la société moderne congolaise. Que de détournements de biens publics !

Le Congo se substitue en État créancier à l'image de la Banque mondiale. Il a prêté des milliards de Francs CFA sans voir la misère des Congolais surtout des chômeurs et des sans-abri. À titre personnel, le président de la République a prêté sans tenir compte du respect des règles de l'orthodoxie financière des milliards et des milliards sans penser aux populations affamées et aux jeunes diplômés désœuvrés.

Le Trésor public est géré comme un bien privé. Le régime de Sassou distribue l'argent ici et là pour acheter les consciences intérieures et extérieures.

De nombreuses campagnes françaises auraient été financées par ce président : celles de Jacques Chirac et de Nicolas Sarkozy. Certains présidents africains seraient également soutenus lors de leurs campagnes électorales et c'est le cas du président Pierre Nkurunziza du Burundi, un autocrate. Il aurait perçu des milliards de la part de D. Sassou Nguesso.

Le Congo serait devenu la banque congolaise des prêts (BCP). Cela démontre à quel point le Congo est géré comme un bien personnel, une épicerie. Sa gestion est calamiteuse. Ensuite, ces prêts ou ces dons ne sont pas budgétisés.

Ce jeu est bien invraisemblable au moment où le FMI a élu le Congo au statut de pays pauvre très endetté (PPTE). Où sont passés les milliards d'excédents budgétaires occasionnés par l'annulation de la dette extérieure ?

2012. PAR JECMAUS. BLOG : CONGONEWS-BRAZZAVILle. Consulté le 15 mars 2015.

Le manque de transparence dans la gestion des ressources humaines, financières et naturelles demeure un énorme problème. Tout est souvent improvisé et fait soit à la hâte ou mis dans les oubliettes après avoir détourné l'argent du projet.

Au lieu de soutenir l'Homme, on le tue pour le matériel et le pouvoir. Et, le ***PLUS JAMAIS ÇA***, devrait être un slogan irrévocable. Il faudrait que cesse l'achat des consciences, l'agitation ethnique, l'intimidation, la manipulation et les nombreuses intrigues politiciennes. On constate amèrement que ce régime continue à creuser les inégalités.

À mon avis, égalité, justice sociale et solidarité sont des pierres d'assise d'une conception véritablement démocratique et non tyrannique.

Les Congolais devraient choisir librement et de manière incontestable leur candidat. Il serait important de faire un travail de fond afin d'aboutir à une vraie refondation à tous les niveaux. Comme le relève bien Lanza Del Vasto, « *Changer de régime et améliorer les lois sans changer les hommes et les rendre meilleurs, c'est comme balayer la chambre sans ouvrir la fenêtre; la poussière soulevée retombera d'où elle vient* », si elle n'est pas bien sûr avalée ».

Apprenons à rassembler au lieu de créer des divergences inutiles dans un pays où tout le monde se connaît.

De plus, apprenons à respecter les procédures judiciaires tout en favorisant l'intégration culturelle, économique et sociale. Peuple congolais, debout, marche vaillamment et paisiblement vers un objectif commun, celui de l'alternance démocratique.

Que le vote ne soit point tribal.
Les Congolais espèrent l'alternance et le changement.
Éloignons à tout jamais le spectre de la violence.
Renforçons les principes de démocratie et de liberté !
Renforçons la paix et l'unité nationale !
Ô Éternel, dont la force l'emporte sur tous,

« Écoute la voix »[168] de sans voix,
Tire-les de la main des exécrables
Et, libère-les de leur peur
Et, éloigne d'eux l'horreur
Et, toutes sortes de calamités.
« Viens à leur secours !
Donne-leur du courage ![169] »

Pour ce cas particulier du Congo, il conviendrait de rappeler que seule la justice est capable de rétablir chaque partie en conflit dans ses droits. La justice est bien évidemment le socle de la démocratie et de la paix. Il sied donc de retenir en tout temps que personne ne pourrait se faire justice soi-même. Comprenons que la justice basée sur la loi du Talion est rétrograde. Nous sommes loin de cette époque barbare du principe : *dent pour dent, œil pour œil…* Seule la justice protègerait les intérêts de tout citoyen. Sur ce point de vue, la justice devrait toujours être équitable. La démocratie est donc synonyme de justice équitable. Puis, c'est le pouvoir judiciaire qui joue un rôle fondamental car il tranche en toute *indépendance* et *neutralité.* Respectons la séparation des pouvoirs judiciaire, législatif et exécutif. Cessons avec les simulacres des procès comme à la Cour Pénale Internationale (CPI) réputée pour sa justice de *deux poids-deux mesures.*

Le pouvoir exécutif aurait tort d'avoir l'obsession maladive du contrôle absolu de *tout* comme dans une monarchie. Rien ne devrait lui échapper et les bourreaux veillent partout. Et, c'est la peur de perdre le pouvoir. Mais, chaque chose a un temps. Tout a un début et une fin. « La mobilisation des citoyens est le seul contre-pouvoir efficace pour mettre fin à un régime despotique »

Nul n'est propriétaire du pouvoir car celui-ci ne s'inscrit point dans l'éternité. Seul l'état demeure une continuité. Il

---

168 Esther, 17 l, la Bible de Jérusalem, Cerf. Les Éditions Novalis, Canada, P. 683.
169 Ibid

faudrait exercer le pouvoir pour le bien commun. Cessons donc de nuire au pays et au peuple. De plus, il serait souhaitable de réviser le procès de Marien Ngouabi, du Cardinal Émile Biayenda et celui des disparus du Beach. Les familles mériteraient d'être consolées et d'être indemnisées. Devoir de mémoire exige, il faudrait leur construire une stèle.

Il est important de mentionner que le régime du président Fulbert Youlou fut composé d'instituteurs, celui de Massamba-Débat de quelques instituteurs et des cadres. Cependant, le régime de Sassou Nguesso est constitué de plus grands cadres du pays mais le pouvoir est dirigé par un seul homme.

De nombreux cadres aguerris sont en exil parce qu'ils craignent pour leur vie. Ils constituent la diaspora. Ils ne sont pas pour le changement de la constitution qui est un acte d'incivisme, de rupture de serment et de forfaiture. La population vivote et elle vit dans la peur d'une nouvelle guerre civile. Sassou Nguesso est le maître d'œuvre de la division et de tant de tueries et d'enlèvements.

Le Congo est un pays producteur de pétrole. Mais, le clan au pouvoir pillerait tout. Il tient toujours le haut du pavé. Et, il est incapable d'enrayer le chômage record des jeunes et le non-paiement de retraite aux ayant-droits. Avec tant d'argent amassé, le régime actuel aurait pu construire des hôpitaux, des universités dans chaque région, etc. Il a manqué encore une fois d'affirmer sa personnalité d'un vrai chef d'État. Subséquemment, il manque de nouveau le plus grand rendez-vous de l'histoire. À cause de lui, les Congolais font face à l'obscurantisme de ce pouvoir vicieux. Le président ne montre aucune émotion vis-à-vis de la situation du Congo. Il est prêt à aller très loin dans l'accomplissement de son destin. Il oublie qu'en politique, on devrait servir et non être dans la gloire.

Maintenant, il est contesté par la majorité de la population qu'il ne pourrait plus jamais manipuler. Il serait donc inutile de rendre le fauteuil présidentiel imprenable. Le peuple conteste la dynastie et il refuse les réseaux clientélistes. L'enjeu de fond demeure le pouvoir pour le pouvoir. Erreur de jugement. Les Aveugles voient maintenant et ils refusent désormais d'être dirigés par un absolutiste. C'est pour cette raison que l'opposition réussit ses manifestations sans argent, sans uniforme et sans importer les militants. La désobéissance civile a eu une réverbération très favorable à travers tout le pays. Rues désertes. Le NON au référendum du 25 octobre 2015 a triomphé d'où nous divulguons le message de sa très *faible participation*. Le peuple a marqué son refus.

Le régime de Sassou Nguesso s'époumone de nouveau dangereusement. Il vise à mettre à genoux l'opposition et la majorité du peuple déclinant le référendum que ce régime leur impose : **NON AU RÉFÉRENDUM DE SANG !** C'est le début de la descente aux enfers pour ce régime qui ne pourrait point gagner des élections cristallines. Il triche. Il manipule les urnes en les bourrant de ***OUI***.

Face au référendum initié à la hâte par ce régime, la diplomatie française aurait fait preuve d'impuissance pour n'avoir pas *tourné sept fois sa langue*. Elle aurait eu tort de ne pas se ranger sur les points de vue éclairés de Washington. Ce, pour des raisons du droit de la personne et des principes de démocratie. Comment pourrait-on composer avec le pouvoir ayant du sang de son peuple sur les mains ? Quel paradoxe !

Sassou Nguesso et ses alliés politiques ainsi que militaires devraient quitter sans tarder le pouvoir pour crimes contre l'humanité commis par eux depuis des lustres.

La principale tâche du nouveau régime serait de recoller les calebasses et de créer un mode de vie plus digne tout en assurant la sécurité du territoire et de tous les citoyens. La politique du pays s'inscrirait globalement dans la vision de la Conférence Nationale Souveraine de 1991.

La manne pétrolière serait-elle une calamité pour les Congolais ? La paix sociale est compromise. Généralement, la richesse irait de pair avec la stabilité sociale et la bonne gouvernance. Mais, ce n'est pas le cas au Congo. Les gens qui se sucrent copieusement au Congo soutiennent fortement le Chef d'État sanguinaire donnant l'image de celui qui sait grincer la patte. Le Donateur principal financier braderait le pétrole en gérant des groupes douteux. Ils continuent à le soutenir parce qu'il est le grand Maître de la violence.

Enfin, j'exhorte les uns et les autres à expier leurs fautes pour mieux reconstruire. Il est temps d'accepter que la paix demeure l'objectif le plus noble à atteindre. Pour cela, il revient à chacun de contribuer à faire régner un climat de concorde et de fraternité tout en offrant une meilleure qualité de vie au peuple congolais. Aussi,

> Nous rendons hommage à tous nos morts.
> Que l'Éternel accorde Sa grâce et,
> Sa paix au peuple congolais et à tous les Africains !
> Le *Congo est un et indivisible.*
> L'Afrique est une et indivisible !

Ainsi, je lance un vibrant appel à l'alternance démocratique, à la paix et à la justice sociale. Il faudrait privilégier des politiques alternatives pour mieux reconstruire l'État dans la dignité. Aucun parti ne devrait pervertir l'unité nationale. Le vivre ensemble demeure un atout social majeur. Et, la majorité des congolais aspire à une vraie paix inconditionnelle. Il faudrait absolument comprendre que la souveraineté du peuple est inaliénable. Elle ne peut s'exprimer valablement que dans les conditions de transparence et d'équité.

Le peuple congolais mérite un chef d'État patriotique et respectueux des droits fondamentaux de tout citoyen. Engageons-nous donc sur la voie de la démocratie, de la bonne gouvernance et du respect des droits de la personne pour un Congo authentique, indivisible et prospère.

5- Massacres, génocides et impunité

1- Cas de la Kabylie (Algérie)

En 1871, la Kabylie algérienne a connu un massacre mené par « les généraux français qui avaient écrasé la Commune de Paris ». Le début des indépendances des colonies, fut marqué par des crimes odieux. Des assassinats inexpliqués des ténors de la politique africaine aux tueries les plus ignobles de l'histoire de l'humanité, les Africains continuent d'assister impuissants à la déconfiture de leur continent. Selon grand-mère Menga, au village, les guerres des indépendances, d'Alger au Cap ont fait de nombreuses victimes. « De 1954 à 1962, les combats de la guerre d'indépendance eurent lieu en Algérie où la répression coloniale s'exerça avec la plus grande férocité »[170]. Le 20 avril 1980 marque la date du printemps berbère. La révolte estudiantine s'est déclenchée en Kabylie. Les étudiants revendiquaient la « reconnaissance de la culture amazighe [171] ».

Cas du Sud-Ouest africain (Namibie) Selon le journal Jeune Afrique, « le 10 juillet 2015, cent ans tout juste après la fin de la domination coloniale allemande sur le Sud-Ouest africain, l'Allemagne a enfin reconnu le crime qu'elle y a commis, essentiellement entre 1904 et 1905 [172] ».

Par ailleurs, « annonçant la préparation d'une déclaration conjointe avec la Namibie, le gouvernement d'Angela Merkel a tenu à préciser qu'il considérait que « la guerre d'extermination menée en Namibie entre 1904 et 1908 était un crime de guerre et un génocide [173] ». Pour la première fois, ce terme est employé de manière officielle au plus haut sommet de l'État

---

170 Ramonet, I. (juillet 2001). *Kabylie*, Le Monde diplomatique. p. 1

171 Ibid

172 www.jeuneafrique.com/246574/politique/lallemagne-reconnait-le-genocide-des-hereros-et-des-namas/. "Namibie : le génocide oublié". Publié, le 25 mai 2012. Par Nicolas Michel. Consulté le 20 août 2015.

173 Ibid

pour qualifier le comportement de la Schutztruppe emmenée par le général Lothar Von Trotha »[174].

N'oublions point que les Allemands construisirent des camps de concentration. Ceux-ci furent érigés contre les peuples Héréros et Namas de la Namibie actuelle. Plus de Héréros périrent. Les Héréros et les Namas résistèrent. Seulement, les Allemands bien préparés prirent le dessus et la cruauté humaine fut à son comble. Le carnage des hommes, des femmes et des enfants demeurent encore impuni.

2- Cas de la République démocratique du Congo

Entre les années 1953 et 1954, Patrice Emery Lumumba, percepteur des postes, assurant l'intérim de l'administrateur belge des postes et Télécommunications, bénéficia de certains avantages octroyés seulement aux Blancs. L'administrateur belge outré par cette prétendue usurpation des privilèges, l'envoya en prison où il subit des exactions atroces et inhumaines. Il fut fouetté en public pour avoir osé toucher aux indemnités auxquelles seul un belge avait droit. Le salaire de ce dernier était de 20 000 F belge tandis que celui de Lumumba n'était que de 8 000 F belge. En prison, Lumumba interjeta appel. Certains belges eurent de la compassion pour ce nègre quelque peu récalcitrant. Ils l'aidèrent à prendre un avocat en la personne de Maître Gilles Sommet qui fit le déplacement pour Kisangani. Lumumba gagna le procès et exigea d'être indemnisé.

A sa sortie de prison, grâce à son expertise et son aisance verbale, Lumumba fut nommé directeur commercial de la *Bralima*, brasserie de la bière Primus, à Kisangani. Son éloquence sur la publicité de cette marque de bière lui ouvrit les portes de la politique. En 1956, Lumumba est affecté au siège de la Bralima, à Léopoldville, actuel Kinshasa. En 1957, il

174 Ibid

mit en place la Fédération des Batétéla. Mais, ceux nés à Léopoldville ne l'acceptèrent guère, raconte grand-mère Menga. Les Lutulas le prenaient pour un homme de la forêt.

Malgré ses déboires, il créa la Fédération africaine congolaise à l'instar de l'Abako, parti politique des ressortissants du Bas-Congo qui existait déjà. Pour dire combien Lumumba était avancé dans sa réflexion politique, il parlait déjà de la démocratie et des méfaits de la balkanisation de l'Afrique. En 1958, il fonda le Mouvement national congolais (MNC) avec Joseph Désiré Mobutu. Son grand penchant pour Nkwame Nkrumah, Gamal Abdel Nasser et Sékou Touré qu'il rencontra à Accra au Ghana, l'emmena à prendre des risques incalculés jusqu'à prononcer ce discours aussi compromettant que révélateur : « …Pour mon pays, pour mon peuple, je n'ai ni père, ni mère, ni frère, ni sœur. Je ne suis d'aucune tribu. Je façonne le Congo car le Congo m'a fait… [175] ».

Le 30 juin 1960, le roi Baudouin vient d'accorder l'indépendance à cet empire qui fut la propriété privée de Léopold II. Le bouillant et brillant Lumumba deviendra premier ministre de la jeune République démocratique du Congo dont le premier président sera Joseph Kasavubu du mouvement politique Abako. Au moment où la cérémonie tendait à sa fin, Lumumba qui ne devait en principe pas prendre la parole ce jour-là, se dirigea vers la tribune et donna une allocution qui vexa le roi Baudouin, le premier ministre belge M. Eyskens et bien d'autres invités :

> « Ceci est une date historique, car nul Congolais ne pourra oublier que c'est par la lutte que cette indépendance a été acquise. Une lutte sans merci pour mettre fin à l'humiliation qui nous avait été imposée par la force. Nous avons subi les insultes, les coups matin, midi et soir, parce que nous étions des Nègres. Qui oubliera

---

175 Ibid.

qu'à un Noir on disait "tu", non certes comme à un ami, mais parce que le « vous » honorable était réservé aux seuls blancs ?[176]»

Dans ce vaste pays où les colons belges ont commis des crimes contre l'humanité, l'œuvre de la prétendue civilisation s'est faite dans la violence et la terreur. La Belgique s'est construite au prix du sang congolais et par les fruits du pillage des ressources naturelles de ce pays (diamant, cobalt, uranium, etc.).

Dans sa course effrénée pour la dignité du congolais et de l'homme en général, Lumumba amorça une lutte contre la corruption. Mais très bientôt, avec la complicité de ses frères congolais et africains, il sera la proie des détracteurs qui voulaient à tout prix freiner le progrès et la conscientisation politique de l'Afrique. En nationaliste invétéré, il décida que le cuivre soit désormais traité au Congo afin de créer l'emploi. Arrêté en 1961 après trois mois au pouvoir, il fut envoyé à la prison de Mbandza NGungu. Là-bas, il eut le temps de confier aux officiers que c'était un coup monté par les Belges qui l'empêchaient d'œuvrer pour l'indépendance économique de son pays. Les officiers le crurent et le libérèrent.

Le sergent Mobutu, nommé Chef d'Etat-major par Lumumba, ayant appris sa libération, viendra expressément le prendre à Mbandza NGungu en le rassurant qu'il repartait prendre le pouvoir à Kinshasa. Lumumba flaira la manigance et lui dit : « Ah ! Joseph (Mobutu), toi aussi, tu me conduis vers la mort… Tu dirigeras longtemps ce pays mais tu quitteras le pouvoir dans l'opprobre. Sans le M.N.C, le Congo est un pays ingouvernable ». Au lieu de prendre la route vers Kinshasa, Mobutu l'emmena à Lukala, ensuite à Muanda où un DC4 l'attendait pour MBuji-Mayi (Bakwanga). À Bakwanga, Kaloji Albert refusa de prendre les trois colis qu'on lui

---

[176]Griffon, R. (1993). Destins brisés 100 vies de célébrités disparues avant 40 ans, Droguet-Ardant, Paris. P. 210-211.

proposa. Les colis contenaient : Lumumba, Okito et Polo Maurice. L'avion redécolla pour Lubumbashi.

Tshombé Moïse et Munongo Albert acceptèrent les *trois colis*. Le 17 janvier 1961, avant d'être assassinés, dépecés, brûlés et mis dans du formol, Lumumba et ses compagnons subirent des tortures d'une cruauté bestiale. Avec la complicité de ses frères africains à la solde des blancs, ce complot monstrueux, œuvre de la nébuleuse internationale, fut exécuté dans ces moindres détails. Aucun Chef d'État africain ne leva le petit doigt pour contrer ou ne fusse que dénoncer cet assassinat crapuleux. La mort de ce panafricain avéré est l'épée de Damoclès qui aujourd'hui pèse sur le toit de l'Afrique et couronne les drames du silence.

Il est impensable qu'Henry Spaak, ministre de la Coopération internationale belge, puisse s'exprimer en ces termes : « on ne donnera jamais l'indépendance aux macaques ». Lumumba répliqua : « Je regrette mais les mêmes macaques que vous insultez aujourd'hui, demain, ils vont reprendre leur forêt ». Qui se sent morveux se mouche, cette réplique blessa Henry Spaak. En 1965, avant de le proclamer *Héros national*, Mobutu, rongé par le remord confia à Louis Sokoni que « Lumumba était un prophète. J'avais reçu des ordres à exécuter et je ne pouvais pas faire autrement », ajouta-t-il. Et pourtant, Lumumba ne revendiquait rien qu'une indépendance politique et économique immédiate pour le Congo.

3- Cas de la République Centrafricaine

En 1959, l'avion de Barthélémy Boganda, progressiste centrafricain, explose en l'air mettant ainsi fin à son projet des États-Unis d'Afrique centrale.

4- Cas du Congo - Brazzaville

André Grenard Matsoua, agent de douanes, résistant, syndicaliste et progressiste visionnaire, ayant eu comme numéro matricule 22, fut le premier à dire « NON » au paiement des trois francs d'impôts imposés par la France aux autochtones. Ce « NON » de la désobéissance fut pour le peuple du Pool le *Non* du chemin de la croix et de la bannière. André Grenard Matsoua, arrêté, déporté, torturé et tué, fut enterré à la sauvette voire dans l'anonymat. Sa mort, inexpliquée et secrète, suscite encore des débats dans le milieu de ses adeptes. Ce progressiste panafricain mena une lutte pacifique et acharnée pour la libération du Congo-Brazzaville et du continent africain. Mais aujourd'hui, réunis autour de l'association amicale qu'il fonda, le peu d'adeptes encore en vie, continue avec détermination à suivre la doctrine *Matsouaniste.*

5- Cas du Congo-Brazzaville (1998)

À Brazzaville, le 18 décembre 1998 marque l'entrée dans les quartiers de Bacongo et de Makélékélé des miliciens présentés par le gouvernement comme des Ninjas mais des Nsiloulou de Ntumi, prétendus rebelles bien soutenus par le pouvoir en place.

> « Sur la radio France Internationale (RFI) Bernard Kolélas annonce que les Ninjas contrôlent tous les quartiers sud de Brazzaville. Selon les témoignages rapportés par le journal « la Semaine Africaine », d'ex-ninjas « improvisent des meetings sur certaines places publiques et brûlent un poste de police, des badauds

adhèrent à ce mouvement et une certaine atmosphère d'insurrection s'empare de Bacongo et de Makélékélé »[177].

Le Ministre François Ibovi, porte-parole du gouvernement demande aux habitants de ces quartiers et des environs d'en partir en empruntant le couloir humanitaire ouvert à cet effet. Il affirme d'autre part que ceux qui refuseraient d'en partir, seraient considérés ipso facto comme des Ninjas et seraient neutralisés car Bacongo et Makélékélé seraient ratissés au millimètre carré (sic). Quelques heures plus tard, c'est l'offensive des Forces armées Congolaises appuyées par des anciens cobras et les troupes angolaises [178] ». Je corrobore les propos relatés ci-dessus, pour les avoir entendus elle-même à la radio et pour avoir vécu ces événements en chair et en os. Impuissante, elle a vu le Sud de la capitale défiguré ainsi la région du Pool complètement vidée de ses habitants massacrés. Que de charniers ! Pour les survivants, pouvoir partir était l'unique solution. Les obus étaient largués ici et là.

6- Cas de la Guinée

En 2009, un massacre d'une ampleur inouie dans un stade et des viols ont été perpétrés à Conakry (Guinée). Quelques mois plus tard, Dadis Moussa Camara, président putschiste de la Guinée, fut lui aussi victime d'un attentat commis par ses frères d'armes. Il en est sorti vivant mais diminué et exilé au Burkina faso.

---

177 Antoine-Ganga, D. (2012). Si Bacongo m'était conté, La joie de vivre métamorphosée en violence, L'Harmattan, Paris, P. 83.

178 Ibid

Afin de sauvegarder leurs intérêts colossaux, les Occidentaux s'interdisent de critiquer tout haut ce qu'ils disent tout bas dans les coulisses de leurs palais aménagés en bunker : *Nous savons tout, comprenez que tant qu'ils sont au pouvoir, nous sommes tenus de la boucler pour des raisons multiples.* Dès que Radio-France-Internationale (RFI) donne une information incendiaire vraie ou fausse concernant, les pays où les droits humains sont foulés aux pieds, les sanguinaires protestent et censurent l'information.

7- Cas des Grands Lacs

En ce qui concerne les massacres des populations, le silence des pays des Grands lacs en dit long. Il est révoltant de constater avec quel sadisme les gens s'adonnent aux crimes qu'ils maquillent en règlement de compte. Pourtant, par leur caractère haineux, ces tueries dénotent une pure et simple épuration ethnique. Les femmes, violées, veuves, avilies et soumises à des traitements deshumanisants sont inconsolables. Est-il humain de massacrer, pour uniquement le pouvoir, des amis, des voisins ou des frères et sœurs sans remord ? L'homme serait–il devenu plus farouche et plus bestial que la bête elle-même ? Serait-il devenu carrément « un loup pour l'homme » comme l'affirmaient les Romains ? D'où venaient les machettes qui ont nourri les crimes au Rwanda ? Qui est le commanditaire, voire le cerveau penseur, de tous les crimes crapuleux perpétrés partout ailleurs en Afrique ? Ces questions trouveront leurs réponses dans les rapports incestueux qu'entretiennent les despotes africains avec leurs partenaires occidentaux.

8- Cas du Cabinda

Le 1er février 1885, l'enclave du Cabinda est mise sous le protectorat portugais tandis que l'Angola était déjà une colonie portugaise depuis 1482. En 1933, la loi fondamentale du

Portugal place le Cabinda parmi ses provinces hors Portugal, une différence entre l'Angola et le statut du Cabinda est marquée. C'est en 1956 que le Portugal va rallier le Cabinda à l'Angola. En 1963, le Front de libération de l'enclave du Cabinda (FLEC) est mis en place à Pointe - Noire au Congo Brazzaville. Il y a donc le mouvement de Libération de l'enclave du Cabinda (MLEC), le Comité d'action d'union nationale cabindaise (CAUNC) et l'Alliance du Mayombe (Alliama). L'Organisation de l'unité africaine a listé le Cabinda au 39e État devant être décolonisé tandis que l'Angola était le 35e. Qu'en est-il advenu du plaidoyer de l'Ambassadeur du Zaïre (actuelle RDC.) en Éthiopie lors d'une conférence continentale à Addis-Abeba en faveur de l'indépendance du Cabinda, le 6 janvier 1975 ? Il s'agit de la « déclaration à la tribune de l'U.A. par le Ministre des Affaires Étrangères du Congo Monsieur David Charles Ganao et le chef de la délégation du Zaïre en Éthiopie, le citoyen Bagbeni Adeito Nzengeya, Ambassadeur du Zaïre en Éthiopie[179] ».

Le Président Julius Kambarage Nyerere de la Tanzanie s'est exprimé de façon suivante au cours de son « discours du 8 janvier 1975 à Dar-es-Salam à la séance d'ouverture de la 24e session ordinaire du Comité de Coordination pour la Libération de l'Afrique : «Aucun peuple africain ne lutte par plaisir. Mais tous les peuples du Monde veulent vivre libres. C'est en désespoir de cause qu'ils se sentent obligés de mourir pour cette liberté [180] ».

La Conférence d'Alvor tenue au Portugal a rattaché le Cabinda à l'Angola le 10 janvier 1975 sans la présence du FLEC qui depuis lors exige l'indépendance de cette enclave.

---

179 https ://liberationcabinda.wordpress.com/histoire-du-cabinda/vs http ://www.cabinda.org/histoire.htm. «Histoire du Cabinda par le Front de Libération de l'État du Cabinda (FLEC) ». Consulté le 7 avril 2016.

180 w.cabinda.net/Cabinda06.html. "REPUBLIC DE CABINDA. L'INDEPENDANCE DU CABINDA ». Consulté, le 20 mars 2014.

Cependant, l'UNITA, le MPLA et le FNLA prenaient part à ces assises. Voilà comment le Cabinda deviendra la 18 ème province de l'Angola. Et pourtant, en 1976 son indépendance fut proclamée en Ouganda (Kampala). La compagnie américaine Chevron ayant découvert un gros gisement de pétrole en 1997 décida de s'y implanter.

Le 8 janvier 2010, il y eut une attaque armée de l'autobus conduisant les footballeurs togolais qui allaient jouer au Cabinda dans le cadre de la Coupe d'Afrique des Nations (CAN). Les massacres commis par les mouvements de libération de cette enclave riche en matières premières pourraient devenir de plus en plus fréquents et meurtriers. Il y a donc lieu de remettre sur la table de négociation le problème de l'indépendance de cette enclave. Dans l'attaque du bus transportant les Togolais et revendiquée par le FLEC, en plus d'un blessé grave, l'entraîneur adjoint, Abalo Amelete et le chargé de communication, Stanislas Ocloo y ont perdu la vie. Ceci montre combien instable est l'Afrique politique et comment on y foule aux pieds les droits démocratiques fondamentaux.

Les dirigeants africains qui semblent avoir des pierres à la place du cœur ne se soucient de rien et surtout pas des jeunes ni des générations futures. Abrités confortablement sous l'ombre des parapluies étanches de ceux qui leur livrent les armes, beaucoup d'entre eux siègent sur des trônes imbibés de sang. Est-il besoin de comprendre la raison pour laquelle ces dirigeants se procurent des engins de guerre parmi tant de misères ?

Le désastre enregistré pendant les deux guerres mondiales n'a nullement déterré la volonté de l'homme de renoncer à la violence ainsi qu'à la construction, l'achat et la vente d'armes de destruction massive. Quel que soit le mobile ou leur origine, les conflits éloignent, divisent, détruisent et réduisent les peuples à néant. Si les marchands d'armes attisent les foyers de combats, les commentaires parfois démagogiques des journalistes qui enveniment les situations déjà explosives, créent la zizanie et augmentent la tension.

9- Cas du Nigéria

Cette guerre civile fut terriblement meurtrière. « Tout avait commencé le 26 mai 1967 par un vote du conseil consultatif de la région de l'Est décrétant sa sécession. Le 30 mai, le lieutenant-colonel Odumegwu Emeka Ojukwu donne au nouveau territoire le nom de Biafra et lui attribue une capitale, Enugu. La réaction du gouvernement fédéral militaire (GFM) est immédiate : il déclare l'état d'urgence. Les " mesures policières " se transforment rapidement en une véritable guerre civile. Au plus fort des combats, Lagos engagera près de deux cent cinquante mille hommes. On peut constater que " la lutte politique et ethnique masquait un enjeu économique : c'est au Biafra que se trouvent les quatre cinquièmes de la richesse pétrolière nigériane, dont la production, en 1966, atteignait quatre cent mille barils par jour. C'est pourquoi les grandes puissances internationales et les compagnies pétrolières se préoccupèrent très vite de cette guerre civile " [181] ».

Aussi, les horreurs de la guerre ethnique du Biafra au Nigéria entre Ibo et Haoussa, commanditée et financée par certains pays d'Europe, hantent encore les mémoires.

10- Cas de la Namibie

De « 1904 à 1907, l'armée allemande massacra des dizaines de milliers de membres de ce peuple africain dans la colonie du Sud-ouest aujourd'hui devenue la Namibie. Nombre d'historiens spécialisés décrivent cette hécatombe comme le

---

[181] Le Monde diplomatique. (septembre, 2008). « Sur fond d'indignation et de pétrole, tout a commencé au Biafra ». Par Pierre Micheletti. Consulté, le 20 avril 2016.

premier génocide du XXe siècle [182]. Pour ce faire, ces images épouvantables mériteraient une réparation immédiate. Pourquoi avoir décimé un peuple qui revendiquait pacifiquement ses droits ? Ces crimes d'une cruauté barbare furent commis par « un officier allemand, Lothar von Trotha, contre le peuple Hereros qui protestait contre la confiscation de leurs terres, les abus physiques et l'esclavage [183] ».

11- Cas de l'Afrique du Sud

En Afrique du Sud, les massacres des mineurs revendiquant leurs droits en 2012 a énormément choqué l'opinion publique. Cela est inimaginable après la fin de l'apartheid.

« Le gouvernement sud-africain a rendu public jeudi 25 juin soir le rapport d'enquête sur le massacre de Marikana. Il s'agit de l'incident le plus tragique depuis la fin de l'apartheid. En août 2012, la police abattait 34 mineurs lors d'une grève illégale, prétextant la légitime défense. L'incident avait profondément choqué le pays par sa violence. La commission d'enquête a mis près de trois ans à rendre son rapport final[184] ». Julius Malema, l'un des leaders Sud-africain déplore fortement l'attitude irresponsable du gouvernement : « le rapport ne blâme personne. Il n'appelle personne à s'excuser, et il ne recommande aucune indemnisation pour les vies perdues ».

---

182 Thibeaut, M. (samedi, le 14 mars 2009). *L'Allemagne rattrapée par son passé colonial.* La Presse Montréal, p. A35.

183 Oboya Endong Manasse. (décembre 2002). *Menaces sécessionnistes sur l'État camerounais.* Le Monde diplomatique. Paris. P. 12.

184 http ://www.rfi.fr/afrique/20150626-afrique-sud-rapport-enquete-mineurs-marikana-police-familles-malema. « Afrique du Sud, Rapport sur le massacre de Marikana : les familles des mineurs déçues". Publié, le 26 juin 2015. Par Alexandra Brangeon. Consulté, le 20 avril 2016.

12- Cas du Rwanda

Dans le cas du Rwanda, l'étincelle est partie de Kigali où les casques bleus étaient en mission de paix. Malgré leur présence sur le terrain, le génocide n'a pu être évité. Ceux qui ont tiré sur l'avion transportant les présidents du Rwanda et du Burundi seraient les ordonnateurs certifiés de cette barbarie génocidaire. La mort de ces deux chefs d'États s'est soldée par une série d'exécutions.

Le groupe de Raphaëlle Branche relève qu' « en avril 1994, le Rwanda est victime d'un des génocides les plus sanglants du XXe siècle avec près d'un million de morts. Ce génocide trouve ses racines dans l'histoire complexe du pays qui a vu s'opposer la minorité tutsie aux Hutus. Le colonisateur belge qui soutenait les Tutsis quand ils étaient au pouvoir a brusquement changé de positions lors de l'indépendance de 1959. En conséquence, les Tutsis ont été écartés du pouvoir et discriminés jusqu'au génocide de 1994. Le 6 avril 1994, le président du Rwanda Juvénal Habyarimana est assassiné en abattant son avion, lors de son atterrissage à Kigali. Pendant la nuit du 6 avril, l'attentat fut l'élément déclencheur du génocide … [185] ». A bord de cet avion, se trouvait le jeune président burundais, Cyprien Ntaryma.

La première ministre, Agathe Uwilingiyimana, qui rassurait que le calme était revenu, fut crapuleusement abattue, laissant derrière elle un monde en émoi. Il convient de mêler ainsi nos larmes à celles de nos frères et sœurs :

Pleure Afrique !
Pleure Mère Afrique !
Pleure tes enfants !
Oui, verse tes larmes intarissables !
Fais couler tes larmes,
Pour qu'elles tombent en cascade ;

---

[185] Branche, R. Virgili, F. Delpa, I. Horne, J. Lagrou, P. Palmieri, D. (2011). Viols en temps de guerre. Éditions Payot & Rivages, Paris. P. 150-151.

Rideau de fer infranchissable
Plus jamais les génocides !
Non à la barbarie !
Oui au respect des droits fondamentaux !

Les commanditaires de ce brasier génocidaire, pourtant connus de tous, n'ont jamais été poursuivis. Le chiffre effroyable de 800 000 morts a été souvent avancé. En vérité, personne n'a le compte exact de ce carnage pour lequel les Occidentaux plus particulièrement les Français, *champions* des coups d'État en Afrique francophone, seraient aussi indexés. En tout temps, favorisons le règlement pacifique de conflits.

Le Rwanda vibre au rythme de la modernité mais le fossé entre les riches et les pauvres est palpable. Les séquelles de la guerre sont présentes. Le sida sévit parce que beaucoup de femmes furent violées. La santé mentale est un autre fléau qu'il faudrait combattre. Ce problème est sérieux. Il faudrait plus de psychologues et d'intervenants sociaux. Cette société serait bien malade comme bien d'autres. Les traumatismes d'une guerre cruelle sont difficiles à traiter.

La présence de rebelles dans certaines régions du continent donne l'image d'une Afrique en perpétuel conflit. Certaines rebellions sont entretenues par l'extérieur. Ce fut le cas de Jonas Savimbi, le redoutable rebelle angolais, qui longtemps soutenu par les puissances occidentales, fut abattu finalement comme un chien.

A partir des années 2000, l'Afrique vit l'ère des déchirements tragiques, celle des guerres civiles et la montée des intégrismes, etc.

L'Union Africaine a démontré ses limites lors des tirs français en Côte d'Ivoire et des attaques de l'Otan contre le régime de Kadhafi. Ses proches ont subi un grand ratissage. Les rebelles ont ratissé de maison en maison et les cimetières en disent long. Entre les révolutionnaires, l'heure est aux disputes intestinales et égoïstes. Des nettoyages ethniques sont monnaie courante en Afrique. D'où viennent les armes qui circulent tant dans ce continent ?

13- Cas du Kenya et de la Tanzanie

Les attentats des ambassades américaines ont suscité une vive consternation. Il est impossible d'oublier toutes ces personnes victimes de l'intolérance dans l'exercice noble de leur fonction à Nairobi (Kenya), et à Dar es Salaam (Tanzanie). Le « 7 août 1998 à 10h30, le Kenya et la Tanzanie sont plongés dans l'horreur. Les explosions quasi simultanées de voitures piégées devant les ambassades américaines font quelque 243 morts et des milliers de blessés à Nairobi, une douzaine de morts et des centaines de blessés à Dar es Salaam[186] ».

Aussi, le 2 avril 2015, des étudiants de l'Université kényane de Garissa sont massacrés. Cette attaque serait revendiquée par des Islamistes somaliens Shebab.

Généralement, ces dernières années, le génocide et les massacres des peuples de certaines régions d'Afrique émanent d'une planification d'extermination à grande échelle : C'est le cas des deux Congo, de la Côte d'Ivoire, de la République Centrafricaine, du Darfour (Soudan du Sud), du Rwanda et de tous les pays où le massacre demeure sournois et silencieux. En regardant et en laissant faire sans lever ne fusse que le petit doigt, la nébuleuse ONU donne l'impression qu'elle défend plus les intérêts des nantis que ceux des populations qu'elle prétend protéger. Dans d'autres pays, les génocides ont été préparés depuis de longue date.

Maintenant, les criminels et leurs complices menacent de rompre les relations diplomatiques avec quelques pays qui tentent de les dénoncer ou les pointer du doigt. Tant qu'ils sont au pouvoir, ils sont forts et intouchables. Gare à tout

---

186 RFI Afrique. "Trois ans avant le 11-Septembre, les attentats de Nairobi et Dar es Salaam". Publié, le 9 septembre 2011. Par Didier Samson. Consulté, le 26 avril 2016.

organisme international qui ose signaler leurs pratiques meurtrières et leurs abus de pouvoir ! Le temps du silence étant révolu, ils méritent d'être dénoncés, poursuivis en justice et condamnés. Au nom de qui et de quoi doivent-ils éliminer des êtres humains ? Entre les victimes de l'apartheid et les massacres commis pendant les guerres civiles, le nombre exact des personnes tuées ne sera jamais connu.

La communauté internationale, devenue soi-disant incontournable, en Afrique, est plus une multiplicatrice de conflits qu'un vecteur de paix et de résolution de problèmes. A notre avis, elle pratique la politique *de deux poids et de deux mesures*. Il est inacceptable que la violence se présente comme une solution.

Les Africains devraient comprendre que l'Afrique est une réserve phénoménale de richesses. Elle est le continent de l'avenir, de la croissance économique et de la création d'emplois si des dirigeants éclairés et pragmatistes prenaient le pouvoir.

14- La palabre africaine ou l'arbre à palabre

Le rôle de l'arbre à palabre, symbole de la résolution de conflits en Afrique, relève de la compétence des anciens c'est-à-dire des sages. Elle n'est point un diktat. À l'heure actuelle, victime de campagne d'intoxication à l'Occidental, cet outil qui privilégie le dialogue et la médiation ne fonctionne plus comme il se doit, ou tend à disparaître parce que les juristes africains ayant appris de nouvelles méthodes de négociation, élaborées par les Occidentaux.

Contrairement à la révision constitutionnelle qui est inscrite dans la Constitution de certains pays, le dialogue national sans exclusive ou la conférence nationale souveraine est un mécanisme extra-judiciaire. Inévitablement, ce mécanisme fait partie des moyens de fécondation, de planification et de canalisation du contrat social oral des chefferies traditionnelles africaines. Ce mécanisme contrôle le droit récent lorsque le principe d'équité devient stérile. Malheureusement, ce mécanisme est survolé de façon laconique dans les facultés de Droit et aux cours sur les èglements de conflits. Cela devrait donner du crédit au syncrétisme juridique distinct ou atypique africain.

En Afrique subsaharienne, la décennie 1990 a été celle de la transition politique des États de non droit, issus des indépendances politiques de 1960 vers des États de droit, la tenue des Conférences Nationales tenues du 19 au 28 février 1990 au Bénin, du 25 février au 10 juin 1991 au Congo-Brazzaville; du 29 juillet au 3 novembre 1991 au Niger, du 10 juillet au 28 août 1991 au Togo et du 7 août 1991 au 6 décembre 1992 au Zaïre (actuelle République démocratique du Congo)… Celle de l'ex-Zaïre a eu une durée moyenne de 487 jours. C'est la plus longue. La plus courte est celle du Bénin organisée en 9 jours.

Dans les méthodes soi-disant archaïques, et quelle que soit la gravité de la faute, la stratégie des anciens tenait compte des émotions individuelles et des considérations collectives. Pour résoudre le contentieux et calmer la partie offensée, on demandait à la partie ayant déclenché les hostilités de présenter des excuses et de payer une amende. Dans une communauté à connotation ethnique, les rancunes étant souvent sources de conflits, la phase de l'abnégation de soi est souvent la plus difficile et la plus délicate à assumer.

Les sages africains d'antan avaient le sens du devoir, du respect de l'autre et des biens, de la famille et de la communauté tout entière. Ils discutaient et adoptaient les moyens adéquats pour contenir les dérapages sociaux et coordonner les actions de médiation pour éviter la dégénérescence des conflits. Les rumeurs qui nourrissent les malentendus sont vite étouffées pour ne pas envenimer les relations entre individus ou entre ethnies. Pour cela, j'invite les Africains à prendre connaissance de la charte de **DE KOUROUKAN FOUGA** qui est un document sociojuridique et politique essentiel démontrant que les sociétés africaines Africains étaient organisées et pouvaient prévenir et contenir les conflits afin de garantir la paix dans leurs communautés sans intermédiaires ni interposition de forces étrangères.

Dans une communauté mono-ethnique ou pluriethnique, la communication et la patience sont les meilleurs moyens de régler les conflits émanant des actes crapuleux ou des excès de langage, perçus comme irrespectueux. Une communication efficace privilégie l'écoute, le dialogue et la réconciliation, des éléments constructeurs de la société. Le rôle du médiateur ou du facilitateur ou encore de l'arbitre est d'expliquer clairement les responsabilités et les engagements pris sur l'honneur par les parties engagées. Les frustrations individuelles étant exclues de l'ordre du jour, il faut absolument trouver une solution équitable pour éviter de jeter le discrédit sur l'une ou l'autre famille politique. Une médiation bien menée encourage la réparation du préjudice encouru et incite les adversaires à se parler sans intermédiaire. Ainsi, on développe l'esprit de collégialité tout en développant davantage les relations interpersonnelles.

Dans la palabre africaine, les aînés jouent un rôle prépondérant. Traditionnellement, dans le règlement des conflits de quelque nature que ce soit, l'africain accorde du prix au dialogue et donc à la négociation. Les anciens ou les aînés convoquent les belligérants, les ethnies ou les tribus pour faire la genèse du mobile ayant généré la discorde. Après les avoir écoutés ainsi que leurs témoins, les facilitateurs tranchent en se gardant bien de prendre position pour l'une ou l'autre partie. En Afrique de l'Ouest, on verse l'eau ou la bière de mil. Dans les régions du sud des deux Congo et en Angola, en Afrique centrale, on verse du vin de palme autour de l'arbre à palabre pour que le conflit soit à jamais enterré. Pour résoudre un différend, il est conseillé de ne jamais distribuer les torts ou discréditer l'une des parties. Il faut toujours chercher à concilier les points de vue, c'est-à-dire à accorder les belligérants dans leur désaccord avec parfois une option de lavement des mains en guise de réconciliation.

Dans la palabre africaine, l'insubordination n'est pas admise et le droit d'aînesse est inaliénable. La convocation du magistrat traditionnel est souvent orale mais irrévocable. Généralement, les traditionnalistes africains ont un sens aigu de la dignité et du respect de l'autre.

Sur le plan traditionnel, il faut toujours éteindre le feu qui couve sous les feuilles ou les brindilles sèches ; si vous ne le faites pas, ce feu deviendrait un brasier. Et après, c'est trop tard. C'est pour cette raison qu'il est important de prôner le dialogue et la négociation. Cela se fait sous l'arbre à palabre, synonyme de tribunal.

À l'ombre de cet arbre, on négocie afin de trouver des compromis. Quand une des parties est déclarée coupable, elle est tenue d'appliquer coûte que coûte la sentence. Qui a raison et qui a tort ? Ensuite, on procède toujours à une vraie réconciliation.

Aujourd'hui, cette tradition est remplacée par les tribunaux coutumiers. Ils sont efficaces sauf si les magistrats sont corrompus. Il y a des affaires qu'on résout seulement au niveau des tribunaux coutumiers comme les affaires persistantes de sorcellerie et de mystérieuse maladie.

À partir des années 1990 l'arbre à palabre a pris la forme de dialogue ou de conférence nationale souveraine dans certains pays africains, comme le relève Bidima Jean-Godefroy :

> « Dans la palabre, nous assistons toujours à un double mouvement : d'une part, on règle les problèmes relatifs à la gestion du pouvoir au sein de la communauté et, d'autre part, on redéfinit les nouveaux garants de la transcendance par l'usage public de la parole en réactivant certains symboles liés au temps, à l'espace et au sujet. La palabre repose donc sur un mouvement presque continu des problèmes relatifs au pouvoir et à l'autorité. Pensée de la relation au pouvoir et à l'autorité, la palabre s'est laissé miner par les conférences nationales souveraines dont la grande faiblesse fut de ne parler que de l'État. La

démocratisation fut entendue dans un sens restrictif, en se limitant à l'État et à ses rouages et ne s'étendant pas à la société. Les politologues ne se sont focalisé – comme d'ailleurs l'élite politique, ecclésiastique et intellectuelle africaine – que sur le pouvoir institué, en négligeant la réflexion sur l'autorité instituante [187] ».

Parfois, pour pouvoir résoudre un problème, on utilise le balafon ou le tambour dans certaines contrées. Le balafon est un instrument de musique à percussion propre à l'Afrique. Il joue un rôle important dans le règlement de conflit. Il est fait à base d'un type de bois qui a un son précis. Malgré ces tractations, la colonisation n'a pas pu nous en priver. Le balafon est un symbole de culture indescriptible. Si les africains veulent résoudre leurs problèmes, ils utilisent cet instrument. Quand il fait chaud, on s'assoit à l'ombre qu'offre l'arbre à palabre, socle de la paix. Cet arbre à palabre, emblématique de nature, favorise la transmission de notre histoire de génération en génération. Si le balafon raisonne dans la nuit, cela signifie que nous devons nous rassembler. Chaque son, chaque battement émet un message différent, essentiel et important.

La palabre africaine faite de négociations et de concessions est un outil très efficace en matière de règlement de conflits. L'ombre de l'arbre à palabre apaise les esprits les plus agités. Même quand les discussions sont houleuses, les sages qui ont le don et l'art de convaincre finissent toujours par trouver une solution concertée. Ils président les réunions avec beaucoup de rigueur, de dextérité et d'éloquence. Ils parlent au nom de la communauté ou de la tribu en toute impartialité. Selon les cas, ils peuvent exiger les amendes de part et d'autre afin que les conflits soient totalement réglés. Pour régler leurs conflits internes, les africains ne doivent pas recourir aux armes. Cette méthode de règlement pacifique de

---

187 Ibid.

conflits doit se perpétuer jusqu'aux générations futures. L'arbre à palabre est l'un des fondements de la culture africaine. C'est un outil authentiquement juridique africain exigeant que les protagonistes se montrent conciliants au nom des principes *sacro-saints* de la tolérance et du dialogue. Assisté d'autres sages du village, le chef dirigeait les débats avec humilité et dextérité ; les résolutions étaient pacifiquement et sagement respectées. Notons que, la Conférence Nationale Souveraine qui avait réuni les représentants de toutes les couches du pays dans des débats démocratiques et sans heurt, avaient permis d'élaborer des textes devant conduire à la démocratie. Ce fut le plus grand dialogue entre citoyens pour envisager sereinement le futur. Au cours de ce moment historique, les femmes et les hommes ont travaillé dans la paix. Une transition exemplaire avait été mise en place. Seulement, les Hommes n'ayant pas changé au Congo, tout a basculé dans le chaos. Cependant, le lavement de mains, signe du pardon et de réconciliation, s'est fait dans la pure hypocrisie.

Partant, il existe en Afrique des formes traditionnelles encore efficaces de justice. Les mécanismes traditionnels de résolution de différends sont mis en marche par les anciens afin de pouvoir réunifier de part et d'autres les clans en conflits afin de construire la paix ou de recoller les pots cassés. Le dialogue et la négociation demeurent des mécanismes fondamentaux d'une réconciliation durable et pacifique. Dans les moments de résolution de crises, il faut toujours garder son sang-froid et chercher la meilleure solution tout en créant une ambiance d'unité. Quand les médiateurs interviennent, ils doivent savoir pacifier les protagonistes en suscitant une franche collaboration entre eux, ce qui assure la concorde et la paix; ces derniers concepts relèvent du bon sens, de l'éthique professionnelle et du progrès. Il faut tout faire dans l'intérêt de tous les humains en favorisant la communication sans extrapoler. À l'heure actuelle, les médiations africaines seraient mises en cause. Les guerres civiles se perpétuent, la médiation traîne et les points de vue sont divergents. Chaque partie tient à ses intérêts égoïstes et non aux intérêts de l'ensemble.

Les mécanismes de résolution de conflits mériteraient d'être renforcés tout comme le respect de la parole donnée. La paix est un objectif noble et nous devons tout faire pour la préserver. Chaque groupe devrait comprendre qu'en privilégiant le dialogue, l'Afrique se développerait loyalement. Le dialogue est la clef essentielle de la croissance économique et du véritable développement. Promouvoir une logique de guerres en cas de différends serait le jeu le plus fatal au continent. Seul le dialogue demeure le fondement de la justice et donc de la paix. Le dialogue est la stratégie des progressistes et de ceux qui acceptent que tout est mouvement et tout est changement telle est la loi de la dialectique.

15- Le rôle réconciliateur de la femme africaine

Depuis longtemps, les Africaines s'organisent et s'affirment au travail. Évoquons quelques figures légendaires qui ont forgé avec la sueur de leur sang et leur âme l'histoire africaine. Elles se sont fait remarquer par leurs œuvres et leurs combats. Kahena, une femme berbère s'organisa et mena une lutte acharnée contre les occupants du Maghreb. Malgré tant de victoires remportées, « Ibn Noomane ne lui accorda aucun répit. Il la pourchassa, la captura et lui fit trancher la tête qu'il envoya à Abdelmalek, comme un trophée, en l'an 700-81[188] ». Voilà un exemple de femme et mère qui a résisté et tenu les hommes en haleine. Au XVIe siècle avant Jésus Christ, la pharaonne Hatshepsout, reine d'Égypte, exerça le pouvoir politique et bien d'autres aussi.

Au XVIe siècle de notre ère, Ana Nzinga, reine kongo de l'actuel Angola demeure la figure emblématique de la résistance dans le Royaume Kongo. Elle brava les

188Abdelmajid El Aroui. (1981). *La Kahena ou la conquête de l'Ifriquiya par les Arabes*, Tragédie, Sherbrooke, Québec, Canada, p.5.

colonisateurs portugais. Elle résista et négocia l'indépendance avec les européens armés. Elle est morte paisiblement.

Au XVIIIe siècle, Nsimba Kimpa Vita (Dona Béatrice, son nom de baptême) demeure une grande combattante du Royaume Kongo. Elle fut brûlée vive à Evolulu le dimanche 4 juillet 1706 par les Portugais. Elle n'avait que 22 ans. Elle lutta contre l'occupation portugaise et la traite négrière.

La reine Pokou Abla (Awoura), fondatrice du peuple Baoulé de l'ethnie d'Houphouët Boigny, qui mena le peuple baoulé du Ghana vers la Côte d'Ivoire. Elle sauva son peuple grâce à sa bravoure, par le sacrifice ultime de son fils unique.

Mama NGounga wa Ndombi, au XIXe siècle, mena aussi une résistance sans pareille face aux colonisateurs français dans la région du Pool au Sud de la République du Congo. Elle fut assassinée sans aucune forme de procès avant l'indépendance.

De nombreuses femmes victimes de toutes sortes de crimes ont mené des luttes féroces de libération. L'assassinat d'une femme est l'un des crimes les plus odieux au monde.

En République Démocratique du Congo, à l'Est du pays, après avoir été violées, torturées et parfois enterrées vivantes par les soudards sans foi ni loi ; certaines femmes ont été tuées d'une balle par voie vaginale tel que le témoigne le docteur Denis Mukwege[189] de Bukavu.

L'ampleur des violations, des abus et de multiples injustices faites sur les femmes pousse à mener une lutte sans merci. Les femmes doivent ensemble dénoncer ces injustices afin de se protéger, de s'affirmer et de se prendre en main. Dans les lieux de détention, leur situation est des plus préoccupantes. Compte tenu des traitements dégradants dont elles sont victimes, il est immoral de jeter en prison une

---

189 http ://www.france24.com/fr/20130201-reporters-rdc-republique-democratique-congo-docteur-denis-Mukwege-viol-bukavu-france24. « RDC : Denis Mukwege, le docteur qui "répare" les femmes mutilées". Publié, le 21 novembre 2013. Par Marc Perelman, Johan Bodin de France 24. Consulté, le 10 décembre 2013.

femme en grossesse et une mère qui allaite. Des bébés naissent et grandissent dans des prisons insalubres aux conditions peu dignes. En prison, les violences de toutes sortes sont légion ainsi que les viols à répétition. Des mesures de protection doivent être prises à l'égard des vulnérables.

Bien que la femme africaine de nos jours soit encore politiquement marginalisée[190], elle joue un rôle indispensable dans la société. Comme toutes les femmes du monde, elle est une éducatrice innée. Selon les pays, et de par sa culture non expressive, l'Africaine est introvertie, mais pas stupide même si elle encaisse ce que la société lui fait subir. De plus en plus, elle est en train de se frayer un chemin qui l'aidera à s'affirmer sur le plan économique et politique.

Ainsi, engagée dans la compétition présidentielle, Ellen Johnson Sirleaf a réussi à tirer son épingle du jeu. Elle est devenue présidente de la République du Libéria, pays ravagé par tant d'années de guerre civile. Depuis l'accession de la première femme d'Afrique post-coloniale à la magistrature suprême, la paix s'instaure petit à petit dans ce pays meurtri à plus d'un titre. Sans tambour battant, elle a réussi à livrer devant la justice internationale le président Taylor, l'un des sanguinaires d'Afrique.

Quand les règles de bonne gouvernance s'amorcent et que les populations s'organisent, si le peuple ne juge pas ses criminels, le jugement viendra d'ailleurs. Ellen Johnson Sirleaf joue, jusqu'à ce jour, le rôle réconciliateur d'une véritable maman africaine. Là où les hommes ont échoué, une femme a réussi à concilier les positions tranchées des ennemis d'hier. Ainsi donc, dans le calme, la vie renaît tout doucement au Libéria et en République Centrafricaine. Après une transition bien difficile mais dirigée par Catherine Samba Panza, une dame à poigne, ce pays a réussi à organiser les élections

---

190 Pascasie Minani Passy, Femmes en politique au Burundi, Harmattan ; P.122, 2014

présidentielles apaisées et ayant conduit au pouvoir un nouveau président : Faustin-Archange Touadéré. Le premier tour de élections a eu lieu le 30 décembre 2015 et le second le 14 février 2016.

Au Rwanda, où le génocide a endeuillé de nombreuses familles, le gouvernement met en œuvre la politique de promotion des femmes en les nommant à des postes de décision. Bien qu'accaparées par leurs obligations politiques, ces dernières exercent leur rôle de mères réconciliatrices. Actuellement, les femmes Rwandaises occupent les postes suivants :

- Ministre de la justice
- Ministre à la présidence de la République
- Ministre à la primature chargée de la famille et de la promotion du genre
- Secrétaires d'État chargées du Développement communautaire et des Affaires sociales, des Terres et de l'Environnement, de la Coopération, de la Planification économique, du travail et de l'Agriculture.

Ces femmes, présentes dans les instances de décisions de la vie politique, contribuent énormément à la reconstruction du Rwanda où ces dernières années la vie a repris des couleurs. Leur efficacité sur le terrain qui n'est plus à démontrer est un atout pour la réconciliation du pays. Le Parlement rwandais est constitué aussi bien d'hommes que de femmes compétentes qui revalorisent l'image de la *femme africaine*, contribuent à la résolution des conflits, inoculent le sens de l'équité, et instaurent la justice au pays des mille collines.

Au Bénin, la société civile patronnée par les femmes est une référence de démocratie incarnée. Conscientes de leurs devoirs et responsabilités, elles s'attèlent à édifier un pays nouveau.

Au Niger, Bibata Barry, avocate et défenseur des Droits de l'Homme mène une lutte acharnée pour promouvoir la femme. Elle met l'accent sur la parité des genres.

Au Gabon, Edwige Obam est la dirigeante du Mouvement des femmes du CLR. À l'orée de l'ère démocratique elle est déterminée à changer en bien l'image de la femme en Afrique.

Au Mozambique, Luisa Dias Diogo se remarque par ses prises de positions politiques. Elle est la deuxième personnalité de ce pays qui a traversé de grands moments d'instabilité politique.

En Afrique du Sud, n'oublions pas le rôle fondamental joué par Winnie Mandela pour la libération du prisonnier Nelson Mandela son époux d'alors. La libération de ce grand homme fut un exemple palpable de l'engagement politique mené par cette dame de fer au sein de l'ANC. Dans le cadre de ce mouvement de résistance, son combat a mis en exergue le militantisme et l'engagement féminins. Elle a su user des mécanismes démocratiques à sa portée pour amener un ennemi raciste et puissant sur la table de négociation. Winnie Mandela aux nerfs d'acier a subi de farouches exactions gouvernementales. Humiliée à maintes reprises, victime d'une discrimination sous toutes ses formes, sa maison perquisitionnée régulièrement, hormis tous ces tracas quotidiens, elle fut une épine au pied du gouvernement sud-africain. Dans son combat pour la survie du peuple, de nombreuses femmes se sont jointes à elles.

À travers Winnie Mandela qui a connu la prison, la calomnie et la solitude, la stature de combattant de la femme africaine ne fait plus l'ombre d'un doute. Victime de mille et une injustices, son stoïcisme dénote une bravoure jusqu'ici inégalée. À l'époque actuelle, nous lui rendons hommage et nous saluons son victorieux combat qui a été long, pénible mais bénéfique pour l'Afrique tout entière. Ceci pour dire que rien de grand ne se construit sans douleur, même la précieuse vie se donne aussi dans la douleur.

Winnie Mandela a eu « son lot de souffrances », révèle en juillet 2003 Bulekani Ngcuka, directeur national des procureurs publics de l'Afrique du Sud. Si l'Afrique a des géants historiques, Winnie Mandela est de cette trempe. Elle est le symbole vivant de la résistance de notre ère.

Albertina Sisulu, épouse de Walter Sisulu, compagnon de lutte de Nelson Mandela avec qui il a écopé des années de prison, est l'une des combattantes de la première heure de l'apartheid. Elle a passé des années en prison, dans une solitude extrême[191], loin de ses enfants et de son époux, de 1964 à 1981. Son époux rend le témoignage suivant : « Sans Albertina, je n'aurais pas pu faire ce que j'ai fait. Elle est l'échine de ma vie et de celle de ma famille [192] ». En 1956, une forte mobilisation de vingt mille femmes manifestèrent à Pretoria pour protester « contre la loi obligeant les africaines à être munies de permis de circuler ». Aujourd'hui, les femmes sud-africaines jouent un rôle clé à toutes les instances de prise de décision. Quant à Phumzile Mlambo Ngcuka, elle est la première femme ayant occupé le poste de vice-présidente dans le gouvernement.

Que les femmes conduisent les locomotives pour que le train ne déraille plus !

Une autre grande figure sud-africaine qui a eu l'audace de combattre la politique de l'apartheid est la juge Navanethem Pillay. Elle a défendu les opposants face au régime farouche et sanguinaire de l'apartheid. En 1973, elle a réussi à obtenir le droit exceptionnel des prisonniers de Robben Island à rencontrer leurs avocats. Cette prison où furent incarcérés Nelson Mandela et ses compagnons était la plus inhumaine de l'Afrique du Sud. La bravoure de la juge Pillay lui a valu la nomination au poste de juge internationale. Elle a siégé au Tribunal pénal international (TPIR) pour le Rwanda à Arusha en Tanzanie avec beaucoup d'abnégation. Parmi les décisions qu'elle a prises, figurent celles qui clarifient que le « viol constitue un crime contre l'humanité ». Elle siège également à

---

[191] Pagé, L. (2001). *Mon Afrique,* Édition Libre Expression, Montréal. P. 91.

[192] Ibid

la Haye, au Pays-Bas, à la Cour pénale internationale (CPI).[193] Son rôle est très important pour l'avenir de la femme dont les droits ont de tout temps été bafoués.

Le secrétaire général de l'ONU, Ban Ki-Moon, la propose comme successeur de la canadienne Louise Arbour au rang de Haut Commissaire aux droits de l'Homme[194]. Sa nomination éventuelle à la tête du Tribunal pénal international fit trembler nos sanguinaires bénéficiant du parapluie de l'impunité.

Si les femmes se mobilisent contre la misogynie et la xénophobie, c'est sûr qu'elles prendront fin un jour. Ainsi donc, d'autres visages façonneront la nouvelle politique d'une Afrique du Sud libre, indépendante et sans discrimination raciale.

En République démocratique du Congo, Nzuzi Wa Bombo, présidente du Mouvement Populaire de la Révolution dont le président Mobutu du Zaïre fut le fondateur, a joué un rôle essentiel dans le cadre de la réconciliation nationale. Autodidacte très cultivée, elle fait partie de l'opposition non armée. Arrêtée par le président Kabila, elle a su lui tenir tête et se défendre. Libérée, elle fut assignée à résidence surveillée. Empathique, elle nourrissait ces soldats affamés qu'on installa chez elle pour contrôler ses allées et venues. En 1997, elle est parmi les personnalités du MPR à n'avoir pas pris la tangente lors de l'entrée fracassante de Laurent Kabila à Kinshasa. Elle refusa de travailler avec le nouveau maître des lieux. Pour trouver une résolution pacifique à la crise congolaise, elle avait pris part aux assises de Sun City en République Sud africaine.

Quant à Innocente Bakasenka, généralement connue sous le nom de *maman Inno,* en sa qualité d'experte de l'Unicef, elle a joué un rôle crucial dans la démobilisation des enfants soldats en Afrique et en particulier en République Démocratique du

---

193 Haut-commissariat aux droits de l'homme de l'ONU. (25 juillet-2008). U*ne juge sud-africaine en voie de succéder à Louise Arbour*, La Presse Montréal vendredi 25 juillet 2008.

194 Ibid

Congo. Chaque fois qu'elle passe, le long du boulevard 30 juin, à Kinshasa, les enfants de la rue l'ovationnent. La mort de l'un de ces jeunes écrasé par un chauffard en 2001 la bouleversa profondément. Dans ce beau pays cerné de diamant, de nombreux enfants sont victimes de préjugés de la part des adultes qui sans cesse les persécutent et les accusent *d'enfants sorciers.* Ces enfants abandonnés de tous subissent en silence leur triste sort.

Ensuite, Angèle Bandou a brigué à deux reprises le poste de la magistrature suprême en 1992 et en 2002 dans le but d'instaurer la paix dans ce pays où les guerres fratricides sont récurrentes. Ses prises de position politique ont fait d'elle une des victimes de l'intolérance. En août 2004, elle fut assassinée chez elle, laissant derrière elle : chagrin, désolation, amis, disciples et des enfants inconsolables.

Cependant, une autre voix se lève, celle de Mambou Gnali Aimée, première femme ayant obtenu le baccalauréat pendant les premières années de l'indépendance en République du Congo. En plus de ses points de vue politiques tranchés, elle mène une lutte acharnée pour l'instauration d'une véritable démocratie.

Au Sénégal, Amsatou Sow Sidibé, agrégée en droit, milite pour les droits de la femme. En sa qualité de spécialiste du droit des personnes et de la famille, elle est responsable des études à l'institut des Droits de l'Homme et de la Paix à Dakar[195] *(Sénégal).* Cette information est tirée d'Amina, revue africaine faisant la promotion de la femme africaine et antillaise. *Amsatou est une étoile qui monte dans la défense des droits de la femme notamment dans le droit à l'instruction. L'ignorance est un frein au développement social.* Aminata Tall s'est positionnée à la présidentielle fut candidate à la présidentielle de février 2012 au Sénégal.

Marie-Roger Biloa du Cameroun brille par ses nombreuses prises de positions quant à la stratégie de politique

---

[195]Amina, Portrait d'Amsatou Sow Sidibé, n0 353. (octobre 1999). Paris, p. 8.

africaine et internationale. Journaliste de profession, éditrice d'un mensuel d'informations sur la place parisienne depuis plus d'une décennie, elle figure parmi les femmes qui luttent pour l'intégration totale de la femme dans la sphère politique. Fervente adepte du micro-réalisation, elle est un symbole de réussite pour les femmes africaines.

Aminata Traoré a été ministre de la culture et du tourisme de 1997 à 2000 au Mali. En ce moment, elle anime le mouvement de développement social de son pays.

Le 15 juillet 2012, Nkosazana Dlamini-Zuma a été élue présidente de la Commission de l'Union africaine lors du 19e sommet par les Chefs d'État africains à Addis Abeba. Elle est la première femme à occuper ce poste. Elle a lutté contre l'apartheid. Elle a remporté sa victoire au quatrième tour par 37 voix en battant le président sortant, le Gabonais Jean Ping. Elle donnera sûrement un souffle nouveau à l'institution qui peine à s'imposer et à sortir l'Afrique du joug colonial, du marasme économique, des conflits armés et de toutes sortes de crises alimentaires.

Au Congo Brazzaville, des femmes courageuses, souvent, avec un enfant au dos, toujours souriantes, travaillent quotidiennement sous un soleil accablant pour faire face aux aléas de la vie. Elles cassent les cailloux au bord du fleuve vers les cataractes et le quartier Mafouta. Ce métier leur permet d'élever leurs enfants. La protection sociale étant inexistante, ces femmes mériteraient d'être encouragées et soutenues.

En 1991, lors de la Conférence Nationale Souveraine, personnellement, j'ai fait la différence en me positionnant au poste de premier ministre de la transition. Une ère nouvelle s'est ainsi ouverte pour les femmes du Congo afin de s'engager en politique. Je demeure en exil parce qu'écœurée par la mauvaise gouvernance au Congo-Brazzaville et par toutes les guerres fratricides que les dirigeants auraient dû éviter. Je prône inlassablement l'unité nationale, la bonne gestion du patrimoine commun et des ressources humaines. Présentement, je m'inquiète de tant de dépravations de mœurs, du chômage des jeunes, du manque d'eau potable, d'électricité, d'éducation, de la situation des retraités et d'une misère galopante dans un pays producteur de pétrole. Je déplore l'enrichissement exagéré du clan au pouvoir qui ne construit ni école ni hôpital. Je rêve d'un Congo sans arme, sans meurtre et respectueux des droits humains.

Les femmes avancent, s'affirment et espèrent. Il n'y aura plus de cap sur leurs ambitions et leurs droits. De la magistrature suprême au petit métier, elles sont égales à l'homme. La route est certes longue mais petit à petit elles y arrivent car elles ont la volonté, elles sont intelligentes, pragmatiques, capables et compétentes dans tous les domaines. Elles n'ont pas besoin de favoritisme, elles sont à la hauteur de leurs ambitions.

Dans le domaine des mécanismes politiques et institutionnels d'intégration dans la vie économique, politique et sociale, la femme représente une ressource incontournable de développement. De par son approche consensuelle, elle a le sens aigu de l'organisation et le souci de l'intérêt général, de la concorde, de l'économie, de la paix, de la justice, de l'équité, de l'égalité et de l'éthique, etc. Ces éléments sont les signes fondamentaux de solidarité sociétaire. Je dédie cette ode en guise d'éloge à la femme africaine :

ODE DE LA BRAVE AFRICAINE

La femme d'aujourd'hui sera le symbole de la liberté et de l'avenir d'une Afrique pacifiée et sans arme et sans armement.

Chaque femme a le droit à l'éducation et donc à la vie et elle a le droit d'exercer en politique.
La femme devrait réaliser librement ce dont elle est capable avec beaucoup de fierté.

La fierté de l'Afrique repose sur les valeurs éthiques de la justice. Tous les êtres humains sont créés égaux sans distinction de sexe.

Le rêve de l'Afrique, c'est la liberté de l'expression, l'éducation, la sécurité, l'alimentation convenable et les soins médicaux gratuits pour tous.
L'Africaine exige une vraie justice dans tous les aspects de la vie, de bonnes écoles, des emplois permanents, l'éducation gratuite pour tout le monde, des aires de jeux pour les enfants.
L'Africaine respecte l'environnement en balayant et en ramassant régulièrement les ordures.
L'Africaine refuse la violence, la prodigalité financière, la précarité et la discrimination sous toutes ses formes.
Elle exige des emplois répondant aux aspirations de tout un chacun selon son éducation.
Chaque femme est maîtresse de son destin et donc d'un destin non violent.
Que la femme africaine ne soit plus prisonnière de son passé pathétique !
Forge-toi un avenir plus radieux, non violent et espère positivement en l'avenir !
Ne recule plus !
Va à l'école !
Instruis-toi pour que tu bâtisses un monde nouveau !
Aujourd'hui, marche la tête haute et sois fière de toi car l'avenir t'appartient !
Instaure à jamais une culture d'unité et de valeurs éthiques !
Lève-toi et exerce un grand leadership exemplaire !
Relève les grands défis de ce millénaire !
Engage- toi en faveur de la paix où que tu sois !
Aspire à jamais à la culture de paix, de reconstruction et de l'anticorruption !
Cherche chaque jour le rêve de la liberté, le droit à la vie, à l'éducation, à l'emploi et aux soins médicaux !
Sème la paix et organise-toi dignement !
Renforce la sécurité où que tu sois !
Que tes fils se réveillent et prennent conscience du respect humain et des biens !

Qu'ils ne violent plus jamais le droit !
Qu'ils ne s'arment plus jamais !
Qu'ils rejettent totalement la mentalité du pillage !
Qu'ils rejettent le crime et la torture !
Femme africaine, instaure la vraie démocratie !
Cultive sagement la terre !
Développe fièrement l'économie !
Éloigne la planète des armes et de l'arme nucléaire !
Éloigne la planète de tout engin destructif !
Éloigne la planète de la famine !
Éloigne la planète de la pollution !
Nourris et nourris encore ton peuple avec des aliments sains !
Encourage le commerce libre et équitable !
Donne l'espoir aux laissés-pour-compte, aux sans-abri, aux désœuvrés et aux chômeurs !
Œuvre pour bannir le fléau du sida, de la malaria, du diabète, du cancer et bien d'autres maladies !
Rejette l'ignorance !
Lutte contre le gouvernement qui ne crée plus d'emplois et qui bloque le progrès planétaire et de l'Afrique !
Plante une économie qui honore sans cesse la dignité du travail !
L'heure est venue de promouvoir une véritable planète de droit !
Lève-toi et mets fin au laisser-aller des dirigeants incompétents et corrompus !
Cultive sans cesse l'éthique de la justice !
Donne un enseignement de qualité à ta progéniture !
Fais un bon choix ! Vote car c'est un devoir de citoyen !
Investis dans les énergies renouvelables !
Assure la sécurité et la protection à tout retraité !
Incarne l'esprit de service du patrimoine commun !
Porte à jamais le flambeau de la paix, de la liberté et de la sécurité continentale et mondiale !
La femme africaine, responsable et intelligente s'implique dans la vie dans de nombreux domaines. Dans les crises,

elle garde son sang-froid et elle cherche toujours la meilleure solution. Elle est laborieuse. Elle élève dignement ses enfants. Elle s'occupe du partenaire souvent absent et elle est sur le front de l'éducation des enfants. Elle élabore des projets multidimensionnels et les conduit jusqu'au bout. Sans elle, la société est inexistante. Quel que soit son statut social, elle se prend en main. Elle est d'un apport sans prix au sein de la communauté.

Peut-on lui rendre un vibrant hommage pour le travail difficile qu'elle accomplit pour améliorer le cadre de vie familiale et sociétaire ? Malheureusement, ce sont ses enfants qui massacrent et violent, volent et vendent l'Afrique. Toutefois, la femme, mère, sœur, épouse, amie, maîtresse, concubine et amante demeure le symbole de la cohésion sociale et de la réussite incarnée. Il faudrait la respecter, la protéger et lui accorder une place de choix dans chaque cœur et dans tout univers. Elle n'a jamais poussé ses enfants à commettre l'irréparable et elle mérite ces versets même si ceci paraît paradoxal :

Femme moderne,
Femme éduquée,
Femme libérale,
Femme libérée de la Kabylie au Cap,
Engage-toi,
Engage-toi à la reconstruction d'un monde nouveau ;
Donne-toi de la place,
Sois présente partout où les grandes décisions se prennent.
Lutte contre toutes les injustices.
Lutte contre toutes sortes de discrimination.
Lutte contre toutes sortes de violence.
Lutte contre le réchauffement climatique.
Lutte contre l'analphabétisme.
Lutte contre la misère et la pauvreté.
Affirme-toi dans ton travail et marche tête haute.

Éduque ton peuple dans le domaine de la culture de la paix et du développement durable.
Envoie tes filles et tes fils à l'école pour de meilleurs lendemains !

La fin du XXe siècle reste marquée par la bravoure historique des femmes. Au XXIe, s'élève la voix d'Aminata Tall candidate à la présidentielle de 2012 au Sénégal. Dans les pays anglophones et lusophones, les femmes accèdent à des postes politiques grâce à leur profil et elles s'affirment avec abnégation. Les femmes n'acceptent plus les postes traditionnels comme les Affaires sociales, la Famille et la Santé ou la Culture. Cependant, dans les pays francophones, les femmes percent difficilement aux postes de commandement. La preuve en est que le Président sortant de l'Union Africaine a eu du mal à céder son poste à une femme. Elles veulent occuper des postes très importants comme celle de président de la république et bien d'autres. Elles en ont la capacité et cela est légitime. Elles savent gérer les grands dossiers. Elles conduiraient la démocratie en Afrique et elles s'y préparent.

Femme africaine lève-toi !
Et affirme-toi sur tous les plans !
Car tu as les mêmes droits que l'homme !
Brise les chaînes de la dictature et affirme-toi encore et encore !

CHAPITRE VI

LA CONSTRUCTION D'UNE SOCIETE DEMOCRATIQUE

« *La démocratie libère l'esprit humain. Elle permet l'expression d'idées sans restriction, l'épanouissement du savoir, de la littérature et des arts, et le progrès de la justice sociale. La démocratie encourage le plein développement du potentiel humain et permet aux citoyens d'un pays de réaliser ses aspirations individuelles et collectives. La marche implacable de l'humanité vers la liberté supprime au fil du temps les barrières de l'idéologie, de l'intolérance et de la répression qui limitent la réalisation des idéaux humains* ».

Dick de Jong. (2010). Bilingual vocabulary for Governance, Public & Administration, Pineglen Publishing, Ottawa. P. 4.

1- Fondements et valeurs

Les fondements et les valeurs nécessaires pour bâtir une société pacifique tiennent compte des valeurs éthiques, voire esthétiques. Les principes de bonne gouvernance, le respect des droits fondamentaux, les règles de bonne gestion de la société, la paix, la concorde et le bien-être social auquel aspire la majorité de la population en sont les piliers fondamentaux.

2- Valeurs éthiques et esthétiques

Nous ne pouvons faire une analyse concrète sans nous référer à certains éminents penseurs qui ont traité ce sujet. Selon Épicure, «l'éthique est la théorie de l'action que l'homme doit mener pour bien conduire sa vie et parvenir au bonheur [196] ».

L'éthique, concept philosophique relevant de la morale, nous permet d'apprécier le côté positif des choses et tout ce qui paraît attrayant à nos yeux. Tout devrait être beau. La nature qui nous entoure est d'une beauté indescriptible. Que les humains saisissent cette opportunité pour vivre en harmonie les uns et les autres dans un monde sans guerre et où la résolution pacifique des conflits serait primordiale. Elle définit aussi le comportement de l'individu, dans sa façon cohérente et positive d'organiser sa vie, de conserver sa forte personnalité en tenant compte de l'autre. L'éthique qui bel et bien relève de la philosophie est une science qui exige un raisonnement perspicace. Elle est le fondement de la sagesse et la source des solutions consensuelles. Elle est un concept qui appuie la bonne morale, la paix, l'harmonie et la clairvoyance. Quant à l'esthétique, Hegel révèle qu'elle *est la théorie de la*

---

[196] Épicure (341-270 av. J-C) in *Les sources grecques de l'histoire négro-africaine* d'Engelbert Mveng, Paris, Présence africaine (1972). Paris, p. 194.

sensibilité[197]. Si les dirigeants sont sensibles aux problèmes des populations, ils vont mieux gérer les États et donner le maximum vital ainsi que des soins de santé gratuits. Fulbert Youlou, l'un des Fondateurs de l'Organisation de l'Unité Africaine, (OUA), porteur des valeurs éthiques et esthétiques, démissionna de son poste de Chef d'État dès qu'on tua trois personnes lors d'une insurrection dans son pays, le Congo.

À notre entendement, le beau et le bien font partie intégrante de l'esthétique, donc à ne pas détruire. Wunenburger décrit sagement ce concept en citant Weil en ces termes :

> « L'homme en tant qu'être moral, c'est à dire humain au sens strict, se trouve toujours pourvu de règles; bien plus, il est incapable de s'imaginer dans un état sans règles ; au-delà des règles, il ne rencontre plus que l'animal à forme plus ou moins humaine…Seul l'homme suit des règles, parce que seul l'homme peut ne pas les suivre[198] ».

Nos dirigeants devraient être sensibles à la souffrance des populations.

Par les temps qui passent, le plus grand problème et qui a des incidences éthiques dans toute l'Afrique est celui du pouvoir politique et les élections présidentielles. En effet, ce problème se soulève toujours au cours de la campagne électorale. En réalité, la situation de crises que traversent certains États africains est en étroite relation avec les enjeux éthiques. Les élections donnent aux leaders des partis et à leurs députés des occasions de récriminer contre l'opposition.

Comme nous l'avons souligné plus haut, les médias ont une part de responsabilités dans la déconfiture de la course à

---

[197] Hegel (1770-1833) in *Les sources grecques de l'histoire négro-africaine* d'Engelbert Mveng, Paris, Présence africaine. (1972). P. 194.

[198] Weil, E. (1993). Philosophie morale, p.21, cité *dans Questions d'éthiques* de Jean-Jacques Wunenburger, Presses universitaires de France, Paris. P. 16.

la présidence. Leur publication offre de la munition à l'opposition pour accabler le régime au pouvoir ou vice-versa. Dès lors, on ne peut plus parler de l'ethnicité comme étant le phénomène primordial de la crise au sein des institutions de l'État. L'opportunisme motive les adversaires politiques de l'opposition. Cela étant, les enjeux éthiques se présentent sous plusieurs dimensions.

La présentation de cette analyse axe sa thématique autour des enjeux électoraux au sein desquels la majorité présidentielle et l'opposition officielle s'empoignent.

La course électorale met les leaders politiques au centre de l'actualité. Dans cette course, plusieurs enjeux et dilemmes éthiques apparaissent où tous les coups sont permis. De prime abord, ces dénigrements réciproques ont une emprise sur les questions de l'emploi et du bien-être social. En effet, chaque politicien qui sera élu représente un danger potentiel pour la continuité du secteur public. Ce sont les décisions prises par les partis engagés dans la course à la présidentielle qui provoquent les crises. Ce genre de phénomène est en lien direct avec des problèmes immédiats comme la sécurité, le déséquilibre budgétaire, les soins de santé, l'enseignement, la condition étudiante et la gestion de la carrière des fonctionnaires.

Les promesses faites par les politiciens sont directement connectées au budget de l'État. Ce faisant, pour résoudre le problème du déséquilibre budgétaire, il faudrait rationaliser les fonds alloués à ce chapitre tout en respectant les règles conformes à la gestion financière. Dans plusieurs États africains, le budget est souvent déficitaire et les promesses électorales chimériques. Il n'est pas acquis que les partis qui prendront le pouvoir garantissent aux Petites et Moyennes entreprises des allocations qui leur permettent de couvrir le manque à gagner dans leurs secteurs respectifs.

Partant, la faillite pointe à l'horizon pour les compagnies qui travaillent avec l'état, et l'incertitude prend place. Dans certains cas celui qui a perdu le pouvoir bloque le processus financier en gelant les avoirs à l'étranger afin de mettre les bâtons dans les roues de son successeur. En d'autres termes, quelle que soit l'option retenue par une direction politique qui assume le pouvoir, les citoyens doivent s'attendre à une augmentation du chômage dans le rang des jeunes et des retards dans le paiement des pensions des retraités. Ceux-ci se voient privés de leurs droits élémentaires. Évitons donc de verser dans des enjeux qui ont pour objectif uniquement la course au pouvoir.

On ne saurait parler d'humanisme africain sans se référer à l'éthique. Le concept humaniste définit les règles de savoir-vivre en société constituant ainsi le fondement de l'éthique. Hobbes et Rousseau estiment que « le contrat social a pour fonction de procéder à la convocation de la question de l'essence d'un peuple et de récuser en même temps l'idée que la politique efficace (Hobbes) ou légitime (Rousseau), pourrait s'instaurer sous le seul signe de la loi de nature comme garantie d'un contrat de gouvernement [199]».

Kant et Rousseau ont défini la moralité ou l'éthique dans nos sociétés modernes. Ils ont souligné que « l'éthique apparait dans cette perspective comme une réflexion fondatrice sur des concepts tels que ceux de devoir, d'impératif, de bonne volonté, d'intention désintéressée, de résistance aux penchants égoïstes, etc [200] ». Les Africains et africaines ont un sens aigu de moralité humaine. La vie sociale point isolée, tient toujours compte de l'ensemble. Souvent, nous allons vers l'autre. Nous compatissons sans être concernés. Dans l'éthique, il y a les mœurs, la morale et les valeurs d'un peuple. Elle « est la science de la morale. Cette science s'oriente soit du côté de l'étude de ses fondements, soit du côté de l'étude de l'ensemble de principes moraux qui régissent les conduites humaines [201] ».

---

[199]Raynaud, P. et Rials, S. (2003). État de nature et contrat social, Dictionnaire de philosophie politique. P.261

[200]Ibid, p. 261

[201]France, A. (1999). Éthique, dictionnaire de sociologie, Le Robert/Seuil, p.196.

Aristote a donné une définition de l'éthique qui a été amendée par tant d'auteurs et elle paraît, de nos jours, ancienne et *celle des Modernes commence par une théorie de la* « bonne volonté, de la volonté libre et autonome [202] ». Nous devons mettre le focus sur « l'universalité, comme nouvelle forme du bien commun, ou de l'«intérêt général auquel nous sommes confrontés [203] ». L'intérêt général ? C'est ce qui est primordial pour les citoyens et les autorités. Toutes nos actions devraient être conformes à la loi. Sans la loi, il est difficile d'instaurer une politique appropriée et moins encore une paix durable.

Une excellente politique est celle qui est légitime, dotée des règles éthiques comme le rappelait sans cesse le Président de la Conférence Nationale Souveraine du Congo Brazzaville, Mgr Ernest NKombo : « tu ne tueras point, tu ne mentiras point et tu ne voleras point ». Ces paroles bibliques devraient être affichées dans les lieux publics afin que chacun puisse en prendre connaissance et conscience.

Le crime est contraire à l'éthique. Par ailleurs, Fatou Kiné Camara, note que « dans la tradition négro-africaine le pouvoir n'est pas un attribut qui se suffit à lui-même et qui laisse son détenteur libre d'en user à son gré. Le pouvoir est d'abord une charge [204]».

Il existe un lien de cause à effet entre l'ethnicité et les élections. Une nouvelle administration politique se dessinerait à l'issue du scrutin. Comme d'habitude, le nouveau gouvernement vient avec son programme. Les membres du gouvernement sortant pourraient péricliter. Souvent martyrisés, arrêtés ou tués, ils font parfois face à des accusations injustifiées, juste pour les isoler ou les diaboliser. Dans cette perspective purement politique et subjective, les incidences collatérales deviennent pléthoriques.

---

[202]Ibid, p. 261.

[203] Ibid

[204]Kiné, Camara, F. (2004). Pouvoir et justice dans la tradition des peuples noirs, philosophie et pratique, L'Harmattan, Paris. P. 111.

Ipso facto, une grande problématique qui à la longue, se transforme en une question sociale de notoriété publique se dessine. Les victimes des décisions des réformes entrevues par le Fonds Monétaire International (FMI) en l'occurrence les fonctionnaires de l'État, les travailleurs du secteur privé, les pères et mères de famille toute profession confondue, portent le fardeau du chômage, de l'indifférence, de la marginalisation, voire de la chasse aux sorcières. Ceci étant, les pays qui acceptent de se conformer aux mesures restrictives imposées par le FMI, se retrouvent fragilisés. Les promesses des politiciens aux élections étant chimériques, il est difficile dans l'ensemble de rebâtir les structures professionnelles ébranlées par les multiples restructurations qui atterriront sans faute dans la corbeille du vide social.

En Afrique, il n'y a pas de dispositions de soutien social pour quelqu'un qui perd un emploi. Dans beaucoup de cas, les parents âgés recueillent chez eux des enfants de 50 ans voire même plus. Cette charge alourdit un budget familial au départ insignifiant. On sombre dans la précarité, la clochardisation ou la pauvreté deshumanisante. L'ampleur du problème est donc de taille. La perspective pour remédier à cette situation est la création d'une convention continentale qui mettrait en place des services sociaux opérationnels et efficaces. Il est à prévoir une sorte de congrès continental avec des sessions ordinaires et extraordinaires qui se pencherait sur les grands axes ayant trait à ce problème social d'une acuité profonde. Le mandat d'un tel congrès serait de :

- redéfinir le cadre de l'aide sociale et ses dispositions déontologiques;
- donner à ses membres un cadre de concertation élargie pour débattre et lutter contre les dérives éthiques des instances qui joueraient pleinement et efficacement ce rôle;

- mettre sur pied une unité de pressions contre le pourrissement des filets de protection sociale des citoyens confrontés à toutes sortes de difficultés;
- faire face directement aux enjeux éthiques des politiques contraires à l'ordre social;
- être enfin un bouclier et un contre-poids dont l'establishment institutionnel et privé doit prendre compte au moment des grandes problématiques posées à leurs directions exécutives.

La précarité sociale rime avec le peuple africain souvent abandonné à lui-même dans les moments les plus difficiles. L'Afrique a besoin de structures et d'une démocratie sociale fiable. L'aide sociale doit être permanente et urgente dans tout le continent.

Dans les églises catholiques, les autorités ecclésiales ne sont plus limitées à scruter les problèmes de foi uniquement dans le sens des fidèles, elles se préoccupent aussi, surtout depuis le Concile Vatican II, de la condition du prêtre qui doit transmettre cette foi aux baptisés.

Les changements sociaux doivent suivre l'évolution du milieu. La réflexion sur les enjeux éthiques prend toute son importance dans la problématique de la vie sociale des plus démunis, des jeunes sans ressource et pratiquement sans avenir compte tenu de l'incapacité de l'État à créer des emplois. Bien souvent, la corruption résulte de l'insignifiance des salaires et du manque des débouchés de survie. En Afrique, les problèmes se posent en termes de carence éthique qui interpelle tout africain conscient du problème. La jurisprudence étant un maillon de l'éthique et vice-versa, ces deux inséparables disciplines doivent interagir et non se confronter en duel.

En effet, le manque d'éthique paraitrait l'une des causes de la fraude électorale décriée régulièrement par les candidats. Avant le scrutin, certaines urnes sont déjà bourrées. La fraude électorale est une démarche qui a pour objectif d'influencer les élections en faveur de l'un ou l'autre candidat mais le plus souvent au profit du président sortant qui distribue l'argent pour acheter les consciences. La fraude proviendrait également de la composition du corps électoral et du faux recensement. Les listes électorales restent souvent tronquées. Il y a aussi des listes électorales fictives où figureraient les noms des morts, etc.

En Afrique centrale on distribue des cartes d'identité et des cartes d'électeurs aux étrangers pour qu'ils votent massivement pour le président sortant. Les mineurs et les morts sont de la partie aussi. En Afrique, le gonflement des listes électorales et le bourrage des urnes demeurent les vrais enjeux des élections. La publication des résultats électoraux est le moment à craindre. Ainsi donc, les valeurs éthiques devraient nous conduire au respect des institutions, au respect des hommes, des femmes, des enfants, des personnes âgées et de tout ce qui nous entoure. En un mot, quelle que soit son origine, toute fraude devrait être bannie, sanctionnée et condamnée avec force.

3- Une politique enracinée dans l'histoire

L'histoire politique de l'Afrique est peu connue par manque d'archives. Celles-ci sont régulièrement détruites pour ne point laisser de traces archivistiques qui retracent la grandeur de l'âme africaine. Notre histoire étant de tradition orale, beaucoup de faits et d'éléments précis nous échappent. Les rares éclaircissements historiques en notre possession viennent de ceux qui nous ont colonisés et détruit nos repères. On accède à des documents très anciens écrits par eux, et qui relatent l'histoire africaine région par région. Un peuple sans archives est un peuple sans culture, sans valeur, vivant sur une histoire fictive. Il est comme le dit souvent son excellence monsieur Dieudonné Antoine Ganga, ancien ministre des Affaires étrangères du Congo-Brazzaville, un peuple sans archives est *analogue à une gargoulette trouée par le fond.* De bouche à oreille, l'information tend à se déformer. Dans son ensemble, l'Afrique ne manque pas de mémoire historique. L'histoire écrite par une administration, lorsqu'elle est fondée sur une trace archivistique altérée ou pas, permet à un certain degré, de faire une évaluation du passé, une fixation du présent sur une *référence* connue et une orientation de l'avenir sur des bases supposées fiables.

Dans certains pays d'Afrique, de nombreuses personnes n'ont plus d'actes de naissance. Les registres d'État civil ont été pillés. Cela pose des problèmes de continuité dans les institutions administratives. Parfois, la classification des documents souffre d'un manque d'outils appropriés, ce qui freine la performance dans les recherches. On a l'impression que seul le présent existe et que le passé s'est volatilisé. C'est pour ça que les événements auront toujours un caractère imprévisible. Faute d'un regard réaliste et critique à partir des sources-témoins qui sont les archives, les zones d'ombres de l'histoire persisteront. Et pourtant, les archives nationales de chaque État ont pour mission de conserver et de communiquer, en cas de besoin, les documents officiels. Elles sont les témoins du passé.

De nombreux dirigeants effacent les traces de leurs prédécesseurs ; un acte criminel méritant des poursuites, surtout que l'administration et l'État sont une perpétuelle continuité.

Bien évidemment, un peuple sans archives est voué à l'arbitraire de la rumeur qui, elle, désavoue l'histoire et cède pas à pas, la place au chaos. Ainsi donc, la conservation des archives est un refus du chaos et du désordre. Evitons donc, qu'après un coup d'État, les archives aillent au feu ou se retrouvent chez la vendeuse de cacahuètes qui en fait les cornets. La protection des archives, en cas d'incendie ou de guerre, est un devoir vis-à-vis du patrimoine de l'humanité.

Le vieux sage d'Afrique, l'historien Joseph Ki-Zerbo, nous enseigne que :

« L'histoire de l'Afrique, comme celle de l'humanité entière, c'est en effet, l'histoire d'une prise de conscience. L'histoire de l'Afrique doit être réécrite…Il faut revenir à la science pour créer chez les uns et les autres une conscience authentique. Il faut reconstruire le vrai scénario. Il est temps de changer de discours[205]. Par ailleurs, il enchaîne en ces termes : les ombres, les obscurités qui entourent le passé de ce continent constituent un défi passionnant pour la curiosité humaine. L'Histoire de l'Afrique est très peu connue. Que de généalogies boiteuses ![206] »

Notre histoire ancienne est bel et bien tronquée. Qui détient donc la vérité ? Les archéologues et les géologues peut-être ! Pour Joseph Ki-Zerbo :

« Des découvertes africaines, spectaculaires parfois, remettent en cause la signification de certaines phases de l'histoire de l'humanité dans son ensemble…L'histoire est une science humaine…L'ignorance de son propre passé, c'est à dire d'une grande part de soi-même, n'est-elle pas davantage encore aliénatrice ? On ne saurait vivre sans mémoire, ni avec la mémoire d'autrui. Or l'histoire est la mémoire des peuples[207] ».

Les archives constituent les preuves ou les traces de l'histoire pour les générations de demain.

L'Afrique avait mis en place un instrument : l'Organisation de l'Unité Africaine, cible de nombreuses critiques à cause de son inefficacité. Malgré ses carences, cette structure représentait pour tout africain, une éventuelle plateforme de concertation et de contact. Le laxisme qui y

---

205 Ki-Zerbo, J. (1980). Histoire générale de l'Afrique, Méthodologie et préhistoire africaine, Unesco, Paris. P. 22.

206 Ibid

207 Ibid

régnait reflétait à tout point de vue les atermoiements de nos dirigeants, à tel point que, Kamanda Wa Kamanda qui fut directeur de cabinet de Diallo Telli, rappelait ceci :

> « À la décharge de l'Organisation, il faut reconnaître qu'elle est le reflet de ce que sont les responsables des gouvernements africains lorsqu'ils sont ensemble et lorsqu'ils se séparent. Lorsqu'ils sont ensemble, il y a une certaine prise de conscience qui revient à la surface, accompagnée d'une certaine euphorie. Très facilement, ils identifient clairement les problèmes et les objectifs. Mais ils ne précisent pas toujours comment il faut réaliser ce qu'ils veulent. Ensuite, ils se séparent, et puis tout le monde oublie...il y a donc un problème de volonté politique. Une volonté de construire ensemble l'unité du continent, son développement intégré, en passant par des séquences nationales et sous-régionales... [208] ».

Il est donc question de préciser; c'est le rôle des conseillers et du siège, de stimuler la bonne marche de l'institution. Lors de sa mise en place, certains aspects ne furent pas suffisamment mûris. Comprenons que quand tout est fait à la hâte, on oublie les éléments essentiels. Que les erreurs du passé servent de leçons et que chaque responsable respecte les clauses des institutions continentales que son pays a contribué à mettre sur pied !

De plus, Atsutsé Kokouvi Agbobli note que : « compte tenu des difficultés auxquelles l'Afrique est confrontée aujourd'hui, les guerres civiles qui explosent ici et là, il faut en effet un organe de décision. Face à un Conseil de Sécurité des Nations Unies plus actif pour imposer une solution non conflictuelle aux États qui ont des différends, c'est une

---

[208]Kamanda wa Kamanda. (septembre 1999). « *Gare aux illusions* », L'autre Afrique, n0 96, Paris, p. 12.

nécessité absolue [209] ». Des décisions fermes doivent être prises afin de rehausser l'image du Continent.

Jean-Baptiste Placca estime que « notre devoir est de mettre les ressources naturelles et humaines de notre continent au service du progrès général de nos peuples, dans tous les domaines de l'activité humaine [210] ».

Il faut harmoniser les politiques et mettre en place de vraies institutions républicaines. Tout en respectant les valeurs démocratiques et républicaines solides, les africains sont capables d'instaurer des démocraties solides avec une volonté de partage équitable de nos richesses. L'exemple du Ghana sert de modèle. Au Ghana, les anciens chefs d'Etat encore en vie, ne sont nullement inquiétés ni en danger. Ils sont chez eux. Personne ne les bouscule. Ce qui n'est pas le cas dans d'autres pays d'Afrique où on les persécute, les pousse en exil, les assassine pour les empêcher de reprendre le pouvoir.

Si l'Organisation des Nations Unies honorait sa fonction première, « celle de la protection des biens et des personnes sans discrimination de race ni de genre », elle devrait prendre des mesures nécessaires afin d'assurer la protection non seulement des anciens chefs d'État mais aussi de leurs proches. Elle devrait prendre des mesures strictes pour contrer tout abus de pouvoir et toute reconnaissance de gouvernement putschiste. Vivant dans un monde de complaisance, les donneurs de leçons sont ceux qui appuient solidement les autocrates tyrans. Dans le domaine de la complaisance, l'ONU et les auto-proclamés géants de ce monde, brillent par leur légèreté rampante et leur hypocrisie notoire. Une telle attitude bloque les changements tant attendus par les peuples opprimés.

Le Darfour et l'Est de la République Démocratique du Congo, théâtres des crimes odieux, sont les points révélateurs

---

209 Atsutsé Kokouvi Agbobli. (septembre 1999). « Cette réunion devra être exploratoire », L'Autre Afrique, n0 96. Paris, p. 14.

210 Placca, J.-B. (du 1er au 14 septembre 1999). « Prêts à demander des comptes », L'Autre Afrique, n0 96, Paris, p. 3.

de l'échec de l'ONU en matière de protection de la vie humaine. À bien voir les choses, l'ONU n'est qu'une lourde machine bureaucratique qui nécessite de profondes réformes. L'inefficacité notoire de la politique onusienne en Afrique, entraîne des violences qui aboutissent aux guerres fratricides. Le Conseil de Sécurité, caisse de résonnance pour les ténors de la déstabilisation du monde, doit ouvrir ses portes à certains pays émergents dont ceux d'Afrique qui ont fait leurs preuves dans le jeu démocratique.

Il est à noter que dans son essence l'ONU ne doit pas être un organe de répression ni un outil de va-t'en guerre. Cette institution, au lieu d'user de la force, doit poser des actes favorisant la protection des populations. La situation en Libye montre l'incapacité de l'ONU à négocier et à promouvoir le dialogue parmi les belligérants. Les avions de chasse des alliés tuent non seulement les partisans de Kadhafi mais aussi les innocents quel que soit leur âge. Point n'est besoin de détruire les pays qui ont déjà un certain niveau de développement et de bien- être social. La Lybie donne du travail aux immigrants qui aujourd'hui dépouillés de tous leurs biens se retrouvent en état de précarité une fois repartis dans leurs pays d'origine. Les temps de fortunes n'ont jamais été une solution pour les problèmes que posent les pays nantis dans les zones de turbulences. Il faut arrêter les hostilités et instaurer une paix durable par la négociation et le dialogue. L'argent de la Lybie parachuté dans les banques étrangères devrait servir pour la reconstruction.

Par ailleurs, la coupe du monde 2010 jouée en Afrique du Sud a été une fierté collective. Le Ghana porteur d'espoir pour les peuples d'Afrique ayant été disqualifié, aucun pays africain n'a remporté cette coupe qui a servi de vitrine pour le continent, donné l'élan pour reconstruire l'Afrique du Sud, réajuster les préjugés et renforcer les relations de fraternité entre les peuples du monde entier. L'Afrique était organisée. Elle possède une charte datant de 1236 ci-jointe en annexe.

4- Une politique de non-mendicité

Une politique de la non-mendicité donnerait un souffle nouveau au continent. Cela signifie qu'il est temps de nous prendre en charge et ne plus jamais tendre la main à l'extérieur. Cultivons la terre. Vendons et gérons convenablement le fruit de la vente de nos matières premières. Arrêtons d'investir l'argent qu'on nous prête encore à l'étranger. Pour ne plus être victime de la politique du Dupe, l'Afrique doit se doter de grandes banques.

À l'ère de la mondialisation, ce n'est qu'à partir de ces banques que nous pourrons faire nos commandes à l'extérieur, mener facilement nos transactions financières, afin de nous permettre d'acheter sans restriction auprès des partenaires de notre choix ce que nous désirons. Engelbert Mveng relève que « l'Afrique est surtout célèbre par ses richesses minières »[211] tant convoitées par les banques étrangères qui ne cherchent qu'à faire du profit de manière exagérée.

L'Afrique devrait absolument avoir ses propres banques de dépôt à terme et des grands trésors, afin que le profit ainsi généré puisse l'aider à investir dans d'autres domaines. Les banques de développement et les banques communautaires devraient prêter à des taux privilégiés avec un temps de différé raisonnable. Avoir une monnaie propre, c'est être totalement libre de tous ses mouvements. Aucun autre État n'a le droit de s'ériger en Maître face à l'Afrique. Le respect mutuel requiert la négociation et une franche collaboration.

5- L'ambigüité de la politique française en Afrique

Si la France ne change pas sa politique répressive vis-à-vis des peuples africains francophones, très bientôt, sa situation économique va concurrencer celle de l'Espagne et du Portugal,

---

[211] Mveng, E. (1972). Les sources grecques de l'histoire négro-africaine depuis Homère jusqu'à Strabon, Présence africaine, Paris. P. 194.

grands conquérants des siècles passés. Depuis que ces géants aux pieds d'argile ne sont plus à la remorque de leurs colonies, ils ont montré leurs limites. A croire que chez les colons, où les temps de gloire ne sont plus que des souvenirs lointains tout est passager et éphémère. Réduits au mutisme depuis lors, à cause de leur politique tyrannique exercée sur des sujets colonisés sans défense ni protection, les pays des maîtres au sous-sol appauvri par un excès d'engrais chimiques et parfois toxiques ne peuvent plus nourrir à suffisance. Si l'Afrique ne prend pas des mesures de protection contre l'exploitation abusive de ses forêts qui jusqu'à présent sont exploitées par les multinationales, d'ici quelques années, il ne lui restera plus que les yeux pour pleurer.

A travers ces pages, il sied de rappeler certains aspects de la politique française en Afrique. L'an 1960 marque l'année des indépendances des pays africains. La décolonisation n'est pas encore achevée parce que le Sahraoui occidental et le Cabinda demeurent dépendants. Comme le mentionne bien Claude Wauthier :

> « si, en 2001, François-Xavier Verschave avait dénoncé les turpitudes de régimes africains autoritaires, c'est au président français qu'il s'attaque cette fois dans un ouvrage au titre évocateur de Noir Chirac. Le président de l'association Survie y dénonce, sans complaisance, une complicité de longue date entre M. Jacques Chirac et quelques chefs d'Etat africains à la réputation pour le moins controversée. J'appuie cette analyse combien réelle. Puis, "… le président français ne s'émeut guère de la répression souvent atroce qui frappe les opposants dans les régimes de ces mêmes chefs d'Etat africains, à en juger par la manière chaleureuse dont ils sont traités à l'Elysée. L'auteur de Noir Chirac évoque bien entendu les affaires franco-africaines qui ont fait scandale,… [212] " ».

---

[212] Le Monde diplomatique. "Le tableau noir d'un continent dévasté,

La françafrique ne cesse d'agir encore de la sorte. Le constat est très amer pour des milliers d'Africains et en particulier des Congolais, des opposants, des innocents, etc. Enfin, « A en croire François-Xavier Verschave, M. Chirac ne serait qu'une " tête de pont de la Françafrique, acceptant les alliances les plus ahurissantes, couvrant les basses œuvres des uns et les exactions des autres, pour préserver les "comptoirs" et les secrets d'Etat de notre pays ". Comme on le voit, le réquisitoire est sans pitié [213] ». François Hollande suit le même schéma en foulant aux pieds ses multiples promesses électorales ayant fait rêver la majorité d'Africains. Les turpitudes continuent au XXIe siècle[214].

Par ailleurs, « le continent africain est resté un enjeu que se sont disputé les grandes et moyennes puissances- dont la France- à coups d'interventions militaires, de pressions diplomatiques et économiques. La fréquence et le poids de ces ingérences - à la demande parfois, d'ailleurs, des pays africains eux-mêmes-ont réduit considérablement l'exercice de leur souveraineté [215] ». Il est énormément secoué par le fardeau de sa dette vis à vis des maîtres.

La France n'ayant pas tenu compte de sa philosophie des indépendances africaines de 1960 a commis une erreur monumentale. Elle a favorisé la prise de pouvoir par les coups d'État ou par assassinat physique du président en exercice, mal aimé du pouvoir de l'Élysée. C'est à cause de cette politique de la France et de ses alliés que la Lybie est aujourd'hui

---

Duplicité d'une politique africaine". Publié en janvier 2003. Par Claude Wauthier. Consulté, le 20 avril 2007.

213 Ibid

214 Lettre ouverte à François Hollande, par Alain Mabanckou.; Du silence de François Hollande sur Sassou-Nguesso;
http://bibliobs.nouvelobs.com/actualites/20160510.OBS0114/du-silence-de-francois-hollande-sur-sassou-nguesso.html; Publié le 10 mai 2016 à 11h16

215 Le Monde diplomatique. « Les ratés de la décolonisation en Afrique". Par Claude Wauthier. Publié en décembre 1990, p.22. Consulté, le 20 janvier 2007.

ingouvernable depuis l'assassinat de son guide en 2011, créant ainsi le flux migratoire sans pareil.

La Françafrique est non seulement un grand déshonore mais encore une dérive pour la France comptant parmi les grandes puissances. François Hollande semble prendre un nouvel élan. Cela se dégage dans son discours de Kinshasa et de Dakar. Lui, il serait le plus GRAND s'il réalisait ses promesses électorales en matière de politique africaine. Pour l'Afrique, la France demeure une alliée de taille et donc, il faudrait favoriser le dialogue et la transparence dans le respect mutuel. La coopération bilatérale devrait être édifiante. Comme le souligne bien certains français, *François Hollande ne tient point ses promesses*, lui qui avait promis la fin de la Françafrique. Nous l'avions pris pour un Sauveur, mon œil. Arnaque !

Ce 21 octobre 2015, le ciel tombe sur la tête des Congolais en particulier et des Africains progressistes en général. Son soutien au régime de Brazzaville, au pouvoir depuis des décennies est bien confirmé. Voilà l'amphibologie de la politique française en Afrique ! Il est extrêmement impensable que certains donneurs de leçons ne tiennent point promesses. Ils tergiversent. Ce mois d'octobre est très sombre pour les congolais ayant dit *non* au référendum.

« Au Congo-Brazzaville, la mobilisation des opposants au référendum continue. Si le “ oui ” l'emporte dimanche, il permettrait au président Denis Sassou-Nguesso de briguer un troisième mandat. Mercredi, après deux jours de mobilisation et alors que de nouveaux affrontements ont eu lieu à Brazzaville, le président français, François Hollande, s'est adressé à son homologue congolais ».

« C'est lors d'une conférence de presse hier, à l'Élysée, que François Hollande a donné la position de la France concernant le référendum constitutionnel du 25 octobre 2015. Le chef de l'État français dit respecter le choix du président Denis Sassou-Nguesso de consulter les Congolais. “ Le président Sassou peut consulter son peuple, ça fait partie de son droit, et le peuple doit répondre ”, a répondu le chef de l'État français, pour immédiatement ajouter : “ Ensuite, une fois que le peuple aura été consulté, cela vaut d’ailleurs pour tous les chefs d’État de la planète, il faut toujours veiller à rassembler, et à respecter et à apaiser” ». En tenant ces propos F. Hollande vient de soutenir le bourreau de Brazzaville. Feu vert ayant entrainé des assassinats ! L’opposition n’est pas armée et le régime multiplie les massacres.

Le 23 octobre 2015, un communiqué est diffusé dans lequel le chef de l’État français « condamne toute violence, soutient la liberté d’expression et rappelle qu’il a souhaité, lors de son discours prononcé à Dakar le 29 novembre 2014, que les Constitutions soient respectées ». Malheureusement, dans plusieurs pays africains les dirigeants tiennent à remodifier les constitutions et ils sont prêts à tuer. Des massacres sont perpétrés. La police fait preuve de violence et nous constatons une forte répression contre l’opposition, des assassinats extrajudiciaires et des enlèvements.

« Une position que dénonce l'association Survie qui demande une condamnation ferme et des mesures concrètes à l'encontre des autorités congolaises. “ En faisant ça, la France réaffirme son soutien à Denis Sassou Nguesso en vertu de la préservation d’autres intérêts, des intérêts économiques, stratégiques, alors même qu’en ce moment des Congolais meurent sous les balles du régime ”, estime Thomas Noirot, membre de l'association en charge du Congo-Brazzaville ».

Les propos de François Hollande seraient anticonstitutionnels et il ne tient pas compte de la situation réelle du Congo. Le peuple congolais en majorité a raison et a également le droit de réclamer *la liberté et la sécurité*. Il luttera jusqu’à la dernière note avec bravoure. Il n’est pas armé mais, le gouvernement l’intimide et le massacre. Depuis le 19 octobre 2015, Brazzaville est en mode de *ville morte* ainsi que d’autres villes de la République. L’Internet et certains téléphones sont coupés.

Entres autres, « le changement constitutionnel au Congo est suivi de près par ses homologues de la région, mais aussi par les partis d’opposition et la société civile. Face aux tergiversations de la France qui a fini par ne pas reconnaître les résultats du référendum, les oppositions et les activistes savent désormais qu'ils peuvent davantage compter sur l'inflexibilité des États-Unis qui condamnent sans louvoyer tout changement de Constitution [216] ».

« L'opposant à Denis Sassou-Nguesso, Paul-Marie Mpouélé, a lui aussi vivement critiqué les propos du président Hollande : " C'est en totale contradiction avec sa première déclaration au sommet de la francophonie à Dakar. Nous pensons que c'est une totale méconnaissance de la Constitution congolaise actuelle parce que le président français devrait savoir en réalité, que le président de la République, au regard de notre Constitution, n'a pas le droit de convoquer un référendum surtout lorsque celui-ci ne concerne, en réalité, que le changement de Constitution", a-t-il expliqué ».

« Le ministre des Affaires étrangères congolais, Jean-Claude Gakosso, a quant à lui salué " des propos pleins de responsabilité " de la part du chef de l'État français ». Serait-ce une stratégie politique pour souffler du froid et du chaud à la fois ? Une politique bien ambiguë et peu responsable. Les critiques fusent de partout. François Hollande vient d'être vomi par ceux qui croyaient en lui pour une politique plus transparente et plus édifiante pour que les Africains s'organisent. Lui qui a promis la fin de la Françafrique vient de décevoir la plupart d'Africains menaçant ne plus le soutenir. Comment pourrait-il se rattraper ? Denis Sassou-Nguesso a encore une fois de plus usé de la force pour faire adopter par référendum une nouvelle Constitution taillée sur mesure.

Rappelons-nous que le texte constitutionnel de D. Sassou Nguesso tissé sur mesure et en application interdit de briguer

---

216 http ://www.lemonde.fr/afrique/article/2015/10/30/sassou-maitre-du-congo-jusqu-en-2031_4800166_3212.html. « « Sassou », maître du Congo jusqu'en 2031 » ? Publié, le 30 octobre 2015. Par Joan Tilouine (Brazzaville). Consulté le 30 octobre 2015.

un troisième mandat. Le référendum constitue un acte de trahison.

L'honorable Louis Aliot député au Parlement européen, Président du Mouvement pour une Europe des Nations et des Libertés, Conseiller Municipal et d'Agglomération de Perpignan, mentionne dans sa lettre du 27 0ctobre 2015 que :

> « Nous avons observé avec inquiétude des discours contradictoires de la part des autorités françaises sur le sujet. Quelle est la position officielle de la France sur la situation au Congo-Brazzaville, sur la légalité du référendum, sur les violences préélectorales, sur la privation de liberté des opposants et enfin sur les résultats prononcés ce jour ? Vous vous êtes prononcé par le passé pour la stabilité des institutions en Afrique comme à Cotonou le 2 juillet 2015 pour appuyer la démocratie béninoise :
> " Vous savez combien je suis attaché à ce que, en Afrique comme partout ailleurs, soient respectés les textes constitutionnels, les échéances électorales, les rythmes de la démocratie. Et si je suis ici, c'est pour montrer qu'il y a des exemples à donner. Avec trois alternances démocratiques en 25 ans, avec une Constitution qui a toujours été respectée, avec des élections régulières, autant de preuves que le Bénin a réussi, non pas sa transition, mais a réussi à donner à ses institutions une pleine traduction démocratique" ».

À l'annonce des résultats du fameux référendum sur le sang des citoyens congolais du Sud-Congo, « la France estime que les conditions dans lesquelles le référendum constitutionnel au Congo a été organisé « ne permet pas d'en apprécier le résultat », a indiqué mardi 27 octobre 2015 L'Élysée dans une réaction transmise aux agences de Presse ».

Malgré les positions changeantes du président F. Hollande, il n'en demeure pas moins qu'il soit le premier à briser réellement la loi non officielle de la Françafrique car depuis son élection, lors de la conférence de la Francophonie à Kinshasa, le 13 0ctobre 2012, il a défini des positions claires qu'il a renforcées au cours de son discours de Dakar au Sénégal, le 29 novembre 2014.

Le sage, Maître A. Moudileno Massengo renchérit que :

> « La Françafrique a fourvoyé les accords d'indépendance qui indiquaient que les signataires devaient travailler au développement de ceux qui se trouvaient en état de sous-développés. C'était l'engagement qu'avait pris la France. C'était le même au niveau de ceux qui sortaient du système colonial. Ces derniers devaient se gouverner de façon responsible ».

En 1947, le soulèvement des indépendantistes malgaches fit de nombreuses victimes parce que la répression fut très violente.

L'année 1954 marque l'insurrection algérienne et donc le début de la guerre d'Algérie qui a pris fin en 1962 après les accords d'Évian approuvés par référendum le 8 avril. Suite à cette insurrection, le Front de Libération nationale (FLN) de Ben Bella est créé au Caire, en Égypte. Ce, pour obtenir de la France l'indépendance de l'Algérie. En octobre 1961, une manifestation des ressortissants algériens est mâtée à Paris, en France. L'Algérie a arraché son indépendance à la France en 1962.

En 1956, la France s'est retirée des deux protectorats maghrébins : le Maroc et la Tunisie après sa cuisante défaite asiatique du Vietminh en 1954.

En 1957, la Grande-Bretagne a accordé l'indépendance au Ghana. Elle avait ainsi amorcé la décolonisation en Afrique. La France voulant montrer le bon exemple a accordé l'indépendance au Maroc et à la Tunisie en 1956. En 1954, il y a eu un soulèvement en Algérie. En 1955, la conférence de Bandoung est un moment on ne peut plus fort pour les représentants de certains pays d'Afrique et d'Asie. Zou Enlai de Chine, Gamel Abdel Nasser de l'Égypte et Nehru de l'Inde y participaient pour revendiquer le droit à l'indépendance de tous les colonisés d'où la naissance des pays non alignés.

En mai 1958, et suite à la crise algérienne, le Général de Gaulle est ramené au pouvoir. Claude Wauthier relève qu' « il soumet à référendum une Constitution qui prévoit l'instauration d'une communauté franco-africaine où un certain nombre de compétences dites communes (défense, diplomatie, monnaie, etc.) sont partagées entre la métropole et les territoires africains, qui accèdent à une semi-souveraineté limitée à la gestion de leurs affaires intérieures ». Le *oui* tant attendu par la France a été emporté. Cependant, en Guinée Conakry de Sékou Touré, le « non » l'emporta. Sékou Touré était révolutionnaire et s'orienta vers l'ex-Union soviétique. Ce changement entraîna la disparition de deux entités mises en place selon la loi Defferre. Il s'agit de l'Afrique occidentale française (AOF) et de l'Afrique équatoriale française (AEF).

Dans le Monde diplomatique de décembre 1990, Claude Wauthier note que Sékou Touré « accuse le général de Gaulle de vouloir « balkaniser » son ancien empire pour mieux le contrôler »[217]. Nonobstant, les autres pays ont simultanément signé des accords de coopération avec la France en restant dans la *zone franc*. « D'ailleurs, une clause de la Constitution de la Ve République prévoyait la possibilité pour des États indépendants de continuer à faire partie de l'ensemble franco-africain, et jusqu'en 1961 subsista une « Communauté rénovée »[218], à laquelle avaient adhéré le Sénégal, Madagascar, le Tchad, la République centrafricaine, le Gabon et le Congo-Brazzaville.

« Les pays du Conseil de l'entente – Côte d'Ivoire, Dahomey (actuel Bénin), Haute –Volta (devenue Burkina) et Niger – ainsi que le Mali (dirigé par un proche de Sékou Touré, Modibo Keita) et la Mauritanie avaient pour leur part refusé d'en faire partie, ainsi que des deux anciens territoires

---

217 Le Monde diplomatique. « Les ratés de la décolonisation en Afrique". Par Claude Wauthier. Publié en décembre 1990, p.22. Consulté, le 20 janvier 2007

218 Ibid

sous tutelle de l'ONU administrés par la France, le Cameroun et le Togo, indépendants depuis 1960, mais qui n'avaient pas pris part au référendum de 1958 [219] ». En 1961, cette communauté prit légalement fin. En 1966, Kwame Nkrumah est renversé par un coup d'État, ainsi que Modibo Keita en 1968.

Claude Wauthier mentionne :

> « Il est vrai que plusieurs des – nombreuses - interventions françaises en Afrique noire, sous la présidence du Général de Gaulle, ne pouvaient que conforter dans leur opinion ceux qui accusaient la France de néocolonialisme. En premier lieu, au Congo-Léopoldville, l'ancienne colonie belge qui avait, lui aussi, accédé à l'indépendance en 1960. Paris prit en effet le parti de la sécession du Katanga et de Moïse Tschombé contre le premier ministre Patrice Lumumba considéré comme un dangereux agitateur proche de Moscou [220] ».

En 1964, les parachutistes français atterrissent au Gabon et empêchent la chute du président Léon Mba. Selon Claude Wauthier :

> « de 1967 à 1970, enfin, la diplomatie française, appuyée par celles de la Côte d'Ivoire et du Gabon, soutient la cause de la sécession du Biafra contre le gouvernement fédéral du Nigéria (indépendant depuis 1960). Là encore, le but de Paris est d'affaiblir un grand État africain entouré de pays francophones beaucoup plus faibles, comme le Dahomey ou le Niger, et de prendre une part prépondérante dans l'exploitation des ressources pétrolières de l'est du Nigéria. La France fournit des armes (avions, chars, hélicoptères) à l'Afrique du Sud, au

[219] Ibid

[220] Ibid

mépris des recommandations de l'ONU, le " machin" qui a exaspéré le général de Gaulle lors de la guerre de l'Algérie de 1954 à 1962. Il se trouve que l'Afrique du Sud et son allié le Portugal luttant alors déjà contre les mouvements de libération du Mozambique et de l'Angola, encourageraient les sécessions katangaise et biafraise…Comme semble l'attester la dissolution des ensembles fédéraux mis en place par la Grande- Bretagne : ceux de la Communauté économique est-africaine (Kenya, Ouganda et Tanganyika) et de la Fédération des Rhodésies et du Nyassaland (actuel Zimbabwe, Zambie et Malawi) après l'accession à l'indépendance de ces États (entre 1961 et 1964, sauf pour le Zimbabwe - l'ancienne Rhodésie du Sud – beaucoup plus tardive, en 1980). Le seul exemple en sens contraire étant la fusion des deux Somalies – la britannique et l'italienne – lors de la proclamation de leur indépendance en 1960 [221] ».

Par ailleurs, « la politique africaine de la France sous les présidents Pompidou et Giscard d'Estaing est restée prisonnière des mêmes schémas, attachée à préserver son influence sur le pré carré dit francophone, voire à l'étendre en Afrique anglophone ou ex-belge, à la défendre aussi contre les visées libyennes [222] . En 1978, les parachutistes français débarquent à Kolwezi au Shaba (ancien katanga en République démocratique du Congo) pour secourir le président Mobutu. En 1972, le président Philibert Tsiranana de Madagascar est renversé et « la France y perd sa base navale de Diego-Suarez[223].

Claude Wauthier souligne que « la défense du pré carré africain a par ailleurs entraîné un long conflit avec la Libye – à laquelle la diplomatie du président Pompidou, soucieuse de

---

[221] Ibid
[222] Ibid
[223] Ibid

gagner le marché d'un pays riche en pétrole, avait vendu des Mirages. La France s'est ainsi empêtrée durant de longues années au Tchad, où pourtant le président Tombalbaye ne ménageait pas ses sarcasmes à M. Jacques Foccart, l'éminence grise de l'Élysée pour les affaires africaines sous de Gaulle, Pompidou et Chirac, accusé d'être l'instigateur de tous les coups fourrés plus ou moins réussis qui fragilisaient l'Afrique francophone [224] ». Compte tenu de sa réputation, Giscard d'Estaing le destitua en 1974.

Giscard d'Estaing, « que ses safaris ont familiarisé avec l'Afrique noire, y est aussi interventionniste que ses prédécesseurs, au risque de faire passer la France pour le *«gendarme des États-Unis » sur le continent. C'est un voyage en Libye en 1979 de Jean Bedel Bokassa qui le décide à se débarrasser de celui dont la France avait payé l'extravagant couronnement par une opération militaire aéroportée, baptisé Barracuda, qui était un coup d'État* [225] *».*

En 1986, des unités françaises arrivent pour prêter main forte au président Eyadema après une tentative de coup d'État ainsi qu'au Gabon en 1990 à raison des soulèvements populaires, lors du régime du président Omar Bongo.

En juin 1989, « au sommet franco – africain de la Baule, M. Mitterrand a encouragé les présidents africains à démocratiser leurs institutions tout en se défendant de vouloir s'ingérer dans les affaires intérieures des pays concernés [226] ».

Le conflit ivoirien du début du troisième millénaire a amené les rebelles et les partis politiques ivoiriens à se rencontrer à Linas-Marcoussis en France. Les *rebelles* dites Forces nouvelles aujourd'hui, ont intégré le gouvernement de Seydou Diara, l'homme du Nord, nommé premier ministre dans le gouvernement de Laurent Gbagbo qui lui, garde sa fonction de président de la République. Colette Braeckman note que :

---

[224] Ibid
[225] Ibid
[226] Ibid.

« Le fait que seuls le président sortant et son lieutenant aient été déférés devant la justice internationale tandis que les partisans d'Alassane Ouattara, soutenus par la France, ont été exemptés de toute poursuite heurte profondément l'opinion ivoirienne qui déplore, sur le plan intérieur également, une justice de vainqueurs. La partialité du système judiciaire ivoirien a été dénoncée par plusieurs rapports émanant de Human Rights Watch et d'Amnesty International qui constatent qu'un nombre significatif d'auteurs de crimes commis durant la période post-électorale échappent toujours à la justice et en particulier des membres des anciennes Forces républicaines de Côte d'Ivoire, FRCI. C'est ainsi qu'une vingtaine de militaires pro Ouattara accusés d'avoir commis des crimes de guerre occupent toujours des fonctions importantes dans l'appareil de sécurité du régime. Les défenseurs des droits de l'homme épinglent aussi l'existence de prisonniers politiques, qui seraient au nombre de de 200 à 300, et dénoncent des cas de tortures[227] ».

La France serait compromise dans ce conflit monté de toutes pièces pour assouvir ses intérêts égoïstes. Paris joue toujours un rôle de pyromane dans ses ex-colonies. Pourquoi, les dirigeants africains, servent-ils en priorité les intérêts de la France au détriment de ceux des citoyens ? Que l'Afrique engluée dans la corruption se réveille et dise NON à cette soumission humiliante. Que la France qui expulse les sans-papiers à tort, régularise la situation de chaque immigrant pour que justice se fasse. L'Afrique n'est en rien redevable à la

---

227 Colette Braeckmamn. "Le carnet de Colette Braeckman. La Cote d'Ivoire : à grand Bassam, la cible c'était la France. Publié, le 14 mars 2016. Consulté, le 20 mars 2016.

France qui sur tous les plans continue à piller et à se développer grâce en partie aux richesses naturelles africaines.

La France jouant un rôle très ambigu dans la politique africaine, soutiendrait fortement les dictatures sanglantes de l'Afrique francophone. Elle financerait la plupart des coups d'État qui endeuilleraient ces pays pour porter au pouvoir les marionnettes acquises à sa cause. Les exemples suivants sont explicites :

- Au Gabon, c'est la France qui a placé Albert Bernard Bongo (devenu Omar Bongo après une visite en Libye chez Kadhafi) et Ali Bongo au pouvoir;
- En Côte d'Ivoire, c'est la France qui a placé Ouattara au pouvoir;
- Au Congo-Brazzaville, c'est la France qui a placé Sassou Nguesso au pouvoir
- Au Tchad, c'est la France qui a placé Idriss Deby au pouvoir;
- Au Togo, c'est la France qui a placé Faure Gnassigbé au pouvoir et, etc.

Seuls les intérêts égoïstes de la France comptent, coupant sans cesse l'herbe sous les pieds des populations vouées à la mendicité. Comme elle a le droit de véto au sein du Conseil de Sécurité, les autres États s'inclineraient face à ses manœuvres politiques les plus meurtrières et fermeraient les yeux sur l'exploitation abusive de nos matières premières.

Au XXe siècle, la France à jamais omnipotente, continuerait à semer le trouble dans certaines anciennes colonies. Que faisait-elle en pleine crise au Biafra, au Nigéria à la fin des années 1960 ? Par le truchement du Gabon, en violant l'embargo sur les armes, elle en expédiait aux rebelles. Les journalistes français, pour couvrir le rôle criminel de leur pays au Nigéria, ne montraient qu'avec beaucoup d'extrapolation les images odieuses et inhumaines des enfants Biafrais malnutris.

Il faudrait un jour faire le bilan de la politique africaine d'une France criminelle, cachotière et rusée qui tout le temps joue au malin comme un lièvre et grignote sans cesse les africains comme un cafard.

L'Afrique francophone est prête à négocier auprès d'une France nouvelle, respectueuse des règles de franche collaboration et de coopération bilatérale exemplaire. Cette France nouvelle serait tolérée et acceptée comme une partenaire de choix.

En jetant un coup d'œil sur la politique de la France en République centrafricaine, il est avéré qu'elle avait couronné Bokassa *empereur*. Celui-ci n'a jamais répondu aux aspirations de son peuple. Qui aurait propulsé Bozizé au pouvoir ? Qui se cacherait derrière le génocide rwandais ? Qui se cacherait dans l'invasion angolaise au Congo-Brazzaville ? Visiblement, Jacques Chirac ne se réjouissait-il pas des malheurs des Congolais du Sud de Brazzaville, plus précisément, des ressortissants du Pool ? En 1997, sur les ondes de Radio France International (RFI), on pouvait l'entendre exprimer sa plus profonde gratitude à l'égard de l'Angola pour avoir aidé Monsieur Sassou Nguesso à perpétrer son coup d'État sanguinaire. Ce dernier, impuni, était sur le point d'exterminer les populations Koongos.

À l'heure actuelle, quelle que soit la puissance d'un pays, en manipuler un autre serait une inélégance. Nous sommes tous égaux. La France devrait cesser de nous imposer ses volontés et de nous livrer des armes. Certains dictateurs qui virent leur argent dans les gourmandes banques étrangères, le voient se volatiliser sans laisser de traces surtout après leur mort. Le secret bancaire prime-t-il sur le droit successoral ?

Au fur et à mesure qu'ils essaient d'avancer, ils se retrouvent en face d'une barrière infranchissable, une dédaigneuse façon de certifier leur inutilité sur terre. Pis, on leur ordonnerait de la boucler et de tourner la page. Aucun peuple de culture ne saurait tourner la page de son histoire.

De nombreux intellectuels africains ont fait une analyse pertinente du discours peu réaliste de Nicolas Sarkozy, président de la France, à Dakar. Ce discours paraissant maladroit a suscité la controverse. Lors de son court séjour à

Brazzaville, il avait dit au peuple congolais : « *la France travaillera avec le président que les Congolais éliront* ». De quelle manière le peuple congolais pourrait-il élire démocratiquement son président alors que la France continue à lui imposer son sbire ?

Les discours mitigés de Sarkozy prouvent son soutien indéfectible aux professionnels des fraudes électorales qui, tout au long de leur règne, serviront toujours *les intérêts de la France.* Lors d'une interview, M. Denis Sassou Nguesso a dévoilé ce secret et le peuple en a pris bonne note. Les congolais ont besoin de véritables élections démocratiques à l'image du Ghana et non de certaines républiques bananières imposées à coup de guerres civiles par les présidents français. Cependant, François Hollande se montrerait assez distant de Brazzaville.

Garantir les intérêts de tout pays africain et non ceux de la France ou d'autres pays européens, américains et asiatiques est le rêve de chaque africain. Il est temps que les contributions séculaires pour assurer le développement de la « fameuse mère patrie française » prennent fin. Si nos chefs d'État financent les campagnes électorales françaises, pourquoi la France malmène-t-elle les sans-papiers africains ? Pour service rendu par les dirigeants, qu'elle régularise leur statut et qu'elle arrête de les expulser dans le seul but de les humilier. Le respect de l'autre est une valeur fondamentale.

Quant à ceux qui ont combattu pour la libération de la France pendant les deux guerres mondiales, personne n'a pensé ériger un monument en leur honneur. Il est impossible de tourner cette page de l'histoire qui fait partie de notre vie. Nous avons le devoir et l'obligation de la transmettre à nos générations futures pour qu'elle ne soit pas reléguée aux oubliettes. Comme le note si bien le groupe de Daniel Voguet : le «10 mai 2001, la loi française a reconnu que la traite négrière transatlantique et l'esclavage constituent des crimes contre l'humanité[228] ».

Cette Loi adoptée à l'unanimité par les parlementaires de tout bord eut un écho retentissant. Point n'est besoin de rappeler que des milliers d'africains enchaînés furent emportés comme esclaves au profit des Européens et des Américains. Ce génocide qui mérite réparation, a des conséquences irréparables au sein du continent. Ces grandes puissances qui continuent à vivre sur le dos courbé des pauvres africains, doivent indemniser l'Afrique en construisant gratuitement des écoles, des hôpitaux, des infrastructures et en annulant cette dette d'Afrique Imaginaire. Nicolas Sarkozy a dénoncé avec véhémence « la mode exécrable » de la « repentance qui exige des fils qu'ils expient les fautes supposées de leurs pères et de leurs aïeux[229] ».

Cependant lors de son discours dakarois à l'Université Cheikh-Anta-Diop, ses propos outrageux qui jusqu'aujourd'hui défraient la chronique dans les milieux estudiantins, sont une insulte pour leurs parents et vaillants combattants qui ont perdu la vie pour assurer la liberté et le bien être matériel, social et financier de la France.

Les voyages de Sarkozy en Afrique sont beaucoup plus ceux d'un homme d'affaires. À chaque fois qu'il y va, c'est pour toucher du doigt la profondeur des puits d'or noir à exploiter par les compagnies pétrolières Françaises, Total, Fina et consort. Le peuple congolais n'oubliera jamais l'implication d'Elf dans les guerres civiles qui l'ont endeuillé. Il n'oubliera jamais sa participation au coup d'état qui a fait partir le président Pascal Lissouba démocratiquement élu.

Olivier Vallée clarifie bien que « l'ancien président congolais Pascal Lissouba a reconnu que, à l'instigation de M.

---

228 Voguet, D. (novembre 2007). « *Mémoire de la traite négrière* ». *De Paris à la Gorée.* Le Monde diplomatique. P. 1.

229 Robert, A.-C. (septembre 2007). «L'Afrique au Karcher » « Le Monde diplomatique ».

Omar Bongo, il a reçu de l'argent d'Elf pour sa campagne électorale et a eu recours à des conseillers en renseignements comme M. Pierre-Yves Gilleron, rémunéré, d'après lui, également par Elf. Mais après sa défaite, il a affirmé que les soldats de son adversaire, M. Sassou N'guesso, avaient été ravitaillés en armes angolaises transportées par des barges de la société Elf- il portera même plainte contre le groupe à Paris, le 20 novembre 1997… [230] ».

Les dictateurs africains sèmeraient la terreur, ignoreraient les règles élémentaires de démocratie et protègeraient les intérêts coloniaux avec la complicité de la communauté internationale. Dommage pour la France qui tient pour des raisons qui lui sont propres à altérer l'histoire de nos pays au point de ne plus se rappeler que Brazzaville fut la capitale de la France libre pendant la deuxième guerre mondiale.

La politique française en Afrique représente un danger pour plusieurs raisons dont l'illustration qu'en fait cette phrase du général de Gaulle : « Les États n'ont pas d'amis ; ils n'ont que des intérêts [231]». Cette politique façonne la politique française en Afrique. Mais, les Africains l'ont en mémoire. Les États francophones devraient dire *NON* à la France qui ne vient en Afrique que pour sauvegarder ses intérêts. La guerre d'Algérie contre la France, a laissé des séquelles incommensurables et des familles inconsolables victimes de l'intolérance politico économique. En République centrafricaine, Giscard d'Estaing, Président français d'alors, avait pour des raisons d'intérêts d'état, couronné le président Bokassa *Empereur* en plein 20ᵉsiècle. Le président français, qui allait souvent en Centre Afrique chasser en toute impunité les espèces interdites, n'a pas encore été assigné en justice pour avoir couvert les crimes commis par son protégé Bokassa.

---

230 Vallée, O. (avril 2000). Une Afrique sous influence, Elf au service de l'État français. Le Monde diplomatique, p. 24.

231 L'Actualité, Montréal (1er novembre 2008). Sarko le Canadien. P. 22.

Olivier Vallée décrit clairement le rôle d'Elf. « à partir de 1987, M. Loïk Le Floch-Prigent prend en main les destinées d'Elf. Dans le reportage de Jean-Michel Meurice et Fabrizio Calvi, il affirme que *la France en Afrique, c'est Chirac et Pasqua, car, pour l'Afrique, la France est gaullienne.* Un moule pratique pour Elf comme pour son PDG et son homme de confiance, M. Alfred Sirven : ils peuvent ainsi continuer à organiser le pompage financier à côté de celui du pétrole…et on appelle à la rescousse les gouvernements de cohabitation lorsque des difficultés surviennent avec les gouvernements africains »[232].

Une chose est sûre, le commun des mortels congolais, victime d'une guerre civile aux odeurs du pétrole, n'oubliera jamais l'odieux discours prononcé par Jacques Chirac, président français d'alors le 30 juin 1997 à Luanda, capitale de l'Angola :

> « Je me réjouis de l'intervention de l'Angola au Congo-Brazzaville pour la raison simple que ce pays était en train de s'effondrer dans la guerre civile, de s'autodétruire, et qu'il était souhaitable que l'ordre revienne. S'il y avait quelqu'un qui était capable de le faire venir, c'était Denis Sassou Nguesso. Il lui fallait un soutien extérieur pour un certain nombre de raisons, l'Angola le lui a apporté. La paix est revenue, les conditions de développement reprennent. Cette ville de Brazza, qui était devenue martyre commence à se relever et Denis Sassou Nguesso s'est engagé à mettre en œuvre le processus de démocratisation dans un délai maximum de deux ans »[233].

Ceci est l'extrait du discours de Jacques Chirac en Angola à Luanda. Ce discours franc mais douloureux a secoué les

---

232 Vallée, O. (avril 2000). « Une Afrique sous influence, Elf au service de l'État français ». Le Monde diplomatique, p. 24.

233 Mayima-Mbemba, J.-C. (2000). « La tragédie de Brazzaville ». La-lettre-du-congo-mfoa. Over-blog.com

Congolais du Sud. Cette exhibition n'honore point la France du général de Gaule. Les journaux en ont fait état et aucune puissance occidentale n'a condamné une telle attitude. Aucun pays africain ne leva son petit doigt en guise de contestation. Il serait souhaitable que Jacques Chirac soit jugé pour toutes les guerres qu'il a activées en Afrique.

La Côte d'Ivoire est sans cesse secouée par la France qui essuie un échec fracassant. L'arrestation du président élu démocratiquement n'est qu'un complot pour détruire ce pays et diviser ce peuple hospitalier. Quant au secrétaire général de l'O.N.U., Kofi Annan, il aurait dit que *le Congo, c'est l'affaire de la France*. Quelle aberration ! Cela fut dit en des termes timides, démontrant l'incompétence et la lâcheté. Sur l'ordre de Jacques Chirac, les populations du Sud ont été massacrées ou chassées de chez elles de façon inhumaine. Ce qui, sous d'autres cieux, serait considéré comme un génocide. Aucune guerre n'est propre et leurs auteurs méritent de répondre de leurs actes.

L'arrivée des Angolais et de bien d'autres nationalités en terre congolaise fut une terreur, une guérilla sans merci. Sur le terrain du crime, il n'y avait que désolation, viols, vols, massacres, destructions et pillages. Pourquoi activer la haine entre deux peuples issus du même royaume Kongo ? Certains Angolais dressés contre les populations du Sud de Brazzaville parlaient la langue koongo bien qu'ayant été prévenus par leurs parents : *faites attention, nous sommes un même peuple, n'allez pas tuer vos propres frères.* Malheureusement, face à l'argent et à la pression de leurs chefs, ils furent obligés de commettre des crimes odieux voire fratricides.

M. Jacques Chirac s'est contredit par rapport à cet extrait de discours prononcé en 1996 tout en promettant de soutenir Pascal Lissouba pour les élections de 1997 :

> « […] L'élection tend désormais à devenir un mode normal de dévolution du pouvoir en Afrique. Il faut en finir avec les coups de force ou d'État, les putschs, les juntes, les pronunciamientos et toutes les manifestations de transition violentes. Ces événements d'un autre âge

sont, pour chacun de nous, une humiliation. Pour les peuples, ils sont un retour en arrière. Pour le monde, ils sont une déception et l'alibi trop commode des désengagements [234] ».

Deux ans plus tard, il a encensé l'action militaire du général Sassou Guesso.

En 1810, Saartjie Baartman, surnommée *Vénus Hottentote*, Sud africaine, fut déportée en Grande Bretagne à cause de ses formes physiques. À Londres, elle fut humiliée et exhibée devant un public se montrant hostile à son égard. Paris la récupéra pour l'exposer à son tour au Musée national d'histoire naturelle. Pour l'intérêt de la recherche scientifique, son corps fut disséqué à sa mort. Aujourd'hui, les restes de la *Vénus Hottentote* reposent en Afrique du Sud grâce aux nouveaux dirigeants de ce pays ainsi qu'aux populations qui ont exigé le retour en terre natale.

Quant à l'affaire ivoirienne, le président du Sénégal Abdoulaye Wade estime que la chute du chef de l'État sortant de Côte d'Ivoire Laurent Gbagbo est *une très bonne chose* pour l'Afrique et pour les prochaines élections sur le continent, dans une interview au quotidien français Le Figaro en 2011. Cela sent parfaitement la manipulation et le parti pris. Laurent Gbagbo, arrêté par les forces loyales à Alassane Ouattara reconnu élu à l'issue du second tour de la présidentielle de novembre par la commission électorale et la communauté internationale. Après quatre mois de crise post-électorale, le président sortant refusant de quitter le pouvoir a été arrêté après un pilonnage intensif mené par les forces françaises de Licorne et celles de la *Mission de l'ONU en Côte d'Ivoire* (Onuci).

Le 11 avril 2011 marque le jour de l'arrestation de Laurent Gbagbo à Abidjan dans la résidence présidentielle.

De son côté, Robert Bourgi, avocat, fait des révélations accablantes contre certains responsables français dans leur

---

234 Ibid

manière de se soutenir distinctement par certains présidents des pays où la manne pétrolière coule à flot.

La françafrique prendra fin grâce aux Africains eux-mêmes, tel que le confirme Achille Mbembé, professeur d'Histoire et de sciences politiques à l'université de Johannesburg :

« La Françafrique ? Nous estimons que c'est aux Africains eux-mêmes d'y mettre fin, de faire en sorte que les coûts politiques, diplomatiques, économiques d'une continuation de la Françafrique soient très élevés pour la France. C'est à cette condition que la France participera à une mise à terme de ce système de corruption réciproque. Ça ne viendra pas de Paris, ça ne viendra pas de l'Elysée, ça viendra d'une recomposition solide des forces progressistes en Afrique […] seules les forces africaines peuvent mettre fin à la Françafrique .[235] ».

Les chefs d'État francophones devraient cesser de financer les campagnes électorales françaises. Ceux qui ont bénéficié de telles largesses devraient restituer cet argent aux trésors publics des pays donateurs. Cela fait partie des détournements de fonds publics. De plus, que ces Chefs d'État soient reconnus coupables d'abus de biens sociaux et abus de confiance.

En 2014, Jean Ping, ancien président de la Commission de l'Union africaine brise le silence. En 2011, « l'espace souverain de l'Afrique, sans que l'Union africaine, considérée

---

235 http ://www.rfi.fr/emission/20120428-achille-mbembe-professeur-histoire-sciences-politiques-universite-johannesburg.
« Achille Mbembé, professeur d'Histoire et de sciences politiques à l'université de Johannesburg ». Publié, le 28 avril 2012. Par Sonia Rolley. Consulté, le 30 avril 2012.

quantité négligeable, ait été consultée. Entre le 4 et le 7 avril les troupes françaises intervenaient en Côte d'Ivoire [236] ».

«… À partir du 19 mars 2011, les Forces de l'Organisation du traité de l'Atlantique nord (OTAN), principalement Français et Britanniques, avaient commencé à bombarder la Libye. Pour l'ancien président sud-africain Thabo Mbeki, ces événements ont illustré « l'impuissance de l'Union africaine à faire valoir les droits des peuples africains face à la communauté internationale [237] ».

Souvenons-nous du voyage tant médiatisé de Kadhafi à Paris en 2007. Sa tente bédouine fut plantée non loin des Champs-Élysées frisant l'opulence et l'honneur de l'Afrique. Cette année démontra que Kadhafi venait de briser l'omerta et que les Grands lui tendirent la main. En juillet 2007, le président français, N. Sarkozy fut reçu avec faste à Tripoli. Sur le plan financier, Kadhafi fut un excellent gestionnaire. Il voyagea pour l'Italie en pompe et il fut reçu par Silvio Berlusconi.

Suite à une rébellion qu'il matait et sur le chemin de l'exode, « le 20 octobre, l'aviation française interceptait le convoi du chef libyen. S'échappant à pied, Kadhafi était repéré, atrocement battu par un groupe d'insurgés et finalement tué »[238]. Cela a été possible avec le parapluie de l'ONU. « … Elle dissimulait une politique de puissance classique visant à renverser un régime et à assassiner un chef. Avec cette fois, le feu vert de l'ONU »[239]. Eh, oui, « l'Occident voulait supprimer un homme ; l'Union africaine entendait changer un système [240] ».

Par ailleurs, « les agissements occidentaux, jugés illégaux et immoraux par beaucoup, suscitèrent de très nombreuses

---

236 Ping, J. (2014). « L'Union africaine court-circuitée par l'intervention occidentale. Fallait-il tuer Kadhafi « ? Le Monde diplomatique N0 725. Paris. P. 8.

237 Ibid

238 Ibid

239 Ibid

240 Ibid

réactions internationales, comme celle, particulièrement acerbe, de M. Mbeki : Nous pensions avoir définitivement mis un terme à cinq cents ans d'esclavage, d'impérialisme, de colonialisme et de néocolonialisme. (…) Or les puissances occidentales se sont arrogé de manière unilatérale et éhonté le droit de décider de l'avenir de la Libye [241] ».

Kadhafi aurait financé la campagne électorale de Nicolas Sarkozy en 2007. Pour en découdre avec lui, il l'aurait fait tuer tout en faisant détruire la Libye qui fut un bijou et une grande fierté africaine. Le compte à rebours : où en est-on en Libye ? A-t-on fini avec les règlements de compte ? À quand la reconstruction et l'unité nationale ?

Quant à la Somalie, elle est abandonnée à elle-même « à la suite de la désastreuse opération militaire américaine « Restore Hope », en 1993 [242] ».

Depuis le 6 mai 2012, la France a un nouveau président de la République en la personne de François Hollande. Celui-ci a déclaré : « Je romprai avec la “Françafrique” en proposant une relation fondée sur l'égalité, la confiance et la solidarité. Je relancerai la francophonie. Si je suis élu, il y aura une rénovation en profondeur de la relation entre la France et l'Afrique. Je le dis avec clarté : le temps du paternalisme et de la condescendance est derrière nous. Pour moi, les pays africains sont nos partenaires. C'est dans cet esprit que je compte travailler avec les Africains. Si j'étais élu, l'Afrique serait une priorité dans mon action. J'ai déjà dit au début de cet entretien que je romprai avec la “Françafrique”. Permettez-moi d'insister : il n'y aura plus de réseaux parallèles. Tout cela est terminé. Voilà une vraie rupture que je vais immédiatement mettre en œuvre. Je suis sûr que les Africains sauront distinguer entre celui qui continue à utiliser les vieilles

---

241 Ibid
242 Ibid

pratiques de la "Françafrique" et celui qui veut y mettre un terme [243] ».

Monsieur François Hollande a gagné les élections, tiendrait-il ses promesses électorales vis-à-vis de l'Afrique ? Les Africains attendent tant ce changement révolutionnaire. Chimères ou espoir perdu ? Comme tout est mu par l'intérêt, François Hollande a donné le feu vert au Chef de l'exécutif congolais, du régime fielleux, « *de faire ce qu'il veut* ». Ayant le feu vert, il se comporte en tyran. Face au génocide des congolais du Pool et aux arrestations arbitraires des opposants, François Hollande garde silence. Il est plus **françafricain** que ses prédécesseurs. Ainsi, l'étau se resserre. Les promesses électorales servent de prétexte pour gagner et elles demeurent chimériques. Sortirait-il de l'Élysée la tête haute ou la tête en bas ?

6- Le point de vue de Sa Sainteté Jean Paul II sur l'Afrique

Sa Sainteté Jean Paul II voulait faire du troisième millénaire l'ère de la seconde évangélisation. Cependant, Il demeure ce bon pasteur et grand leader charismatique parti d'un bout à l'autre de la planète pour se rapprocher des peuples et pour rendre caduc l'adage qui « veut voir le Pape va à Rome ». Il a voyagé afin de confirmer ses frères et sœurs dans la foi. Sa Sainteté Jean-Paul II a été pasteur de l'Église, Une, Sainte, Catholique et Apostolique. Il a su se faire une idée de la misère et de la pauvreté des peuples. Il a changé le cours de l'histoire en bravant les communistes avec cette petite phrase qui a fait boule de neige : *N'ayez pas peur !* Il a aussi réussi à rendre la dignité au peuple polonais.

---

243 http ://blogs.mediapart.fr/blog/ausmidt/140512/congo-brazzaville-lettre-ouverte-dun-africain-sub-saharien-au-peuple-francais. « [Congo-Brazzaville] Lettre ouverte d'un Africain sub-saharien au Peuple français ». Publié, du 14 mai 2012. Par Jean Claude Mayima Mbemba. Consulté, le 17 mai 2012. Voir les copies des lettres ouvertes à l'annexe .

Ensuite, Ce pèlerin infatigable a parcouru, sillonné et aimé l'Afrique. *C'est une merveille*, s'exclama-t-il ! Habituellement, il disait : *Afrique, lève-toi et marche* ! *Les Africains sont-ils conscients de ce magnifique bijou que le Seigneur leur a donné* ? Il est venu, il s'est courbé et a embrassé le sol africain. Il a pris le petit enfant dans ses bras et il l'a béni.

Le 5 mai 1980, Sa Sainteté le Pape Jean Paul II est arrivé à Brazzaville, le cœur serré. Un de ses meilleurs amis fut assassiné en 1977. Il a tenu à lui rendre un grand hommage. Il a pleuré devant la tombe du cardinal Émile Biayenda : …*Dans l'histoire du Congo se sont dressés des témoins fidèles, fidèles à leur Dieu, fidèles au message évangélique, fidèles à l'Église universelle et à l'enseignement du Pape. Je veux rendre grâce aussi pour eux tous, et spécialement pour l'exemple laissé par le Cher et Vénéré cardinal Émile Biayenda… Sa disparition tragique vous a fait pleurer un père. J'ai pleuré moi-même un Frère très aimé. Je viens le pleurer et prier ici, sur sa tombe au milieu de vous, avec vous. Sûr si le Christ a désiré qu'il fut désormais auprès de lui, c'est que sa place était prête pour l'éternité (cf. Jn 14, 2-3), et qu'il peut ainsi mieux intercéder pour vous et pour sa patrie…*

Dans son homélie, Sa Sainteté le Pape Jean Paul II a condamné la haine et la vengeance : « ne ripostez pas aux méchants, aimez les ennemis » (Mat. 5, 38-48). Aux laïcs, il a demandé de progresser dans la foi et la propagation de la parole. Il prononça des paroles significatives devant plus de 600 milles personnes. Il a terminé son propos par ces mots : *Béni sois-tu Seigneur de nous avoir donné ce pasteur de l'Église catholique congolaise, le Cardinal Émile Biayenda…*

Ces mots simples et doux suscitèrent des vivats. Il fut reçu par l'archevêque de Brazzaville, monseigneur Barthélémy Batantu.

À chaque fois qu'il recevait un dictateur africain, il prodiguait des conseils, sur un ton assez dur pour marquer sa désapprobation ou éveiller la conscience : *quand on gouverne un État, il faut savoir tenir compte de l'ensemble des populations.* Sa Sainteté Jean Paul II, grand homme de paix, déplorait l'instabilité politique, la précarité sociale, la violence vis-à-vis des femmes, le non-respect des droits de la femme dans toutes ces guerres fratricides. Il a tendu la main aux musulmans pour le dialogue. Aux dirigeants politiques d'Afrique, il leur conseillait que toute action devrait être humanitaire au lieu de favoriser la production et la rentabilité absolue qui assujettissent l'être humain. Il savait valoriser la vie et soulignait que le *respect et l'amour, la paix et la solidarité sont des valeurs imprescriptibles.* Il exhortait les *Africains à être fiers d'eux car l'avenir de l'Église de demain est en Afrique.* « *Les africains iront dans le monde prêcher la bonne nouvelle* », disait-il. Il était bien favorable à l'inculturation.

Un jour, dans sa recherche de la paix, il posa la question suivante : *une mère africaine, pourrait-elle pousser son bébé dans un landau en toute sécurité ?* Ce pèlerin du monde porta le message de paix à tous les habitants de la planète terre et en particulier au peuple africain. Il parlait d'amour, d'harmonie familiale et de bonne gouvernance. *J'aime l'Afrique et son peuple,* ne cessait-il de répéter. Le mur de Berlin s'est effondré et la Pologne s'est libérée. Il souhaitait cette liberté pour les peuples et rêvait d'une telle liberté pour l'Afrique tout entière. Lorsqu'il y avait des perturbations à travers la planète, il se prenait la tête dans les mains, égrenait le chapelet et invoquait la Sainte Vierge Marie Noire qui sauva la Pologne dans les moments difficiles.

Son premier secrétaire particulier fut un Africain du Congo –Kinshasa, Mgr Emery kabongo en qui il avait confiance et entretenait d'excellentes relations de travail. Dans l'histoire de l'Église catholique, il est le premier africain à avoir été secrétaire particulier d'un Pape qui avait compris que l'Afrique regorge de cerveaux valables comme bien d'autres continents au monde. Jean Paul II s'est arrêté au Zaïre (République démocratique du Congo), en République du Congo, au Kenya, au Ghana, en Haute –Volta (Burkina Faso), en Côte d'Ivoire, au Togo, au Cameroun, en Centrafrique, au Maroc, au Zimbabwe, au Botswana, au Lesotho, au Swaziland, au Mozambique, à Madagascar, en Zambie, au Malawi, au Cap-Vert, en Guinée-Bissau, au Mali, au Tchad, en Tanzanie, au Burundi, au Rwanda, au Sénégal, en Gambie, en

Guinée (Conakry), en Angola, à Sao Tomé et Principe, au Bénin, en Ouganda, au Soudan, en Afrique du Sud, en Tunisie, sans compter les pays qu'il a visités plus d'une fois. Les peuples africains l'ont aimé et lui ont de tout temps réservé un accueil chaleureux.

Les Africains devraient se souvenir de sa Sainteté Jean Paul II qui les a *invités* « à résister à l'assaut des autres cultures qui vident de leur contenu leur propre tradition ancestrale et familiale, en rappelant clairement la nature du mariage chrétien. Il demanda la solidarité à l'égard des plus défavorisés et l'abolition des différences entre riches et pauvres [244] ». Le Pape exhorta les jeunes africains en précisant qu'ils sont appelés au bonheur, qu'ils possèdent un destin d'éternité, une vocation à la sainteté[245]. Sans ignorer les graves besoins qui oppriment les peuples d'Afrique, le Pape Jean-Paul II reconnaît et met en valeur tous les apports qui les rapprochent d'une situation de plus grande justice et de paix. Des pas concrets sur un chemin long, difficile à parcourir[246].

En disant aux jeunes que l'Afrique est *le continent de la famille*, il scanda : *L'Afrique vivra !* Courte phrase d'une portée prophétique. Dans son parcours de pèlerin, il touchait, bénissait, embrassait les enfants qu'il prenait dans ses bras et illuminait les visages des malades qu'il visitait. Le spectre des enfants-soldats, des enfants sorciers et des enfants de la rue, était pour lui une conséquence directe de la mauvaise gouvernance et de la tyrannie politicienne. Il déplorait les persécutions raciales et dénonçait les divisions tribales et ethniques facteurs des guerres et des dissensions. Il prêchait l'union des forces et l'harmonie des peuples pour mieux se construire, reconstruire et se développer. Il privilégiait le dialogue tout en soulignant que *la plus grande loi de notre existence, c'est la loi de l'amour*. Au cours de la messe à Castel

---

244 Ibid, p. 40.

245 Ibid, p.176.

246 Ibid, p. 242

Gandolfo où je fus présente en été 1986, le très Saint Père le répéta dans son homélie.

Suite au vent de la démocratie ayant soufflé dans les années 1990, le Pape a interdit aux évêques de se transformer en hommes politiques actifs. Il s'est particulièrement adressé à Nosseigneurs De Souza du Bénin, Mosengo du Congo Kinshasa et NKombo du Congo Brazzaville. Le Pape a précisé que les évêques ont le droit, comme tous les autres citoyens, de participer au processus de paix et de la reconstruction et de montrer aux dirigeants politiques les erreurs à éviter. Ils ne doivent point être partisans. Certains évêques ont rêvé devenir Chefs d'État. Le Pape a dit : Non ! Ils peuvent réagir si les gens sont privés de liberté.

Sa Sainteté Jean Paul II, Tombeur du mur de Berlin, priait les vendeurs *d'armes à l'Afrique de cesser leur cabale destructrice.* Il dénonçait régulièrement, *cette triste réalité : aujourd'hui de plus en plus de jeunes gens et de jeunes filles et même d'enfants ont pris part à des conflits armés, contraints de s'enrôler dans les milices armées et de combattre pour des causes qu'ils n'ont pas toujours comprises ; ces jeunes entraînés dans une véritable culture de la violence, suivant laquelle la vie compte peut et tuer ne paraît pas immoral.*

Ensuite, il ajoutait que *ce n'est pas les armes à la main que l'on construit un monde plus humain ni même une réalité nationale digne de ce nom.*

Il était un bon pasteur, pragmatique et toujours à l'écoute du monde. Il avait un sens aigu de la *liberté,* une valeur au service du bien. La négociation et la réconciliation furent son génie. Son influence en Afrique est bien remarquable. Que son message de paix et d'amour disséminé à travers le monde, ne soit peine perdue. Dans tous ses messages, il a mis un accent particulier sur l'éducation, la culture, le social et surtout la formation des jeunes. L'Afrique a beaucoup à apporter aux autres. Les femmes et les hommes devraient s'impliquer pour le bien-être social de tout être humain.

7- Le point de vue du G7 sur l'Afrique

Le groupe dit G7 réunit les chefs d'état et de gouvernement des sept pays les plus développés de la planète. Il s'agit essentiellement de : l'Allemagne, du Canada, des États-Unis, de la France, de la Grande-Bretagne, de l'Italie et du Japon.

Le général Roméo Dallaire, canadien en mission de l'ONU au Rwanda, porterait le fardeau de la complicité pour n'avoir pas réussi à calmer le jeu et sauver des vies humaines conformément à la Déclaration universelle des Droits de l'Homme et aux lois canadiennes qui considèrent la paix comme *un objectif noble. S'il n'a pas pu avoir la main haute sur ses* troupes, il ne reste pas moins vrai que le général a le cœur sur la main. Au Rwanda, il fut surpris par la tournure génocidaire des événements.

Du point de vue de la stratégie militaire sur le terrain, son expérience africaine est pertinente. Comme le décrit le titre, *J'ai serré la main du diable*, de son livre, il a risqué sa vie en serrant la main du diable. Ce n'est pas un conte de fée qu'il relate mais bel et bien une histoire vécue de notre époque. C'est l'efficacité de l'ONU et du Conseil de sécurité qui a été mise en cause. C'est l'ONU qui est à blâmer et non le général Dallaire qui nageait dans un système pourri. Le complot du génocide rwandais a été préparé ailleurs. Le général *s'était seulement retrouvé au mauvais endroit au mauvais moment,* comme le disent les Québécois. « J'ai serré la main du diable[247] », un livre qui fait frémir. Le général est l'un des témoins oculaires de « la faillite morale de l'humanité», faillite en proie à des actes génocidaires difficiles à comprendre et à expliquer. Il aurait pu défier les autorités de l'ONU si cela était possible et aider en GRAND Homme les victimes. Il en avait les compétences, commisération exigerait. Depuis ces événements, le général

---

247Dallaire, R. (2004). *J'ai serré la main du diable, la faillite de l'humanité au Rwanda*, Libre Expression, Montréal.

Roméo Dallaire souffre en silence, tels sont les drames du silence. Cette affaire serait très ambiguë.

Au Congo-Brazzaville, il y a eu des massacres terribles lors de la guerre civile. Les exécuteurs et les commanditaires des charniers cachés ici et là en Afrique francophone, bénéficient d'une immunité exceptionnelle pour avoir défendu les intérêts de la mère patrie française. Seuls les indésirables sans parapluie étanches sont exposés, jugés, condamnés, emprisonnés ou liquidés. A quand le jugement des autocrates sanguinaires ?

En ce qui concerne le continent, l'histoire contemporaine africaine est marquée par d'horribles génocides non justifiés. Ces massacres gratuits sont le résultat de l'égoïsme de l'homme et de la voracité du pouvoir pour le pouvoir. L'homme serait-il le premier antagoniste de l'Homme ? Même si l'Afrique s'enlise dans la souffrance et dans les cris d'angoisse de ses enfants, ce continent ne devrait pas être un univers de malheur pour ses habitants. En attendant que cette Afrique damnée se relève de ses cendres, chantons ensemble le chant de la liberté, tout en criant de toutes nos forces à la face du monde, *plus jamais ça* !

Comme le souligne le général Roméo Dallaire qui a vraiment *serré la main du diable,* le génocide dans les États africains est un *fiasco philanthropique.* Il évoque l'inutilité, le laisser-aller et l'inconscience. Quand on a vécu ces moments pathétiques, le cœur se brise en lisant ces phrases poignantes et en voyant défiler ces images horribles. Le général a su appeler un chat un chat. Il est pénible de se rappeler *comment un pays a pu, en partant d'une promesse de paix relative, sombrer dans les intrigues, l'instigation des haines raciales, les assassinats, la guerre civile et le génocide. Comment la communauté internationale, en s'appuyant sur un mandat inepte de l'ONU, sur ce que l'on pourrait qualifier d'indifférence, de vils intérêts personnels, de racisme, a pu contribuer à favoriser et à encourager de tels crimes contre l'humanité ?*

Au Congo-Brazzaville, le président Chirac s'est réjoui des malheurs de certains congolais brutalisés, torturés, tués et décapités par les mercenaires qu'il a faits larguer dans les régions du Sud. Ce comportement ostentatoire et meurtrier mériterait le voyage au Tribunal Pénal International. Le rôle de la France dans les conflits politiques congolais serait complétement irresponsable. Effectivement, la France aurait privilégié ses propres intérêts et non ceux du peuple congolais.

En ce qui concerne l'immigration, le G7 semblerait rester insensibles face aux drames humains du XXIè siècle. Des milliers de migrants se noient en méditerranée. Il s'agit des centaines de milliers d'hommes, de femmes et d'enfants fuyant la guerre, la tyrannie, la famine et les catastrophes climatiques.

De nombreuses personnes prennent les risques chaque année. Leur courage humain en dit long.

Les conditions d'accueil des pays visés paraissent très limitées. Les Africains subiraient-ils les erreurs du passé des Juifs allemands et autrichiens ?

Les grands principes du droit d'asile seraient-ils foulés aux pieds ? Que fait-on donc de la Convention de Genève sur les réfugiés du 28 juillet 1951 ? N'est-ce pas une exigence internationale ? Le droit d'asile ne serait-il pas un *droit fondamental* et un *principe de valeur constitutionnelle* pour certains pays d'Europe comme la France, l'Allemagne et, etc.

La politique de l'immigration serait-elle à redéfinir ?

Après avoir sciemment détruit la Libye sous la présidence du président français Nicolas Sarkozy, voilà une des conséquences de certaines décisions des Géants au pied d'argile. La mort de Kadhafi est survenue à Syrte comme le voulaient ses détracteurs le 20 octobre 2011 à 12h30, heure de Tripoli. Il faisait tête aux Occidentaux et il a su construire son pays actuellement en lambeaux et ingouvernable. En Libye, il n'y a plus de pouvoir central.

Les scènes macabres qui se jouent devant nos yeux nécessiteraient une solution politique immédiate et logique.

Les Géants seraient partis en guerre contre Kadhafi sans avoir suffisamment réfléchi. Voilà le chaos des traversées risquées en méditerranée. Souvent, La mer en furie se déchaine. Les bateaux de fortune font naufrage. Que faire ? La situation de l'heure est dramatique. L'indifférence des uns et des autres serait condamnable.

L'Europe qui suce tant l'Afrique est à la croisée des chemins. Seuls les intérêts comptent, n'est-ce pas ?

Les Géants ne parlent qu'en termes de coût. De façon générale, la misère du monde s'accentue faute de gestion planétaire responsable.

La France aurait cessé d'être une terre d'asile. La situation géopolitique mondiale se détériore de plus en plus. Loin des caméras, les demandeurs d'asile sont souvent traqués. Les voies de recours sont très limitées. La nouvelle politique européenne anti-immigration resserrerait l'étau. Ainsi, la politique de lutte contre l'immigration a rebondi. D'autres mettraient en avant leur taux de chômage comme la Grande-Bretagne.

Le Sommet européen du 23 avril 2015 a accouché d'une souris bien grossière. Donc, le grand flou s'instaure face à la politique d'immigration.

Le G7 souhaiterait que l'Afrique s'organise en restaurant la démocratie. Sur ce, il faudrait des chefs d'État responsables et respectant la constitution. Ces chefs devraient répondre de leurs crimes odieux.

Le G7 n'apprécie pas le programme de la modification de la constitution entamé par quelques chefs d'État.

Dans le cadre du programme Young African Leaders Initiative (YALI), lancé en 2010, 500 jeunes africains ont été reçus à la Maison Blanche en 2015. « L'objectif est de « proposer aux jeunes élites africaines des stages de leadership dans certaines des universités les plus prestigieuses des États-Unis[248] ».

---

248 http ://www.jeuneafrique.com/253331/societe/etats-unis-barack-obama-recoit-500-jeunes-leaders-africain. « États-Unis : Barack Obama reçoit 500 jeunes leaders africains ». Publié, le 3 aoeut 2015. Par Sabrina Myre. Consulté le 4 septembre 2015.

En 2014, une quarantaine de Chefs d'État africains a pris part au *sommet États-Unis-Afrique*. « Parmi les exclus figurent notamment le Soudan d'Omar el-Béchir, visé par un mandat d'arrêt de la Cour pénale internationale (CPI), l'Érythrée d'Issayas Afewerki ou encore le Zimbabwe de Robert Mugabe, toujours soumis à des sanctions états-uniennes[249] ». Aucune conversation bilatérale n'a été acceptée quand la première puissance mondiale a accueilli les responsables africains chez elle.

En juillet 2011, le président américain, Barack Obama, « innove en conviant simultanément quatre de ses homologues emblématiques d'Afrique de l'Ouest francophone : Alpha Condé (Guinée), Alassane Ouattara (Côte d'Ivoire), Mahamadou Issoufou (Niger), et Boni Yayi (Bénin). La même formule est retenue en mars 2013. C'est cette fois au tour du Sénégalais Macky Sall – le seul chef d'État africain à avoir officiellement rencontré Obama à domicile et à l'extérieur -, de la Malawite Joyce Banda, du Sierra Leonais Ernest Bai Koroma et du Cap-Verdien Jose Maria Pereira Neves d'être invités à Washington. Parmi les autres dirigeants africains officiellement reçus figurent le roi du Maroc Mohammed VI, allié historique des États-Unis en Afrique du Nord, et Ismaïl Omar Guelleh, président de Djibouti, où se trouve la principale base militaire américaine du continent [250]. Selon Barack Obama, le Ghana est un modèle *de bonne gouvernance démocratique*. Ce pays est calme et les élections y sont transparentes. Les anciens Chefs d'État sont chez eux. Ils sont protégés et respectés [251] ».

---

[249] http ://www.jeuneafrique.com/51192/politique/sommet-tats-unis-afrique-ces-chefs-d-tat-africains-qui-connaissent-d-j-barack-obama/ "Sommet États-Unis – Afrique : ces chefs d'État africains qui connaissent déjà Barack Obama ». Publié, le 4 juillet 2014. Par Benjamin Roger. Consulté, le 5 juillet 2014.

.

[250] Ibid

[251] http ://www.lemonde.fr/afrique/article/2015/07/28/en-ethiopie-obama-invite-les-dirigeants-africains-a-ne-plus-s-accrocher-au-pouvoir_4702351_3212.html. « En Ethiopie, Obama demande aux dirigeants

Le 28 juillet 2015 à Addis-Abeba, Barack Obama, premier président américain à s'exprimer devant l'Union africaine, mentionnera les faits suivants :

« Les progrès démocratiques en Afrique sont en danger quand des dirigeants refusent de quitter le pouvoir à l'issue de leur mandat. M. Obama a rappelé qu'au terme de son second mandat, la Constitution américaine lui interdisait de se représenter : "la loi est la loi, et personne n'est au-dessus, pas même les présidents", a-t-il poursuivi, ajoutant "être impatient de retrouver une vie normale à l'issue de sa présidence". Le président américain a appelé l'UA à user de "son autorité et de sa voix forte", non seulement pour "condamner les coups d'État et les changements illégitimes de pouvoir " mais aussi pour faire en sorte que les dirigeants africains "respectent les limitations du nombre de mandats et leurs constitutions". Il enchaîna en affirmant que : " Quand un dirigeant essaie de changer les règles au milieu de la partie simplement pour rester en poste, il s'expose à l'instabilité et à la discorde, comme nous l'avons vu au Burundi. C'est le seul exemple explicitement évoqué par le président des États-Unis, qui avait déjà jugé peu crédible le processus électoral burundais lors de sa visite au Kenya, les 24 et 25 juillet [252] ».

« Si un dirigeant pense être le seul capable d'unir sa nation, alors ce dirigeant n'a pas réussi à réellement bâtir son pays, a expliqué Barack Obama. Nelson Mandela et George Washington ont laissé un héritage

---

africains de ne plus s'accrocher au pouvoir ». Publié, le 28 juillet 2015. Par Le Monde.fr avec AFP. Consulté le 30 juillet 2015.

[252] Ibid

durable en quittant leurs fonctions et en transmettant le pouvoir pacifiquement. »[253]

« Personne ne devrait être président à vie », a déclaré le président devant l'Union africaine. « Je ne comprends pas pourquoi des gens veulent rester si longtemps au pouvoir, en particulier lorsqu'ils ont beaucoup d'argent », a ajouté le président des États-Unis, qui a déclenché à cette occasion des rires dans la salle…Nelson Mandela et George Washington ont laissé un héritage durable non seulement en raison de ce qu'ils ont réalisé quand ils étaient en fonction mais parce qu'ils souhaitaient quitter leur charge et assurer une passation de pouvoir pacifique»[254].

Entre autres, Nous remarquons que madame Stephanie S. Sullivan, Ambassadeur des États-Unis au Congo-Brazzaville, « a confirmé au président, Denis Sassou Nguesso, le 9 août dernier, que Washington l'avait à l'œil »[255]. L'ambassadeur étant reçue par le directeur de cabinet, Firmin Ayessa, celle-ci lui a fait part du message suivant : « 1) Barack Obama demande à Denis Sassou Nguesso de ne pas organiser un référendum pour changer la constitution; 2) Barack Obama demande à Denis Sassou Nguesso de ne pas se présenter à l'élection présidentielle 2016; 3) Barack Obama demande à Denis Sassou Nguesso de faire qu'aucun de ses proches parents (fils, neveu, etc.) ne soit candidat à cette élection présidentielle de 2016 »[256].

Les États-Unis n'aimeraient certainement pas manquer le décollage économique du continent africain. Subséquemment, le président Obama met l'accent sur la lutte contre le terrorisme, la santé (virus Ébola), la sécurité continentale,

---

253 Ibid

254 Ibid

255 Afrique Éducation. (du 16 au 30 septembre 2015). Congo-Brazzaville. *Quand Barack Obama demande à Sassou de quitter le pouvoir.* N0 423. P. 4.

256 Ibid

l'éducation, les échanges commerciaux et la bonne gouvernance.

La société civile africaine n'a pas été invitée à Washington.

Seule la bonne gouvernance et la transparence électorale aideraient l'Afrique à se reconstruire dans la dignité. Les G7 ont également des problèmes internes liés beaucoup plus au taux élevé du chômage, du décrochage scolaire et de la précarité de l'emploi mais, il se préoccupe également de la situation politique mondiale, économique, environnementale, de santé, de la sécurité, de l'éducation et etc. Quelques Chefs d'États africains tiennent à changer leur constitution pour rester au pouvoir à vie. Les G7 s'y opposent et leur donnent des leçons. Les autorités africaines demeurent sourdes et elles font ce que bon leur semble en piétinant les valeurs humaines. Quant aux anciennes colonies françaises, les populations tendent les mains vers François Hollande et Barack Obama afin qu'ils les aident à chasser les oppresseurs. Que les peuples d'Afrique retrouvent le chemin de la liberté et de paix. Que le sang ne coule plus ! Que le G7 interviennent immédiatement afin de faire libérer les opposants congolais assignés à résidence sans raison valable.

8- Le virage vers une démocratie africaine

L'Afrique traverse une ère d'impétuosité, de déferlement des sectes, de chamboulement des valeurs, morales, juridiques et culturelles. Elle a besoin d'une ferveur nouvelle. Y voir clair s'avère de plus en plus déontologique. La vie africaine est jalonnée de questions et de contradictions qui torpillent la majorité des africains. Un peuple éduqué est un peuple aguerri. Sans éducation, on freine le progrès et le développement. Sans éducation, un peuple est voué à la mendicité et à l'esclavage.

Dans son livre intitulé « *L'audace d'espérer* », Barack Obama nous fait part du message du juge Louis Brandeis : « *dans une démocratie, la fonction la plus importante, c'est celle du citoyen*[257]». Quant à André Milongo, premier ministre de la transition en république du Congo, rappelle que : « la démocratie, élément essentiel de la modernité politique et sociale, est la base de la consolidation de la paix et du développement. Toutes les nations qui ont décollé l'ont réussi tout simplement parce qu'elles ont placé la démocratie au centre de leur préoccupation [258]. »

Une Afrique fédérale bien organisée serait forte. Les empires et les royaumes n'étant plus que des souvenirs lointains, organisons donc nos pays en états fédérés pour que nos peuples puissent vivre en paix et mener une vie stable. C'est dans ces conditions que l'espoir pourra renaître. Chaque pays d'Afrique a son lot de souvenirs amers. L'esclavage et la colonisation sont des faits historiques regrettables, vils et destructeurs qui ne nous empêchent pas de développer des liens d'amitié solides, de franche

---

[257]Obama, B. (2007). *L'audace d'espérer. Une nouvelle conception de la politique américaine*, Presses de la Cité, Paris, p. 141

[258] Antoine-Ganga, D. (2012). Si Bacongo m'était conté, la joie de vivre métamorphosée en violence. L'Harmattan, Paris. P. 87

coopération et de respect mutuel avec un occident à la quête de nos matières premières. Si ces liens se font sur la base du respect mutuel, ils freineront l'exploitation à outrance et la duperie à grande échelle. Dans une Afrique qui a enjambé la modernité pour vivre à l'ère du post-modernisme, le droit à la liberté et surtout le droit aux valeurs de justice et de paix durable sont à construire. Les pouvoirs législatif et exécutif doivent être confiés à des entités indépendantes issues de la fédération des états d'Afrique.

Le fédéralisme, c'est l'unification des États indépendants favorisant une vision et un développement durable intégral qui répond aux questions politiques, environnementales, culturelles, économiques et sociales. Cette unité souhaitée à plus d'un titre, garantira entre autre la stabilité du continent, le bien-être des populations confrontées tout le temps à des guerres civiles inutiles et massivement destructrices. Une Afrique nouvelle dotée des lois objectives et des institutions fiables doit naître. Nous avons tous besoin de respect, d'espace vital approprié et d'une large bande économique sécuritaire pour relever les défis énormes du troisième millénaire.

L'Afrique, en tant qu'entité continentale, devrait s'offrir sa propre démocratie adaptée à ses réalités territoriales respectueuses des hommes et des femmes qui y habitent. Ce message à la fois argumentaire et plaidoyer, ne doit en aucun cas faire l'objet d'un délire, d'interprétation ou d'une quelconque désinformation contraire à nos convictions à l'égard d'une démocratie africaine qui se cherche encore. Que l'intelligentsia du continent et surtout la jeunesse active, se mettent au travail pour améliorer leur vécu. Dans une Afrique en proie aux détracteurs de tout acabit, la souveraineté politique relèvera des citoyens et le vivre démocratique adapté à nos réalités un impératif non négociable.

Pour la première fois en Afrique, le capitaine John Jerry Rawlings a inauguré la voie de sortie honorable en 1979, en quittant le pouvoir et en laissant des bases solides de démocratie. Après avoir organisé dignement une élection présidentielle démocratique, il perdit le pouvoir et il le céda au président élu par le peuple : Hila Limman. Une transition pacifique de trois mois eut lieu. Ceci est un fait exceptionnel à suivre. Léopold Sédar Senghor se retira après 20 ans de pouvoir, en 1980. Nelson Mandela et son successeur Thabo Mbeki, Alpha Oumar Konaré, Sam Nujoma et le président de Botswana se retirèrent du pouvoir par la grande porte et ils sont chez eux et non en exil. Cependant, William Tolbert et son successeur Samuel Doe eurent une fin de règne tragique. Le Maréchal Mobutu prit le chemin de l'exil en 1997 et il est mort et inhumé au Maroc. Son successeur, Laurent Désiré Kabila, fut assassiné à Kinshasa de façon atroce.

La démocratie tout comme la justice, la paix, la collaboration, la cohabitation, le dialogue, la morale, l'éthique, l'égalité, l'équité, la liberté, le respect mutuel, le respect des droits et des institutions sont des valeurs nobles auxquelles nul ne pourrait se soustraire.

Nelson Mandela rappelle que :

> « les réunions duraient jusqu'à ce qu'on soit arrivé à une sorte de consensus démocratique. Les réunions ne pouvaient se terminer qu'à l'unanimité. Cependant, l'unanimité n'était jamais synonyme d'accord sur le champ. En cas de désaccord on pouvait attendre un moment plus propice pour proposer une solution acceptable par les parties en présence. La démocratie c'est aussi écouter les autres et prendre une décision d'ensemble en tant que peuple. La règle de la majorité étant une notion étrangère dans le vivre au quotidien africain, la minorité ne devait pas forcément être écrasée par la majorité[259]. »

---

[259] Mandela, N. (1995). Un long chemin vers la liberté, Librairie Arthème Fayard, Paris, p.50.

Mandela est lui-même un démocrate qui sait observer et écouter. C'est pour cette raison qu'il est compté parmi les hommes les plus sages de la planète.

Pour que la démocratie triomphe, nous devons nous serrer les coudes. Unissons-nous pour relever les défis de notre temps et ceux du futur, car les générations émergentes ont besoin de fondements solides pour prendre la relève dans la paix.

La démocratie est synonyme des grands changements fondés sur le respect des institutions, de la reconstruction, du développement durable, de la paix, de la liberté, de la fraternité, du respect, de l'éducation, du partage, de l'économie, de la concorde et de l'alternative. Cette notion contient en elle le sens de la cohésion sociale n'existant pas dans nos pays où il y a encore trop de choses négatives à corriger. Chaque société a ses valeurs, les valeurs de paix et d'entre-aide sociale, valeurs que nous devrions défendre et protéger à tout prix.

Comme Maurice Farelly, faisons nôtre cette phrase interrogative : *Que sera l'Afrique de demain*[260] ? De nos jours, cette question d'actualité nous interpelle de nouveau. Malgré la parcelle d'espoir du vieux sage, le Pasteur Mounz Diboundou qui s'interrogeait sans cesse « Crois-tu que dans deux cents ans les Africains seront arrivés au développement du reste du monde ?[261] »

Peuple d'Afrique, « que sera l'Afrique de demain », il conviendrait de répondre fermement par = Unie, Prospère et pacifiée ?

Jeune d'Afrique, « Crois-tu que dans deux cents ans les Africains seront arrivés au développement du reste du

260 Farelly, M. (1967). *Africains d'hier et de demain*, Delachaux et Niestlé, Neuchâtel, p.8.

261 Ibid, p. 5.

monde ? [262] » du pasteur Mounz Diboundou. Lève la tête et crie avec conviction = CERTAINEMENT !

La jeunesse du Maghreb montrerait-elle le chemin de la liberté et de la démocratie ? Seulement, une révolution ne se fait point en un jour. Sa route est très longue et elle est parfois parsemée d'embûches.

262 Ibid, p. 5.

CHAPITRE VII

LA JEUNESSE DU MAGHREB EN EBULLITION

«En faisant scintiller notre lumière, nous offrons aux autres la possibilité d'en faire autant ».

Un long chemin vers la liberté, Nelson Mandela.

Dans ce chapitre, nous abordons le problème qui conduisit à la révolte de la jeunesse dans les pays arabes comme la Tunisie, l'Égypte, la Lybie et le Maroc en 2011 et 2012. Les jeunes ont soif de la démocratie, de la liberté, du respect des droits de la personne, d'une bonne gouvernance et du travail quel que soit le niveau d'instruction. La révolte part de la Tunisie et s'étend également hors du continent africain. On parle du printemps arabe.

Seulement, toute révolte entraîne son lot de conséquences et il est parfois difficile ensuite de mettre de l'ordre. Alors, la méfiance populaire grandit. Le peuple aspire aux grands changements immédiats et les nouveaux hommes d'État traînent le pas. La justice à quatre vitesses est mise en branle et le jugement des dictateurs et de leurs familles s'enchaîne. En Algérie, l'opposition a organisé une marche pacifique réprimée par les autorités. C'est le printemps arabe, selon les médias. La révolution africaine serait-elle en marche ?

1- La Chute de Zine el Abidine Ben Ali, Président de la Tunisie

Le 16 décembre 2010, le mouvement de contestation sociale en Tunisie s'est déclenché avec le suicide de Mohamed Bouazizi, un jeune sans emploi et vendeur ambulant de fruits et de légumes. À travers cette révolte sociale et politique, les jeunes expriment le mal être de toute une génération. Les jeunes diplômés n'ont aucune perspective d'emploi. Mohamed Bouazizi s'est immolé parce qu'il était désespéré après que les agents de police eurent confisqué sa marchandise. Les autorités locales l'avaient empêché d'accomplir ses tâches quotidiennes de grand pilier de sa famille. Les conditions donc ont été réunies pour qu'une révolution se mette en marche en Tunisie. Le suicide de Bouazizi en est l'élément essentiellement déclencheur.

Depuis, les manifestations se sont multipliées. Les jeunes bravent la police et les affrontements sont très violents. Les raisons de ces révoltes se trouvent dans les injustices sociales qui persistent, comme la corruption, le taux de chômage très élevé chez les jeunes diplômés n'ayant qu'une vision sombre de leur avenir. L'omerta de la société civile, des médias indépendants et des partis politiques est bien criard.

À partir d'octobre 2011, la Tunisie est devenue un État islamiste. Elle se remet petit à petit de ses blessures.

Maintenant, d'autres questions surgissent comme la crise de confiance entre la société et la justice. La démission du pouvoir et le départ du président Ben Ali donnerait le coup d'envoi à une nouvelle ère de contestations. Cependant, les Tunisiens ont eu la sagesse de comprendre que seules les institutions représentatives du peuple et la démocratie pourraient les aider à savourer la liberté et la justice. La Tunisie serait encore sur des béquilles brisées. Le 18 mars 2015, l'attaque du musée Bardo secoue non seulement les touristes mais aussi les Tunisiens eux-mêmes. Le tourisme est une industrie très lucrative. Sa chute causerait un manque à gagner et l'économie en serait fortement touchée. La violence pèse beaucoup sur ce pays et la peur s'établit. Plus de deux millions de Libyens s'y réfugient et la Tunisie peine sous le poids de la ruine et de l'insécurité.

Après cette chute, la jeunesse égyptienne s'installe à la place Tahrir pour protester contre le régime répressif du président Hosni Moubarak.

2- La chute de Moubarak, président de l'Égypte

Comme en Tunisie le manque de travail pour les diplômés et la crise sociale entraînent les jeunes dans la rue afin de revendiquer leurs droits fondamentaux. Ils réclament du pain, un logis et un emploi. Cette révolution est synonyme de changement positif. Tout commence le 25 janvier 2011. Les jeunes égyptiens en colère protestent contre le régime à la place Tahrir au Caire pour les réformes politiques et sociales. Ils exigent la démission du président de la république, Hosni Moubarak au pouvoir depuis trente ans (30 ans).

Le 6 février 2011, l'opposition et les personnalités indépendantes se concertent avec le vice-président Omar Souleimane afin de créer un comité pour amender la constitution. Mais, compte tenu de l'ampleur de la revendication prenant des proportions dramatiques, le président Moubarak confère ses pouvoirs au vice-président le 10 février 2011. Les événements s'enchaînent et le 11 février 2011, le président Moubarak démissionne. Il remet le pouvoir à l'armée qui ne le soutient plus. Il ne quitte cependant pas le pays et préfère rester chez lui, dans sa ville natale.

L'ancien président est complètement affaibli et il est assigné en justice pour meurtre de manifestants et corruption. Il est le premier dirigeant du Moyen-Orient à comparaître dans un état de grabataire. Les Égyptiens attendent un procès équitable. La justice égyptienne a promis de rendre justice au nom du peuple.

Tout change et les populations exigent que les dictateurs répondent de leurs actes devant la justice.

Depuis la révolution égyptienne, l'effondrement économique et financier est actuellement plausible. Le 3 juillet 2013, la contestation populaire a provoqué la destitution du président élu, Mohamed Morsi soutenu par les frères musulmans du Parti liberté et justice. Cette destitution est le résultat des maladresses et atteintes aux libertés politiques de ce président ayant sans cesse étendu ses prérogatives. Les protestations continuent. La pauvreté s'accentue et le chômage s'aggrave.

En avril 2015, l'ex-président islamiste, Mohamed Mohamed Morsi Issa al-Ayyat, destitué par l'armée, vient d'être condamné à la peine capitale. Et, il est condamné pour avoir fait torturer des manifestants. Ce, devant le palais présidentiel du Caire.

Il sied de mentionner que le régime de M. Sissi est autant répressif que celui de son prédécesseur. L'opposition est actuellement inexistante en Égypte. Espérons que le pays ne plongera pas dans le totalitarisme.

Une révolution entraîne toujours son lot de dérapages inattendus. L'Égypte sombre encore dans le chaos. Seule la réconciliation nationale serait la solution. L'élection d'un homme fort comme Abdel Fattah al-Sissi changerait également la tendance afin de mettre fin à la violence. Il faudrait absolument l'alternance démocratique qui pourrait générer des idées nouvelles et consolider aussi les institutions.

Que la vraie démocratie s'instaure dans ce beau pays jadis mythologique. Que des mesures de clémence soient prises pour libérer tous les prisonniers politiques tout en assurant la sécurité de tous les citoyens et des touristes.

3- Guerre contre le colonel Mouammar Al-Kadhafi de la Libye et sa mort

Kadhafi s'est tourné vers l'Afrique noire mais toutes ses initiatives d'unité ou d'union ont été incomprises. Que ce soit l'union du Maghreb, le Sahara ou la communauté des États Sahariens, L'Union Africaine ou la grande famille arabe ! Tous les régimes que Kadhafi a combattus étaient corrompus.

Selon certains chercheurs africains dans AFRIQUE DOSSIER du Réseau Nerrati-Press, on peut retenir les éléments positifs suivants sur la gestion de la Libye par Kadhafi quel que soit le jugement qu'on porte sur lui :

« 1- L'électricité à usage domestique est gratuite (Les entreprises payent l'électricité sauf la population) !

2 - L'eau à usage domestique est gratuite

3 - Le prix d'un litre du carburant est de 0,08 à 0,14 euros

4 - Le « coût de la vie » en Libye est beaucoup moins élevé que celui qui prévaut en France. Par exemple, le prix d'une demi-baguette de pain en France est d'environ 0,40 Euros, tandis qu'en Libye il est de 0,11 Euros

5 - Les banques libyennes accordent des « prêts » sans « intérêts »

6 - Les citoyens n'ont pas d'« impôts » à payer, et la « TVA » n'existe pas (Voir également le point 20)

7 - Chaque membre d'une famille reçoit une subvention de 1 000 dollars par an

8 - Les chômeurs sont payés 730 euros par mois (Voir également le point 27)

9 - Le salaire d'une infirmière d'hôpital est de 1 000 dollars

10 - à la naissance de chaque nouveau-né, on reçoit 7 000 dollars

11 - L'éducation nationale est gratuite

12 - La médecine est gratuite

13 - Les pharmacies offrent des fournitures gratuites

14 - Pour chaque étudiant voulant faire ses études à l'étranger, le « gouvernement » attribue une bourse de 1.627,11 Euros par mois

15 - Tout étudiant diplômé reçoit le salaire moyen de la profession du cursus choisi s'il ne trouve pas d'emploi

16 - Les nouveaux mariés reçoivent 64 000 dollars pour acheter un appartement (Lorsqu'un couple se marie, l'état paie le premier appartement ou maison (150 mètres carrés)

17 - Pour créer une affaire privée, on bénéficie d'une aide financière de 20 000 dollars.

18 - Les « taxes » et « impôts » lourds sont interdits (Voir également le point 20)

19 - Si quelqu'un veut acheter une voiture, jusqu'à 50% du prix est réglé par l'État, 65% pour les miliciens de la garde

20 - Le prix pour l'achat d'une voiture (Chevrolet, Toyota, Nissan, Mitsubishi, Peugeot, Renault…) est au prix d'usine (voitures importées du Japon, Corée du sud, Chine, États-Unis…). (Voir également le point 18)

21 - Une « jeep KIA » sud-coréenne neuve pour 7500 dollars

22 - Le système a été appelé « la huitième merveille du monde ». Il fournit cinq millions de mètres-cube d'eau par jour à travers le désert et a considérablement augmenté le territoire irrigué.

4000 Km de pipelines sont profondément enterrés pour les protéger de la chaleur

23 - Les Libyens bénéficiaient d'un « crédit » de 20 ans sans « intérêts » pour construire leurs maisons (Voir également le point 06)

24 - Le « PIB » comme parité nominale est de 96,100 milliards de dollars

25 - Le « PIB » par habitant est de 14 192 dollars

26 - La croissance du « PIB » est de 8,5%

27 - L'inflation « IPC » est de 6,3%

28 - Le « taux de chômage » 30% de la population active (Voir également le point 08)

29 - Population sous le « seuil de pauvreté » 7,4%

30 - Le « déficit public » est nul (déficit public = Dépenses publiques - Recettes publiques)

31 - La « dette publique » est de 4,267 mille milliards de dollars US (Ensemble des engagements pris par l'état et les comités populaires) ;

32 - La « dette extérieure » est nulle (dette extérieure = Emprunts extérieurs - Prêts extérieurs) ;

33 - La Libye est le dernier pays dans la liste des pays endettés ! La « dette publique » est à 3,3% du « PIB » ! En France, elle est à 84,5% Aux USA, 88,9% ! Aux Japon à 225,8% ! (Comment peut – on justifier que Kadhafi n'aime pas son pays et n'a rien fait pour la Libye ? 34 - Kadhafi est resté avec son grade de « colonel », il ne s'est jamais auto-proclamé « général[263] ».

---

[263] NOTE : En 1977, il a proclamé la « Jamahiriya » qui est une forme élevée de « démocratie » où les institutions traditionnelles du gouvernement sont abolies, et où le pouvoir appartient directement au peuple à travers ses « comités » et « congrès ». L'« état » est divisé en de nombreuses communautés qui sont des « mini-états autonomes » dans un État ayant autorité sur leur district, y compris l'allocation des fonds budgétaires.

Les libyens pourraient s'exprimer au niveau des comités populaires pour faire des propositions ou débattre sur l'avenir et la gestion de leur « mini-états autonomes ». Cependant la « police politique» veille contre la critique, l'opposition, les

« Pour les Africains, la Libye est le premier pays du continent qui a acheté un satellite de télécommunication au service de l'Afrique. Avant cette étape, pour appeler d'une ville à l'autre dans un même État en Afrique, il fallait passer par Londres pour les pays anglophones et par Paris ou Bruxelles pour les pays francophones, combien cela coûtait ?[264]».

Malgré tout cela, les Libyens étaient muselés et ils voulaient plus de liberté d'expression et une démocratie réelle. Les arrestations arbitraires, les exactions et les massacres étaient fréquents et les populations craignaient constamment pour leur vie.

En 2005, une mutinerie de la prison d'Abou Sélim près de Benghazi est matée par les troupes du guide faisant 800 à 1600 morts. Les habitants de Benghazi ont des cicatrices indélébiles de la manière dont les manifestants pacifiques furent massacrés.

Le 17 février 2011, date de la commémoration des massacres de la prison et des événements qui ont pris les allures d'une guerre civile. Les manifestants scandaient : *le sang des martyrs ne coulera pas en vain*. Kadhafi aurait commis l'irréparable en massacrant plus de 1200 prisonniers sans compassion. Cela laisse des souvenirs douloureux et épouvantables.

Dans cette crise entre libyens, les occidentaux interviennent directement au nom d'une guerre humanitaire pour en découdre avec Kadhafi. L'intervention de l'Otan est couverte par la résolution 1973 du Conseil de sécurité de l'ONU où la France a le droit de véto.

Depuis le 17 février 2011, les clivages s'accentuent. Les noirs s'exposent beaucoup plus aux représailles parce qu'ils

---

manifestations et assure la sécurité. (La Direction du RESEAU NERRATI-PRESS/2011).

264 Ibid

sont assimilés aux mercenaires mettant ainsi leur vie en danger. Quant aux Berbères, ils aimeraient que leur langue et leur culture soient acceptées. Sur le plan ethnique, la Libye est bien diversifiée. Il n'y a pas d'homogénéité parce qu'il ya beaucoup de tribus. Il faut réconcilier les Libyens et cesser les règlements de compte afin que la paix et la tranquillité soient instaurées.

Les Libyens ont besoin d'un gouvernement plus juste et incorruptible afin de pouvoir reconstruire ce pays en lambeaux. Les migrants noirs sont actuellement victimes de violations des droits de l'homme en Libye et ils subissent des traitements dégradants. Ils sont assimilés aux mercenaires. Cela est bien triste. Ils méritent d'être protégés et que le Conseil National de Transition (CNT) puisse intervenir rapidement en leur faveur.

Un pays bien construit est en train d'être détruit par la perte de son haut niveau de vie. Pourrait-on vite reconstruire dans l'unité ? Un Libyen moyen n'était même pas comparable à un Européen moyen avant la chute du Guide libyen.

Le président de la République française, Nicolas Sarkozy se serait sucré auprès de Kadhafi. Selon les témoignages :

« L'ex-Premier ministre libyen al-Baghdadi al-Mahmoudi, emprisonné en Tunisie, a affirmé que le régime de Mouammar Kadhafi avait financé la campagne 2007 du candidat Nicolas Sarkozy, ont rapporté à Tunis ses avocats.

> « Mouammar Kadhafi, son régime et les responsables qui travaillaient avec lui ont financé la campagne électorale de Sarkozy en 2007», a déclaré à la presse Me Bechir Essid, avançant un montant de quelque 50 millions d'euros. Selon cet avocat, l'ex-Premier ministre libyen a affirmé que «le marché a été conclu par Moussa Koussa (nldr : ex-chef des services de renseignements

extérieurs) sur instruction de Kadhafi et assuré que des documents attestant de la transaction existent [265] ».

Le vent balaie quelques dictateurs africains comme un ouragan. Il a balayé Zine El Abidine Ben Ali, Hosni Moubarak et Kadhafi a été assassiné. En Égypte, seul Hosni Moubarak est parti et les autres continuent à s'imposer. L'humilité est l'un des principes des grands sages. Il faudrait en tout temps savoir quitter les choses par la grande porte. L'entêtement conduit à l'humiliation. Le leadership devrait être basé sur le peuple.

La Libye connaît une transition extrêmement difficile : règlements de comptes pour les uns et renaissance pour les autres. Cependant, l'effondrement de l'État libyen serait bien plausible. Le gouvernement paraît paralysé par des dissensions internes. Le chaos et l'espoir se mêlent car la Libye est divisée et elle continue à s'auto-détruire. Et, la guerre a laissé des souvenirs amers. Ce pays s'enfonce de plus en plus dans la violence et les donneurs de leçon se sont retirés après avoir accompli des œuvres minables. La France du régime de Nicolas Sarkozy a commis une erreur monumentale de jugement tout comme la coalition. D'ores déjà, la Libye est complètement livrée à elle-même. D'importantes réserves d'armes sophistiquées de Kadhafi et celles larguées par la coalition seraient récupérées par les milices. Celles-ci font la loi. Ainsi, la porte maritime libyenne donnant sur l'Europe est devenue un gagne-pain dans un monde sans chef crédible. Des passeurs féroces de migrants font des affaires intolérables en envoyant leurs clients vulnérables vers l'Europe par voies maritimes inconfortables. Les milices sont armées jusqu'aux dents.

---

265 http ://www.algerie360.com/international/lex-premier-ministre-libyen-assure-que-kadhafi. "L'ex-Premier ministre libyen assure que Kadhafi a bien financé la campagne 2007 ». Publié, le jeudi, 3 mai 2012. Par AFP. Consulté, le 20 mars 2014.

Elles commettraient des meurtres de masse et les auteurs de tant d'abominations demeureraient impunis. Tant que les milices ne seraient pas désarmées, la Libye continuera sa descente aux enfers. C'est sûr que le chaos s'installe pour longtemps si une solution immédiate n'est pas trouvée. Le dialogue !

C'est de l'actuelle Libye que partent des bateaux des migrants à la recherche d'un pays hospitalier.

Malheureusement, les naufrages atroces se multiplient. La méditerranée devient une mer de plus en plus dangereuse. Ainsi, la méditerranée devient un mouroir à ciel ouvert. Que de morts ! Des enfants et leurs mères périssent inévitablement. Quel choc !

Le manque de prévention de conflits est la plus grande cause de l'immigration tout comme le chômage et l'insécurité. Les gens meurent dans le plus grand anonymat. Le drame se joue en méditerranée et aucun pays européen n'est prêt à accueillir de nouveaux migrants. Ainsi, la mer se déchaine sans cesse.

Entre autres, l'Europe semblerait démunie. Aurait-elle encore l'obligation juridique d'accueillir les migrants ? 800 migrants viennent de périr en ce mois d'avril 2015 et c'est l'émoi total sans compter ceux qui ont disparus précédemment.

Que l'Unité Africaine puisse contribuer à la reconstruction du continent. Développer l'Afrique et créer des emplois empêcheraient les jeunes à immigrer. On a l'impression que l'État n'existe plus. C'est l'éclatement total de l'autorité de l'État.

Par ailleurs, les milices devraient se ressaisir afin de reconstruire la Libye. Il faudrait recoller les pots cassés et se réconcilier.

4- Les réformes du Souverain Mohammed VI au Maroc

Il est important de rappeler brièvement quelques moments historiques du Maroc. L'an 1666 marque le début du règne de la dynastie alaouite dont Hassan II est l'un des descendants. (Les Grands reportages du Monde Diplomatique, 1960-1975, « Quand le fond de l'air était rouge », p. 65). En 1961, Hassan II succéda à son père le roi Mohamed V.

Les années 1970-1980 ont été plus difficiles pour le Maroc compte tenu du chômage croissant. Les plans d'ajustement structurel ont atteint les équilibres financiers de l'État. En 1975, le roi Hassan II a entrepris la *marche verte* pour récupérer le Sahara occidental. La guerre fut déclenchée entre les troupes marocaines et le Front Polisario qui réclame l'indépendance de ce territoire. Cette guerre dura quinze ans et fit de nombreuses victimes. En Octobre 1963, le Maroc et l'Algérie se battent au sujet du Sahara occidental. Cette guerre prit fin grâce à l'intervention de l'Organisation de l'unité africaine. L'Algérie a soutenu le Front Polisario tandis que la France a prêté main forte au Maroc. Les relations entre le Maroc et l'Algérie sont au beau fixe. Les années 1981, 1984 et 1990 ont laissé des souvenirs amers des émeutes sociales.

Le 23 juillet 1999, le Maroc est en deuil. Le roi Hassan II est décédé à Rabat après un règne de trente-huit ans (1961-1999). Son fils Mohammed VI, 22ème monarque alaouite lui succède; il demeure à l'écoute de son peuple en entreprenant *une réforme constitutionnelle* face à la jeunesse qui occupe la rue pour protester contre les inégalités sociales de plus en plus croissantes et criantes.

Le Souverain Mohammed VI, prudent et ouvert au dialogue, a initié une modification constitutionnelle globale accompagnée d'un référendum, dans une adresse à la nation prononcée le 9 mars 2011, le premier après les revendications de la jeunesse du 20 février 2011 au Maroc. Il relève son *engagement ferme à donner une forte impulsion à la dynamique réformatrice profonde … en cours.*

Le projet de la nouvelle constitution, après celle de 1996, a été soumis au référendum populaire et il est déjà entré en vigueur depuis son approbation par la majorité des citoyens, le 1er juillet 2011.

Le Souverain a précisé que le statut du premier ministre, « en tant que chef du pouvoir exécutif »[266], et celui des partis politiques seront « renforcés » dans le cadre de ce changement. « La consécration du statut du premier ministre en tant que chef d'un *pouvoir* exécutif effectif, et pleinement responsable du gouvernement [267] », *est considérée par le roi comme un «* principe [268] » *de consolidation de la* « séparation et de l'équilibre des pouvoirs [269] ». Le Souverain ajoute que : "Nous avons décidé d'entreprendre une réforme constitutionnelle globale", a déclaré le souverain, soulignant son "engagement ferme à donner une forte impulsion à la dynamique réformatrice profonde (.) en cours". "Le projet de la nouvelle constitution" sera "soumis au référendum populaire" et entrera "en vigueur après son approbation[270]".

Des revendications répondant à un appel lancé à l'origine par des jeunes sur Facebook sont reprises singulièrement par des Organisations Non Gouvernementales à travers le Maroc le 20 février pour réclamer des réformes politiques, dont une limitation des pouvoirs du souverain, et plus de justice sociale.

Depuis l'ascension au pouvoir du jeune souverain, des efforts considérables et louables sont faits. La justice, la place de la femme, la pluralité de l'identité et autres s'amorcent progressivement.

266http ://www.lemonde.fr/afrique/article/2011/03/09/maroc-mohammed-vi-annonce-une-reforme-constitutionnelle-globale_1490838_3212.html). "Maroc : Mohammed VI annonce "une réforme constitutionnelle globale". Publié, le 9 mars 2011. Par Le Monde.fr avec AFP. Consulté, le 20 mars 2013.

267 Ibid
268 Ibid
269Ibid
270 Ibid

5- L'apaisement de l'ébullition de 2011 par Abdelaziz Bouteflika, le président algérien

En entamant ce récit, il sied de rappeler quelques faits historiques de ce grand pays riche du Maghreb. L'occupation française a duré cent trente-deux ans (132) du 14 juin 1830 à 1962. Cette occupation prit fin le 5 juillet 1962. Et, cette date marque la fin de la guerre déclenchée par la France face aux pieds noirs, qui dura huit ans de 1954 à 1962. Dans ce pays et comme dans bien d'autres, l'armée française aurait commis des crimes de guerre indescriptibles et demeurés impunis.

Le front de libération nationale (FLN), parti unique, en est sorti vainqueur grâce à l'appui militaire de l'Union des Républiques Socialistes Soviétiques (URSS) et de quelques pays africains.

Les Algériens courageux se sont prononcés par référendum populaire le 3 juillet 1962. L'Algérienne a joué un rôle clef pour défendre son beau pays combien riche.

Le 29 juillet 1965, un accord définissant le cadre dans lequel s'exercerait « les activités des sociétés pétrolières françaises » en terre algérienne est signé entre les deux pays. Les documents indiquent que " l'accord algéro-français concernant le règlement des questions touchant les hydrocarbures et le développement industriel de l'Algérie tendait en outre à prendre acte du caractère évolutif des rapports entre l'Algérie et la France[271] ". Cela était bien évidemment important après huit ans de guerre car pour l'Algérie, la signature de cet accord constituait une nécessité. Mais, " la France n'a jamais considéré toutefois les accords d'Evian comme devant régler pour l'éternité ses rapports avec l'Algérie. Bien au contraire, le système qu'ils avaient établi était par nature évolutif – ne fût-ce que parce qu'il supposait à l'origine le maintien d'une importance populaire française en

---

[271] Documents sur les relations entre l'Algérie et les sociétés pétrolières françaises, Alger, éditeur, mai 1971, p.7.

Algérie [272] " », discours prononcé par le chef de gouvernement français le 20 avril 1971.

Le 24 février 1971, l'Algérie « a décidé la nationalisation intégrale ou partielle des biens, parts, actions, droits et intérêts de toute nature des sociétés françaises »[273], agissant le cadre des hydrocarbures.

Le gouvernement algérien rappelle que « le droit consacre la primauté de l'Intérêt de l'État, et le principe de nationalisation comme l'un des moyens dont disposent les Pouvoirs publics en vue d'assurer la sauvegarde de l'Intérêt National »[274]. Par ailleurs, « les mesures ainsi arrêtées précisent davantage les règles du jeu de la doctrine de l'Algérie en matière d'économie mixte, dans les secteurs importants de l'économie nationale, et demeurent en tout état de cause irréversibles»[275].

Dans les années 1990, l'Algérie a connu une guerre civile effroyable. En 1999, Bouteflika est élu président de la République et le pays est conduit d'un bras de fer. Les manifestations de la jeunesse algérienne ont été vite contrôlées par le pouvoir.

Enfin, les erreurs françaises en Afrique s'accentuent sur les peuples du continent où la France porte la responsabilité de toutes les guerres injustes qu'elle continue sournoisement à déclencher ainsi que les coups d'État et son soutien aux sanguinaires promettant la naissance réelle de la démocratie. Il serait temps que les Africains instaurent la paix et affirment leur humanité et leur détermination à instaurer des politiques dignes. En respectant les droits de chaque être humain, la majorité étant plongée dans les misères criantes alors que les pays abondent de richesses en ressources naturelles, la compassion de chacun contribuerait à partager.

---

272 Ibid, p. 7.
273 Ibid, p. A8-3
274 Ibid
275 Ibid

Il faudrait changer positivement les choses en évitant l'atteinte aux principes essentiels. Qu'ils engagent une coopération judiciaire pour une restitution des avoirs pillés et confisqués. La question de la barbarie politique est à résoudre. Le chômage, l'éducation, l'emploi et la santé devraient être des grandes priorités. Il est donc important de promouvoir des valeurs de justice et d'éthique. Promouvoir des actions destinées au développement économique, politique et social demeure le rêve de tout jeune africain. Il faut mettre définitivement fin aux actes d'atteinte à la liberté et aux droits de l'Homme tout en évitant la manipulation. En tout temps et en tout état de cause, la vie des citoyens mériterait d'être protégée et révérée.

ÉPILOGUE

N'oubliez pas que le roi des arbres de la savane, le puissant baobab, sort d'une graine qui, au départ, n'est pas plus grosse qu'un tout petit grain de café…

Amadou Hampâté Bâ, 1985

L'Afrique, c'est l'histoire de l'Égypte ancienne, de la culture locale, de l'esclavage, de la colonisation, du déséquilibre et des dictatures agressives. L'Afrique, c'est aussi l'hospitalité, la solidarité, l'amour, les immenses ressources naturelles, etc. Comme le relève bien Arona Moreau, « l'Afrique est restée la plus grande et creuse plaie de l'humanité. Elle a vécu la plus mélancolique des histoires et vit à présent la plus désagréable expérience collective parmi les régions du monde [276] ». Pour nos indépendances, les populations de certains pays trempés dans la guerre de libération ont payé de leur sang. C'est le cas de l'Algérie qui a du mal à panser ses plaies jusqu'aujourd'hui.

Aujourd'hui, les casques bleus au nom de la Monuc, sont de nouveau en République Démocratique du Congo dans le cadre de la paix. Dans sa phase intégrale, cette mission est un échec retentissant. Pour instaurer la paix, les casques bleus sont aussi au Soudan dans les terres du Darfour, mais toujours sans succès.

Ces missions sont un gouffre budgétaire sans fond. N'oublions pas le chemin parcouru et celui qui reste à parcourir pour bâtir l'unité, la paix, et la cohésion

---

276 Moreau, A. (2008). Pour faire l'Afrique…par où commencer ? Éditions l'harmattan, Paris, p. 11.

continentales. Pour beaucoup de pays africains, surtout francophones encore sous le « joug » de la France, l'échec de l'indépendance politique et économique est bien consommé. Pendant ce temps, les pays anglophones assis sur leurs propres monnaies présentent un visage plus rassurant. La Grande Bretagne est non seulement un modèle de démocratie mais elle a accordé plus de liberté et de choix aux pays du Commonwealth.

Le deuxième millénaire a brillé par une violence accrue contre les droits de l'homme et le non-respect des conventions internationales liées au respect des droits de la personne. Il marque aussi la fin de la guerre froide qui a eu un impact négatif sur le continent africain. Pendant que Nelson Mandela et ses compagnons croupissaient dans des prisons inhumaines, certains peuples stoïques pourtant confinés au silence, parcouraient le monde à la quête d'une solution durable à leurs problèmes. En Somalie, au Soudan, en Érythrée, aux Congo Kinshasa et Brazzaville et bien ailleurs, la vie des peuples à la recherche de la paix continue d'être mise à rude épreuve. Des bambins opérant sous l'étiquette *d'enfants soldats* sont encore sur la ligne des fronts dans les pays où sévissent les guerres civiles. Cette génération sacrifiée par les seigneurs de guerre, a besoin d'être rééduquée pour se faire une place dans la société. Le viol des femmes est devenu une arme de guerre et voire une culture. Des vies féminines sont brisées. Même les casques bleus commettent des crimes demeurés impunis à l'endroit des femmes.

Le dialogue est la seule issue pour arriver à l'alternative démocratique. Mieux administrer les richesses, supprimer les quasi-dictatures simulées en démocraties sont des stratégies de pointe qui baliseront le chemin d'un avenir radieux.

En Afrique, il faudrait mettre fin à l'errance politique, à la tyrannie des gouvernants et à la dislocation des structures sociales et économiques. Il faudrait créer un fonds continental de sécurité sociale pour assister les malades et les démunis. Il faudrait de plus créer un environnement favorable à tous et un cadre de vie agréable qui pourvoirait des avantages sociaux aux populations vivant dans une précarité immonde. Une fin de carrière ne doit plus être un déclencheur de conflits sociaux, ni une occasion de malmener les retraités qui ont déjà du mal à toucher leurs maigres dus. Pour tout citoyen, il convient de mettre en place des programmes de couverture de santé gratuite pourvus des soins médicaux de qualité et d'un corps médical compétent, respectueux des règles de déontologie.

Dans le monde, l'eau est un déclencheur des guerres qui se perpétuent à travers les siècles. Grâce aux technologies nouvelles, en amenant l'eau dans le désert, on améliorera la vie de nombreuses populations qui en manquent crûment. Les gens doivent apprendre à gérer cette denrée, source de vie qui se raréfie de plus en plus par la faute de l'homme. Prendre le temps de marcher dans les chaussures d'un autre, c'est comprendre sa souffrance avant de juger ses actions.

L'Afrique prisonnière de son histoire mal connue du monde, est toujours à l'écoute des épopées des autres. Sa pénible expérience ne lui a jamais servi de leçons ni de fouet pour le changement. Pour régler ses litiges souvent bénins, elle n'a pas besoin de faire usage de la force. Elle doit apprendre à dialoguer, à négocier et à faire des concessions pour maintenir la paix et la stabilité politique. L'éthique et l'esthétique, parents par excellence de la paix, doivent être enseignées à l'école tout comme les règles de bonne gouvernance, le civisme et les lois. Il y a lieu de rappeler que le pouvoir judiciaire est un instrument démocratique incontournable au service du peuple. Il est important de rétablir les libertés civiles, pour en finir avec la torture et la politique de l'arbitraire.

Dans le même courant d'idées, il est nécessaire d'actualiser les lois coutumières rétrogrades. Les valeurs morales, juridiques et culturelles sont des acquis prouvés. Les événements mémoriels vestiges d'un passé présent, doivent forger les caractères, développer la fraternité et prôner l'égalité entre les peuples. Le multiculturalisme est un outil nécessaire de cohésion. Il aide à rapprocher les uns des autres, et unit les valeurs respectives. Il n'y a point de petit peuple. Il y a seulement peuples et ils sont égaux. La justice équitable est un mécanisme unique pour régler pacifiquement tout conflit. Chaque peuple offre, aux autres, son expérience exceptionnelle de vie en cohabitant paisiblement.

Pour tout différend, il y a toujours une solution pacifique négociée. Régler les différends dans le respect mutuel est signe d'humilité. Cette approche relève de la sagesse héritée des ancêtres. La sagesse et l'humilité sont des vertus cardinales non négociables, d'une part. D'autre part, comme l'a affirmé Gorbatchev, *les rencontres face à face constituent le meilleur moyen de rechercher les points de contact, de rapprocher les positions concernant des affaires concrètes. Dans ce cas, il est nécessaire non seulement de savoir parler mais aussi d'écouter, de se comprendre, de rechercher en commun des solutions aux problèmes extrêmement complexes de notre temps.*

Les leçons de la vie sont une expérience qui édifie. Le passé de colonisé étant douloureux, les Africains doivent contenir le négatif pour ne s'atteler qu'à la vision d'un avenir de paix et de justice sociale. Le pouvoir judiciaire est l'instance garantissant les libertés individuelles et les droits fondamentaux des citoyens. L'acceptation de l'autre devrait être un atout et non un fardeau. La rébellion détruit non seulement les vies humaines mais aussi le patrimoine commun. Elle frustre les populations, décroit l'économie et accroit la dette extérieure. Il est inutile donc de faire de la guérilla une porte de sortie de crise politique ou sociale. La lutte armée n'est point une solution pacifique. Seul le dialogue conduit à une paix durable.

Dans cette Afrique polyglotte, l'identité étant référentielle, l'ethnie et l'ethnicité sont des valeurs positives qui permettent d'identifier les origines réelles des uns et des autres dans le plus grand respect. L'identité est une balise nécessaire pour la reconnaissance de tout individu. Il est fort regrettable que les conflits ethniques se soldent par le génocide, signe de barbarisme, frustration et de viol des droits de la personne.

Les mères jouent un rôle primordial dans la société, raison pour laquelle, elles ne devraient plus être marginalisées. Dorénavant, elles seront présentes à tous les niveaux de prises de décision dans les instances de l'état. Elles souffrent tant dans ce monde qu'elles devraient décrier les injustices et toutes formes de discrimination et de *pronunciamiento* qui entraveraient leur vie.

Des cris déchirants des mères violées, blessées, torturées et tuées sont les symboles du sadisme masculin. Combien de femmes se taisent et meurent dans et avec du chagrin ou vivent dans le rejet à travers le continent ? Telle est l'Afrique des drames du silence à la volonté de vivre ! Telle est la déception de ceux qui espèrent vivre dans un continent uni, prospère, sécuritaire et pacifié. Tel est aussi l'espoir que l'investissement dans le cadre d'une stratégie de développement endogène est l'outil adéquat pour sortir du marasme économique.

Une croissance économique stable répondrait, dans des proportions raisonnables, à la forte demande sociale immédiate. Il revient à l'être humain qui manipule et organise l'économie, qui fait et défait l'histoire des sociétés, d'apporter les ingrédients nécessaires pour la résolution des multiples conflits. Par ailleurs, l'égalité, l'équité, la dignité, la fraternité, la justice, la liberté et le respect des droits individuels restent les valeurs intrinsèques qui garantissent la sécurité et la viabilité politique et civile des sociétés.

Les Africains ont besoin d'une démocratie constructive qui répondrait à leurs attentes. Ils ont également besoin d'une démocratie réellement africaine et non d'une démocratie calquée sur les normes occidentales. Les règles démocratiques ne devraient jamais leur être dictées ni imposées de l'extérieur. L'opposition devrait être constructive et non mesquine. Une opposition solide et exemplaire ! Critiquer pour le plaisir de critiquer serait un vice fatal. Ils devraient avoir confiance en leurs propres valeurs. Une conscience africaine forte aiderait le continent à relever les défis importants de ce troisième millénaire. Il est fondamental d'œuvrer pour une Afrique mature, libre et souveraine ! Une Afrique sans arme ! Une Afrique tranquille ! Une Afrique laborieuse et digne ! C'est cette Afrique de Joseph Ki-Zerbo, et des rêves que les fils d'Afrique veulent pour les générations futures.

La globalisation qui pour les uns constitue un bienfait, demeure pour d'autres une nouvelle forme d'esclavage. La tendance globale est à l'uniformité du mode de vie, chose destructive pour d'autres et pour la préservation des forêts qui sont le réservoir du dioxyde de carbone. Le réchauffement climatique qui frappe déjà le continent par la fréquence des canicules indescriptibles, des inondations et du débordement des eaux de mer dans quelques endroits du globe en est la conséquence directe. En protégeant les forêts, on protège la biodiversité dans ce qu'elle comporte comme espèces animales et végétales, facteurs d'équilibre écologique.

Il est important d'utiliser les investissements étrangers et continentaux à leur disposition pour combattre la désertification en cultivant et en adaptant des plantes qui peuvent pousser dans le désert. Ainsi, les tambours vibreront sous un soleil nouveau, celui du post-modernisme et des grands changements attendus. Ensemble, ils chanteront le chant de la démocratie, et l'Afrique verra ses perspectives de développement s'accomplir et ses anciennes traditions modernisées. Les tribus, les ethnies et les peuples sont appelés à se réconcilier pour un tout multiculturel africain de fierté, de paix et de dignité. Il est nécessaire d'œuvrer pour l'avènement d'une nouvelle génération d'africains qui construiront un continent moderne, juste, social, positif et créatif. Édifier un continent qui respectera les principes d'égalité et de justice pour tous, rêve légitime des Africains. Que le XXIe siècle soit celui des grands changements positifs continentaux. Qu'il soit un siècle de paix et d'unité, brisant les barrières d'injustice et de racisme. Un siècle de l'économie montante et de la création d'emplois moins stressants avec des structures sociales favorables pour tous.

L'Afrique post-coloniale étant un lourd héritage à porter, il faudrait des femmes et des hommes dynamiques et visionnaires pour alléger le poids du fardeau. Il faudrait des juridictions puissantes pour veiller à l'application des lois souvent bafouées. La justice est tributaire de la loi et sans la loi et les dirigeants qui la respectent l'Afrique risque de continuer à crouler sous le poids de la corruption.

Le plus grand souci de la majorité d'Africains est d'éradiquer la corruption qui s'enracine au jour le jour dans un continent complètement acquis à la cause du gain facile et à l'enrichissement illicite des dirigeants sans cœur. Le pouvoir absolu corrompt absolument. On constate que dans bon nombre des instances politiques, administratives et judiciaires, la corruption devient plus une tradition qu'une pratique de circonstance. En effet, l'Afrique a besoin d'une justice autonome et impartiale pour sortir de l'impasse. Elle a besoin d'une véritable paix sécurisée par des corps constitués républicains puissants, professionnels, organisés, bien entraînés et acquis à la cause des peuples.

Il faudrait aussi mettre fin à la création des milices para étatiques formées uniquement pour accomplir les basses besognes des pouvoirs en place. Les personnalités politiques, les hommes et femmes intègres et la société civile devraient se conformer aux lois en vigueur et agir dans le meilleur intérêt de la société. Ainsi, jaillirait des ornières du passé, une Afrique juste, non violente, intègre, digne, pacifiée, libre, laborieuse, autosuffisante, en bonne santé, dénudée de vengeance et de famine, capable de s'assumer, d'assumer ses obligations, d'assurer les emplois et de se prendre en main, une Afrique rayonnante et vivante qui laissera aux générations futures un continent harmonieux.

Si le XXe siècle a été désigné comme le plus sanglant de l'histoire humaine, faisons du XXIème siècle, celui de la modernisation et de la concorde continentale et planétaire. Que les jeunes soient à l'avant-garde des grands changements positifs. Que l'Afrique des drames fasse place à une Afrique pacifiée. Que chacun participe à l'édification d'une Afrique prospère, démocratique, moderne et dénudée de violence, pour que les mères voient leur progéniture grandir et évoluer dans des environnements paisibles et sécurisés.

Il est temps d'œuvrer pour une Afrique réellement indépendante et responsable qui traitera d'égal à égal avec ses partenaires économiques et commerciaux. Il est question de construire : une Afrique respectueuse, dynamique, organisée et bonne gestionnaire de ses ressources naturelles, une Afrique puissante et cordiale, où les droits ne seront plus bafoués ; une Afrique qui aura une voix prépondérante au sein de l'ONU et de son Conseil de Sécurité ; une Afrique dont les richesses naturelles ne feront plus d'elle une proie à la merci d'autres continents ; une Afrique dont les enfants ne seront plus déportés, déshumanisés et traités comme des moins que rien ; une Afrique créatrice des conditions favorables à l'emploi, l'éducation et le développement ; une Afrique où les lieux d'incarcération répondraient aux normes humaines de salubrité ; une Afrique où les détenus seraient respectés et ne subiraient ni tortures, ni traitements humiliants et dégradants.

Instaurer une démocratie sans violence serait synonyme de dialogue, de négociation, de paix et d'harmonie où l'Afrique pourrait comme le sphinx renaître de ses cendres. Il est temps de comprendre que seule la croissance économique au service du peuple est capable d'éradiquer la pauvreté et la malnutrition galopante. La nécessité d'une gestion saine et rigoureuse s'impose sur tous les plans. Un président qui ne sait pas gérer devrait être démis de son poste de Premier Magistrat du pays.

Tous les peuples ont droit à des soins de santé, au logement et à la nourriture. Que l'espérance soit le plus grand rêve pour la renaissance d'un continent meurtri par les récurrentes guerres qui résultent souvent des conflits qu'on aurait pu éviter. Respecter chaque vie et être fier de ce continent, patrimoine commun, serait un atout majeur. Toute personne humaine mériterait d'être traitée avec dignité. Quels que soient son autorité, son rang, son pouvoir, sa puissance et sa race, nul n'a le droit de supprimer des vies. Ces dernières sont sacrées et n'ont pas de prix.

L'Afrique devrait retrouver son identité et enrayer la mentalité coloniale de violence. Au lieu de revendiquer les droits, il faut intervenir positivement par des actions exemplaires. Les principes d'économie n'ont rien à voir avec la réalité africaine de chaque société. Les Africains ont d'autres principes d'économie à l'exemple de la tontine. Comme dans l'ancienne Égypte, il serait important d'écrire des principes économiques africains pour éviter la crise financière.

Il est important de comprendre qu'une révolution est un long processus menant soit au succès soit à l'échec des objectifs qu'on se fixe. La renaissance africaine est donc possible grâce à sa diversité ethnique et à toutes ses beautés naturelles. Que chacun réfléchisse à ses responsabilités afin d'être honnête, courtois, hospitalier et meilleur dirigeant tenant compte des lois républicaines. Un peuple sans vision est un peuple voué à l'anarchie et à l'obscurantisme. Améliorons donc le fonctionnement de notre système démocratique à l'image du Ghana.

Enfin, que chaque africain vive dignement avec une éducation exemplaire, dans la dignité, la liberté, la paix et sans faim. Barrons donc la route à tout auteur de déstabilisation de l'Afrique. Seule la liberté c'est-à-dire la responsabilité permet le progrès et le développement.

Instaurons *le système démocratique* et épargnons au peuple les malheurs !

Que cette Afrique soit solide, unie et indivisible !

Que la paix et la liberté y règnent !

Que les hommes, les femmes, les enfants et les vieillards jouissent de sa richesse naturelle en toute sécurité !

Que chaque dirigeant ne soit point une marionnette
mais un vrai responsable !
Seule une Afrique de droit canaliserait le bien-être de
chaque individu !
Une Afrique sans discrimination raciale et moins
encore religieuse serait plus forte et prospère !
Une Afrique réaliste et crédible !
Que l'Afrique silencieuse brise toutes les chaînes de
captivité !

Avec une plume imbibée de larmes, je viens d'écrire un brin de vérité sur l'histoire douloureuse de l'Afrique.

Ô Afrique, continent de l'espoir !
O Afrique, que tes fils et tes filles marchent
vaillamment !
O toi mon Peuple, main dans la main, marchons !
Levons-nous pacifiquement !

Comme le chantait en zoulou Albert Luthuli, prix Nobel de la Paix 1960 :

"Mayibuye Iafrika : Que l'Afrique se relève !"
« Nkosi, sikelel'Iafrika : Seigneur, bénis l'Afrique » !

ANNEXE

I- TABLEAU DES POLITICIDES

Tableau récapitulatif de Chefs d'Etat, de quelques responsables ou leaders politiques assassinés en Afrique ou morts par accident d'avion du 29 mars 1959 au 20 octobre 2011 sauf omission.

Date	Nom	Fonction	Pays
29 mars 1959	Barthélemy Boganda (accident d'avion)	Président	République centrafricaine
13 octobre 1961	Prince Rwagasore Louis, assassiné à Bujumbura près du lac Tanganyika	Prince, premier ministre	Burundi
17 janvier 1961 au Katanga	Patrice Emery Lumumba Torturé, coupé en morceaux et dilué dans un liquide. Victime d'un sadisme politique indescriptible.	Premier ministre	République Démocratique du Congo (Kinshasa)
18 septembre 1961	Dag Hammarskjöld (accident d'avion en RDC)	Secrétaire général de l'ONU	En mission de l'ONU en R.D. du Congo
13 janvier 1963	Sylvanus Olympio	Président	Togo
15 anvier1965	NGendandumwe Pierre	Premier ministre	Burundi

16 décembre 1965	Joseph Bamina Exécuté au stade Prince Rwagasore par les autorités burundaises	Premier ministre	Burundi
15 janvier 1966	Sir Abubakar Tafawa Balewa	Premier ministre	Nigeria
6 septembre 1966	Hendrik Frensch Verwoerd, Grand instigateur de l'apartheid et fondateur de la république de l'Afrique du Sud	Premier ministre	Afrique du Sud
15 octobre1969	Abdirashid Ali Shermarke	Président	Somalie
29 avril 1972	NTareV Charles Ndizeye, fils du roi Mwambutsan	Sa majesté, le roi	Burundi
13 avril 1975	François Garta Tombalbaye est tué avec sa famille	Président	Tchad
11 février 1975	Richard Ratsimandrava	Président	Madagascar
13 février 1976	Murtala Ramat Mohammed	Président	Nigeria
18 mars 1977	Marien NGouabi	Président	Congo (Brazzaville)
22 mars 1977	Cardinal Émile Biayenda	Archevêque de Brazzaville	Congo (Brazzaville)
25 mars 1977	Massamba-Débat Alphonse	Ancien président	Congo (Brazzaville)

29 mai 1978	Ali Soilih	Président	Comores
27 mai 1979	Ahmed Ould	Premier ministre	Mauritanie
12 avril 1980	William Richard Tolbert	Président	Libéria
24 mai 1981 6 octobre 1981	Jaime Roldos Aguilera Anour El-Sadate	Président Président	Guinée Équatoriale Égypte
19octobre 1986	Samora Machel (accident d'avion)	Président	Mozambique
15octobre 1987	Thomas Sankara	Président	Burkina Faso
26 novembre 1989	Ahmed Abdallah Mohamed Sambi	Président	Comores
20 septembre 1990	Samuel Doe (coupé en morceaux du fait de son comportement incompatible vis-à-vis de son peuple)	Président	Libéria
29 juin 1992	Mohammed Boudiaf	Président	Algérie
21octobre 1993	Melchior NDadaye	Président	Burundi
6 avril 1994	Cyprien NTaryamira (Tir sur l'avion à Kigali)	Président	Burundi
6 avril 1994	Juvénal Habyarimana (Tir sur l'avion à Kigali)	Président	Rwanda
7 avril 1994	Agathe Uwilingiyimana	Première ministre	Rwanda
26 novembre 1996	Mohamed Djama Elabeh	Grand leader de l'opposition	Djibouti
12 février 1998	Al-Zubair Mohamed	Vice-président	Soudan

9 avril 1999	Ibrahim Baré Maïnassara	Président	Niger
16 janvier 2001	Laurent-Désiré Kabila	Président	Congo Kinshasa
19 septembre 2002	Général Robert Guei, ancien Président assassiné	Ancien président	Côte D'Ivoire
2005	John Gar Muhammadu	Vice-président	Soudan
29 octobre 2006	Maccido, Sultan du califat de Sokoto	Sultan	Nigéria
2 mars 2009	Joao Bernardo Vieira	Président	Guinée-Bissau
20 octobre 2011	Mouammar Kadhafi	Responsable numéro 1	Libye

II- LETTRES OUVERTES

Le lecteur voudra bien trouver ici quelques lettres ouvertes de l'auteure dont certaines sont publiées sur les medias sociaux[277], qui expriment son idéologie, ses prises de position et son engagement sociopolitique en vue de la démocratisation, de la pacification de son pays et aussi de l'unité africaine. Ces lettres résument ses convictions et son combat qui transparaissent aussi le long de ce livre. Promouvoir une vie de paix, de fraternité, d'unité, de développement, de progrès et d'harmonie au Congo et en Afrique est son souci majeur.

Ces lettres ont été adressées respectivement à sa Sainteté le Pape Jean Paul II (*20 juillet 2000*), au Président de la République du Congo (*30 novembre 2012 et 21 février 2016*) et au Président de la République Française (*6 juillet 2012 avec un accusé de réponse du 24 Août 2012*).

N.B. : La fonctionnalité des liens ou adresses Internet dépend du statut de maintien du site visité et ne relève en aucun cas de notre volonté.

---

277 1- [CONGO-BRAZZAVILLE] Lettre ouverte d'une diplomate en exil au canada (QUÉBEC) À M. SASSOU NGUESSO;
http ://www.afriquedemocratie.net/congo-brazzaville-lettre-ouverte-dune-diplomate-en-exil-au-canada-quebec-a-m-sassou-nguesso.html. Publié le 22 décembre 2012 par Dr Dame DIOP sur le site Afrique Démocratie : Le premier vrai espace de liberté panafricain.

2- [Congo-Brazzaville] Lettre ouverte d'une Diplomate en exil au Canada (Québec) à M. Sassou Nguesso. https ://blogs.mediapart.fr/jecmaus/blog/111212/congo-brazzaville-lettre-ouverte-dune-diplomate-en-exil-au-canada-quebec-m-
11 DÉC. 2012 PAR JECMAUS BLOG : CONGONEWS-BRAZZAVILLE

II/1- SA SAINTETE LE PAPE JEAN PAUL II

Mme Sidonie Salabanzi

Kinshasa, le 20 juillet 2000

SC Frère Nico Luketo (Servico)

B.P. 7245 Kinshasa 1

À Sa Sainteté le Pape Jean Paul II

Cité du Vatican-Rome

Italie

Très Saint Père,

Depuis la fin, en juin 1997, de l'expérience démocratique en République du Congo, il s'est installé dans le pays les affres de la guerre - les conséquences néfastes d'une guerre prolongée entre frère.

L'absence des perspectives démocratiques a été à l'origine de la reprise des hostilités dont les conséquences, pour la première fois depuis l'indépendance du Congo, il y a quarante ans, sont tragiques : des centaines de milliers de victimes dont des déplacés qui errent encore ici et là, dans les forêts du Sud du pays, et de milliers d'autres en exil.

Malgré les accords de cessation des hostilités signés à Brazzaville en 1999, en présence des présidents du Gabon et du Congo, la situation interne du Congo-Brazzaville se caractérise encore par une absence de perspective démocratique, un manque de paix et de sécurité, et des violations constantes des droits de l'homme, notamment à Brazzaville et dans les régions Sud du pays.

Aujourd'hui, le peuple **Congolais** tout entier souhaite ardemment la paix et la sécurité : que les différents protagonistes de la crise s'entendent, que le dialogue national sans exclusive s'instaure afin de favoriser le climat de paix juste et durable et favoriser ainsi la relance du développement économique et social.

Mère de quatre enfants, je suis un cadre exilé à Kinshasa (République Démocratique du Congo) avec des dizaines de milliers d'autres compatriotes. Comme eux, je suis partisane d'un retour réel et durable de la paix et de la sécurité dans mon pays, le Congo-Brazzaville.

Ainsi, c'est très respectueusement que je viens auprès de Votre Sainteté, au nom de tous ceux qui sont épris de justice et de paix et du mien propre, solliciter une intervention de votre personne dans le dossier **Congolais.** Votre charisme, votre personnalité pèsent et pèseront très fortement. J'en suis persuadée – auprès de toutes les institutions et les autorités à même de favoriser rapidement le retour à la paix et à la sécurité au Congo : l'Union Européenne avec en particulier le Président de la République française, les États-Unis d'Amérique, les Présidents africains, en l'occurrence l'actuel président de l'Organisation de l'unité Africaine (O.U.A), le président de la République du Gabon, celui du Congo et l'opposition en exil. Le pardon et la réconciliation sont des valeurs sublimes.

Chrétienne, je suis fermement convaincue que Dieu saura-pour la sauvegarde de son Peuple, vous inspirez dans cette cause qui n'honore ni les Africains, ni les croyants en général.

Veuillez croire, Très saint Père, en l'assurance de ma parfaite et ferme dévotion.

Mme Sidonie Salabanzi

II/2- PRESIDENT DE LA REPUBLIQUE DU CONGO

Sidonie Salabanzi
sidoniesalabanzi@gmail.com

Le 30 novembre 2012

À son Excellence Monsieur Denis Sassou NGuesso

Président de la République du Congo

Présidence de la République

Brazzaville.

Objet : Situation du Congo

Excellence Monsieur le Président de la République du Congo,

Au nom du peuple meurtri et croupissant dans la dèche d'une part, et en ma double qualité de mère de famille et de compatriote, je me permettrais de vous écrire pour porter à votre connaissance certains faits que vous et votre entourage ignorez ou feignez d'ignorer.

Tout d'abord, je voudrais vous faire remarquer respectueusement qu'avec votre retour aux affaires le 15 octobre 1997, il y a 15 ans, la Démocratie va mal. Le Peuple Congolais vivote. Et vous avez aussi foulé aux pieds, les décisions de la Conférence Nationale Souveraine qui avaient fait renaître un grand espoir au Peuple congolais. Elles ne sont jamais appliquées et la démocratie demeure ipso facto inexistante.

Ensuite, à mon humble avis, il est temps que le discours sur la place publique change. Le peuple a perdu sa fierté et sa dignité. De nombreux citoyens sont confrontés aux problèmes causés par tant de calamités dont vous êtes l'un des protagonistes (guerres civiles). Comment prétendez-vous construire la Démocratie dans notre pays, si les gens vivent et croupissent dans la misère ? Comment vous sentez-vous libre, manger et dormir en paix, si au même moment à quelques centaines de mètres et de kilomètres de chez vous, des pères, des mères de famille et leurs enfants ne peuvent ni manger à leur faim ni se faire soigner, ni étudier dans des conditions décentes ?

Il serait aussi souhaitable que les partis politiques et la société civile se retrouvent d'urgence pour trouver des solutions adéquates aux problèmes qui se posent avec acuité au Peuple Congolais. Il nous faut redémarrer sur de nouvelles bases. Il nous faut coûte que coûte :

- Réduire la pauvreté.
- Garantir l'unité nationale.
- Instaurer la véritable et vraie paix car celle que vous et vos courtisans vantez, ne l'est pas. Elle n'est qu'une paix de façade, émaillée de sanglants incidents et de frustration. Il n'y a pas de paix sans justice.
- Développer les routes.
- indemniser toutes les victimes des guerres civiles et reconstruire leurs logis.
- Accroître la stabilité et la sécurité pour tous.
- baisser les prix des denrées alimentaires et des loyers.
- Octroyer des salaires décents.
- Cesser d'acheter les armes. Elles ne font que nous tuer au lieu de nous défendre.
- Faire l'audit du budget de l'armée et des sommes dépensées pour l'achat des armes, depuis que vous êtes revenus au pouvoir.

- Éviter la politique qui fabrique des *satrapes*.
- Instaurer la libre circulation des biens et des personnes.
- Instaurer l'indépendance judiciaire.
- Ouvrir une nouvelle ère de gestion saine et transparente.
- Mener une lutte sans merci contre la corruption, devenue une gangrène.

Excellence Monsieur le Président de la République,

La politique économique du pays est à rehausser. La plupart des jeunes diplômés sont sans emploi. En regardant le Congo à travers une loupe, je le vois agonir, plonger et sombrer dans la tristesse voire le désespoir depuis plus de deux décennies.

Enfin, il vous revient, en votre qualité de Président de la République, de faire de grandes choses pour le Congo et pour le Peuple Congolais. À ce propos, je voudrais respectueusement vous rappeler, comme l'a affirmé Montaigne au 18ème siècle « *Pour faire de grandes choses, il ne faut pas être un si grand génie ; il ne faut pas être au-dessus des hommes ; il faut être avec eux.* » Seriez-vous avec le Peuple Congolais? Assisteriez-vous les veuves et les orphelins? Je laisserais à votre conscience et à celle de vos courtisans et thuriféraires le soin d'y répondre.

Tout en vous sachant gré de l'attention que vous aurez accordée à ma lettre, je vous prie d'agréer, Excellence Monsieur le Président de la République du Congo, les assurances de mon plus profond respect.

Sidonie SALABANZI, ancienne candidate au poste de Premier Ministre, lors de la Conférence Nationale Souveraine.

À Monsieur le président de la République du Congo

Denis Sassou Nguesso

Monsieur le Président,

En ma qualité de disciple de la Paix, femme et mère, je me permets très respectueusement de vous prier d'être le Rassembleur et le vrai père de la Nation congolaise.

Veuillez comprendre que chaque citoyen congolais a des droits et des devoirs. Ainsi, chaque CITOYEN a droit à la vie. Nul n'a le droit de la supprimer quel que soit son choix politique.

À l'aune de l'élection présidentielle anticipée initiée par vos soins, le 20 mars 2016, la recrudescence de la violence et les menaces inquiètent plus d'une personne.

Le Général Jean Marie Michel Mokoko est chez lui avec sa brave mère. Les encercler serait une injustice insupportable. Quel que soit leur sang-froid, ils méritent tous d'être protégés.

À ma connaissance, aucun candidat n'obstrue la sûreté de l'État. Les candidats exercent un droit légitime et ils méritent le respect et la liberté d'expression.

Tout en vous sachant gré de l'attention que vous aurez accordée à ma lettre, je vous prie d'agréer, Monsieur le président de la République, les assurances de mon plus profond respect.

Madame Sidonie Salabanzi, ancienne candidate à la Primature, pendant la Conférence Nationale Souveraine.

Canada, le 21 février 2016

sidoniesalabanzi@gmail.com

II/3- PRESIDENT DE LA REPUBLIQUE FRANÇAISE

Sidonie SALABANZI

607-595, Rue Rideau

Ottawa, Ontario KIN 1 E8

Canada

sidoniesala@yahoo.ca

Ottawa, le 6 Juillet 2012

À Son Excellence Monsieur François Hollande

Président de la République Française

Palais de l'Élysée

55, rue du Faubourg Saint-Honoré
75008 Paris – France.

Objet : Situation du Congo-Brazzaville.

Excellence Monsieur le Président de la République Française,

C'est en désespoir de cause, Excellence Monsieur le Président, que je me permets de vous écrire, faisant appel à la fois à votre cœur et à votre sens de la justice, de la paix et de la démocratie.

Depuis le retour de Monsieur Denis Sassou-Nguesso au pouvoir, par un coup d'état sanguinaire ayant fait beaucoup de morts, notre pays la République du Congo dont la capitale Brazzaville, fut la capitale de la France Libre au moment où la France était occupée par les nazis, ne fait que sombrer dans la misère et la corruption. Trop de malheurs, en effet, ne cessent de s'abattre sur le peuple congolais dont les populations du sud en général et de la région du Pool en particulier ont été victimes en 1997 et en 1998, de crimes contre l'humanité que sous d'autres cieux l'on appellerait génocide. Ainsi, plusieurs intellectuels originaires du sud du Congo, exclus de la société, sont contraints de vivre en exil en Afrique, en Europe, en Asie, et en Amérique.

Qui plus est, le pouvoir devenu familial voire clanique, mon pays où la mauvaise gouvernance fait légion, est géré comme une épicerie.

Excellence Monsieur le président de la République Française,

Je me permettrais aussi de vous rappeler que le peuple congolais qui a toujours été aux côtés du peuple français dans les moments sombres de la deuxième guerre mondiale, met tout son espoir sur vous qui, au cours de la campagne présidentielle, avez prôné le changement et promis, comme pour faire suite au discours de la Baule du Président **François Mitterrand**, la fin de la **FRANÇAFRIQUE** dont Monsieur Denis Sassou – Nguesso est l'un des éléments-clés. Le peuple congolais comme les autres peuples africains aspirent à plus de démocratie, de paix dans la bonne gouvernance et le respect des droits de l'homme.

C'est plus qu'un appel que je vous lance, en ma double qualité de mère et de femme politique, candidate malheureuse aux élections libres et démocratiques de premier Ministre lors de la Conférence Nationale Souveraine en République du Congo en juin 1991. Je reste confiante et convaincue que vous n'y obvierez pas.

Tout en vous sachant gré de l'attention que vous aurez accordé à ma lettre, je vous prie d'agréer, Excellence Monsieur le Président de la République Française, les assurances de mon plus profond respect.

Le Chef de Cabinet
du Président de la République

Madame Sidonie SALABANZI
607-595 rue Rideau
K1N 1E8 OTTAWA - ONTARIO
CANADA

Paris, le 24 AOUT 2012

Chère Madame,

Le Président de la République française a bien reçu le message que vous avez souhaité lui adresser et m'a confié le soin de vous répondre.

Je puis vous assurer de l'ambition de Monsieur François HOLLANDE d'être le Président d'une France généreuse qui porte haut les valeurs de respect, de tolérance et de progrès dans le monde.

Aussi soyez certaine que vos préoccupations ont fait l'objet de la meilleure attention.

Je vous prie d'agréer, Chère Madame, l'expression de mes hommages.

Pierre BESNARD

Référence à rappeler
PDR/SCP/CDO/AIE/A046081

APPENDICE

« LA CHARTE DE KOUROUKAN FOUGA

Les représentants du mandé primitif et leurs alliés, réunis en 1236 à Kouroukan Fouga (actuel cercle de Kangaba en République du Mali) après l'historique bataille de Kirina ont adopté la charte[278] suivante pour régir la vie du grand ensemble mandingue.

I- DE L'ORGANISATION SOCIALE

Article 1er :
La société du grand mandé est divisée en seize (16) porteurs de carquois, cinq (5) classes de marabouts, quatre classes (4) de nyamakalas. Chacun de ces groupes a une activité et un rôle spécifiques.
Article 2 :
Les nyamakalas se doivent de dire la vérité aux Chefs, d'être leurs conseillers et de défendre par **le verbe** les règles établies et l'ordre sur l'ensemble du royaume.
Article 3 :
Les morikanda Lolu (les cinq classes de marabouts) sont nos maîtres et nos éducateurs en islam. Tout le monde leur doit respect et considération.
Article 4 :
La société est divisée en classes d'âge. A la tête de chacune d'elles est élu un chef. Sont de la même classe

---

278 La charte de Kouroukan Fouga a été pour la première fois contée dans ses quarante-quatre (44) articles lors de l'atelier régional de concertation entre communicateurs et traditionalistes maninka (Kankan, Guinée du 03 au 12 mars 1998)»

d'âge les personnes (hommes ou femmes) nées au cours d'une période de trois années consécutives.
Les Kangbès (classe intermédiaire entre les jeunes et les vieux) doivent être conviés pour participer à la prise des grandes décisions concernant la société.

Article 5 :

Chacun a le droit à la vie et à la préservation de son intégrité physique. En conséquence, toute tentation d'enlever la vie à son prochain est punie de la peine de mort.

Article 6 :

Pour gagner la bataille de la prospérité, il est institué le Kön¨gbèn Wölö (un mode de surveillance) pour lutter contre la paresse et l'oisiveté.

Article 7 :

Il est institué entre les mandenkas le sanankunya (cousinage à plaisanterie) et le tanamanyöya (forme de totémisme). En conséquence, aucun différend né entre ces groupes ne doit dégénérer, le respect de l'autre étant la règle. Entre beaux-frères et belles-sœurs, entre grands-parents et petits-enfants, tolérance et le chahut doivent être le principe.

Article 8 :

La famille KEITA est désignée famille régnante sur l'empire.

Article 9 :

L'éducation des enfants incombe à l'ensemble de la société. La puissance paternelle appartient en conséquence à tous.

Article 10 :

Adressons-nous mutuellement les condoléances.

Article 11 :

Quand votre femme ou votre enfant fuit, ne le poursuivez pas chez le voisin.

Article 12 :

La succession étant patrilinéaire, ne donnez jamais le pouvoir à un fils tant qu'un seul de ses pères vit.

Ne donnez jamais le pouvoir à un mineur parce qu'il possède des liens.

Article 13 :

N'offensez jamais les nyaras.

Article 14 :

N'offensez jamais les femmes, nos mères.

Article 15 :

Ne portez jamais la main sur une femme mariée avant d'avoir fait intervenir sans succès son mari.

Article 16 :

Les femmes, en plus de leurs occupations quotidiennes doivent être associées à tous nos Gouvernements.

Article 17 :

Les mensonges qui ont vécu 40 ans doivent être considérés comme des vérités.

Article 18 :

Respectons le droit d'aînesse.

Article 19 :

Tout homme a deux beaux-parents : Les parents de la fille que l'on n'a pas eue et la parole qu'on a prononcée sans contrainte aucune. On leur doit respect et considération.

Article 20 :

Ne maltraitez pas les esclaves, accordez leur un jour de repos par semaine et faites en sorte qu'ils cessent le travail à des heures raisonnables. On est maître de l'esclave et non du sac qu'il porte.

Article 21 :

Ne poursuivez pas de vos assiduités les épouses : du Chef, du voisin, du marabout du féticheur, de l'ami et de l'associé.

Article 22 :

La vanité est le signe de la faiblesse et l'humilité le signe de la grandeur.

Article 23 :

Ne vous trahissez jamais entre vous. Respectez la parole d'honneur.

Article 24 :
Ne faites jamais du tort aux étrangers.
Article 25 :
Le chargé de mission ne risque rien au Mandé.
Article 26 :
Le taureau confié ne doit pas diriger le parc.
Article 27 :
La jeune fille peut être donnée en mariage dès qu'elle est pubère sans détermination d'âge. Le choix de ses parents doit être suivi quel que soit le nombre de candidats.
Article 28 :
Le jeune homme peut se marier à partir de 20 ans.
Article 29 :
La dote est fixée à 3 bovins : un pour la fille, deux pour ses père et mère.
Article 30 :
Venons en aide à ceux qui en ont besoin

II- DES BIENS

Article 31 :
Il y a cinq façons d'acquérir la propriété : l'achat, la donation, l'échange, le travail et la succession. Toute autre forme sans témoignage probant est équivoque.
Article 32 :
Tout objet trouvé sans propriétaire connu ne devient propriété commune qu'au bout de quatre ans.
Article 33 :
La quatrième mise-bas d'une génisse confiée est la propriété du gardien.
Article 34 :
Un bovin doit être échangé contre quatre moutons ou quatre chèvres.
Article 35 :
Un œuf sur quatre est la propriété du gardien de la poule pondeuse.

Article 36 :
Assouvir sa faim n'est pas du vol si on n'emporte rien dans son sac ou sa poche.

III- DE LA PRÉSERVATION DE LA NATURE

Article 37 :
Fakombè est désigné Chef des chasseurs. Il est chargé de préserver la brousse et ses habitants pour le bonheur de tous.

Article 38 :
Avant de mettre le feu à la brousse, ne regardez pas à terre, levez la tête en direction de la cime des arbres.

Article 39 :
Les animaux domestiques doivent être attachés au moment des cultures et libérés après les récoltes. Le chien, le chat, le canard et la volaille ne sont pas soumis à cette mesure.

IV- DISPOSITIONS FINALES

Article 40 :
Respectez la parenté, le mariage et le voisinage.

Article 41 :
Tuez votre ennemi, ne l'humiliez pas.

Article 42 :
Dans les grandes assemblées, contentez-vous de vos légitimes représentants et tolérez-vous les uns les autres.

Article 43 :
Balla Fassèkè KOUYATE est désigné grand Chef des cérémonies et médiateur principal du mandé. Il est autorisé à plaisanter avec toutes les tribus en priorité avec la famille royale.

Article 44 :
Tous ceux qui enfreindront à ces règles seront punis. Chacun est chargé de veiller à leur application ».

BIBLIOGRAPHIE

A

Abdelmajid El Aroui, (1981). *La Kahena ou la conquête de l'Ifriquiya par les Arabes*, Tragédie, Sherbrooke, Québec, Canada, p.5.

Académie nationale des sciences –USA. (1992). *une planète, un avenir,* Nouveaux Horizons, p. XI.

Afrique Éducation. (du 16 au 30 septembre 2015). Congo-Brazzaville. *Quand Barack Obama demande à Sassou de quitter le pouvoir.* N0 423. P. 4.

Agence France Presse. AFP. (26 février 2009). La Presse, Montréal. P. A20.

Agence France Presse, AFP. (25 juillet 2008). Haut-commissariat aux droits de l'Homme de l'ONU. Une juge sud-africaine en voie de succéder à Louise Arbour. La Presse, Montréal. P. A11.

Agence France Presse, AFP. (27 février 2009). La Presse Montréal. P. A14.

Agence France Presse, AFP. (26 février 2009). La Presse, Montréal. P. A20.

Agence France Presse, AFP. (12 février 2009). Zimbabwe le leader de l'opposition devient premier ministre. Tsvangirai promet de « guérir » un pays en ruine. La Presse, Montréal, p. A23.

Amina, Portrait d'Amsatou Sow Sidibé, n0 353. (octobre 1999). Paris, p. 8.

Amina numéro 389 (octobre 2002). Paris. p. 58.

Amnesty international, février 2014.

Antoine-Ganga, D. (2012). Si Bacongo m'était conté, la joie de vivre métamorphosée en violence. L'Harmattan, Paris. P. 87.

Atsutsé Kokouvi Agbobli, (septembre 1999). « Cette réunion devra être exploratoire », L'Autre Afrique, n0 96, Paris, p. 14.

B

Balandier, G. (1988). Cité par Daniel Bourmaud in « Histoire du Kenya, État et pouvoir local, Paris, Éditions Karthala, p. 16.

Bangoura, D. (Mars 1996). Université de Paris 1 Panthéon-Sorbonne, in Politique Afrique 61 Besoin d'État, p. 39-53.

Banque mondiale, (1996). L'ajustement en Afrique, op. cit. p. 210-211, in Politique Africaine 61 Besoin d'État, Karthala, p.22-23.

Bednik, A. (juin 2008). Bataille pour l'uranium au Niger, Le Monde diplomatique, Paris, n0 651, p. 16.

Bellavance, J-D. (26 septembre 2011). La Presse, Montréal. P. A7.

Bidima, J. G. (1997). La palabre : une juridiction de la palabre, éditions Michalon, Paris, p. 71.

Blog-notes.lefigaro.fr/rioufol/2013/09/bloc-notes-lafrance-segarerai.hml.

Bouchard, G. (mai 2008). « *Ouvrir le cercle de la nation. Activer la cohésion sociale. Réflexion sur le Québec et la diversité* », in les nationalismes au Québec, sous la direction de Michel Sara-Bournet et de Jocelyn Saint-pierre, Les Presses de l'Université Laval, Québec, p. 319.

Bourmaud, D. (1998). *Histoire du Kenya, État et pouvoir local*, Paris, Éditions Karthala, p. 20.

Branche, R. Virgili, F. Delpa, I. Horne, J. Lagrou, P. Palmieri, D. (2011). Viols en temps de guerre. Éditions Payot & Rivages, Paris. P. 150-151.

C

Camiré, L. et Harvey, R. (2006-2007). *Alphabétisation en Afrique de l'Ouest, Investir dans le capital humain*, Revue à lire, numéro 13, p. 17,

CHampin, C. (mai 2000). Combat douteux au Zimbabwe, Monde Diplomatique, p. 21.

CHemillier-Gendreau, M. (novembre 2007). « *Organisation mondiale du commerce* », Le Monde diplomatique, p. 24.

Constitution de la République du Bénin, (2 décembre, 1990). *Titre VI : du pouvoir judiciaire, article 125.*

Constitution de la République du Congo (20 janvier 2002).

Constitution de la République gabonaise (1991). Loi n0 3/91 du 26 mars.

Constitution de la République de la Côte d'Ivoire (23 juillet 2000).

Constitution du Maroc. (2011). Série « documentation juridique marocaine », Édition du 1er juillet.

D

Dallaire, R. (2004). *J'ai serré la main du diable, la faillite de l'humanité au Rwanda*, Libre Expression, Montréal.

Dalle, I. (août 2003). *Espérances déçues du Maroc.* Le Monde diplomatique, p. 19.

Dembé, I. (décembre 2010-janvier 2011). Francophonie, Magazine international d'informations. p. 43.

Deneault A. avec Abadie, D. et Sacher, W. (2008). *Noir Canada, pillage, corruption et criminalité en Afrique,* Les Éditions Écosociété, Montréal, p. 21.

Dick de Jong. (2010). Bilingual vocabulary for Governance, Public & Administration, Pineglen Publishing, Ottawa, p. 4.

Documents sur les relations entre l'Algérie et les sociétés pétrolières françaises, Alger, éditeur, mai 1971, p.7.

Durandin, C. (2000). La Roumanie : un piège ? Éditions Hesse.

E

Édouard A. Parson et AL. (2001). Gérer l'environnement, Les Presses Universitaires de Montréal, p. 111.

Épicure (341-270 av. J-C) in *Les sources grecques de l'histoire négro-africaine* de Mveng, E. (1972). Paris, Présence africaine, Paris, p. 194.

Esther, 17 l, la Bible de Jérusalem, Cerf. Les Éditions Novalis, Canada, P. 683.

F

Farelly, M. (1967). *Africains d'hier et de demain*, Delachaux et Niestlé, Neuchâtel, p. 8.

Fila Matsocota, M. (2007). *De l'aberration du tribalisme, régionalisme et autres ismes,* Collection découverte, Paris, p. 78.

France, A. (1999). Éthique, dictionnaire de sociologie, Le Robert/Seuil, p.196.

Francophonie, Magazine international d'informations, (décembre 2010-janvier 2011). P. 43.

G

Gédéon, L. (2007). « De la démocratie », la revue, Université Catholique de Lyon, N0 11, p.5.

Griffon, R. (1993). Destins brisés 100 vies de célébrités disparues avant 40 ans, Droguet-Ardant, Paris, p. 210-211.

Gwynne, Dyer (19 mai 2009). « *Néo-colonialisme* » *agricole en Afrique*, LeDroit, Ottawa, p. 15.

H

Halimi, S. (mai 2008). *FMI-faim*, Le Monde diplomatique, N0 650, Paris, p. 1.

Haut-commissariat aux droits de l'homme de l'ONU. (25 juillet-2008). U*ne juge sud-africaine en voie de succéder à Louise Arbour*, La Presse Montréal vendredi 25 juillet 2008.

Hegel (1770-1833) in *Les sources grecques de l'histoire négro-africaine* de Mveng, E. (1972). Paris, Présence africaine, p.194.

Hugo, V. (9 juillet 1849). « Discours sur l'abolition de la misère ». Assemblée législative française, Paris.

J

Jaffré, B. (septembre 2014). Thomas Sankara. Le Monde diplomatique N0 726, Paris. P. 24.

Jewsiewiicki B. et AL. (2011). *Groupe «Afrique noire»,* cahier n0 10, *Dialoguer avec le Léopard ? Pratiques, savoirs et actes du peuple face au politique en Afrique noire contemporaine, Paris,* Éditions L'Harmattan, p. 147;

Journal Le Messager, Cameroun, no 1582, 3 novembre 2003, p. 7.

Juan Navarro Alcantara, Malgarita Alvarez Goghland et Arturo Ortega Ibarra, (2000). *Jean Paul II, Pèlerin du Monde,* Éditions du Signe, Mexico, p. 16.

K

Kamanda wa Kamanda, (septembre 1999). «*Gare aux illusions*, » L'autre Afrique, n0 96, Paris, p. 12.

Kiné Camara, F. (2004). Pouvoir et justice dans la tradition des peuples noirs, philosophie et pratique, L'Harmattan, Paris, 2004, p. 111.

Kapita Mulopo, L. (1992). *P. Lumumba justice pour le héros*, l'Harmattan, Paris, p. 9.

Ki-Zerbo, J. (1980). Histoire générale de l'Afrique, Méthodologie et préhistoire africaine, Unesco, Paris, p. 22.

KI-Zerbo, J. (2003). *À quand l'Afrique ?* Entretien avec René Holenstein, Paris, Édition de l'Aube, p.56.

Klopp, J. (février 2008). Citée par Servant, J.-C. in Le Monde diplomatique, p.9.

Kovalin Tchibinda Kouangou. **(2015). L**es crimes du tyran de Brazzaville in congonewsbzv.

Koussetogue Koudé, R. (2008). « *Dans l'affaire Media Right Agenda », Nigéria, p.*38

Koussetogue Koudé, R. (2005). *Le positionnement stratégique de la Commission africaine des droits de l'Homme et des peuples dans le cadre de l'émergence de l'État de droit et du processus de démocratisation en Afrique*, Institut des Droits de l'Homme, p.36.

L

L'Actualité, Montréal, Sarko le Canadien, (1er novembre 2008). p. 22.

La politique africaine de la France, n0 324, session ordinaire de 2010-2011, Rapport d'information enregistré à la Présidence du Sénat le 28 février 2011.

Lachapelle, J. (15 juillet 2011). *Tragique sécheresse en Afrique de l'Est. Cri d'alarme.* La Presse, Montréal. P. A10

La Presse canadienne, Ottawa, avril 2009.

Jooneed Khan. (3 mars 2009). *Les Congolais se tournent vers Barack Obama.* La Presse, Montréal. P. A14.

La nouvelle presse, no 44 du 26 février 2002, Yaoundé, Cameroun, p. 5.

L'ONU en quête d'un plan pour nourrir la planète. (4 juin 2008). Le Monde, France métropolitaine, n0 19705, Paris.

Laurent Gédéon, « De la démocratie », la revue, Université Catholique de Lyon, N0 11, juin 2007, p.5.

Les pollutions de la mine Sadiola », cité par Alain Deneault avec Delphine Abadie et William Sacher, Noir Canada, pillage, corruption et criminalité en Afrique, Les Éditions Écosociété, Montréal, 2008, p.39.

Lonsdale, J. (1989). *Ethnicité, morale et tribalisme politique,* in Politique Africain, 61, besoin d'État, Karthala, pp. 98-115.

Lourenços, E. (2007). *Mythologie de la Sandade, Essais sur la mélancolie portugaise*, Paris, Éditions Chandeigne, 1997, cité par

M

Mama Deroubou, D. (décembre 2000). Entre décentralisation et mondialisation, Le Monde diplomatique, p. I.

Machioudi Dissou, (2002). *Le Bénin et l'épreuve démocratique. Leçons des élections de 1991 à 2001*, Paris, L'Harmattan.

Mandela, N. (1995). Un long chemin vers la liberté, Librairie Arthème Fayard, Paris, p.50.

Mayima-Mbemba, J.-C. (2000). La tragédie de Brazzaville, La-lettre-du-congo-mfoa. Over-blog.com.

Mining Watch, « Canadian Gold Mining Interests Involved in Police Shootings in Ghana, West Africa", Ottawa, (30 décembre 1999).http ://www.miningwatch.ca/cms/index.php ?/ghana/Canadian _Gold_Mining, cité par Deneault, A. avec Abadie, D. et Sacher, W. (2008). Noir Canada, pillage, corruption et criminalité en Afrique, Les Éditions Écosociété, Montréal, p. 41.

Mbog Pibasso, A. (2 juin 2004). *Dérives autocratiques, La nouvelle expression*, numéro 1270, p.2.

Moreau, A. (2008). Pour faire l'Afrique…par où commencer ? Éditions l'harmattan, Paris, p. 11.

Mveng, E. (1972). Les sources grecques de l'histoire négro-africaine depuis Homère jusqu'à Strabon, Présence africaine, Paris, p. 151 et 194.

Académie nationale des sciences –USA, (1992). U*ne planète, un avenir,* Nouveaux Horizons. P. XI.

O

Obama, B. (2007). L'audace d'espérer. Une nouvelle conception de la politique américaine. Presses de la Cité, Paris, p. 141.

Obama, B. (19 mars 2008). *« Les rêves de mon père », l'histoire d'un héritage en noir et blanc,* document, presses de la Cité, p.318.

Oboya Endong Manasse, (décembre 2002). *Menaces sécessionnistes sur l'État camerounais,* Le Monde diplomatique, Paris. P. 12.

Ousseini Issa, (du 15 au 21 mai 2008). Niger, la rébellion touarègue multiplie les fronts, Courrier international N0 915, p. 38.

P

Pagé, L. (2001). *Mon Afrique,* Éditions Libre Expression, Québec, p. 91 et 316.

Paringaux, R-P. (décembre 2000). *De la complicité avec les dictatures « au capitalisme éthique », « Business », pétrole et droits humains,* Le Monde diplomatique, p. 4.

Pascasie Minani Passy, Femmes en Politique au Burundi, Harmattan ; P.122, 2014

Ping, J. (2014). L'Union africaine court-circuitée par l'intervention occidentale. Fallait-il tuer Kadhafi ? Le Monde diplomatique N0 725. Paris. P. 8.

Placca, J.-B. (du 1er au 14 septembre 1999). *« Prêts à demander des comptes »*, L'Autre Afrique, n0 96, Paris, p. 3.

Placca, (du 10 au 16 avril 2008). Courrier international, N0 910, Paris. P. 30.

Petrella, R. (30 septembre 2009). Le devenir de l'humanité : l'enjeu de l'eau. Communication présentée lors de la conférence Eau citoyenne. Maison Mère de la Congrégation Notre-Dame. Montréal, Canada.

Plenel, E. (4 mai 1994). Langue vivante, puissance défunte, le monde diplomatique, p.1.

Pompey, F. (25-26 mai 2008). La xénophobie meurtrière s'étend en Afrique du Sud, Le Monde, p. 1.

Prera, A. (1998). Flobes in Boutros Boutros –Ghali, *Paix, Développement, Démocratie,* Bruylant, Bruxelles, p. 1282.

Prunier, G. (mars 2007). Au-delà de l'agitation diplomatique. Darfour, la chronique d'un « génocide ambigu ». Le Monde diplomatique. Paris.

R

Ramonet, I. (juillet 2001). *Kabylie*, Le Monde diplomatique, p.1.

Rémond, R. in Mayima-Mbemba, J.-C. (2008). La violence politique au Congo-Brazzaville : Devoir de mémoire contre l'impunité, L'Harmattan, Paris, p. 48.

Raynaud, P. et Rials, S. (2003). État de nature et contratsocial, Dictionnaire de philosophie politique, P.261.

Robert, A.-C. (septembre 2007). «L'Afrique au Karcher », Le Monde diplomatique.

S

Saramago, J. (août 2004). *Que reste-t-il de la démocratie ?* Le Monde diplomatique, Paris.

Sassou Nguesso, D. (du 23 au 29 mars 2008). Sassou, *cartes sur table,* Jeune Afrique n0 2463, p. 20.

Sean, J. (2006). Politique africaine, Afrique du Sud, Au-delà de l'arc-en-ciel, no 103-octobre, Édition Karthala, Paris, p. 6.

Servant, J.-C. (2008). *Les ethnies instrumentalisées dans la course présidentielle, affrontements très politiques au Kenya,* Le Monde diplomatique, Paris, N0 647, p. 9.

Sinaï, A. (décembre 2002). *Douteux partenariat pour l'Afrique.* Le Monde diplomatique, Paris, p. 16.

Source : international Herald Tribune, publication du 12 mars 2009, rubrique- Afrique politique, p, 13.

Stiglitz J. E. (2002). *La grande désillusion*, Fayard, p.367 et 382.

T

Thibeaut, M. (samedi, le 14 mars 2009). *L'Allemagne rattrapée par son passé colonial.* La Presse Montréal, p. A35.

Thomas Louis-Vincent, (op. cit, p. 867), cité par Daniel Bourmaud in « Histoire du Kenya, État et pouvoir local, Paris, Éditions Karthala, 1988, p. 16.

Thureau-Dangin, P. (du 3 au 9 avril 2008). « L'Afrique mérite mieux que Mugabe », Courrier international, n0 909, p. 9.

Touna Mama, E. (janvier 2008). Membre de l'Académie des sciences du Cameroun, *L'économie du Cameroun : Pour un nouveau départ*, Afrédit (Africaine d'Édition), p. 31.

Traoré Fatoumata (2011). Capital social, instrument d'autonomisation des femmes : une nouvelle approche de mesure. Editions universitaires européennes ; 292 pages.

V

Vallée, O. (avril 2000). Une Afrique sous influence, Elf au service de l'État français. Le Monde diplomatique, p. 24.

Voguet, D. et al. (Novembre 2007). *Mémoire de la traite négrière. De Paris à Gorée.* Le Monde diplomatique, Paris. P. 1.

W

Wauthier, C. (décembre 1990). Le Monde diplomatique de décembre 1990, p.22.

Weber, M. in Patez, F. (mars 1997). Les relations communautaires ethniques selon Weber, Université de Haute Bretagne, Rennes. http ://www.unesco.org/culture/ich/fr/RL/la-charte-du-manden-proclamee-a-kouroukan-fouga-00290. Consulté, le 25 mars 2016.

Weil, E. (1993). Philosophie morale, p.21, cité *dans Questions d'éthiques* de Jean-Jacques Wunenburger, Presses universitaires de France, Paris, p. 16.

X

Xavier Philippe, (1996). Cahier du Conseil constitutionnel n0 9, la Cour constitutionnelle sud-africaine, Johannesburg.

TABLE DES MATIERES

N.B. : Le genre masculin utilisé le long de ce livre est inclusif et non discriminatoire.

Ottawa, Canada
Éditions *dhArt*
Québec/Ontario, Canada, Mai 2016
dhArt-Editions@inaedad-rieasda.net
www.inaedad-rieasda.net/dhArtEditions

Printed in Dunstable, United Kingdom

91343665R00232